교육개혁은 없다

1

한국은 왜 학벌 전쟁 사회가 되었나?

박정훈 지음

민중의소리

일하는 사람을 위한 한국교육 안내서

교육개혁은 없다 1

한국은 왜 학벌 전쟁 사회가 되었나?

민중의소리

들어가는 글

2021년 유엔은 한국을 선진국으로 인정했습니다. 1964년 '유엔무역개발회의'가 설립된 이후 개발도상국을 졸업하고 선진국으로 진입한 나라는 한국이 처음이라고 합니다.

경제적으로는 선진국인데 삶의 질은 전혀 아닙니다. 유엔 산하 '지속가능발전해법네트워크'가 매년 발표하는 「세계 행복 보고서」에서 한국인의 행복 순위는 190여 개 국가 중 60위 근처입니다. OECD 38개국 중에서 비교하면 꼴찌 근처입니다.

한국인의 불행 정도를 상징하는 통계 수치는 합계출산율입니다. 전 세계에서 꼴찌입니다. 그냥 꼴찌가 아니라 압도적 꼴찌입니다. 전쟁 중인 나라보다 낮습니다. 합계출산율이 1.3명 미만이면 초저출산 사회로 분류하는데, 한국은 2001년 초저출산 사회로 진입하여 2022년에는 0.78명까지 내려왔습니다. 서울은 0.59명입니다. 수도 서울에서도 폐교하는 학교들이 나타났습니다.

청년들이 결혼을 못 하고, 결혼해도 애를 낳지 않습니다. 가치관이 변했기 때문이 아닙니다. 2023년 5월 한국노동연구원이 발표한 「노동과 출산 의향의 동태적 분석」 보고서에 따르면 2019년을 기준으로 소득 상위 10%인 40대 초반 남성은 96%가 결혼했으나 소득 하위 10% 남성은 58%에 불과합니다.

한국이 초저출산 사회가 된 이유는 불안정한 직장, 턱없이 높은 집값, 무한경쟁 교육 때문입니다. 직장과 집값이 결혼을 못 하는 이유라면, 교육은 애를 낳지 않는 이유입니다. 자신이 겪은 불행한 교육을 자식이 경험하도록 할 수 없다는 생각이지요.

선진국 진입을 기뻐하기보다 사회 붕괴를 걱정해야 할 상황입니다. 2025년이 되면 65세 이상 노인 인구가 전체 인구의 20%를 넘는 '초고령사회'가 됩니다. 통계청 발표에 따르면 생산연령인구(15~64세) 100명당 부양해야 할 노인 인구 비율인 '노년부양비'가 2020년 22.4명, 2030년 39.3명, 2040년 61.6명입니다.

10명이 일해서 2명을 먹여 살리고 있는 지금도 노인 빈곤율이 40%로 OECD 국가 평균 15%에 비해 압도적 1위인데, 17년 후가 되면 10명이 일해서 노인 6명을 먹여 살려야 합니다. 지금도 노인 자살률이 OECD 평균의 2.7배로 압도적 1위인데, 2040년에는 어떻게 될까요? '100세 시대'는 100세까지 일해야 하는 시대가 될 것입니다.

기존의 사회 운영 방식으로는 한국 사회의 붕괴를 막을 수 없습니다. 완전히 새로운 생각으로 사회 운영 방식을 바꿔야 합니다. '바뀔 수 있을까?'라고 회의적으로 질문할 상황이 아닙니다. '누가 어떻게 바꿀 것인가?'라는 질문만 허용되는 상황입니다. 대한민국 지도층들은 붕괴하고 있는 대한민국을 살려내겠다는 생각도 의지도 능력도 없습니다.

누가 붕괴하고 있는 대한민국을 바꿀 수 있을까요? 한국 사회를 이렇게 만든 사람들이 마음 고쳐먹고 바꿔줄 리 없습니다. 이 사회에서 고통받고 있는 사람들이 바꿔야 합니다.

어떻게 바꿀까요? 노무현 대통령은 "민주주의의 최후 보루는 깨어있는 시민의 조직된 힘"이라고 말했습니다. '깨어있는 시민의 조직된 힘'이란 무엇일까요? 우리 사회 구성원의 70%는 노동자와 그 가족입니다. 노동자들의 권익을 지키는 노동조합과 노동자 대중의 이익을 대변하는 정당이 '조직된 힘'의 실체입니다.

「세계 행복 보고서」에서 상위권에 있는 북유럽 국가들은 노동자들의 노동조합 참여율이 높고, 노동조합의 사회적 영향력이 강하며, 노동자의 이익을 대변하는 정당이 집권해서 행복한 나라를 만들었습니다. 그들이 한 일을 우리가 못 할 이유가 없습니다.

저는 교육개혁 운동의 언저리에서 머릿수를 보태며 살아왔습니다. 그러다 보니 한국 교육을 이해할 수 있는 책을 소개해달라는 부탁을 받곤 했습니다. 그런데 마땅한 책이 없었습니다.

좋은 내용을 담은 책은 많은데 대부분 시험, 능력주의, 사교육, 대입제도, 혁신학교 등 특정 영역을 다룬 책들입니다. 교육 선진국의 현실을 소개하는 책들도 많은데 핀란드, 독일, 네덜란드, 프랑스 등 몇 나라에 국한되어 있으며 대부분 한 나라를 다룬 책들입니다. 바쁜 생활인들이 그 많은 책을 다 읽어볼 수는 없으니 누군가 잘 모으고 정리해서 한 권의 책으로 만들어주면 좋겠다고 생각하곤 했습니다.

저에게 교사로 근무할 수 있는 시간이 몇 년 남지 않았습니다. '목마른 자가 우물 판다'고 교육 관련 서적과 논문들을 읽어보니 곳곳에 좋은 연구 결과물들이 많이 있었습니다. 혼자 알고 있기에는 아깝고, '구슬이 서 말이라도 꿰어야 보배'라고 누군가 한 권의 책으로 엮는다면 교육 때문에 고통받아온 사람들이 자기 고통의 근원을 알고 극복하는 길에 도움이 될 수 있겠다고 생각하게 되었습니다.

저는 과학 교사입니다. 교육학이나 사회학 전공자가 아니고 석박사 학위도 없지만, 여기저기 흩어져 있는 자료들을 모아서 편하게 공부할 수 있게 하는 것만으로도 의미가 있겠다는 생각에 감히 용기를 내보기로 했습니다.

크게 두 가지 영역을 다루었습니다.

첫째는 한국 교육이 왜 이렇게 되었는지 규명하고자 하였습니다. 한국 교육은 교육의 논리가 아니라 전쟁의 논리로 돌아갑니다. 70년 넘게 전쟁을 사회 운영 원리로 하는 정전체제에서 각자도생이 삶의 원리로 되었기 때문입니다. 여기에 군부독재 시기에 형성된 학벌주의라는 오랜 적폐가 결합해 있습니다. 학벌주의에 대한 비판서, 학벌주의를 해체하거나 약화하기 위한 제안서들은 꽤 많은데, 왜 한국이 학벌전쟁 사회가 되었는지 규명한 책은 찾아보기 어렵습니다. 불행을 극복하려면 그 원인을 규명해야 하는데, 그게 불충분하니 교육개혁 운동들이 과녁을 제대로 못 세우고 있다고 생각합니다. 이런 문제의식을 『교육개혁은 없다 1』(부제: 한국은 왜 학벌전쟁 사회가 되었나?)에 담았습니다.

둘째는 한국 교육을 어떻게 해야 바꿀 수 있는지 해법을 찾아보려고 했습니다. 지금 교육개혁에 대한 담론들은 30년 전에 머물러 있습니다. 1997년 외환위기 이후의 한국은 이전과 다릅니다. 대학을 나오면 먹고사는 문제가 해결되던 30년 전에는 대학입시의 공정성이 중요했습니다. 그러나 외환위기 이후 한국은 전 세계에서 불평등이 가장 심각한 나라가 되었고, 대학을 나와도 취업이 안 되어 청년들이 절망하고 있습니다. 이 현실을 바꾸지 않고 아무리 입시제도를 뜯어고쳐봤자 바뀌는 건 없습니다. 이제 사회개혁과 교육개혁을 한 묶음으로 생각하고 교육개혁의 새로운 길을 모색해야 합니다. 이런 문제의식을 『교육개혁은 없다 2』(부제: 사회개혁 없이 교육 개혁이 가능한가?)에 담았습니다.

『교육개혁은 없다』는 일하는 사람들을 위해 쓴 책입니다. 특히 노동조합, 진보정당, 시민단체에서 '깨어있는 시민의 조직된 힘'을 만들고자 애쓰고 있는 분들에게 도움이 되길 바라고 쓴 책입니다. 기성 정치인, 교육 관료, 대학교수들이 왜곡해온 한국 교육의 본질을 꿰뚫어 보고 개혁의 정확한 방향타를 잡는 데 도움이 될 자료와 이론들을 모았습니다. 일하는 사람들이 행복하고, 일하는 사람들의 자녀가 행복하게 교육받고 성장하는 사회를 만들고자 애써온 분들이 교육개혁의 길을 찾는 데 이 책이 도움이 되길 바랍니다.

2023년 12월 10일

박정훈

차례

008　들어가는 글

018　1부 교육과 사회 체제

024　약소국 핀란드는 어떻게 교육 최강국이 되었나?
　　　핀란드의 사회와 교육 운영 원리 / 핀란드가 교육 강국이 된 비결 / 사회적
　　　평등이 교육에 끼치는 영향 / 진정한 성공의 원인은 '핀란드라는 학교'

039　오바마는 왜 한국 교육을 부러워했을까?
　　　학교 교육이 붕괴된 세계 최강국 / 죽은 시인의 사회 vs 프리덤 라이터스 /
　　　미국의 공립고등학교는 왜 무너졌을까? / 미국은 세계 최고의 대학들을 어
　　　떻게 유지하는가? / 부정 입학으로 학력을 세습하는 나라 / 무너진 아메리
　　　칸 드림 / 아메리칸 드림은 왜 무너졌을까? / 미국은 변화할 것인가?

078　2부 한국 교육 성찰

084　한국 교육의 네 가지 특징
　　　한국 교육의 잔인성 / 한국 교육의 기형성 / 한국 교육의 비효율성 / 한국 교
　　　육의 세습성

129　두 세대에 걸친 고통

138   한국 교육의 본질과 성찰 과제
   한국의 높은 교육열 / 학력에 따른 빈부 격차 / 학벌주의 / 한국 교육의 성찰
   과제 정리

152   대한민국은 능력주의 사회인가
   자본주의 사회에서 교육의 계급적 성격 / 능력주의 담론의 확산 / 능력주의
   의 교과서, 『엘리트 세습』 / 대한민국은 능력주의 사회인가? / 최근 능력주
   의 담론에 대한 우려

193   치열한 교육 경쟁은 대학 서열화 때문인가?
   학력주의와 학벌주의 / 학력의 경제적 가치와 학력주의 / 전국의 대학이 한
   줄로 촘촘하게 서열화된 이유 / 대학 서열화 이외에 학력 경쟁을 부추기는
   요인들 / 대학 서열화 해소로 교육 경쟁을 완화할 수 있을까?

215   서울대는 학벌주의의 주범인가?
   '옥스브리지'의 나라 영국 / '아이비리그'의 나라 미국 / '그랑제꼴'의 나라 프
   랑스

233   대한민국은 서울대의 나라인가?
   학벌주의 공론화의 시발점, 『서울대의 나라』 / 대한민국은 서울대의 나라인
   가?

244   학벌주의란 무엇인가?
   학교 담장 안에서 바라보는 학벌주의 / 학벌주의 사회의 물질적 실체, 'O피
   아' / 학벌주의의 정신적 폐해

275   학벌주의, 무엇을 규명해야 하는가?
   학벌주의의 뿌리를 조선시대에서 찾는 게 타당한가? / 왜 모두가 학벌 전쟁
   에 뛰어드나?

286 3부 학벌 전쟁 사회의 형성 과정

287 일제 강점기 교육(1910~1945)
일제는 조선인을 공부시키려고 학교를 세웠을까? / 조선 사람에게 학교 교육
은 어디까지 가능했을까? / 일제가 식민지 조선에 경성제국대학을 세운 이유
는? / 경성제대를 원톱으로 대학 서열화가 시작되었을까? / 학벌주의가 태동
할 교육 환경이 형성되었을까? / 식민지 백성들은 학력 상승을 통한 엘리트
를 꿈꿨을까?

314 미군정–이승만 정권 시기의 교육(1945~1960)
일장기가 내려가고 성조기가 올라가다 / 사회 정의의 씨앗도 뿌려보지 못한
친일파 청산 실패 / 사회정의는 찾지 마라, 공부라고 달랐을까? / 정의가 사
라진 국가의 반쪽짜리 세계관 / '공부해서 남 주냐'는 가치관의 정립 / 미 군정
기의 교육 재편 / 교육 경쟁의 경제적 토대, 토지개혁 / 교육을 방치한 국가가
만들어낸 사립학교 체제

341 군부독재 시기의 교육(1961~1992)
반공이 국시(國是)가 된 암흑의 30년 / 폭발하는 교육열, 학벌주의 사회로 진
입하다 / 학벌주의 탄생의 핵심, 엘리트 관료주의 / 부정부패를 이어주는 연
줄로 작동하는 학벌주의 / 군부독재가 전 사회적으로 확산시킨 기수 서열 문
화

372 문민정부–현재의 교육(1993~2023)
대한민국을 헬조선으로 바꿔놓은 외환위기 사태 / 한 세대를 지배한 교육 정
책, 5.31 교육 개혁 / 학력 인플레이션과 더 격렬해진 학벌 경쟁 / 고등학교까
지 확장된 학벌 체제 / 학벌 사회를 넘어 학벌 세습 사회로

405 결론: 한국은 왜 학벌 전쟁 사회가 되었나?

1부

교육과 사회 체제

런던대학교 경제학과 장하준 교수가 2010년에 출간한 『그들이 말하지 않는 23가지』에 나오는 한 대목으로 이야기를 시작해보려 합니다.

인도 뉴델리에서 일하는 버스 운전사 '람'은 시간당 18루피를 받는다. 스톡홀름의 버스 운전사 '스벤'의 시급은 130크로나로, 2009년 여름 환율을 기준으로 계산하면 870루피쯤 된다. '스벤'이 '람'보다 50배 높은 임금을 받는다면 그가 생산하는 재화나 용역이 '람'보다 50배 많기 때문일까?' 스벤'은 평생 한 번이라도 갑자기 코앞에 뛰어드는 소를 피해 본 적이 있을까? '람'은 거의 매일 쉴 틈 없이 튀어나오는 소, 달구지, 인력거, 하늘 높이 쌓아 올린 짐을 싣고 비틀거리고 가는 자전거 등을 피하며 운전을 해야 한다.

'람'의 삶을 고통스럽게 하는 것은 갑자기 도로로 튀어나오는 소나 달구지일까요, 시간당 18루피의 임금일까요?

'람'이 불행한 것은 버스 운전사가 된 것일까요, 인도에 태어난 것일까요?

'람'이 행복해지는 길은 무엇일까요?

사람의 삶을 결정하는 요소는 여러 가지가 있을 것입니다. 어느 나라에 태어났는가, 어느 가정에서 태어났는가, 자신이 얼마나 노력했는가. 그중 어떤 요소가 가장 큰 영향을 미칠까요? 정답이 있는 질문은 아니지만, 평균적인 사람의 평균적 삶을 보자면 태어난 나라, 태어난 가정, 개인의 노력 순서가 아닐까 생각합니다.

교육 문제도 그렇습니다.

대한민국에 태어난 학생은 초등학교 입학 전부터 사교육을 시작하여 세계에서 가장 치열한 입시 경쟁 속에서 성장합니다. 고등학교를 졸업하고 대학 입학과 동시에 '학벌'이라는 낙인을 찍고 평생을 살아갑니다. 학벌 획득 전쟁에서 승리한 사람은 '오만'이라는 병을, 패배한 사람은 '열패감'이라는 병을 얻게 되죠.

그렇게 성장해서 결혼하고 자식을 낳으면 자기 자식을 학벌 전쟁의 패배자로 만들 수 없다는 신념으로 다시 경쟁 속에 몰아넣습니다. 이렇게 살아가는 이유는 대한민국에 태어났기 때문입니다. 다른 나라에서 태어났다면 다른 삶을 살겠지요.

그래서 한국 교육에 대한 긴 이야기를 시작하기 전에 다른 나라 교육을 살펴보려 합니다. 당연하다고 생각해온 한국 교육을 당연하게 여기지 않고 객관적으로 생각해보기 위해서입니다.

어느 나라의 교육을 살펴보는 게 좋을까요? 전 세계 220여 개 나라 중 우리가 비교 대상으로 삼는 나라는 주로 OECD 국가이니, OECD 국가 중에서 고르겠습니다.

OECD 국가가 주로 모여 있는 대서양 인근 나라들을 비슷한 유형으로 묶자면, ① 튼튼한 복지 체제를 구축한 북유럽 국가, ② 신자유주의의 원조국인 미국과 영국, ③ 북유럽과 미국의 중간쯤인 서유럽 국가 정도로 나눌 수 있습니다.

이중 교육체제를 중심으로 보면 북유럽과 서유럽은 비슷한 점이 많고, 미국이 매우 독특합니다. 예를 들어 대학을 살펴보면 북유럽·서유럽 국가의 대학은 대부분 국립이고 등록금이 없습니다. 미국은 사립대학 비중이 크고 등록금은 세계에서 가장 비쌉니다. 그래서 북유럽·서유럽 국가의 대표로 핀란드를, 그리고 미국의 교육을 살펴보려고 합니다.

　유엔 산하 자문기구인 '지속가능발전해법네트워크'(SDSN)는 매년 「세계 행복 보고서」를 발표합니다. 1인당 GDP뿐 아니라 기대수명, 사회적 지지, 자유, 부정부패, 관용 등 6개 항목의 3년 치 자료를 토대로 국가별 '행복지수'를 매겨서 발표하는데요, 전 세계 146개국을 대상으로 조사한 2022년 「세계 행복 보고서」에서 핀란드는 1위, 미국은 16위입니다. 한국은 59위입니다. [표1]

　전 세계 국가를 대상으로 한 '세계행복지수' 말고 OECD 38개 국가 대상으로 조사한 'OECD 행복지수'가 있습니다. 주거, 소득, 일자리, 공동생활, 교육, 환경, 행정, 건강, 삶에 대한 만족, 치안, 일과 삶의 균형, 이렇게 총 11개 항목으로 이루어집니다. 여기서도 핀란드는 1위, 미국은 16위, 한국은 거의 꼴찌 수준입니다. [표2]

　2022년 기준 1인당 GDP를 보면 핀란드는 53,745달러, 미국은 76,027달러로 미국이 2만 달러 이상 많지만, 행복지수에서는 핀란드에 밀립니다.

[표1] 세계 행복지수 순위(146개국)

상위 10위		주요 국가	하위 10위	
1. 핀란드	2. 덴마크	16. 미국	137. 잠비아	138. 말라위
3. 아이슬란드	4. 스위스	26. 대만	139. 탄자니아	140. 시에라리온
5. 네덜란드	6. 룩셈부르크	54. 일본	141. 레소토	142. 보츠와나
7. 스웨덴	8. 노르웨이	59. 한국	143. 르완다	144. 짐바브웨
9. 이스라엘	10. 뉴질랜드	72. 중국	145. 레바논	146. 아프가니스탄

[표2] OECD 행복지수 순위(38개국)

1. 핀란드	2. 덴마크	3. 아이슬란드	4. 스위스	5. 네덜란드
6. 룩셈부르크	7. 스웨덴	8. 노르웨이	9. 이스라엘	10. 뉴질랜드
11. 오스트리아	12. 호주	13. 아일랜드	14. 독일	15. 캐나다
16. 미국	17. 영국	18. 체코	19. 벨기에	20. 프랑스
21. 슬로베니아	22. 코스타리카	23. 스페인	24. 이탈리아	25. 리투아니아
26. 슬로바키아	27. 에스토니아	28. 리트비아	29. 칠레	30. 멕시코
31. 폴란드	32. 헝가리	33. 일본	34. 포르투갈	35. 그리스
36. 한국	37. 콜롬비아	38. 터키		

행복을 수치화하는 게 가능하냐는 이견도 있을 수 있지만, 매년 발표되는 순위를 보면 어느 정도 경향성은 나타나는 것 같습니다. 대체로 북유럽 국가들이 행복지수가 높게 나옵니다.

핀란드와 미국을 비교해서 살펴보려는 이유는 행복 지수나 두 나라의 교육체제 때문만은 아닙니다. 1945년 제2차 세계대전이 끝나고 대한민국 정부가 수립될 당시 미국과 핀란드의 처지는 완전히 딴판이었습니다. 미국은 전 세계 GDP의 절반을 차지하는 초강대국이었고, 핀란드는 춥고 가난한 약소국이었습니다.

핀란드는 스웨덴의 식민지 600년, 러시아의 식민지 100년을 겪고 1917년에 독립국이 되었습니다. 독립한 다음 해에 이념 대립으로 적군과 백군 사이에 내전을 겪고, 1939~1944년에는 러시아와 두 차례의 전쟁을 치르느라 전쟁이 끝날 당시에는 초근목피로 연명하던 나라였습니다. 1945년에 우리와 다를 바 없었던 핀란드가 지금은 전 세계에서 행복지수 1위 국가, 교육 최강국으로 변모했습니다. 이게 어떻게 가능했는지 살펴보려 합니다.

미국은 지금도 세계 최강국입니다. 한국은 1945년 해방 이후 미국의 강력한 영향력 아래 국가를 운영해왔습니다. 한국의 교육제도, 교육과정은 대부분 미국 것을 베껴왔습니다. 우리 사회에서 큰 논쟁거리가 된 '학생부종합전형'은 미국의 입학사정관제를 수입한 것이고, 자율형사립고도 미국의 학교 제도입니다.

그런데 버락 오바마 전 대통령은 재임 기간에 공식 석상 연설에서 다섯 번이나 한국 교육을 칭찬하며, 미국인들이 한국 교육을 따라 배워야 한다고 해서 한국 사람들을 놀라게 했습니다. 우리는 미국 것을 베껴왔는데, 미국이 오히려 한국을 배워야 한다니 도대체 미국 교육이 어떤 상태이길래 그런 발언을 했을까요?

우리나라에서 미국 교육하면 하버드를 비롯한 아이비리그의 대학들을 떠올립니다. 우리나라에서 공부 좀 한다는 사람들은 다들 미국으로 유학 가고, 출세하려면 미국 대학에서 박사를 따야 하는데, 왜 미국 대통령은 한국 교육을 따라 배워야 한다고 했을까요?

두 나라의 교육을 살펴보되, 교실 안에서 벌어지는 일들에 국한되지 않고 그 나라들의 교육체제를 만들어낸 사회적 합의는 무엇인지, 그런 사회적 합의가 가능하게 된 사회경제적 환경은 어떤 것인지 알아보려 합니다. 그래야 우리 교육 현실을 제대로 이해하고 우리 교육이 변하기 위해 무엇이 필요한지 제대로 생각할 수 있기 때문입니다. 그러면 이제 핀란드와 미국 교육으로 들어가 보겠습니다.

약소국 핀란드는
어떻게 교육 최강국이 되었나?

핀란드의 사회와 교육 운영 원리

핀란드 교육이 전 세계적으로 주목받기 시작한 것은 2000년에 'PISA'가 시작되면서부터입니다. PISA는 'Program for International Student Assessment'(국제 학업성취도 평가)의 머리글자입니다.

PISA는 만 15세 학생(우리나라 고등학교 1학년 학생에 해당)을 대상으로 읽기, 수학, 과학, 세 과목의 성취 수준을 측정하는 시험입니다. PISA는 3년 주기로 시행하는데, 가장 최근 평가인 2022년에는 전 세계 81개국(OECD 회원국 37개국, 비회원국 44개국)에서 69만 명이 참여했습니다.

핀란드는 2000년 PISA를 시작할 당시에는 전 과목에서 상위권이었습니다. [표3]은 PISA에서 핀란드의 영역별 순위입니다.

[표3] 핀란드의 PISA 영역별 순위

	2000년	2003년	2006년	2009년	2012년	2015년	2018년	2022년
읽기	1위	1위	2위	3위	6위	4위	2위	10위
과학	3위	1위	1위	2위	5위	5위	6위	5위
수학	4위	2위	2위	6위	12위	13위	16위	16위

핀란드 교육이 세계적으로 주목받은 이유는 사교육이나 치열한 경쟁 없이 높은 학업성취도를 이루었기 때문입니다. 그래서 전 세계에서 핀란드로 교육 견학을 많이 다녀옵니다. 우리나라에서도 많은 이들이 다녀왔고, 핀란드 교육을 소개하는 책도 많이 출판되었습니다.

제가 핀란드라는 '나라'에 관심을 갖게 된 계기는 교통 범칙금 관련 뉴스였습니다. 2001년 세계 휴대전화 시장에서 점유율 1위는 핀란드의 노키아(Nokia)라는 회사였는데, 노키아의 부사장 안시 반요키(Anssi Vanjoki)가 오토바이를 타고 가다가 제한속도 50km/h 구역에서 75km/h로 달렸다고 범칙금으로 무려 1억6천만 원을 냈다는 뉴스를 보게 되었습니다.

핀란드에서는 과속으로 적발되면 월 소득의 1/6 정도를 범칙금으로 낸다고 합니다. 이를 일수벌금제(日收罰金制)라고 하는데, 1921년 핀란드가 세계 최초로 시행했고, 이후 스웨덴, 덴마크, 독일, 오스트리아, 프랑스 등 여러 나라로 확산됐습니다. 과속에 부과한 엄청난 벌금도 놀랍지만, 그런 원칙을 100년 전에 사회적으로 합의했다는 것이 저에게는 큰 충격이었습니다.

제가 핀란드의 '교육'에 관심을 갖게 된 계기는 2008년 MBC 신년 특별기획 〈교육〉 3부작 중 핀란드 편 〈꼴찌라도 괜찮아〉를 본 이후입니다. 그중 인상 깊었던 장면은 교실에서 진행되는 시험이었습니다.

MBC 취재팀이 찾아간 한국인 학생 최락호는 초등학교 6학년 때 핀란드로 이민가서 뿌낏매끼 학교 8학년에 재학 중입니다. 핀란드어 시험시간에 최락호 학생은 모르는 문제를 선생님에게 물어봅니다. 선생님은 힌트를 주고 정답 쓰는 방법을 안내합니다. 한국에서는 상상할 수 없는 일이죠. 한국이라면 교직에서 '영구 퇴출'되는

4대 비위 중 하나인 성적 조작에 해당합니다.

핀란드어 선생님은 MBC 취재진에게 "시험에 나온 문제들은 시험을 통해서 더 잘 알게 해주려는 거예요. 여기가 틀렸어. 다시 해봐. 정답이 뭐라고 말해주진 않지만, 무엇이 틀렸을까 한 번 더 생각할 기회를 주는 거죠."라고 말합니다.

핀란드의 시험이 한국과 다른 이유는 시험이 학생들을 줄 세우는 수단이 아니라 모르는 것을 찾아 다시 배우는 과정으로 생각하기 때문입니다. 핀란드에서 시험은 친구와 비교하는 것이 아니라, 자기 자신이 이전보다 얼마나 나아졌는지를 측정하는 것을 목표로 합니다. 이런 모습이 당시 저에게는 큰 충격이었습니다.

핀란드 교육의 본질을 이해하는 데서 정도상 박사가 쓴 『북유럽의 외로운 늑대! 핀란드』가 큰 도움이 되었습니다. 정도상 박사는 핀란드 헬싱키 대학에 유학하여 고대 핀란드어를 연구하면서 핀란드의 교육을 깊이 들여다본 학자입니다. 우리나라에서 핀란드 교육 '전도사'로도 많은 활동을 하고 있는데요, 『북유럽의 외로운 늑대! 핀란드』에 나오는 정도상 박사의 경험을 소개합니다.

정도상 박사가 핀란드 유학 시절에 세 살짜리 아이를 유치원에 보냈는데, 어느 날 선생님이 면담을 요청했다고 합니다. 아이가 핀란드어를 몰라서 의사소통이 어렵기 때문이었는데, 정도상 박사는 집에서 핀란드어를 잘 가르쳐달라고 요청받을 것으로 예상하고 유치원에 갔다고 합니다. 그런데 뜻밖에도 유치원 선생님의 제안은 자신이 한국말을 배워서 아이를 돌볼 테니 한국말을 가르쳐달라는 것이었다고 합니다.

저도 교사지만 제 머리에서는 절대로 나오지 않을 사고방식입니다. 한 사람의 낙오자도 만들지 않겠다는 핀란드 교사들의 정신은 제도나 형식 문제가 아님을 알 수 있습니다. 우리가 핀란드의 교육제도를 베껴올 수는 있겠지만, 저 유치원 선생님의 정신은 어떻게 가져올 수 있을까요?

세계 최고의 교육 강국 핀란드는 유치원에서 공부를 시키지 않습니다. 글자는 물론 덧셈·뺄셈도 가르치지 않습니다. 그럼 뭘 할까요? 먹고 자고 놉니다. 아침밥을 주고, 점심밥을 주고, 낮잠을 재우고, 영하 15도 이상이면 밖에서, 그 이하면 실내에서 놉니다. 유치원에서 배우는 것은 소리 지르지 않기, 레고를 갖고 잘 놀기, 밥 먹는 것부터 혼자서 하기 등입니다.[1]

유치원에서 공부를 시키지 않는 것이 핀란드 교육의 특성은 아닙니다. 대부분의 유럽 국가들은 그러합니다. 유치원에서 교육이란 사회생활을 배우고 체득하는 것이 보편적입니다.

공부는 초등학교에 들어가서 시작합니다. 초등학교 1, 2학년 학생들은 일주일에 21시간의 수업을 받는데, 그중 핀란드어와 핀란드 문학이 14시간으로 2/3입니다.

모국어 교육의 목적은 단순히 문자 해독과 단어 습득에 있는 것이 아니라, 읽고 쓰면서 생각하는 능력을 키우는 것입니다. 핀란드의 높은 학력은 철저한 모국어 교육을 통해 생각하는 힘을 키우기 때문입니다. 유치원 때부터 영어교육에 찌들어 정작 모국어로 읽기와 쓰기가 안 되는 한국 교육과 정반대입니다. 그렇다고 핀란드가 외국어 교육을 소홀히 하는 것도 아닙니다. 전 국민의 77%가 영어 구사 능력을 갖추고 있습니다.

생각하는 힘은 스스로 공부하는 능력의 바탕이 됩니다. 아이들에게 공부를 강요하지 않습니다. 스스로 공부하는 태도를 어릴 때부터 갖추도록 합니다. 누구든 공부하겠다는 의사만 있으면 쉽게 배울 수 있도록 교재가 치밀하게 준비되어 있습니다.

---

1)   한국교육연구네트워크, 『핀란드 교육혁명』, 살림터, 2010

핀란드가 세계 최고의 학력을 갖추게 된 것은 스스로 공부하는 능력을 키우기 때문입니다.[2)]

자녀에게 물고기를 가져다줄 게 아니라 물고기 잡는 법을 가르쳐야 한다는 철학을 핀란드는 실천하고 있습니다.

29세에 교육부 장관이 되어 1994년부터 6년간 교육개혁을 지휘했고 2016년부터 국가교육위원장을 맡은 올리페카 헤이노넨(Oli-Pekka Heinonen)은 핀란드 교육의 방향에 대해 이렇게 말합니다.

"교육시스템은 속도를 조금 떨어뜨려서라도 모든 사람이 깊이 생각하는 교육을 해야 합니다. 자기 머리로 생각하고 마음으로 느끼고 다른 사람을 믿어야 하듯이, 다른 사람에게도 자기 머리로 생각하고 마음으로 느낄 수 있는 시간을 주어야 합니다"

핀란드가 교육 강국이 된 비결

핀란드가 교육에 성공한 비결을 핀란드 사람들은 어떻게 생각하고 있을까요? 핀란드 교육위원회가 밝힌 성공 비결을 들어보겠습니다.[3)]

1. 가정, 성, 경제력, 모국어와 관계없이 모두에게 교육 기회가 평등하다.
2. 어떤 지역에서도 교육에 대한 접근이 가능하다.

---

2) 후쿠타 세이지, 『핀란드 교실혁명』, 비아북, 2009
3) 후쿠타 세이지, 『핀란드 교실혁명』, 비아북, 2009

교육개혁은 없다 1

3. 성별에 따른 분리를 부정한다.

4. 모든 교육을 무상으로 실시한다.

5. 수준별로 선별해서 가르치지 않고 통합하여 가르친다.

6. 전체는 중앙에서 조정하지만 실행은 지역에서 맡을 수 있도록 교육행정이 유연하게 지원

   한다.

7. 모든 교육 단계에서 서로에게 영향을 주고 협동하도록 한다.

8. 학생의 학습과 복지에 대해 개인별로 맞춤 지원을 한다.

9. 시험과 서열을 없애고 발달의 관점으로 학생을 평가한다.

10. 교사는 자신의 생각에 따라 전문성 높게 행동한다.

11. 사회구성주의적 학습 개념을 따른다.[4]

　　핀란드 교육위원회의 설명을 바탕으로 핀란드의 교육에 대해 궁금한 두 가지 문제를 살펴보겠습니다. 첫째는 핀란드 교사들은 어떤 점이 다른가 하는 것입니다. 둘째는 교육에 대한 핀란드 사회의 합의가 어떤가 하는 것입니다.

　　첫째, 핀란드 교육을 성공으로 이끌어가는 교사들은 한국 교사와 무엇이 다를까요?

　　1980년대 핀란드 교원노조의 광고 문구 "핀란드의 교사는 세계에서 가장 높은 수준의 교육을 받은 전문인들이다"에서 볼 수 있듯이, 핀란드 교육의 성공 비결을 말

---

4)　'구성주의'는 지식이 이미 만들어져서 고착된 것이 아니라 개인이 스스로 구성해가는 것이라는 관점이다. '사회적 구성주의'는 개인이 구성하는 것이 아니라 사회적 관계에서 구성해가려는 관점이다. 사회적 구성주의에서 얻어진 지식은 '협동의 지식'이라고 할 수 있다.

할 때 교사들의 높은 수준을 빼놓을 수 없습니다.

핀란드 교사들의 높은 수준을 이야기할 때 석사 학위가 필수라는 점을 지적하는데, 여기에는 약간의 오해가 있다고 합니다. 핀란드의 대학 시스템은 대학원까지 연결된 학제라서 대학 졸업에 평균 6년 정도 걸리며, 대부분 석사 학위를 취득한다고합니다. 우리와 차이점이 있다면 우리는 사범대에서 교생 실습이 한 달 정도에 그치는 데 반해 핀란드는 교사가 되기 전에 현장실습을 많이 합니다. 그러나 현장실습을많이 한다는 것으로 핀란드 교사의 우수성을 설명하기에는 충분치 않습니다.

그렇다면 핀란드 교사들의 우수성이 사회적 대우 때문일까요? 물론 핀란드 교사들은 사회적으로 존경받고 임금도 적지 않으며 학생들이 선망하는 직업입니다. 하지만 사회적 대우는 한국도 크게 다르지 않습니다. 2000년대 들어 사범대학, 교육대학에 진학하는 학생들은 고등학교에서 상위 5% 이내의 학생입니다. 한국 교사들의임금 수준도 먹고살 만큼은 됩니다. 교사가 청소년들이 가장 선망하는 직업이 된 지도 꽤 오래됐습니다.

정도상 박사는 핀란드 교육의 성공 비결이 교사들의 강한 애국심과 열정에 있다고 지적합니다. 교사의 실력이나 사회적 처우 때문이 아니라 애국심과 열정 때문이라니 예상 밖의 평가입니다.

오랜 시간 주변 강대국의 지배를 받아온 핀란드 사람들은 독립과 자유에 대한 갈망, 애국심이 매우 높다고 합니다. '한 사람도 낙오하지 않는 교육'은 교사가 나라의근간을 책임지고 있다는 애국적 사명감에서 나오며, 사명감은 학생 개개인의 능력을 이끌어주려는 열정으로 귀결됩니다. 한국처럼 5지선다형 시험을 치르지 않는 핀란드에서 교사들은 학생들의 논술형 답안지와 글에 대해 하나하나 코멘트를 달아주는 수고를 마다하지 않습니다.

"교육은 교사의 수준을 넘을 수 없다"는 말이 있습니다. 마찬가지로 교사의 수준은 사회의 수준을 넘을 수 없습니다. 사회가 경쟁적 이기주의를 원리로 운영되는데 교사들만 공동체적 가치관을 가질 리 없고, 그 교사들에게 배우는 학생들이 공동체적 인간관을 갖고 성장할 리 없겠죠. 핀란드 교육을 이해하려면 핀란드 사회를 이해해야 합니다.

둘째, 교육정책은 사회적 합의의 산물인데, 핀란드는 교육에 대한 사회적 합의를 어떻게 이뤄냈을까요?

핀란드 교육을 이해하는 데 가장 큰 도움이 되는 책으로 『핀란드 교육개혁 보고서』를 꼽습니다. 저자 에르끼 아호(Erkki Aho)는 교사 출신으로 대학에서 교육심리학을 연구하고 1972년부터 1991년까지 무려 20년간 핀란드 국가교육청장을 역임했습니다.

우리나라 교육부 장관의 평균 임기는 1.2년입니다. 교육부 업무를 파악할 때쯤이면 임기가 끝납니다. 교사 출신의 국가교육청장이 20년 동안 한 방향의 원칙을 지키면서 국민적 합의를 이끌어온 것 자체가 교육을 대하는 핀란드 사회의 면모를 보여줍니다.

에르끼 아호는 핀란드 교육이 성공한 요인으로 종합학교 제도, 역량 있는 교사, 지속 가능한 리더십, 기존의 혁신을 인정하는 문화, 평가보다는 배움에 초점을 맞춘 유연한 책무성, 교사와 학교를 신뢰하는 믿음의 문화를 듭니다.

사회적 평등이 교육에 끼치는 영향

핀란드 교육은 책과 방송을 통해 많이 소개되었는데, 과장되거나 왜곡된 부분도 있습니다. 핀란드 교육에는 경쟁이 없다고 알려져 있는데, 반은 맞고 반은 틀린 말입니다. 학생들을 일등부터 꼴등까지 일렬로 줄 세우는 성적표가 없다는 점에서는 경쟁이 없다고 할 수 있지만, 상급학교 진학 과정에서는 경쟁이 있습니다. 문제는 경쟁이 어느 정도 심각하냐, 경쟁에서 실패한 학생에게도 인간다운 삶이 보장되느냐는 것이겠지요.

핀란드의 교육 경쟁과 관련해서는 〈우리교육연구소〉의 이현 이사장이 작성한 연구보고서 『핀란드의 대학입학제도 개혁과 한국에의 시사점』의 내용을 요약하여 살펴보고자 합니다.

핀란드는 한국의 초등학교와 중학교에 해당하는 학령을 묶어 9년제 '통합학교'를 운영합니다. 통합학교 교육을 마치고 나면 대학 진학을 목표로 하는 일반고등학교와 취업을 목표로 하는 직업고등학교로 진로가 나뉩니다. 2019년 기준으로 일반고가 53%, 직업고가 40% 정도이며, 고등학교에 가지 않는 학생도 7% 정도 존재합니다.

일반고가 직업고에 비해 사회적 평판이나 졸업 이후 전망이 좋기 때문에 일반고를 선호한다고 합니다. 일반고를 졸업한 것은 '축하받을 일'로 인식되고, 직업고에 대해 '경멸적 편견'도 존재한다고 합니다.

고등학교 입학에는 선발 전형이 있습니다. 대체로 통합학교 졸업증명서에 기재된 평균 성적으로 선발하며, 어학·음악·예술·과학 등이 특화된 고등학교는 추가 기준이나 특정 과목에 가중치를 두어 선발합니다. 이렇게 선발한 고등학교들의 통합학교 성적을 국영 언론사인 YLE가 1위부터 448위까지 공개한다고 합니다.

통합학교의 성적은 4~10점 척도를 사용하는데, 4점은 탈락, 5점은 부족함, 6점은 보통, 7점은 만족, 8점은 좋음, 9점은 매우 좋음, 10점은 탁월입니다. 이 기준으로

교육개혁은 없다 1

2020년에 공개된 448개 고등학교 중 상위 30개 학교의 평균점은 9.31점, 하위 30개 학교의 평균점은 6.16점이라고 합니다.

그러니까 학생을 1등부터 꼴찌까지 줄 세우는 성적표는 없어도, 학교는 줄 세워 공개하는 것이죠. 핀란드는 경쟁이 없다는 이야기만 들어온 사람이라면 많이 놀라게 되는 이야기입니다.

고등학교 생활은 어떨까요? 만만치 않습니다. 일반고는 학년 개념 없이 과정 기반(Course-based)으로 운영됩니다. 학점제라고 보면 됩니다. '1학점=38시간 수업'인데, 75학점을 이수해야 졸업이 됩니다. 18개 필수 과목을 47~51학점 이수하고, 10개 이상의 심화 과목을 이수해야 합니다.

75학점을 이수하는데 3년이면 가능합니다. 그런데 3년 만에 마치고 졸업하는 학생 비율은 70% 정도에 불과하고, 3.5년에 마치는 학생이 80%, 나머지는 20%는 4년을 채웁니다. 한국처럼 출석 일수의 2/3 이상만 채우면 3년 만에 졸업하는 시스템이 아닙니다.

직업고는 2~3년제인데, 졸업 후 곧바로 취업하는 비율이 10명 중 6명, 대학에 진학하거나 취업한 상태에서 대학 진학을 준비하는 비율이 10명 중 2명, 나머지는 미취업이나 다른 사정이 있는 경우에 해당합니다.

일반고를 졸업하면 곧바로 대학에 진학하느냐? 그렇지 않습니다. 곧바로 진학하는 학생은 30% 정도이고 50% 정도는 진학에 실패합니다. 아예 대학에 지원하지 않는 학생도 20% 가까이 됩니다. 진학에 실패한 학생은 우리로 치면 재수·삼수를 하게 되는데요, 우리처럼 학원에서 공부하는 게 아니라 무언가를 하면서 대학을 준비합니다. 그래서 대학 신입생 중 20세 이하가 40% 정도에 불과하고 평균 연령이 23.7세라고 합니다.

대학 입학 경쟁은 어떨까요? 대학 입학 경쟁률은 평균 3.6:1 정도인데요, 경쟁률이 높은 학과를 보면 2019년에 응용예술학과의 연기학과는 71.4:1, 언어치료학과 26.3:1, 법학과 8.6:1, 의학과 8.9:1 정도입니다. 법학과와 의학과의 인기가 높은 현상은 우리와 비슷한데, 연기학과와 언어치료학과의 경쟁률이 훨씬 높은 것은 우리와 다르네요.

대학 입학 경쟁률이 높은 이유는 우리와 다르지 않습니다. 학력에 따른 사회경제적 보상의 차이 때문입니다. 2008~2018년에 비대졸자의 취업률은 20% 정도 감소하여 49% 정도입니다.

지금까지 『핀란드의 대학입학제도 개혁과 한국에의 시사점』에서 핀란드의 교육 경쟁 상황을 살펴보았습니다.

핀란드에도 진학 경쟁이 있고, 학력에 따른 보상 차이가 있습니다. 그런데 한국처럼 교육이 전쟁이 되지 않는 이유는 사회의 평등 지수가 매우 높기 때문입니다. 대학을 나와야 사람 대접받는 사회가 아닙니다. 자기 능력이나 적성에 맞지 않으면 굳이 대학에 갈 필요가 없습니다. 대학을 나왔다고 월급 차이가 아주 크게 나는 것도 아닙니다. 전문적인 기술자가 되면 어느 직종이건 존중받고 살 수 있습니다. [표4]는 핀란드와 한국을 포함하여 여러 나라의 학력에 따른 임금 격차를 비교한 것입니다.

핀란드는 지니계수[5]가 0.226으로 매우 낮습니다. 고졸과 대졸의 임금 차이가 23%에 불과합니다. 우리나라는 45%나 차이가 나죠. 핀란드에서는 20살에 직업학교를 졸업하고 취업한 사람과 36살에 박사학위를 딴 사람의 소득을 비교했을 때 차

---

5) 지니 계수(Gini coefficient): 가장 널리 사용되는 소득 불평등 측정지표로 0이면 완전 평등, 1이면 완전 불평등을 의미한다.

교육개혁은 없다 1

[표4] 학력 간 임금 격차(2019)

	고졸 이하	고졸	대졸	석·박사	지니계수(2017년)
영국	79	100	142	165	0.357
독일	74	100	163	183	0.286
프랑스	79	100	147	210	0.292
핀란드	98	100	123	168	0.226
한국	75	100	145	188	0.335

이가 없다는 연구 결과도 있습니다.

누구나 수입의 40%는 세금으로 내고, 수입이 많은 사람은 더 많이 냅니다. 앞서 살펴본 일수벌금제가 사회적으로 합의된 나라이니 세금에 대한 그들의 생각을 이해할 수 있겠죠. 부자라고 뒤에서 손가락질할 이유가 없고 수입이 적다고 해서 걱정할 일도 없습니다. 튼튼한 복지 시스템으로 먹고사는 문제에서 근심 걱정이 없으니 교육이 인간의 얼굴을 할 수 있게 되었습니다.

진정한 성공의 원인은 '핀란드라는 학교'

우리가 진짜로 살펴봐야 할 것은 핀란드가 어떻게 평등 지수가 높은 복지국가를 건설했는가 하는 문제입니다. 주변 강대국에 둘러싸여 우리와 비슷한 경험을 했으나 우리와 다른 길을 걸어간 핀란드 역사를 살펴보겠습니다.

1917년 러시아에서 사회주의 혁명이 성공하면서 핀란드는 러시아에서 독립을 이루게 됩니다. 그런데 독립하자마자 핀란드 내부에서 이념 갈등이 심각하게 벌어집니다. 러시아와 같은 혁명을 꿈꾸는 공산당(적군)과 그들을 경계하는 세력(백군)들의 갈등이 내전으로까지 발전합니다.

내전에서 사망자가 38,000명 정도라고 합니다. 당시 핀란드 인구가 150만 정도였으니 열 집에 한 명씩 사망자가 있었다고 볼 수 있습니다. 적군에 가담한 8만 명이 감옥과 수용소에 감금되었고, 이 가운데 수백 명이 처형되었습니다.

극심한 이념적 대립은 1930년대에 들어 중간 지대의 정치 세력들이 법치주의, 의회민주주의 원칙을 세우면서 완화되고 안정화되었습니다. 이후 다양한 성향의 정치 세력들이 연합해서 정부를 구성하게 됩니다.

1937년에 처음으로 중도좌파 정권이 들어서면서 핀란드의 복지 체제가 많이 발전했습니다. 핀란드 사회민주당은 독립 이후 가장 오랫동안 원내 1당을 유지한 정당입니다. 사회민주당을 50년 동안 이끈 정치인 뵈이내 탄네르(Väinö Tanner)는 핀란드가 소련의 영향 아래 드는 것을 반대하고 핀란드의 독립과 민주주의를 가장 중요한 가치로 여겼으며, 핀란드의 진보세력과 노동조합을 사회민주주의의 테두리 안에 묶으려고 노력했습니다.

핀란드는 1944년 영세중립국을 선언합니다. 2차 세계대전 이후 수립될 냉전 체제에서 자유롭게 자국의 이익을 중심으로 사회를 발전시켜나가겠다는 선언이자, 내전까지 치러야 했던 이념적 갈등과 대립을 통합해냈다는 선언이기도 했습니다.

1956년 농민당[6] 출신 지도자 우르호 께꼬넨(Urho Kekkonen)이 당선되어 1981년까지 25년 동안 핀란드를 이끌면서 경제성장과 함께 복지국가를 추진했습니다. 1950년대 후반에 보편적 국민연금 제도를 수립하고 1970년에 무상의료 체제를 도

---

6) 정치적 성향은 중도좌파이며 1965년에 중앙당으로 개칭했다.

입했습니다.

1981년 께꼬넨이 사임한 후 1982년 마우노 코이비스토(Mauno Koivisto)가 사회민주당 출신으로는 처음으로 대통령이 되었고, 2012년까지 30년간 사회민주당 출신의 대통령 시대가 이어졌습니다. 사회민주당 정부가 30년 동안 지속되면서 핀란드는 평등한 복지국가를 정착시켰습니다.

복지만 튼튼한 것이 아닙니다. 국가의 혁신 역량, 투명성, 성 평등, 자유지수 등 사회 전 영역에서 핀란드는 세계 최고의 선진국으로 도약했습니다. [표5]는 여러 국제 비교조사에서 받은 핀란드의 평가 결과입니다.

[표5] 핀란드의 국제비교조사 결과

조사 항목	조사 기관	순위
2020 세계 행복지수	유엔 SDSN	1위
2019 EU 혁신 종합역량	유럽집행위원회	2위
2019 투명성(부패인식) 지수	국제투명성기구	3위
2019 성 격차지수	세계경제포럼	3위(낮은 순위)
2019 빈곤율	OECD	3위(낮은 순위)
2019 사회발전지수(SPI)	사회발전조사기구	4위
2018 세계 자유지수	프리덤하우스	1위

핀란드도 사람 사는 사회인지라 다양한 문제가 있습니다. 지금은 극복해냈지만 1990년 무렵에는 우울증을 겪는 사람이 많아 자살률이 세계 1위였습니다. 학교에 '왕따'도 있고, 총기 난사 사고도 있다고 합니다. 그런데도 핀란드가 세계 최고의 교

육 강국이 된 힘은 어디에서 나왔을까요?

스웨덴, 러시아, 독일 등 주변 강대국에 둘러싸인 핀란드는 자주독립을 이루고 영세중립국을 선택했습니다. 좌파와 우파가 내전을 벌였지만 서로 생각의 차이를 인정하며 자본주의 틀 안에서 복지국가를 건설했습니다. 부자는 세금을 많이 내고 국가는 개인의 생존을 보장하니 교육이 생존 경쟁의 수단일 이유가 없게 되었습니다. 애국심이 높은 교사들이 한 학생도 낙오시키지 않겠다는 사명감과 열정으로 가르칩니다. 그 결과가 세계 최고의 학업성취도로 나타난 것입니다.

핀란드 교육을 부러워하면서 핀란드의 교실만 본다면 핀란드 교육의 본질을 이해할 수 없습니다. '핀란드라는 학교'를 봐야 합니다. 어떤 사회를 만들어야 교육이 교육답게 되는지, 그런 사회를 어떻게 만들 것인지 말입니다.

핀란드가 처음부터 행복 지수 강국이 아니었듯이 교육 강국도 아니었습니다. 핀란드가 소련과 두 차례 전쟁을 끝냈던 1944년, 한국이 일제의 식민지 강점에서 해방되던 1945년, 핀란드와 한국은 모두 가난하고 힘없는 나라였습니다.

그랬던 핀란드가 구체적으로 어떻게 교육개혁에 성공했는지는 『교육개혁은 없다2』(부제: 사회개혁 없이 교육개혁이 가능한가?)의 제2부에서 자세히 살펴보도록 하겠습니다.

오바마는 왜 한국교육을 부러워했을까?

학교 교육이 붕괴된 세계 최강국

오바마 대통령은 왜 한국 교육을 부러워했을까요? 그가 재임 기간 중 공식 석상에서 한 발언을 살펴보겠습니다.

"한국 어린이들은 비디오 게임이나 TV 시청에 많은 시간을 낭비하지 않습니다. 그들은 수학,

과학 및 외국어를 열심히 공부합니다."

"한국 학생들은 미국 학생들보다 한 달 더 학교에 다닙니다. 한국 학생들이 공부하는 자세를

본받아야 합니다."

"한국에서는 몹시 가난한 집 부모들도 자녀들이 최고의 교육을 받기를 원합니다."

"한국의 놀라운 성장 배경에는 자녀들에게 최고의 교육을 받게 하려는 학부모들의 뜨거운

교육열이 있습니다."

도대체 미국 학생들이 얼마나 공부를 안 하길래 그런 말을 했을까요? 2009년 이후 미국의 PISA 성적표를 보겠습니다. [표6] 최근에는 성적이 올랐지만, 오바마 대통령 임기였던 2009~2016년에는 세계 초강대국의 성적표로는 아쉬움이 컸을 것입

니다. 특히 수학의 경우는 체면이 구겨질 만합니다.

[표6] 미국의 PISA 성적표

	2009년	2012년	2015년	2018년	2022년
읽기	14위	17위	20위	11위	6위
수학	24위	25위	31위	37위	28위
과학	17위	21위	19위	16위	12위

그러나 EU의 최강국 독일도 PISA 순위는 높지 않습니다. 문제는 PISA 성적이 아니라 미국 학교의 정상적 기능이 붕괴됐다는 것입니다.

오바마가 대통령이었던 2012년 미국의 수도인 워싱턴DC의 학교 현실을 보면, 전체 학생 중 읽기와 수학을 제대로 하는 학생 비율이 43%입니다. 학업능력이 떨어지는 40개 학교의 경우는 그 비율이 23%입니다. 진짜 심각한 문제는 고등학교 졸업률입니다. 불과 53%만이 정상적으로 학교를 졸업한다고 합니다. 믿어지지 않죠? 중도에 학교를 그만둔 학생들은 출석 일수가 부족하거나 범죄, 폭력, 마약으로 감옥살이를 경험한 학생들입니다.[7]

2006년 4월 미국의 시사주간 타임(Time)지는 〈자퇴 공화국〉(Dropout Nation)이라는 제목의 기사에서 미국 공립 고등학교 입학생의 30%가 중도에 학업을 포기한다고 한탄했습니다. 2005년 하버드대 '시민권리 프로젝트'가 펴낸 보고서에도 로스앤젤레스의 고등학교 졸업률이 45%라고 합니다. 이 정도면 고등학교 교육은 붕괴

---

7)   정종태, 『우리가 모르는 미국의 두 얼굴』, 한국경제신문, 2012

된 것으로 봐야 할 것입니다.

미국 교육이 붕괴한 것은 어제오늘 일이 아니며 특정 지역의 문제도 아닙니다. 1990년대 초반부터 중반까지 〈미연방교육협의회〉가 실시한 조사에 의하면 수학 과목에서 공립학교 8학년 학생 가운데 20%, 4학년과 12학년 학생 중 13%만 학업 기준을 통과했습니다. 미달이 아니고 통과한 비율입니다. 읽기 과목도 4학년과 8학년 학생의 25%만 기준치를 통과했습니다.[8] 이와 같은 학력 미달 현상에 대한 보고서들은 차고 넘칩니다.

미국의 교육 문제 중 정말 이해하기 어려운 것은 학교 내 총기 참사 사건을 계속 방치하는 것입니다.

2022년 5월 25일 미국 텍사스주 롭(Robb) 초등학교에서 총기 난사 사건이 발생해 초등학생 19명과 교사 2명이 숨지는 참사가 발생했습니다. 미국은 만 18세가 되면 법적으로 총기를 살 수 있는데요, 범인은 소총 2정과 총알 375알을 사서 자신의 불우했던 인생을 마무리하려는 18세 청년이었습니다.

미국 사회는 슬픔에 잠겼고, 전 세계 정치지도자들이 애도를 표했습니다. 그래서 어떻게 되었을까요? 6월 말 새로운 총기 규제법안이 30년 만에 의회를 통과했습니다. 어떤 법이었을까요? 위험한 인물의 총기 소지를 규제하는 '레드 플래그법'을 시행하는 주에 '인센티브'를 제공하고, 21세 미만 총기 구입 희망자의 신원조회와 총기 밀매 처벌을 강화하는 것입니다. 바이든 대통령이 요구했던 총기 구입 가능 연령을 21세로 상향하는 것, 돌격소총과 대용량 탄창 판매 금지는 통과되지 않았습니다.

이 법으로 총기 참사가 줄어들 것이라는 생각이 듭니까? 롭 초등학교 참사 당시

---

8)   황용길, 『부자 교육 가난한 교육』, 조선일보사, 2001

프랑스의 일간지 르몽드는 "미국의 한 학교에서 대학살이 일어나고, 희생자 친지들의 끝없는 고통과 엄숙한 대통령 연설이 있었다. 그게 끝이다. 다음 사건이 일어날 때까지."라고 꼬집었습니다.

아니나 다를까, 법안 통과 9일 후인 7월 4일, 일리노이주에서 진행된 독립기념일 퍼레이드에서 또다시 총기 난사 사건이 발생해 7명이 사망했습니다. 바이든 대통령은 다시 애도 성명서를 읽어야 했죠.

미국 질병통제예방센터에 따르면 2022년 총기 관련 사건 사망자 수는 48,830명으로 교통사고 사망자 수 45,404명을 앞질렀습니다. 2021년 통계에 따르면 18세 이하 미성년자의 사망 원인 1위는 총기 사고(3,597명, 18.7%)로 교통사고(16.5%)와 암(8.1%)보다 훨씬 많았습니다. 이런 참사를 막으려면 당연히 총기 소지를 금지해야 합니다. 그 단순한 이치가 미국에서는 실현 불가능하다고 합니다.

2022년 기준 미국인은 3억 9천만 정의 총기를 보유하고 있습니다. 인구가 3억2천만 명이니 100명당 120.5정의 총기를 보유한 셈입니다. 내전 상태에 있는 예멘이 100명당 52.8정이니 두 배가 넘게 많습니다. 미국 인구가 전 세계 인구의 5%인데, 민간인이 소유한 총기 수는 전 세계의 40%를 차지합니다. 그런데도 총기 소지를 금지하지 않고 계속 학교 내 총기 참사 사건을 감수합니다.

이유는 두 가지인데요. 첫째는 1791년에 제정된 미국 수정헌법 제2조, "잘 규율된 민병대는 자유로운 민주주의 안보에 필수적이므로, 무기를 소장하고 휴대하는 국민의 권리는 침해될 수 없다"는 구절 때문이라고 합니다. 230년 전 미국이 독립전쟁할 때의 상황을 지금도 지키겠다는 것인데요, 미국인들 말고는 아무도 이해 못 하겠지요.

둘째는 전미총기협회(NRA)의 강력한 로비입니다. 전미총기협회는 개인의 총기 소유 합법화를 주장하는 민간단체입니다. 회원 수 500만 명, 연간 운영비만 3천억 원에 이르는데, 트럼프 대통령도 전미총기협회에서 340억 원의 정치자금을 받았다고 하지요.

교통사고보다 총기 사고로 죽은 아이들이 더 많은데, 230년 전의 독립 정신을 지키겠다는 어른들의 행태를 세계 어느 나라 사람들이 이해할 수 있을까요?

미국의 학교는 거의 전쟁터입니다. 2023년 6월 16일 워싱턴포스트에 따르면 1999~2017년 미국 학교에서 발생한 총격 사건은 연평균 11건이었는데, 2018년부터 급격히 늘기 시작해 2022년에는 연평균 46건이 발생했다고 합니다. 이에 따라 수백만 달러를 들여 무기 탐지기를 설치하고 있는 학교가 늘고 있다고 합니다.

앞서 소개한 롭 초등학교 총기 난사 참사 이후 조지아주 애틀랜타 인근 교육청들은 학생들에게 '투명 책가방'(Clear Backpack)만 허용하기로 했습니다. 투명 책가방은 가방을 열지 않고도 내용물을 파악할 수 있게 투명한 비닐로 만들어진 가방입니다. 미시간주 플린트시 교육청은 한발 더 나아가 학생들이 아예 책가방을 들고 등교하지 못하도록 하는 결정을 내렸습니다. 이게 총기 사고 예방 대책이 될 수 있을까요?

죽은 시인의 사회 vs 프리덤 라이터스

로빈 윌리엄스가 선생님으로 나오는 〈죽은 시인의 사회〉를 기억하는 분이 많을 것입니다. 1990년 한국 개봉 당시 120만 관객을 동원했고, 2016년 채널 CGV에서 시청자가 선정한 '다시 보고 싶은 영화' 1위를 했죠.

〈죽은 시인의 사회〉는 미국의 기숙형 사립고등학교를 배경으로 한 영화입니다.

시나리오를 쓴 톰 슐만(Tom Schulman)은 자신의 모교인 '몽고메리 벨 아카데미'에서 직접 겪었던 일과 실제 인물들을 모델로 시나리오를 구상했다고 합니다.

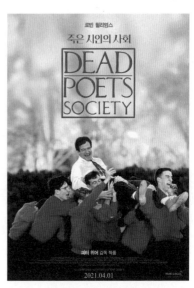
영화〈죽은 시인의 사회〉포스터

잠시 영화 속으로 들어가 보겠습니다. 웰튼 아카데미는 학생 전원이 기숙사 생활을 하면서 엄격한 교육을 통해 70% 이상이 아이비리그에 진학하는 사립고등학교입니다. '전통', '명예', '규율', '탁월'을 4대 원칙으로 삼는 웰튼 아카데미에 키팅 선생님이 부임하여 문학을 가르치면서 학생들은 새로운 세상에 눈을 뜨게 됩니다.

영화는 '죽은 시인의 사회' 동아리 활동을 하며 연극에 뜻을 두게 된 닐 페리가 의대에 진학하지 않겠다면 전학시키겠다는 아버지의 엄포에 자살로 항의하고, 키팅 선생님이 학교를 떠나는 것으로 마무리됩니다. 번듯하게 교복을 입고 주입식 교육을 받으며 숨 막히는 입시 경쟁을 치러야 하는 웰튼 아카데미 학생들의 모습은 우리나라 현실과 너무 비슷하여 키팅 선생님의 수업은 많은 사람에게 감동을 주었습니다.

〈죽은 시인의 사회〉의 배경인 웰튼 아카데미 같은 사립고등학교는 미국에서 10%에 불과하고 90%는 공립학교입니다. 공립학교를 배경으로 한 영화 중 감동적인 영화로〈프리덤 라이터스〉(Freedom Writers)를 소개하려 합니다.

〈프리덤 라이터스〉는 캘리포니아주 롱비치의 윌슨 고등학교에서 1994년부터 4

년간 문학을 가르쳤던 에린 그루웰(Erin Gruwell) 선생님이 당시 제자들의 일기를 엮어서 1999년에 출판한 『The Freedom Writers Diary』를 영화로 만든 작품입니다. 『The Freedom Writers Diary』는 출판 직후 베스트 셀러가 되었고, 미국 언론에 대대적으로 소개되면서 미국 교육에 '프리덤 라이터스 교수법'이 도입되기도 했습니다.

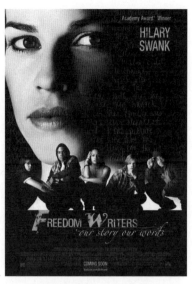

영화〈프리덤 라이터스〉포스터

못 보신 분들을 위해 잠시 영화를 소개합니다.

에린 그루웰 선생님은 인권운동가인 아버지의 영향을 받아 학생을 변화시키는 교사가 되겠다는 포부를 갖고 윌슨 고등학교에 부임합니다. 출근 첫날 영어과 과장 선생님은 윌슨 고등학교가 지역에서 최고 수준의 학교였으나, 2년 전 학교 통합 정책을 시행한 이후 공부 잘하는 학생들의 75%가 빠져나갔으며, 지금은 '어려운 학생'들만 남았다고 말해줍니다. 어려운 학생들이란 흑인, 히스패닉, 아시아인 등 유색인종으로 경제적으로 어렵고 공부 못하는 학생을 의미합니다.

학생들과 만나는 첫 시간, 학생들은 제멋대로 행동합니다. 한 학생은 뒤돌아서 판서를 하는 그루웰 선생님을 향해 "아가씨! 엉덩이가 빵빵한데"라고 조롱하기까지 하죠. 수업 도중 교실에서 패싸움이 벌어지고 수업은 중단됩니다. 출근 첫날 숨 막히는 경험을 하고 지쳐있는 그루웰 선생님에게 3학년 수업과 우수반 수업을 맡은 선배 교사는 몇 년만 잘 버티면 편한 3학년 수업을 할 수 있을 거라고 위로합니다. 문제 있는 애들은 중간에 다 학교를 그만두기 때문에 3학년 수업은 편하다는 것이죠.

영화에 미국의 공립고등학교 현실을 적나라하게 보여주는 장면이 있습니다. 학생들이 쉽게 마음의 문을 열지 않자 그루웰 선생님은 아이들에게 '라인 게임'을 제안합니다. 교실 한복판에 라인을 긋고 선생님의 질문에 해당하는 학생은 라인에 나와 서는 것입니다. 질문은 이렇습니다.

"보육원이나 감옥에 며칠 간이라도 있었던 사람?"

"지금 당장 마약을 구할 수 있는 곳을 아는 사람?"

"갱단에 있는 사람과 친분이 있는 사람?"

"폭력으로 인해서 친구를 잃어본 적이 있는 사람?"

선생님의 질문에 대부분 학생은 앞으로 나와 라인에 섭니다.

영화는 미국 사회에서 천대받는 유색인종 학생들이 다니는 공립학교가 어떻게 망가져 있는가를 잘 보여줍니다. 미국의 인구 구성은 백인이 60%, 흑인이 14%, 아시아계가 7%, 히스패닉이 19%입니다.

미국은 이민으로 세워진 나라이고 다민족·다문화 사회라고 하지만 사실상 '와스프'(WASP: White, Anglo-Saxon, Protestant: 백인, 앵글로 색슨, 신교도)라 불리는 지배 계층이 엘리트 지위를 세습하는 사회입니다. 인종 차별에 기초한 미국의 계급구조는 학교에 그대로 투영됩니다.

미국의 공립학교와 사립학교의 차이는 한국과 다릅니다. 우리나라도 중학교의 20%, 고등학교의 40%가 사립학교지만, 학교 설립자가 개인이라는 것일 뿐 학생 배정, 교육과정, 국가의 재정 지원이 공립학교와 다를 바 없습니다. 2021년부터는 고

교육개혁은 없다 1

등학교도 모두 무상교육이 되어 사실상 사립학교라고 하기도 어렵습니다. 한국에서 학교의 차이는 공립과 사립 사이가 아니라 특목고·자사고와 일반고 사이에 존재합니다.

미국의 중고등학교 교육은 철저한 계급 분화 교육입니다. 공립학교는 무상교육을 하지만, 10%가 다니는 사립학교는 서민들이 감히 넘볼 수 없이 비싼 학교입니다. 특히 '보딩 스쿨'(Boarding School)이라 불리는 기숙형 사립고등학교의 연간 학비는 3천만 원이 넘습니다. 미국의 상위 20% 계층은 자녀를 사립고등학교에 보내거나 중상류층들끼리 모여 사는 학군의 공립고등학교에 보내서 명문대학에 진학시킵니다.

보딩 스쿨은 아이비리그[9]로 진학하는 코스입니다. 10%에 불과한 사립학교 출신이 아이비리그 대학생의 40%를 차지합니다. 아이비리그에 많은 학생을 보내는 고등학교 100개교 중 94개가 이런 사립학교들입니다. 경제적 형편을 보면 아이비리그 학생의 70~80%가 상위 20%에 속하는 중상류층 자녀들입니다.

오바마 대통령이 한국 교육을 칭찬하고 본받아야 한다고 한 것은 공립학교가 붕괴됐기 때문입니다. 사립학교 학생들은 우리나라 학생들 뺨치게 열심히 공부합니다.

2008년 미국 대선 당시 오바마가 두 딸을 사립학교에 보내느냐 공립학교에 보내느냐 하는 것이 미국 사회의 큰 관심사가 되었다고 합니다. 오바마는 연간 학비가

---

9) 아이비 리그(Ivy League)라는 명칭은 미국 북동부에 위치한 8개 사립대학의 미식축구 리그를 부르는 용어였다. 하버드, 예일, 프린스턴, 펜실베이니아, 컬럼비아, 코넬, 다트머스, 브라운 등 미국 동부에 위치한 명문 사립대학을 일컫는다.

3,500만 원에 이르는 명문 사립학교 '시드웰 프렌즈 스쿨'(Sidwell Friends School)
에 보냈습니다. 경호 문제를 이유로 들었지만, 대통령에 당선되기 전에도 두 딸은
명문 사립학교인 '시카고대 부속 실험학교'에 다니고 있었습니다.

오바마만 그런 것이 아닙니다. 1993년 대통령에 취임한 클린턴도 딸 첼시를 똑같
은 이유를 들어 시드웰 프렌즈 스쿨에 보냈습니다. '교육대통령'을 표방한 클린턴이
딸을 사립학교에 보내자 위선자라는 비난을 많이 받았습니다.

아버지와 아들이 대통령을 역임한 부시 일가는 모두 '고등학교의 하버드'라 불리
는 필립스 아카데미 출신입니다. 필립스 아카데미의 재학생은 1,100명인데, 연간
학비가 기숙 학생은 57,800달러(7천만 원), 아닌 경우 44,800달러(5,400만 원)입니
다. 한 학급에 학생 수는 13명이고, 입시를 위한 스펙 쌓기 프로그램을 400개나 운
영하는 학교입니다.[10]

미국의 공립고등학교는 왜 무너졌을까?

미국의 교육제도는 주마다 다른데, 1918년에 모든 주에서 초등교육을 의무교육
으로 하는 법률이 제정되어 모든 아동이 공립 초등학교에 다니게 됩니다. 그러나 가
톨릭 종교단체의 반발로 사립학교가 개설되었고, 대법원의 결정에 따라 공립학교
와 사립학교 중 선택하여 다닐 수 있게 되었습니다.

초등교육이 의무화된 이후 중등교육까지 의무교육 기간을 연장하기 위한 노력이
20세기 내내 전개되었습니다. 대부분 주에서 의무교육 기간을 16세까지 연장하는

---

10) 김광기, 『아메리칸 엔더스 게임』, 현암사, 2020

법안들이 통과되면서 고등학교 졸업률은 1996년에 85%까지 높아졌습니다.

현재 의무교육 기간은 9년~13년으로 주마다 다르지만, 모든 주는 의무교육 기간보다 더 많은 기간을 무상교육 제공 기간으로 명시하고 있습니다. 대체로 공립고등학교까지는 무상교육입니다. 그런데 국가가 책임진 공립학교들이 왜 무너졌을까요?

경북대 일반사회교육과 김광기 교수는 미국 유학 생활과 연구년 생활 경험을 바탕으로 2011년 『우리가 아는 미국은 없다』를 출간했습니다. 이 책에 기록된 미국 교육 현실을 살펴보겠습니다.

미국의 초중고에서는 배우는 게 별로 없다. 학교를 일찍 파하고 학생들은 쇼핑몰을 돌아다닌다. 학교에 있는 시간이 짧을 뿐 아니라 배우는 양도 적고 깊이도 얕다. 무엇보다 교사들의 질이 너무 낮다. 학생이 물어도 대답을 못 할 정도다. <뉴스위크>에 따르면 미국 공립학교 교사 중 절반은 고등학교 시절 성적이 하위 1/3 수준이다.
미국 10대들의 1/4은 히틀러를 모르며, 1/3은 언론과 종교의 자유를 보장한 '권리장전'을 모른다. 절반 이하의 10대들이 미국의 남북전쟁이 1850년에서 1900년 사이에 일어난 줄 모른다.

도무지 믿기 어려울 정도로 충격적인데, 공립학교 교사 중 절반이 고교 시절 성적이 하위 1/3 수준이라는 것은 상상이 안 됩니다.

미국 <Time>지 수석 기자를 역임한 아만다 리플리(Amanda Ripley)는 미국 고등학생의 1/4 이상이 중도에 학교를 그만두게 된 현실, PISA에서 성적이 한참 뒤로 밀리는 현상 등 미국 교육의 문제점을 해명하기 위한 프로젝트에 뛰어들어 2013

년 『무엇이 이 나라 학생들을 똑똑하게 만드는가』(원제: The Smartest Kids in the World)를 출판했습니다. 르포르타주의 걸작이라 평가받은 이 책에서 미국 교사의 자질에 대해 언급한 대목을 살펴보겠습니다.

핀란드는 교사 10명 중 10명 모두 고등학교 졸업 당시 상위 1/3에 든 사람이다. 미국은 10명 중 2명에 불과하다. 미국에서 교사가 되려면 SAT[11]와 ACT(American College Testing)에서 19점 이상이면 된다. 미국 전체 ACT 평균점수가 20.6점이다. 교사를 택한 사람이 학창 시절 내내 배운 것을 테스트하는 시험에서 평균 이하여도 괜찮다는 것이다.

고등학교 수학교사가 되기 위해 꼭 수학을 전공하지 않아도 된다. 미국 고등학교 수학교사 중 수학을 전공한 사람은 절반도 되지 않는다. 1/3 가까운 수학교사가 수학을 부전공으로도 공부하지 않았다. 오클라호마 고등학교 수학교사가 되기 위한 시험문제는 10학년, 11학년(우리나라 고1, 고2) 수준이어서 쉽게 통과할 수 있다. 설사 떨어진다 해도 재시험을 쳐서 통과하면 된다.

중학교 수학교사들은 더 심각하다. 16개국에서 수천 명의 예비교사를 대상으로 한 연구에서 미국의 예비 수학교사들의 수학 지식은 태국, 오만의 수학교사들과 비슷한 수준으로 나타났다. 이런 교사들에게 배운 학생들의 성적이 저조한 것은 이상한 일이 아니다. 모르는 것을 가르칠 수는 없기 때문이다.

---

11) 'Scholastic Assessment Test'(수학능력시험)의 줄임말. 읽기-쓰기, 수학, 에세이 3과목으로 구성되어 있으며, 'SAT Subject Test'는 과목별로 골라서 보는 시험으로 심화수학, 화학, 물리 같은 과학이나 역사, 외국어 등이 있다. 한국의 수능처럼 국가가 주관하는 것이 아니라 '칼리지 보드'라는 비영리단체가 주관한다. 여러 번 시험을 쳐서 가장 좋은 점수를 대학에 제출한다.

교육개혁은 없다 1

미국은 머리가 아플 정도로 복잡한 성과 평가 시스템과 부가가치 데이터 분석을 통해 좋은 교육을 역설계하고 있다. 그러나 애초에 평균에도 미치지 못하는 SAT 점수를 기록한 360만 명에 달하는 미국 교사들을 아무리 다그친다 해도 그들을 교육의 장인으로 변화시키는 것이 가능할까?

교사 수준이 낮은 것은 공립학교 이야기입니다. 사립학교 교사들은 절반 이상이 석사 이상의 학위를 갖고 명문대학 진학을 목표로 교육합니다.

미국에 상류층을 위한 사립학교가 등장한 것은 19세기 후반입니다. 엔도버, 엑스터 같은 사립학교들이 최상층 지식인과 정치인의 자식들을 교육시켜 하버드, 예일 대학으로 보냈습니다.

19세기 말 미국의 산업이 급속도로 발전하면서 세계 각국에서 이민자들이 몰려들었습니다. 미국 자본가들은 자기 자식이 가난한 이민자의 자식들과 공립학교에서 섞이지 않도록 그로톤, 초트, 호치키스 등 기숙형 사립학교를 세워 따로 교육시켰습니다.

미국의 공립학교와 사립학교는 처음부터 설립 목표가 달랐습니다. 사립학교는 대학 진학, 공립학교는 취업으로 방향을 잡고 교육했습니다. 소위 '트래킹' (Tracking)이라 불리는 계열화 정책입니다. 육상에서 '트랙'을 정해놓고 그 위로만 달리게 하듯이, 부잣집 자녀들이 다니는 사립학교는 대학 진학을 목표로 인문 교육과 지식 위주의 전통적 교육을 하고, 중하층 자녀들이 다니는 공립학교는 실용주의 교육사상에 기초하여 취업을 목표로 아동의 관심과 생활에 필요한 것을 공부하는 학교로 만들어나갔습니다.

1940~50년대 미국의 학교 교육은 수학, 과학 등 전통적으로 중요한 과목 대신 적

성교육, 인성교육에 치중했습니다. 학생의 적성을 찾아서 교육하고, 지식이 아니라 인성을 교육한다니 매우 바람직한 느낌을 주지만 실상은 그렇지 않습니다. 지식교육은 똑똑하고 능력 있는 아이들에게나 합당한 일이며, 은행가의 자식과 광부의 자식이 필요로 하는 교육은 종류가 다르다는 차별적 관점입니다.

그래서 최초로 박사학위를 딴 아프리카계 미국인이자 인권운동가로 〈유색인종 발전을 위한 국가협회〉를 세운 듀 보이스(Du Bois)는 "어느 인종을 막론하고 미래의 지도자는 지식 중심으로 교육되고 배출된다. 그런데 지식교육을 버리라니, 이는 우리의 운명을 백인에게 맡기고 그들의 사슬에 묶여 마냥 끌려만 다니는 자살행위와 다를 바 없다"고 비판했습니다.

미국은 세계 최고의 대학들을 어떻게 유지하는가?

2022년 기준으로 미국의 대학 진학률은 62%로 한국보다 낮습니다. 세계에서 등록금이 가장 비싸서 학자금 대출 없이는 다닐 수 없는데, 2019년 기준으로 대학 졸업생이 사회에 첫발을 디딜 때 평균 10만 달러(1억 3천만 원)의 빚을 안고 시작합니다. 빚이라는 게 이자가 보태지면 눈덩이처럼 불어나는 법이죠. 오바마 대통령조차도 대학 시절 학자금을 다 갚은 게 대통령에 당선되기 8년 전이라고 할 정도니 말해 뭐하겠습니까.

앞서 고등학교가 붕괴된 현실은 살펴봤는데, 대학 교육은 어떤 상태일까요?

뉴욕대 사회학과 리차드 아룸(Richard Arum) 교수는 2011년 미국 29개 대학에 재학 중인 대학생 3천 명을 대상으로 조사하여 학업 실태 결과를 발표했습니다. 대학 입학 2년이 지난 대학생의 45%에게서 학업상 향상된 징후를 발견하지 못했으며, 4년 뒤에도 36%의 대학생들은 별다른 진전이 나타나지 않았다고 합니다.

대학생들의 일주일(168시간)간 시간 활용을 보면 친교와 휴식에 51%, 수면에 24%, 아르바이트와 자원봉사와 동아리 활동에 9%를 사용했으며, 강의참석과 실험실 가기는 9%, 공부에는 7%만을 할애하는 것으로 조사됐습니다. 학생 중 35%는 일주일에 공부하는 시간이 5시간 미만이라고 답했습니다. 그런데도 학생들의 평균 학점은 3.2였습니다. 교수들이 학생 지도보다 본인의 연구에 더 중점을 두면서 학점을 후하게 주기 때문이라고 합니다.

그런데도 미국은 어떻게 세계 최고의 대학들을 유지하고 국가경쟁력을 키울 수 있을까요?

영국의 신문사 〈The Times〉는 고등교육 관련 주간지로 〈The Times Higher Education〉(이하 THE)를 발간합니다. THE는 매년 교육 여건, 연구 실적, 논문 피인용도, 국제화, 산학협력 등을 지표로 세계 대학교 순위를 발표합니다. 이 순위에 대해 학생 교육보다는 교수들의 연구 실적을 중심으로 한 평가이며, 영어권 국가들에 대해 높은 점수를 준다는 비판이 있지만, 일단 이 자료를 인용하겠습니다. [표7]

92개국 1,400개 대학을 분석하여 발표한 '2022 THE 세계 대학순위'에서 미국은 20위 안에 드는 대학 중 12개, 200위 안에 드는 대학 중 60여 개를 차지했습니다. THE 순위에서 우리나라는 서울대가 54위, 카이스트가 99위, 성균관대 122위, 연세대 151위 정도입니다.

그렇다면 미국 명문대학들의 세계적 경쟁력을 이끌어 가는 사람들은 누구일까요? 두 그룹입니다. 하나는 사립고등학교 출신들입니다. 10%에 불과한 사립고등학교 출신들이 명문대학의 40%를 채웁니다. 인구가 많으니 10%라 하더라도 가능합니다. 또 하나의 그룹은 미국에 유학 온 외국인들입니다.

미국의 씽크 탱크인 '퓨 리서치 센터' (Pew Research Center)가 2015년 발표한 〈미국 대학·대학원 학위 수여〉에 따르면 2012~2013년에 미국 대학이 수여한 박사학위 중 외국인이 차지하는 비율은 공학 분야 56.9%, 컴퓨터와 정보 과학 분야 52.5%, 수학 분야도 50% 정도입니다. 외국인 유학생은 중국, 인도, 한국 순서인데, 그 나라 인구대비로 보면 한국이 1위입니다.

또한 2010년 미국 의회 조사국에서 발간한 보고서 「미국 교육기관 및 노동 시장에서의 외국인 과학·공학자 현황」을 보면, 임시 비자를 소지하고 박사학위를 취득한 외국인의 56%가 학위 취득 후 모국으로 돌아가지 않고 미국에 거주하면서 결국 영주권을 취득한다고 합니다.

미국은 국익에 도움이 된다고 판단되는 사람에 대해서는 노동 허가 과정을 면제하고 영주권 취득 자격을 부여하는 제도인 NIW(National Interest

[표7] 세계 대학교 순위

순위	대학명	국가
1	옥스퍼드대	영국
2	캘리포니아공대	미국
3	하버드대	미국
4	스탠퍼드대	미국
5	케임브리지대	영국
5	메사추세츠공대	미국
7	프린스턴대	미국
8	UC버클리대	미국
9	예일대	미국
10	시카고대	미국
11	컬럼비아대	미국
12	임페리얼칼리지런던	영국
13	존스홉킨스대	미국
14	펜실베니아대	미국
15	취리히연방공대	스위스
16	베이징대	중국
16	칭화대	중국
18	토론토대	캐나다
18	유니버시티칼리지런던	영국
20	UCLA	미국

Waiver)를 통해 한 해 약 4만 명의 세계적인 두뇌를 받아들이고 있습니다.

'한국직업능력개발원'이 한국 유학생들의 진로 활동 실태를 분석한 보고서에 따르면, 1990년대 미국에 잔류한 박사 학위자는 20%대였는데, 2000년대 초반에는 46%, 2015년에는 62%로 늘어났다고 합니다.

정리하면, 미국 고등학교의 90%를 차지하는 공립학교는 와스프들이 보내는 부유층 지역의 공립학교를 제외하면 대부분 무너졌고, 일반 대학의 대학생들은 공부를 제대로 하지 않지만, 아이비리그를 비롯한 명문대학들은 고등학교의 10%를 차지하는 사립학교 출신들로 유지하고, 외국인 유학생들을 유인하여 영주권을 부여함으로써 국가경쟁력을 유지하고 있습니다.

부정 입학으로 학력을 세습하는 나라

프랑스의 정치가 알렉시스 드 토크빌(Alexis de Tocqueville)은 1835년 출간한 『미국의 민주주의』에서 미국은 유럽의 오랜 관행인 '장자 상속' 제도가 존재하지 않기 때문에 부자들의 재산은 여러 자식에게 분배되어 부가 세습되지 않을 것이라 예언했습니다. 그러나 토크빌의 예언은 빗나갔습니다.

미국 부자들의 재산은 학력 세습을 통해 상속됩니다. 미국의 입시제도는 저소득층 자녀들에게는 바늘구멍 같지만, 부잣집 자녀들에게는 손쉽습니다. 그 과정을 밝힌 책이 『왜 학벌은 세습되는가?』입니다.

책 제목을 보고 당연히 우리나라 책이라고 생각하셨죠? 저자는 〈월스트리트 저널〉의 교육 담당 기자였던 대니얼 골든(Daniel Golden)으로, 원제는 『The Price of Admission』입니다. 번역하면 '입학증의 가격'이 되겠죠. 2010년에 '퓰리처상 수상 기자가 밝힌 입학사정관제의 추악한 진실'로 국내에 소개된 책입니다.

[표8]은 2010년 기준 미국의 설립자별 대학 숫자입니다. 학교 수로 보면 사립이 2배가량 많지만, 사립대학들이 규모가 작아서 학사 학위 취득자는 공립이 2배 정도 더 많습니다. 아이비리그를 비롯한 명문대학들은 사립이 훨씬 많습니다.

[표8] 미국의 설립자별 대학 수

공립대(주립대)			사립대		
4년제	2년제	합계	4년제	2년제	합계
672개	1,000개	1,672개	2,102개	721개	2,823개

문제는 명문 사립대에 있습니다. 명문 사립대학들의 주된 수입원은 학생들의 등록금과 졸업한 동문들의 기부금입니다. 동문들의 기부금으로 운영되는 기형적 체제 때문에 입학사정관제라는 특이한 제도가 만들어졌습니다.

20세기 초반에는 미국도 학교 성적과 입학 고사로 학생을 선발했습니다. 제1차 세계대전이 터지면서 유럽의 유대인들이 대거 미국으로 이민을 오고, 교육열이 높은 유대인 자녀들이 아이비리그에서 차지하는 비율이 높아집니다. 하버드대는 1900년 유대인 학생 비율이 7%였는데 1922년에 21.5%로 높아졌고, 컬럼비아대는 40%에 육박했습니다.

그런데 유대인들은 아이비리그를 졸업한 후에 기부금 모금에 인색했다고 합니다. 이에 위기의식을 느낀 대학들이 고안해낸 것이 입학사정관제입니다. 공부는 좀 못하더라도 졸업 후에 기부금을 많이 낼 수 있는 와스프 학생을 뽑겠다는 꼼수였지요.[12]

교육개혁은 없다 1

어느 나라나 대학에서 학생을 선발할 때는 고등학교 재학 성적이든 대학 입학시험 성적이든 학업능력으로 학생을 선발합니다. 미국처럼 자기소개서를 쓰고 봉사활동, 체육활동, 예술 활동, 리더십, 잠재적 능력까지 평가해서 학생을 선발하는 나라는 없습니다.

공부를 잘하면서 체육도 잘하고, 악기도 잘 다루고, 봉사활동도 할 수 있는 학생은 어떤 학생일까요? 승마, 조정, 골프, 수영, 테니스 같은 스포츠를 즐기면서 피아노, 바이올린, 첼로 같은 악기도 다루면서 공부도 잘 할 수 있는 학생은 어떤 학생일까요? 유럽에서 이주해온 가난한 유대인 자녀들은 가능하지 않은 항목들을 대학 입시에 넣으면 어떻게 될까요? 입학사정관제 도입 후 예일대는 유대인 입학생 비율이 1927년 13.3%에서 1934년에 8.2%로 감소했고, 동문 자녀 입학은 1931년 21.4%에서 1936년 29.6%고 증가했습니다.

미국의 입학사정관제는 공부 이외의 주관적 요소를 평가할 뿐 아니라 부모의 기부금 액수가 합격을 결정하는 제도입니다. 좀 심하게 말하면 입학사정관제는 졸업하고 장래에 기부금을 낼 학생을 뽑는 제도입니다.

클린턴 행정부의 부통령을 지낸 앨 고어는 4명의 자녀가 1991~2001년에 모두 10:1의 경쟁률을 뚫고 하버드대에 입학했습니다. 네 자녀가 모두 훌륭했을까요? 아닙니다. 특히 막내아들은 누가 봐도 하버드에 입학할 능력이 안 되는 학생이었다고 합니다. 그런데 어떻게 입학했을까요? 앨 고어가 1987~1993년에 모교인 하버드대의 이사로 재직했기 때문입니다. 하버드대의 전직 직원의 말에 의하면 이사회의 압력이 있었다고 합니다.

---

12) 제롬 카라벨, 『누가 선발되는가』, 한울, 2010

『왜 학벌은 세습되는가?』에는 세계 최고를 자랑하는 미국 대학들의 다양한 부정 입학 수법들이 소개되어 있습니다.

하버드대는 SAT 만점을 받고도 불합격하는 학생들이 수두룩한데, 기부자의 자녀들은 '옆문'으로 입학합니다. 하버드 동문과 기부자들의 덜떨어진 자녀를 위해 '1년 뒤 입학'이라는 조건으로 합격시키는 'Z명단'이 있다고 합니다.

듀크대는 신입생 선발 과정이 끝나면 '재고'해볼 만한 학생 명단을 골판지 상자에 담아 총장에게 가져간다고 합니다.

브라운대는 정·재계 유명 인사나 할리우드 스타급 연예인들의 자녀를 위해 '특별학생' 명단을 만든다고 합니다. 학교 홍보를 위해서죠.

노트르담대는 매년 신입생의 20~24%가 동문 자녀들로 채워집니다. 특혜는 체육 특기생 제도를 통해서도 이루어집니다. 기부금을 낼 수 있다면 스쿼시, 요트, 스키, 조정, 수구, 펜싱, 승마 등의 체육활동 특기생으로도 입학할 수 있습니다.

구글에서 '미국 대학 입시 비리'라고 검색어를 치면 관련 뉴스들이 쭉 뜹니다.

2019년 3월 미연방 검찰은 학부모들에게 돈을 받고 예일과 스탠포드, UCLA 등 명문대에 부정 입학을 주선한 브로커와 학부모, 대학 운동부 코치 등 50여 명을 적발했다고 발표했습니다. 한 번도 축구팀에서 뛰어본 적 없는 여학생이 축구 특기생으로 둔갑하는 수법으로 예일대에 입학했습니다. 학부모들이 대가로 건넨 돈은 2억 원에서 70억 원, 8년 동안 입시 브로커에 건네진 전체 뒷돈 규모는 280억 원이 넘었습니다. 적발된 학부모들은 대부분 사업가나 전문직 출신의 부유층이며 연예인 스타들도 포함됐습니다.

2020년 9월 캘리포니아주 감사 당국은 2013년부터 2018년 사이 캘리포니아 대학교 버클리, 로스앤젤레스, 산타바바라, 샌디에이고 등 캠퍼스 4곳이 불합격자보

교육개혁은 없다 1

다 평가 점수가 낮은 지원자 64명을 입학시킨 사실이 드러났다고 발표했습니다. 부정 합격자 64명 대부분은 백인이었으며 절반은 연소득이 15만 달러(1억7천만 원) 이상인 가정의 자녀로 드러났다고 주 감사 당국은 설명했습니다. 이들 중에는 대학 입학처의 전직 고위 임원 동료의 베이비시터(babysitter)가 포함되는 황당 사례도 있었고, 64명 중 22명은 운동에 특출난 소질이 없었는데도 운동특기자로 인정받아서 입학했습니다.

도대체 기부금을 얼마나 모으길래 이런 일들이 벌어질까요?

2017년 미국 '교육지원협의회'(CAE)가 미국 내 950여 개 대학을 대상으로 조사한 바에 따르면, 미국 대학들이 1년 동안 받은 기부금이 총 410억 달러(50조 원)에 이른답니다. 기부금 액수는 하버드가 11억 9천만 달러(1조 4천억 원)로 1위, 스탠포드가 9억 5천만 달러(1조 1,400억 원)로 2위였는데, 명문 20개 대학이 27%를 차지해 대학 간 부익부 빈익빈 현상이 심각하다고 합니다.

기가 막힌 것은 막대한 기부금 중 16%만 학교 재정에 지출했다는 것입니다. 그래서 기부금을 낼 때 학교 재정에 쓸 금액을 정해서 기부금이 다른 곳에 쓰이지 않도록 하는 법안을 미국 의회에서 논의했다고 합니다.

대니얼 골든은 미국의 대학 입시가 인도의 카스트보다 더 심각한 차별적 신분 제도로 유지되고 있고, 세대가 바뀌면서 오히려 굳건해지고 있다고 비판합니다. 공부는 잘하지 못해도 명문가 출신인 학생이 부모의 명성 덕에 '동문 특혜'로 아이비리그에 입성하면, 집안의 힘으로 상류사회의 일원이 되고 힘 있는 정치인으로 성장합니다. 동문 세습 특혜에 대한 반발 여론이 거센데도 사라지지 않는 이유는 정치인, 법조인 대부분이 동문 특혜 수혜자이기 때문입니다.

미국은 명문대 입학생 중 최소 1/3, 명문 교양 대학 입학생의 절반 이상이 '우대 대상'이라는 꼬리표를 달고 합격한답니다. 대체로 전체 입학생의 15% 정도가 소수 인종 출신 학생들인 데 반해, 부유한 백인 학생들은 체육특기생으로 10~25%, 동문 자녀로 10~25%, 기부 입학자 2~5%, 유명 인사나 정치인의 자녀 1~2%, 교수 자녀 1~3%로 최소 24%에서 최대 60% 정도가 특혜를 받고 입학한다는 것이죠.

입학사정관제가 역차별 정책으로 유색인종 학생, 소외 계층 학생들을 배려한다고 하는 것은 부정한 입시제도를 포장하기 위한 술책에 불과합니다.

무너진아메리칸드림

2008년 금융회사들의 탐욕이 빚어낸 부동산 거품이 꺼지면서 경제위기가 터졌습니다. 대규모 금융회사들이 도산하고 거리에 실업자와 노숙자가 넘쳐났습니다. 부시 행정부가 파산한 금융회사들에 공적자금을 투입하자 분노한 시민들이 "월가를 점령하라"는 시위를 벌였습니다. 미국을 경제위기에 빠뜨리고도 수백만 달러의 퇴직금을 챙겨 떠나는 월가의 최고 경영자들에 대한 분노가 퍼져나갔습니다. 시위대는 미국을 '1:99의 사회'라고 규정하며 매일 아침 일어나서 방값 걱정, 끼니 걱정을 하지 않게 해 달라고 주장했습니다. 시위는 2011년 9월에 시작되어 70여 일 동안 미국 전역으로 번져나갔습니다. 아메리칸 드림이 무너진 것을 세계가 확인한 순간이었습니다.

'아메리칸 드림'이란 문구는 역사학자인 제임스 애덤스가 1931에 출간한『미국의 서사시』에서 처음 사용했습니다.

아메리칸 드림은 모든 사람이 부유하고 풍족한 삶을 살고 개인의 능력과 성과에 대한 합당

교육개혁은 없다 1

한 보상이 존재하는 꿈의 땅을 말한다. 이 꿈은 단지 좋은 차를 타거나, 고소득을 의미하는 것

은 아니다. 남녀노소 불구하고 자신의 타고난 능력에 합당한 사회적 위치에 오르는 것이고

또한 신분, 위치, 운과 상관없이 오직 그들의 능력으로만 평가받는 것이다.

제임스 애덤스가 '아메리칸 드림'을 노래할 당시의 미국은 중산층이 60% 이상으로 세계에서 중산층이 가장 튼튼한 나라였습니다. 생산력은 빠르게 발전했고, 누구나 열심히 일하면 기회가 주어진다는 믿음으로 이민자가 몰려오던 시절이었죠. 1, 2차 세계대전을 치르면서 쑥대밭이 된 유럽과 달리 영토에 포탄 하나 떨어지지 않은 미국은 2차 세계대전 종전 후 자본주의 진영을 이끌어갈 초강대국이 되었습니다.

1940~70년대는 미국 사회의 황금기였습니다. 이 시기에 노동생산성과 중위 가구의 소득은 두 배 성장했으며 정치에서도 중산층의 영향력이 강했습니다. 그랬던 미국의 아메리칸 드림은 왜 무너졌을까요?

1980년 로널드 레이건이 대통령에 당선되자 보수세력은 정국의 주도권을 잡고 뉴딜 이후의 평등주의적 정책들을 청산하는 작업에 착수합니다. 이들은 기업에 대한 파격적 감세와 규제 완화, 정부 지출 감축, 노동조합 운동에 대한 탄압 등 신자유주의 정책을 추진합니다. 20세기 후반에 미국처럼 보수세력이 장기간 정국 주도권을 쥐고 모든 분야에 걸쳐 신자유주의 정책을 전면적으로 추진한 나라는 영국 이외에 없습니다. 30년 동안 신자유주의를 시행한 결과는 극심한 불평등으로 나타났습니다.

1980~2005년에 미국의 비농업부문 생산성이 67.4% 올랐는데, 정규직 노동자의 중위임금은 14%밖에 오르지 않았습니다. 그러면 누가 생산성 향상의 결과물을 가져갔을까요? 최상위 소득계층 1%가 소득 증가분의 80%를 차지했습니다.

1980년 이후 지금까지 미국 상위 1%의 소득은 275% 늘어났는데, 하위 20%의 소득은 18% 늘어나는 데 그쳤습니다. 1970년대에는 상위 1%의 자산이 전체 GDP에서 차지하는 비중이 9%였는데 2010년에는 23.5%로 불어났습니다.

[도표1]과 [도표2]는 1980~2015년 사이에 미국과 서유럽의 상위 1%와 하위 50%의 소득 점유율 변화 그래프입니다.

서유럽도 상위 1%의 소득이 늘고 하위 50%의 소득이 줄어들긴 했지만, 그 변화는 크지 않습니다. 반면 미국은 1996년에 상위 1%의 소득이 하위 50%의 소득보다 많아지기 시작하여 지금은 상위 1%가 20%를 넘게 차지하는데, 하위 50%가 차지하는 소득점유율은 13% 수준에 불과합니다.

하버드대 경제학과 교수 라지 체티(Raj Chetty) 연구팀이 2016년에 조사한 바에 따르면 1940년에 태어난 사람은 10명 중 9명이 부모의 소득을 능가했지만, 1980년에 태어난 사람 중 부모보다 경제적 상황이 나아진 사람은 절반 정도에 불과하다고 합니다. 1억 명의 미국인들은 앞 세대보다 낮은 임금으로 살아가고 있습니다.

'아메리칸 드림'이란 부모 세대보다 자식 세대가 더 잘 살 수 있으리라는 믿음(절대적 계층 이동성), 누구나 노력하면 부모가 물려준 환경을 극복할 수 있다는 믿음(상대적 계층 이동성)인데, 미국은 둘 다 무너졌습니다.

현재 미국에서 사회경제적 지위가 상위 25%에 드는 학생은 하위 25% 계층 출신보다 명문대학에 들어갈 가능성이 25배 높습니다.[13]

'능력에 합당한 사회적 위치에 오르고, 오직 능력으로만 평가받는' 것을 꿈꿨던 '아메리칸 드림'은 교육 분야에서는 완전히 실패했습니다.

---

13) 제롬 카라벨, 『누가 선발되는가』, 한울, 2010

교육개혁은 없다 1

[도표1] 1980~2015년 미국의 소득점유율

상위 1%의 소득점유율

하위 50%의 소득점유율

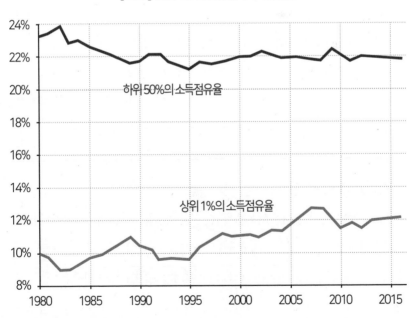

[도표2] 1980~2015년 유럽의 소득점유율

하위 50%의 소득점유율

상위 1%의 소득점유율

미국 사회를 통렬히 비판한 『20 vs 80의 사회』의 저자 리처드 리브스(Richard Reeves) 부르킹스 연구소 선임 연구원은 영국 사회의 계급 장벽이 싫어 영국 국적을 버리고 미국 시민권을 취득한 사람인데, 미국의 계급구조가 영국보다 더 견고한 것을 알고 크게 낙심했다고 합니다. 미국은 신분제가 살아있는 영국보다 부의 불평등이 훨씬 심각한 나라입니다.

미국은 2018년 기준으로 상위 10%의 가계소득이 하위 10%보다 19배나 많습니다. 3천만 명이 의료보험 혜택을 받지 못하며, 4천만 명 이상이 식비 무상 지원을 받으며, 60%가 늘 하루 벌어 하루 먹고 살며, 2010년 조사 기준으로 은행 계좌에 1만 달러(1,200만원) 미만의 잔고를 지닌 사람들이 43%이며, 1천 달러(120만원) 이하인 사람도 27%나 됩니다.

미국 주택도시개발부가 2022년 발표한 〈노숙자 보고서〉에 따르면 미국의 노숙 인구는 582,462명입니다. 바이든 정부가 2023 회계연도에 노숙자 주거 지원 프로그램을 위해 요청한 예산이 11조 4천억 원입니다. '투 잡', '쓰리 잡'을 뛰어도 겨우 생존하는 사람들이 자녀의 교육에 신경 쓸 수 없음은 불문가지겠죠.

아메리칸 드림은 왜 무너졌을까?

정부 재량예산의 절반 이상을 군사비로 쓰는 나라

제2차 세계대전을 승리로 이끌고 8년간 미국 대통령을 지낸 아이젠하워는 1961년 1월 대통령 퇴임 연설에서 미국 군부와 군수산업 업체의 상호의존적 결탁 체제를 일컫는 '군산복합체'(Military-Industrial Complex)가 미국의 민주주의와 번영을 해칠 수 있다고 경고한 바 있습니다. 그는 1953년 스탈린 사망 직후 소련에 대화

교육개혁은 없다 1

를 제안하는 연설에서 이렇게 말했습니다.

"모든 총과 군함과 로켓은 결국 배고프고 춥고 헐벗은 사람들로부터 훔친 것이다. 무기를 사기 위해 자원을 쏟아붓는 나라는 그냥 돈을 쓰고 있는 게 아니라 노동자들의 땀과 과학자들의 재능, 아이들의 희망을 소비하는 것이다. 장거리 전략 폭격기 하나를 사는 돈으로 30개 이상 학교를 도시에 지을 수 있고, 전투기 한 대로는 50만 부셸(1,750만 리터)의 밀을 살 수 있고, 구축함 한 대로는 8천 명 이상이 살 수 있는 새 집을 지을 수 있다."

나라에 돈이 없어 미국 하층민들이 힘겹게 살아갈까요? 아닙니다. [도표3]은 2022회계연도 연방 예산안입니다. 재량 예산이란 6조 달러에 이르는 연방정부 예산안 중 정부가 의무적으로 지출해야 할 고정 경비를 제외하고 편성할 수 있는 예산인데, 1.5조 달러 정도 됩니다.

[도표3] 미국 2022 회계연도 미국 예산안

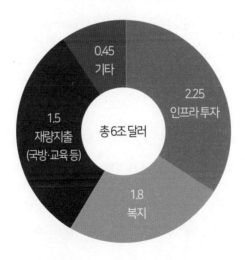

그중 국방·안보 예산이 교육, 통상, 보건, 농업 등 비국방예산을 다 합친 것보다 더 많습니다. 미국은 그동안 재량 예산의 절반 정도를 국방비로 써왔습니다.

미국의 국방 예산은 전 세계에서 압도적으로 1위인데, 2위부터 10위까지인 나라들의 국방예산을 다 합친 것과 비슷합니다. 2023년에는 국방예산이 7,730억 달러(947조 원)입니다. 국방예산이 1천조에 가깝다고 해서 미국을 '천조국(千兆國)'이라고 부른답니다.

미국은 무엇이 두려워 이렇게 많은 국방비를 쓰는 걸까요? 냉전 시대에는 '붉은 악마' 소련 때문이라고 했습니다. 소련이 해체되고 냉전이 끝난 후에는 테러 국가, 불량 국가 때문에 국방비를 계속 증강한다고 했습니다.

그런데 미국을 위협하는 가장 위험한 세력은 2020년에 등장했습니다. 코로나19 바이러스 군단입니다. 코로나19로 사망한 미국인이 117만 명입니다. 제2차 세계대전 이후 미국이 치른 5대 전쟁(한국, 베트남, 걸프, 이라크, 아프가니스탄)에 참여하여 죽은 미군 병사 10만여 명보다 10배가 많습니다.

미국은 세계에서 외교부(Ministry of Foreign Affairs)가 없는 유일한 나라입니다. 외교부 역할을 하는 부서를 미국은 '국무부'(Department of State)로 부릅니다. 전 세계가 자기 나라라는 뜻이죠.

이재봉 원광대 정치외교학과 교수는 미국을 인류 역사상 가장 호전적(好戰的) 국가라고 규정합니다.[14]

미국처럼 전쟁을 많이 해본 나라, 좋아하는 나라, 잘하는 나라는 없다고 합니다. 전쟁을 통해 나라를 세웠고, 전쟁을 통해 영토를 확장했으며, 전쟁을 통해 초강대국

---

14) 프레시안, 〈역사상 가장 많은 전쟁을 치른 나라, 미국〉, 2016. 8. 4.

교육개혁은 없다 1

이 되었고, 전쟁을 통해 세계 패권을 유지해 왔습니다.

미국은 1776년 독립 선언 이후 2016년까지 240년 중 219년 동안 전쟁을 치렀습니다. 1991년 소련이 해체되고 냉전이 끝난 이후에도 전쟁을 치르지 않은 해는 1997년과 2000년밖에 없습니다. 제2차 세계대전 이후 2016년까지 전 세계 150개 이상의 지역에서 약 250개의 전쟁이 발발했는데, 이 가운데 200개 이상의 전쟁에 미국이 관여했습니다.

오바마 대통령이 정권의 명운을 걸고 추진하려던 것이 건강보험 개혁이었습니다. 소위 '오바마 케어'라고 하죠. 우리나라가 1970년대 개발도상국 시절에 만든 제도를 세계 초강대국이 만들지 못해 의회에서 갑론을박으로 세월을 보냈지요. 다른 나라의 민주주의와 인권에 대해 심판관 노릇을 하면서도 자국민의 건강에 쓸 돈이 없는 나라, 재량예산의 절반을 군사비에 쓰면서도 대학은 등록금과 기부금으로 운영하는 나라, 이런 나라에서 교육이 무너진 것은 당연하지 않을까요?

정치와 복지는 후진국

하버드 법대 로스쿨 출신의 변호사인 토마스 게이건(Thomas Geoghegan)은 유럽 생활 체험을 바탕으로 미국인의 각성을 촉구하며 2010년 『미국에서 태어난 게 잘못이야』[15]라는 제목의 책을 썼습니다. 책에 나오는 미국 사회 비판 중 한 대목을 인용해보겠습니다.

---

15) 원제목은 『Were You Born on the Wrong Continent?』이다. '일 중독 미국 변호사의 유럽 복지사회 체험기'라는 부제를 달고 2011년에 우리나라에서 출판되었다.

국민은 죽도록 일하지만, 저축은커녕 평생 빚에 허덕이며 산다. 1인당 GDP는 높지만, 버스나 기차 같은 대중교통 시설은 형편없이 낙후되어 있고, 국민이 병들어도 정부는 '각자 알아서 하라'며 돌볼 생각을 하지 않는다.

1973~2005년 미국의 노동생산성은 55% 상승했는데, 시간당 평균임금은 오히려 8% 하락했다. GDP 증가분의 2/3 이상이 부자에게 돌아갔다. 돈을 많이 벌려고 애쓸수록 삶의 질은 하락했다. 미국 여자들은 남자를 만나면 얼마 버느냐부터 묻는다. 아동 4명 중 1명이 빈곤 상태인 현실에서 자식 굶기지 않으려면 당연한 질문이다.

미국은 사회 안전망에 별반 관심이 없다. 왜? 경쟁에서 이기는 데에만 온 신경이 쏠려 있기 때문이다. 전 세계 항우울제의 2/3가 이 나라에서 소비되지만, 국민이 느끼는 행복감은 형편없다.

2019년 미국의 GDP 대비 사회복지비는 18.7%입니다. OECD 38개 국가들의 평균 20.2%에도 미치지 못합니다. 유럽에서 탈출해온 이민자들이 세운 나라 미국은 왜 유럽과 다른 모습의 사회가 되었을까요?

이 질문에 대해 하버드대 경제학과 교수인 알베르토 알레시나(Alberto Alesina)와 에드워드 글레이저(Edward Glaeser)는 2012년 출판한 『복지국가의 정치학』에서 미국의 독특한 정치 제도, 인종적 이질성, 가난에 대한 특이한 믿음 때문이라고 분석합니다.

첫째, 미국의 독특한 정치 제도란 비례대표제가 없는 다수대표제, 승자독식의 대통령제, 기득권층을 대변하는 상원, 사유재산권을 수호하는 대법원, 복지 억제로 빈곤 인구의 유입을 막고 기업이익을 보호하는 연방제 등을 말합니다. 이 제도들은 부유한 미국 남성의 재산권을 보호할 목적으로 제정된 18세기 미국 헌법의 산물입니다.

유럽과 비교할 때 미국 정치의 가장 큰 특징은 진보정당이 없다는 것입니다. 우리나라 언론은 공화당과 민주당의 양당 정치 체제를 보수와 진보로 규정하는데, 공화당과 민주당 모두 자본가의 이익을 대변하는 정당입니다. 미국의 대외 정책과 관련하여 공화당을 매파, 민주당을 비둘기파라고 알고 있는 경우도 많은데 이도 옳지 않습니다. 역사적으로 보면 민주당이 집권했을 때 미국이 전쟁을 일으킨 경우가 더 많았습니다.

2016년과 2020년 미국 대선에서 돌풍을 일으킨 버니 샌더스는 자신을 '민주적 사회주의자'로 규정했는데, 민주당의 대통령 후보 경선에 뛰어들었지만, 민주당 당원이 아닙니다. 그는 자신의 정치적 소신을 담을 정당이 없어 오랫동안 무소속으로 활동해왔습니다.

둘째, 인종적 이질성이란 극소수의 기득권 세력에 맞서 다수의 대중이 소득재분배를 요구해야 하는데, 하층 백인들이 유색인종에 대한 반감을 갖고 소득재분배에 반대하는 것입니다.

셋째, 가난에 대한 인식의 차이는 인종적 이질성과 연관되어 있습니다. 세계가치조사에서 '가난한 사람은 게으르다'라는 항목에 미국인은 60%가 동의했고, 유럽인은 26%만이 동의했습니다. '가난한 사람이 열심히 일한다면 가난에서 벗어날 수 있다'는 생각에 미국민은 71%가 동의했고, 유럽인은 40%가 동의했습니다.

가난을 사회적 문제로 보면 사회적으로 해결하려고 하고, 가난을 개인의 문제로 보면 국가는 방임하게 됩니다. 미국의 복지가 후진적인 것은 유색인종에 대한 차별의식에 기초합니다.

노벨 경제학상 수상자 폴 크루그먼은 『폴 크루그먼, 새로운 세상을 말하다』에서 미국이 세계에서 불평등이 가장 심한 사회가 된 이유를 4가지로 정리했습니다.

첫째, 기술 발전으로 저학력자들의 취업 기회가 감소했다.

둘째, '글로벌화'로 노동집약적 상품들은 저소득 국가에서 수입하기 때문에 일자리가 감소했다.

셋째, 이민자들의 유입으로 저소득층의 일자리가 감소했다.

넷째, 불평등 심화를 견제할 노동조합의 힘이 약화되었다.

첫째 둘째 셋째 이유는 일자리가 감소된 원인을 설명하고 있습니다. 네 번째 이유, 불평등 심화를 견제해야 할 노동조합이 약화된 이유는 무엇일까요?

미국이 원래부터 노동조합이 약한 나라는 아니었습니다. 전 세계 노동자들의 명절인 5월 1일 메이데이는 1886년 8시간 노동을 쟁취하기 위한 미국 시카고 노동자들의 파업 투쟁을 기념하여 제정된 날입니다.

20세기 초반 10% 수준에 머물던 미국의 노조 조직률은 루스벨트 대통령 집권 시기(1933~1945년)에 30%를 넘어섭니다. 1929년 시작된 대공황은 자본주의가 망할 수 있다는 심각한 위기의식을 가져왔습니다. 당시 미국인 4명 중 1명이 실업자가 되었습니다. 우리나라에는 루스벨트 대통령의 '뉴딜'(New Deal: 새로운 합의) 정책이 테네시강 유역 종합 개발사업 정도로 알려졌지만, 뉴딜의 본질은 매우 강력한 사회 개혁 정책입니다.

루스벨트는 "부자들을 더욱 부유하게 하는 것이 아니라 가난한 사람들을 풍요롭게 하는 것이 진보의 기준"이라는 말로 자신이 추구하는 개혁의 방향을 분명히 밝혔습니다. 예를 들어 루스벨트는 10% 정도였던 상속세를 77%로 올렸습니다. 이 세율은 1940년부터 1977년까지 37년간 유지되었습니다.

루스벨트는 농업조정법을 제정하여 농민을 보호했고, 국가산업부흥법을 대체하는 노동관계법을 제정하여 노동자의 단결권과 단체행동권을 강화하고, 최저임금제를 도입했습니다. 사회보장법을 제정하여 실업보험, 극빈자와 장애인에 대한 부조제도를 도입했습니다.

부자들의 이익을 통제하고 강력한 개혁정책을 추진하면서 노조 조직률이 급상승했습니다. 보수세력은 뉴딜 정책을 전복하려 했지만, 시대의 흐름을 막을 수 없었고, 1960년대에 들어서면 분배가 호전되어 본격적인 중산층의 시대가 열렸습니다.

30%를 넘어섰던 노조 조직률은 1950년대 '빨갱이 사냥'으로 미국 사회가 광분했던 매카시 사태16) 이후 감소하기 시작하여 1979년에는 21%까지 줄어들게 됩니다.

1980년 레이건은 항공관제사 노조의 파업에 참여한 11,345명을 전원 해고하고 대체 인력을 투입하는 초강수를 둡니다. 항공관제사 노조가 대선에서 레이건을 지지했다는 점에서 노동조합들은 큰 충격을 받았고, 조직률은 급속히 추락하여 2010년에는 12%에 이르게 되었습니다. 그나마 공공부문 노조 조직률이 높아서 그렇지 민간 기업들의 노조 조직률은 7% 수준입니다. [도표4]

미국의 역사를 보면 노조가 흥하면 중산층이 흥했고, 노조가 쇠락하면 중산층도 쇠락했습니다. 그래서 노동조합의 지지를 받고 대통령에 당선된 오바마는 2015년 9월 8일 미국 노동절 연설에서 "내 가족의 생계를 보장할 좋은 직업을 원하는가? 누군가 내 뒤를 든든하게 봐주기를 바라는가? 나라면 노조에 가입하겠다"고 말합니다. 만시지탄입니다.

---

16) 1950~54년 공화당 상원의원 매카시가 일으킨 공산주의자 색출 캠페인이다. 찰리 채플린은 미국에서 추방되었고 많은 사람들이 투옥되고 블랙리스트에 오르고 직업을 잃었다.

[도표4] 미국 노조 조직률 추이

미국은 변화할 것인가?

『미국 예외주의』라는 책이 있습니다. 저자는 미국의 정치학회장과 사회학회장을 역임한 세이무어 마틴 립셋(Seymour Martin Lipset)인데요, 두 학회의 회장을 역임한 유일한 학자라고 합니다.

『미국 예외주의』의 부제는 〈미국에는 왜 사회주의 정당이 없는가?〉인데요, 립셋교수가 규명하고자 하는 주제입니다. 유럽에서 사회주의 운동은 민주주의 발전에 중심적 역할을 했습니다. 그래서 유럽의 학자들은 신생 국가 미국이 사회주의 국가가 될 것으로 예상했다고 합니다. 그런데 미국은 예상과 다른 방향으로 발전했죠.

교육개혁은 없다 1

『미국 예외주의』는 미국에서 사회주의 운동이 왜 실패했는지 분석한 책입니다.

그런데 '미국 예외주의'에 변화가 오기 시작했습니다. 안병진 경희대 미래문명원 교수는 미국 뉴스쿨 대학원에서 정치학 박사학위를 받은 미국 전문가인데요, 2021년 출간한 『미국은 그 미국이 아니다』에서 지금까지 우리가 알던 미국의 모습은 유효하지 않다고 말합니다.

우리가 알고 있는 미국은 공화당과 민주당의 양당 정치 체제입니다. 건국 이후 공화당이 19번, 민주당이 16번 집권했죠. 그런데 최근 미국은 양당 체제가 아니라 '토크빌주의', '헌팅턴주의', '데브스주의', 이렇게 세 개의 정치세력으로 재편되었다고 합니다.

낯선 이름이라 잠시 안내하자면, 토크빌은 미국을 사랑했던 19세기 프랑스 정치철학자입니다. 헌팅턴은 우리나라에서 유명한 『문명의 충돌』을 쓴 미국의 정치학자죠. 데브스는 20세기 초반 미국의 사회주의 운동에 큰 영향을 끼친 미국의 노동운동가입니다. 쉽게 보기 위해 새롭게 재편된 정치세력을 표로 나타내면 [표9]와 같습니다.

[표9] 미국의 정치세력

정치 이념	가치	대표 정치인
토크빌주의	공화당, 민주당을 떠나서 미국식 전통 가치 존중	바이든
헌팅턴주의	기존의 정치 질서 파괴	트럼프
데브스주의	민중의 자본주의 개혁, 사회주의 정책 표방	샌더스

왜 미국의 정치 지형이 변화했을까요? 2008년 발생한 금융위기는 1930년대 대공황 이후 미국 사회에 가장 큰 충격을 던졌습니다. 리먼 브라더스가 무너지고 AIG,

아메리칸 익스프레스, 에이비스가 구제금융을 받는 등 세계 최강 미국 자본주의의 허상이 무너졌습니다. 그런데 미국 정부는 망한 기업들에 국민의 세금으로 지원해 줍니다. 이에 대한 분노가 2011년 월가 점령 시위로 번집니다. 미국에 그렇게 많은 이들이 거리로 나와서 시위를 한 것은 1960년대 베트남전 반전 시위 이후 처음이죠. 월가 점령 시위 이후 미국에는 새로운 정치세력이 등장합니다.

그중 한 세력을 상징하는 사람은 도널드 트럼프입니다. 트럼프는 레이건 이후 30년 동안 신자유주의를 시행한 결과 빈부 격차가 극심해진 것을 비판하며, 공화당·민주당 할 것 없이 기성 정치인들을 비난했습니다. 백인 노동자들이 실업자가 된 원인을 이주 노동자에게 돌리고, '미국 우선주의'를 외치며 국제 사회에서 리더로서 역할을 부정했습니다. 부동산 사업가로서 정치 경력은 전혀 없는 텔레비전 쇼 진행자가 단숨에 공화당 대통령 후보가 되고 대통령까지 된 것은 신자유주의의 폐해가 기저에 깔려있습니다.

그 반대편에 있는 인물은 2016년, 2020년 미국 대선에서 민주당 대통령 후보 경선에 출마하여 돌풍을 일으킨 버니 샌더스(Bernie Sanders)입니다.

'민주적 사회주의자'를 자처한 샌더스는 힐러리가 당연히 될 줄 알았던 2016년 민주당 경선에서 돌풍을 일으키며 턱밑까지 추격해 세계적 화제가 되었습니다. 2020년에도 민주당 경선에 출마했으나 트럼프의 당선을 막기 위해 바이든에게 양보하고 후보를 사퇴하죠. 미국은 사회주의 정당이 없지만, 1941년생 노인이 '민주적 사회주의자'를 자처하며 미국 정치에 일으킨 돌풍은 대단했습니다. 그가 미국 사회에 던진 이야기를 들어보죠.

"내가 과격하다고요? 월마트 소유주 월튼 일가의 자산이 가장 가난한 1억3천만 명의 재산보다 많다는 사실, 이런 미국의 현실이 지나치게 과격한 것입니다."

"6개의 대형 금융기관이 미국 GDP의 60%를 소유하고 있는데, 그들을 규제할 방법이 없습니다. 나는 월스트리트의 대마불사 은행들을 해체해야 한다고 생각합니다. 내가 당선되면 내각에는 월스트리트를 대변하는 사람들은 발을 붙이지 못하도록 하겠습니다."

"부자들의 세금을 깎아주면서 최저임금 인상을 거부하는 건 우습고도 부끄러운 일입니다. 주당 40시간 이상 일하는 미국인이라면 누구나 빈곤에서 벗어나야 합니다. 연방 최저시급 7.25달러(약 8,300원)를 15달러까지 인상해야 합니다."

샌더스가 2019년 6월 조지워싱턴대학교에서 미국인을 향해 '진정한 자유'가 무엇인지 묻는 연설을 했는데요, 한국 현실과 똑같아서 함께 보겠습니다.

"내가 믿는 것은 미국인들은 자유를 누릴 자격이 있다는 것입니다. 자유는 자주 사용되는 말이지만, 지금은 이 말이 실제로 무엇을 의미하는지 엄밀히 살펴볼 때입니다. 당신이 아플 때 의사에게 갈 수 없다면, 당신은 진정 자유롭습니까? 당신이 생명을 유지하기 위해 필요한 약을 살 돈이 없다면, 당신은 진정 자유롭습니까? 70세가 넘었는데도 연금이나 은퇴하기에 충분한 돈이 없어 노동을 강요받는다면, 당신은 진정 자유로운가요? 당신 가족이 돈이 없어서 대학이나 직업학교에 가지 못한다면, 당신은 진정 자유로운가요? 적정 임금을 받지 못해 주당 60~80시간을 일해야 한다면, 당신은 진정 자유로운가요? 당신의 아이가 태어났는데 육아휴직을 쓸 수 없어 출산 직후 일터로 복귀해야 한다면, 당신은 진정 자유로운가요? 지구상에서 가장 부유한 나라에서 이 질문들에 대한 대답이 '노(No)'라면, 당신은 자유롭지 않습니다."

2011년 월가 점령 시위에 참여했던 청년들은 샌더스가 대통령 후보로 출마하자

그의 선거 캠프에 모여들어 자발적으로 선거운동을 합니다. 그리고 그들은 '미국 예외주의'를 깨뜨리며 사회주의로 눈을 돌립니다.

네이선 로빈슨(Nathan Robinson)이 2021년에 출간한 『밀레니얼 사회주의 선언』은 미국 청년들의 생각을 담은 책입니다. 원제가 『Why you should be a socialist?』이니 번역하면 '당신은 왜 사회주의자가 되어야만 하는가?'가 되겠는데요, 하버드대에서 사회학 박사과정을 밟고 있는 1988년생 청년이 '어쩌다 사회주의자 같은 것'이 되었는지 절절히 이야기합니다.

그가 사회주의자가 된 이유는 맑스의 공산당 선언을 읽었기 때문이 아닙니다. 그는 빈부 격차가 극심한 미국의 현실에 진절머리를 냅니다. 그래서 그는 대안이 사회주의밖에 없다고 보는 것이죠.

로빈슨과 같은 청년들이 모인 사회주의 단체 '민주적 사회주의자'(DSA)는 2016년 회원이 5,000명 정도였는데, 2019년에 56,000명으로 10배 늘어났다고 합니다. 2018년 갤럽 설문 조사에 응한 밀레니얼 세대(18~29세) 응답자 중 '사회주의에 긍정적인 이미지를 가지고 있다'는 51%, '자본주의에 긍정적인 이미지를 가지고 있다'는 45%로, 미국 청년들의 생각이 바뀌고 있음을 보여줍니다.

미국이 하루아침에 변할 리 없겠죠. 그러나 분명한 건 세상에 변하지 않는 것은 없다는 것입니다. 샌더스는 독자적 사회주의 정당을 만들지 못하고 민주당 경선에 뛰어들었는데요, 앞으로 '미국 예외주의'가 깨지고 미국에 사회주의 정당이 등장할 것인지, 그 세력이 성장 발전하여 불평등을 해결할 것인지 매우 궁금합니다.

지금까지 미국의 교육과 사회 현실을 알아봤는데요, 핀란드에 비해 분량이 매우 많았습니다. 우리가 미국의 영향을 매우 크게 받는 나라이고, 현재 한국의 교육제도가 미국 것을 수입하여 진행되기 때문에 자세히 알아봤습니다.

한국 교육을 부러워할 정도로 망가진 미국 교육은 불평등 사회 체제의 단순한 반영일까요? 미국 내부에서는 문제의식을 갖고 개혁하려는 시도가 없었을까요? 그렇지 않습니다. 미국도 두 차례의 큰 교육개혁이 있었습니다. 그런데 실패했습니다.

앞서 핀란드가 구체적으로 어떻게 교육개혁에 성공했는지 『교육개혁은 없다 2』의 제2부에서 자세히 살펴보도록 하겠다고 말씀드렸는데, 미국의 교육개혁은 어떤 목표와 방도로 추진됐고, 왜 실패했는지도 제2권에서 함께 말씀드리겠습니다.

2부

한국교육 성찰

대한민국은 선진국입니다. 2021년 7월 '유엔무역개발회의'(UNCTAD)는 한국의 지위를 그룹A(아시아·아프리카)에서 그룹B(선진국)로 변경했습니다. 1964년 유엔무역개발회의 설립 이후 개발도상국에서 선진국으로 지위가 변경된 것은 한국이 처음이라고 합니다.

2021년 한국의 무역 규모는 영국을 제치고 세계 8위로 올라섰습니다. 2018년에는 인구 5천만 명이 넘는 나라 중 1인당 GDP가 3만 달러가 넘는 7번째 국가가 되었습니다. 경제만 성장한 게 아닙니다. K-팝, K-푸드, K-드라마 등 한국은 아시아 동쪽 어디쯤엔가 있는 '조용한 아침의 나라'가 아닙니다.

경제력만 보면 선진국이지만 삶의 질은 전혀 그렇지 않습니다. 2022년 한국인의 행복지수는 세계 146개국 중 59위, OECD 38개국 중 36위입니다.

한국인의 불행 정도는 합계출산율[17]과 자살률[18]로 표현됩니다. 2022년 합계출산율은 0.78명으로 전 세계에서 유일하게 '0명대'이며 압도적 꼴찌입니다. 자살률은

---

17) 한 여성이 가임기간(15~49세)에 낳을 것으로 기대되는 평균 출생아 수
18) 인구 10만 명당 자살자 수

2017년을 제외하고 2003년부터 2022년까지 OECD에서 계속 일등입니다. 10대, 20대, 30대의 사망 원인 1위가 자살입니다. 자살률은 현재 삶의 고통을 표현하고, 합계 출산율은 미래 삶의 전망을 표현한다는 점에서 대한민국은 현재도 미래도 전망이 어두운 사회입니다.

한국의 교육은 어떤 상태일까요?

외형만 보면 한국은 교육 선진국입니다. 대학 진학률은 세계 최고입니다. 등록금 낼 형편만 되면 누구나 대학에 갈 수 있습니다. 법률적으로는 중학교까지 의무교육이지만, 2021년에 고등학교까지 무상교육이 실현됐습니다. 다른 선진국들이 코로나19로 학교 문을 닫을 때도 한국은 원격 수업으로 돌파했습니다.

공부도 매우 잘합니다. PISA 순위에서도 한국은 늘 앞자리에 있습니다. 1부에서 핀란드와 미국의 PISA 순위를 보았는데, 한국도 보겠습니다. [표10]

[표10] 한국의 PISA 영역별 순위

영역	2000년 (43개국)	2003년 (41개국)	2006년 (57개국)	2009년 (75개국)	2012년 (65개국)	2015년 (70개국)	2018년 (79개국)	2022년 (81개국)
읽기	7위	2위	1위	2~4위	3~5위	4~9위	6~11위	2~12위
수학	3위	3위	1~4위	3~6위	3~5위	6~9위	5~9위	3~7위
과학	1위	4위	7~13위	4~7위	5~8위	9~14위	6~10위	2~9위

공부의 결과는 좋은데, 공부의 과정도 훌륭할까요? [도표5]는 2009년 보건복지가족부가 한국청소년정책연구원에 의뢰해 작성한 '아동·청소년의 생활패턴에 관한 국제 비교연구' 결과입니다. 15~24세 청소년의 평일 학습 시간은 학교 수업, 사교

교육개혁은 없다 1

[도표5] OECD 주요국 청소년 공부시간 비교

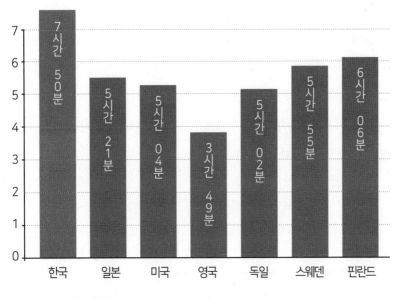

자료: 보건복지가족부

육, 개인 공부 시간을 합쳐 7시간 50분입니다. 5시간 전후인 다른 OECD 국가와 비교하면 공부 시간이 3시간 정도 길다는 것이죠. PISA에서 최상위권인 핀란드가 한국보다 2시간 정도 짧은 것을 생각하면 한국 학생들이 공부를 잘하는 것은 장시간 학습의 결과이지 한국 교육시스템의 성과는 아닙니다.

그러니 한국 학생들은 행복하지 않겠지요. 이것은 우리만 알고 있는 비밀이 아니라 다른 나라 사람들의 눈에도 그렇게 보이는 현실입니다. 2013년 프랑스의 일간지 〈르몽드〉는 '교육 강박증에 걸린 한국인'이라는 제목의 기사에서 "한국 학생들이 성적은 우수하지만 세상에서 가장 불행한 학생들이며, 한국의 교육시스템은 세상에서 가장 경쟁적이고 고통스러운 교육"이라고 평가했습니다. 르몽드 기자가 한국 교육에 대해 얼마나 안다고 감히 그렇게 평가했는지 화난다면 한국 학생들이 직접 평가한 것을 보시죠.

[도표6]은 김희삼 광주과학기술원 교수가 2018년 『KDI FOCUS』 91호에 게재한 「저신뢰 각자도생 사회의 치유를 위한 교육의 방향」에 실은 설문 조사 결과입니다. 우리나라처럼 학력 경쟁이 심한 중국, 일본, 미국, 한국의 대학생 각각 1천 명씩, 총 4천 명에게 자신의 고등학교 시절이 '함께 하는 광장', '거래하는 시장', '사활을 건 전장' 중 어디에 해당하는지 물었습니다.

[도표6] 4개국 대학생의 자국 고등학교에 대한 인식
각국 대학생 1000명씩 4000명 설문조사

단위: %

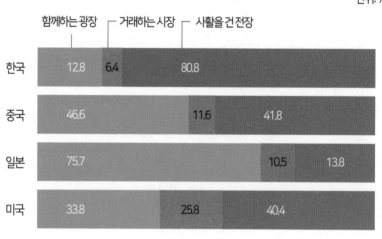

자료: 한국개발연구원

고등학교 시절을 '사활을 건 전장'으로 평가한 비율을 보면서 생각해보겠습니다. 일본은 대학뿐 아니라 고등학교도 서열이 심하고 명문대 입시가 매우 치열한데 뜻

교육개혁은 없다 1

밖에도 13.8%에 불과합니다. 빈부 격차와 교육의 대물림이 극심한 미국, 대학 입시가 치열하고 유치원 때부터 경쟁이 시작된다는 중국도 40% 수준입니다. 한국의 80.8%와 비교가 되지 않습니다.

한국 대학생들이 평가한 한국 교육은 한 마디로 '전쟁'입니다. 그러니 "한국 학생들은 세상에서 가장 불행한 학생들이고, 한국의 교육시스템은 세상에서 가장 경쟁적이고 고통스러운 교육"이라고 표현한 르몽드의 기사를 받아들여야겠죠.

제2부의 주제는 한국 교육 성찰입니다. 한국 교육에서 성찰하고자 하는 것은 다른 나라에서도 찾아볼 수 있는 보편적 현상이 아니라 한국에서만 심각하게 드러난 현상을 대상으로 하겠습니다.

저는 한국 교육의 특징을 잔인성, 기형성, 비효율성, 세습성, 이렇게 네 가지 측면에서 정리하고자 합니다. 그리고 왜 이런 현상이 나타났는지, 언제부터 그런 것인지, 이를 설명하는 이론들은 어떤 것이 있는지, 저는 그런 이론들에 대해 어떻게 생각하는지 살펴보고, 제3부에서는 한국 교육의 특징이 어떻게 형성되었는지를 밝혀보고자 합니다.

한국 교육의 네 가지 특징

한국 교육의 잔인성

학생들이 겪고 있는 극심한 정신적 고통

[도표7]과 [도표8]은 2022년 어린이날 100주년을 맞아 전교조가 전국의 4~6학년 1,841명을 대상으로 조사하여 발표한 〈2022 어린이 생활과 의견조사―어린이의 학습과 쉼〉 결과입니다.

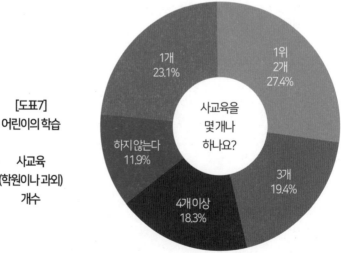

[도표7]
어린이의 학습

사교육
(학원이나 과외)
개수

사교육을
몇 개나
하나요?

1위
2개
27.4%

3개
19.4%

4개 이상
18.3%

하지 않는다
11.9%

1개
23.1%

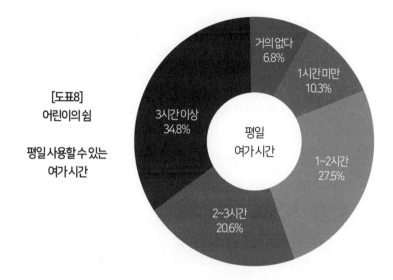

[도표8]
어린이의 쉼

평일 사용할 수 있는
여가 시간

평일
여가시간

거의 없다
6.8%

1시간 미만
10.3%

1~2시간
27.5%

2~3시간
20.6%

3시간 이상
34.8%

도표로 수록하지는 않았지만, 위 조사에서 초등학생들이 사교육을 받는 이유는 '부모님의 권유'가 45.6%, '배우고 싶어서'가 45.1%로 두 응답 비율이 비슷한 수준 인데, 부모님의 권유로 사교육을 받는 어린이들은 주로 과학(53.0%) 수학(51.7%) 영어(51.6%) 과목 위주이고, '배우고 싶어서' 사교육을 받는 어린이는 음악·미술 (63.8%) 체육(58.5%) 컴퓨터(49.5%) 등 예체능과 교과 외 활동을 주로 배우고 있습 니다.

어린이들이 학원을 마치고 귀가하는 시간은 몇 시쯤일까요? 응답자의 57.3%가 오 후 6시에 집으로 돌아간다고 답했는데, 6학년은 36.4%가 오후 7시에 귀가한답니다.

'하교 후 친구들과 주로 노는 장소가 어디인가?' 하는 질문에 대해서 43.2%가 '놀 지 않는다'고 답했습니다.

2019년 '유엔아동권리위원회'는 한국 정부에 경쟁을 부추기는 교육환경을 우려 하며 교육시스템 내 경쟁을 완화할 것을 권고한 적이 있는데요, 놀아야 할 어린이들이 사교육 받느라 놀지 못하니 삶의 질은 형편없겠죠. 어느 정도일까요?

2021년 한국방정환재단이 공개한 〈한국 어린이·청소년 행복지수〉 연구 결과에 따르면 조사 대상인 OECD 22개국 중 꼴찌를 기록했습니다. 2021년만 그런 게 아니고 2000년대 초반부터 최근까지 매년 조사 결과가 그렇습니다. [도표9]

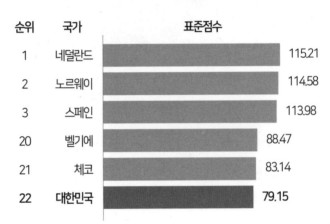

[도표9] OECD 어린이 행복지수

OECD 2021년 22개국 조사, 초등학교 4~6학년 기준

순위	국가	표준점수
1	네덜란드	115.21
2	노르웨이	114.58
3	스페인	113.98
20	벨기에	88.47
21	체코	83.14
22	대한민국	79.15

자료: 한국방정환재단

한국의 사회 지표 중 OECD에서 꼴찌 수준인 게 워낙 많아서 그리 놀랍지는 않은 데요, 정말 가슴 아픈 것은 아이들의 가치관입니다. [표11]은 2021년 연세대학교 사회발전연구소가 발표한 「한국 어린이·청소년 행복지수(국제 비교연구 조사 결과보고서)」 중 '행복을 위해 필요한 것'이 무엇인지 물은 결과입니다.

2009년에 조사했을 때보다 '관계적 가치'를 꼽은 어린이는 10.8% 줄었고, '물질적 가치'는 9.5% 증가했다고 합니다. 어린이는 어른의 거울이라고 합니다. 애들이 문

교육개혁은 없다 1

[표11] 행복을 위해 필요한 것

돈, 성적 향상, 자격증(물질적 가치)	38.6%
가족, 친구(관계적 가치)	33.5%
건강, 자유, 종교(개인적 가치)	27.9%

제이겠습니까? 어른들의 잘못이지요.

2021년 어린이 행복지수 조사에서 행복도가 가장 높은 국가는 115.21점을 받은 네덜란드입니다. 네덜란드 아이들은 어떻게 자라기에 만족도가 1위일까요? 네덜란드에서 아이를 키우는 부모의 이야기를 직접 들어보겠습니다.

리나 메이 아코스타(Rina Mae Acosta)는 무한경쟁이 익숙한 미국 샌프란시스코 출신, 미셸 허치슨(Michele Hutchison)은 '일 중독'인 영국 출신 여성입니다. 둘 다 네덜란드 남자와 결혼해 네덜란드에서 아이들을 키우면서 네덜란드 아이들이 왜 행복한지 연구하여 2018년 『네덜란드 소확행 육아』를 출간했습니다.[19] 리나 메이와 미셸은 네덜란드 아이들이 영국, 미국 아이들과 확연히 다른 점을 아래와 같이 설명합니다.

- 아기들은 잠을 더 많이 잔다.
- 초등학생들은 숙제가 거의 없거나 아예 없다.
- 아이들은 자기 의사를 자유롭게 표현한다.
- 아이들은 혼자 자전거를 타고 통학할 수 있다.

---

19) 원제목은 『The Happiest Kids In The World』이다.

- 아이들은 보호자 없이 밖에서 놀 수 있다.
- 아이들은 주로 가족과 함께 식사한다.
- 아이들은 부모와 함께 보내는 시간이 많다.
- 아이들은 소소한 일상을 즐기고 중고 장난감에도 만족한다.
- 아이들은 아침 식사 때 빵에다 초콜릿(하헐슬라흐)을 얹어서 먹는다.

아동이 가장 행복한 나라의 특징이란 게 별거 없네요. 잠 많이 자고, 부모와 시간을 많이 보내며, 함께 밥 먹는 것입니다. 우리가 저 쉽고도 당연한 것을 못 해서 OECD 국가 중 아동의 삶 만족도가 꼴찌입니다.

리나 메이와 미셸의 이야기를 좀 더 들어보겠습니다.

"이렇게 자란 10대 아이들은 어느 나라의 10대들보다 자신감과 책임감이 있고, 타인을 존중한다. 네덜란드 10대들은 반항하지 않는다. 그들은 허세에 찬 오만함보다 성숙한 자기 확신을 갖추고 있다. 이렇게 정서적으로 안정된 아이들은 훗날 성인기에 겪을 갖가지 시련을 헤쳐나갈 채비를 갖춘다.

네덜란드 부모들의 주당 평균 노동시간은 29시간이고, 주중에 적어도 하루는 아이들과 함께 시간을 보내고 자기 자신을 위한 시간도 할애한다. 반면 영국과 미국의 부모들은 자신의 비현실적인 기대치와 타인의 견해에 늘 부대끼며 불안해한다.

좋은 부모가 되려면 인생을 송두리째 바쳐 아이를 돌봐야 한다는 사고방식은 언제부터 생겨났을까? 언제부터 영국과 미국에서는 부모 역할이 고달프기만 하고 재미라고는 눈곱만큼도 없는 일로 전락했을까?"

우리는 1990년대 중반부터 30년 동안 '세계화'니 '글로벌 인재'니 하며 미국과 영국의 교육제도를 모방한다고 난리를 쳤는데, 정작 미국과 영국 출신의 부모들은 네덜란드를 보며 '부모 역할이 고달프기만 하고 재미라고는 눈곱만큼도 없는' 미국과 영국의 교육을 비판하고 있습니다.

아동 삶의 만족도 꼴찌인 한국에서 청소년의 사망 원인 1위가 자살입니다. 교통사고를 제치고 1위가 된 지 16년째입니다. [도표10] 자살자 수는 계속 증가하고 있습니다. [표12]

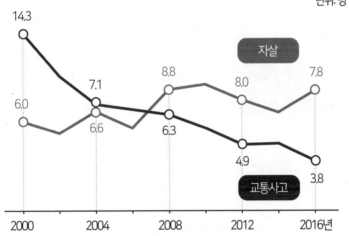

[도표10] 10만 명 당 청소년 사망 원인

단위: 명

14.3

자살

6.0   7.1   8.8   8.0   7.8
       6.6   6.3
                      4.9
교통사고   3.8

2000   2004   2008   2012   2016년

자료: 통계청

[표12] 초중고 학생 자살자 수

2015년	2016년	2017년	2018년	2019년	2020년
93명	108명	114명	144명	140명	147명

[도표11]은 한국청소년정책연구원이 2018년 초중고생 9,600명을 대상으로 조사한 결과입니다. 3명당 1명꼴로 '자주 또는 가끔' 죽고 싶다는 생각을 하는데, 가장 큰 이유가 학업 문제입니다. 여기에 미래에 대한 불안까지 합치면 60%에 육박합니다.

[도표11] 최근 1년간 죽고 싶다는 생각을 해본 정도

단위:%

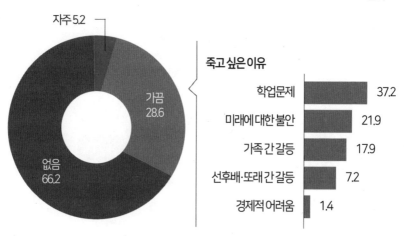

2018년 8월 서울대병원 정신건강의학과 김붕년 교수팀이 일산백병원, 대구가톨릭대병원, 제주대병원과 함께 2016년 9월~2017년 12월 서울, 경기 고양, 대구, 제주 등 4개 권역의 초중고생 4,057명을 대상으로 정신질환 유병률 및 위험 요인을 분석한 결과를 발표했는데, 그 결과가 충격적입니다. [도표12]는 그 결과입니다.

적대적 반항장애는 가족이나 교사, 친구 등 주변 사람에게 적대적 행동이나 반항적 태도를 6개월 이상 보이는 질환입니다. 제때 치료하지 않으면 어른이 돼 범죄와 연관될 수 있는 분노조절장애나 반사회적 인격장애로 이어질 수 있는 병이죠. 특정 공포증은 특별한 대상이나 상황에 대해 불합리하고 심한 공포가 지속적으로 나타

교육개혁은 없다 1

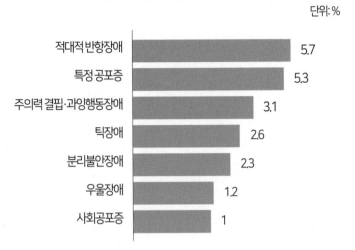

[도표12] 초중고생 주요 정신질환 유병률

서울 고양 대구 제주 등 4개 권역 4067명 조사

단위: %

적대적 반항장애	5.7
특정 공포증	5.3
주의력 결핍·과잉행동장애	3.1
틱장애	2.6
분리불안장애	2.3
우울장애	1.2
사회공포증	1

자료: 서울대병원 등 4개 기관

나는 병입니다.

중·고생 대상 설문에선 17.6%가 자살을 생각한 적이 있으며 3.7%는 자살 의도를 가졌고, 5.8%는 의도는 없지만 자해 행동을 한 것으로 조사됐습니다. 다양한 정신 건강 문제를 겪고 있지만 전체 조사 대상자의 17%만이 전문가 도움을 요청했으며 치료 경험은 6%에 그쳤다고 합니다.

초중고 학생들의 정신적 고통이 얼마나 심각한 상태인지 군인과 비교해보겠습니다. 2021년 9월 의학전문 미디어 하이닥(HiDoc)에 소개된 보고서 내용인데요, 정신 건강의학과 이승엽 교수와 세계보건기구(WHO) 소속 예방의학자 윤창교 기술관이 이끄는 연구팀이 육·해·공군 병사, 부사관, 장교 7,763명을 대상으로 설문 조사를 진행한 결과, 유효 응답자 6,377명 중 241명이 '자살을 생각해 본 적이 있다'고 밝혔다고 합니다. 100명당 4명 정도입니다.

군인은 전쟁을 위해 존재합니다. 전쟁이 터지면 사람을 죽여야 하는 존재죠. 그래서 군인들의 정신적 고통은 남다릅니다. 군인들이 겪는 트라우마와 관련한 영화도 매우 많죠. 그런데 군인보다 청소년이 자살을 생각하는 비율이 더 높다니 우리 사회를 어떻게 생각해야 할까요?

2019년 11월 '국회자살예방포럼'이 주최한 〈위기의 청소년 어떻게 구할 것인가?〉에서 주제 발표를 한 박은진 일산백병원 정신건강의학과 교수에 따르면 "초중고 학생 5명 중 1명은 정신건강 문제를 가지고 있으며, 10명 중 1명은 전문적 치료가 필요한 상태"라고 밝혀 충격을 주었습니다.

청소년만 그런 게 아닙니다. 대학생은 더 심각합니다. [도표13]은 교육부가 한국직업능력개발원과 함께 조사한 '2017년 대학 진로교육 현황 조사' 결과입니다.

[도표13] 대학생활 고민 순위

단위: %

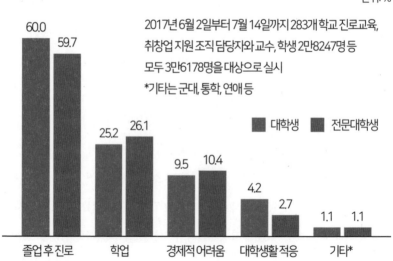

2017년 6월 2일부터 7월 14일까지 283개 학교 진로교육, 취창업 지원 조직 담당자와 교수, 학생 2만8247명 등 모두 3만6178명을 대상으로 실시
*기타는 군대, 통학, 연애 등

■ 대학생 ■ 전문대학생

고민	대학생	전문대학생
졸업 후 진로	60.0	59.7
학업	25.2	26.1
경제적 어려움	9.5	10.4
대학생활 적응	4.2	2.7
기타*	1.1	1.1

교육개혁은 없다 1

과거에는 '대학생' 하면 공부보다는 미팅, 연애 등이 연상되었지만, 지금 대학생들은 졸업 후 진로가 압도적 고민이며, 군대나 연애 등은 1%에 불과합니다. 문제는 취업이 바늘구멍이라는 것입니다. 그래서 정신적 스트레스가 극심합니다. 2011년 교육과학기술부가 국회에 제출한 자료에 따르면 2001년~2009년 대학생 자살자 수는 연평균 230명으로, 초중고생을 합한 것보다 2배 가까이 많은 수치입니다.

2018년 5월 국회에서 열린 〈대학생의 불안, 이대로 괜찮은가〉라는 주제의 세미나에서 오혜영 이화여대 학생상담센터 교수는 대학생 2,600여명을 대상으로 실시한 심리상태와 학교 적응도 조사 결과를 발표했습니다. [표13]은 그 결과입니다.

[표13] 위험군별 심리건강 비율

심리건강	위험군	(%)	잠재위험군	(%)	일반군	(%)
우울	489	(18.8)	637	(24.4)	1,481	(56.8)
불안	1,074	(41.2)	891	(34.2)	642	(24.6)
대인예민성	335	(12.9)	749	(28.7)	1,523	(58.4)
신체화	333	(12.8)	735	(28.2)	1,539	(59.0)
인터넷 사용	472	(18.1)	876	(33.6)	1,259	(48.3)
섭식	613	(23.5)	832	(31.9)	1,162	(44.6)
음주	69	(2.6)	272	(10.4)	2,266	(86.9)
현실감각기능	46	(1.8)	438	(16.8)	2,123	(81.4)
자살위기	94	(3.6)	278	(10.7)	2,235	(85.7)
외상후스트레스	259	(9.9)	274	(10.5)	2,074	(79.6)

자료: 오혜영(2018), 대학생의 심리적 위기 극복 및 인성계발 지원사업 설계 연구

우울, 불안, 자살에 대해 '위험군'과 '잠재위험군'을 합친 비율을 보면 '우울'은 43.2%, 불안은 75.4%, 자살은 14.3%입니다. 자살의 경우 1년 이내에 자살을 시도한 학생이 무려 1.6%로 우리 사회 전체 자살 시도율 0.8%의 2배입니다. 심리적 문제로 심리치료나 정신과 치료를 받은 경험이 있는 학생도 14.8%로 나타났습니다.

앞서 살펴본 통계 자료들을 정리해보겠습니다.

- OECD 국가 중 아동 삶의 만족도 꼴찌
- 청소년의 사망 원인 1위 자살
- 청소년 3명당 1명꼴로 자주 또는 가끔 자살을 생각, 가장 큰 이유는 공부
- 초중고 학생 5명 중 1명은 정신건강에 문제, 10명 중 1명은 전문적 치료가 필요
- 대학생의 '위험+잠재위험' 비율이 '우울' 43.2%, '불안' 75.4%, '자살' 14.3%

이 정도면 전쟁을 치렀거나, 몹시 사랑하던 사람을 잃었거나, 큰 병을 앓고 있는 사람의 정신 상태라고 해도 과언이 아닙니다. 우리 사회 어른들은 아동부터 대학생까지 마음을 들여다봐야 할 것입니다.

무기력, 잉여, N포, 고립·은둔을 양산하는 교육

[도표14]는 한국보건사회연구원의 부설 연구기관인 육아정책연구소가 2016년 전국의 2세 아동 부모 537명, 5세 아동 부모 704명을 대상으로 조사한 사교육 실태 결과입니다. 사교육이란 어린이집과 유치원 이외에 학원, 문화센터, 가정에서 이루어지는 예체능 활동, 학습 활동, 학습지, 온라인 학습 등을 말합니다.

2세 아동의 35.5%가 주당 평균 2.6회의 사교육을 받는데 국어, 영어, 수학, 과학

[도표14] 사교육 실태

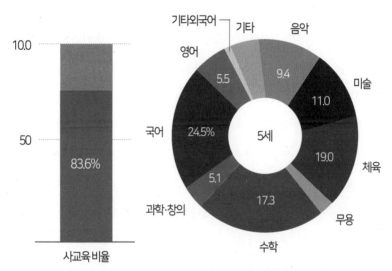

주당 사교육횟수: 5.2회 / 1회당 교육시간 50.1분

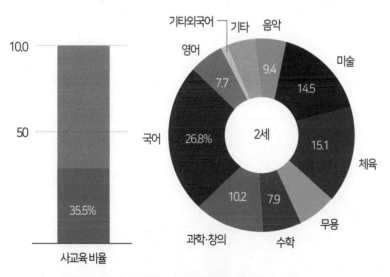

주당 사교육횟수: 2.6회 / 1회당 교육시간 47.6분

이 무려 52.6%입니다. 5세가 되면 83.6%가 사교육을 받는데, 주당 평균 5.2회로 늘어나며 국어, 수학, 영어, 과학이 차지하는 비중이 52.4%입니다.

초등학교 입학 전부터 시작된 선행학습은 초등학교, 중학교를 거치면서 더 심화됩니다. 교육의 목적은 경쟁에서 이기는 것이고, 승부는 학원에서 선행학습으로 결정되며, 학교는 서열을 공식적으로 확인하는 기관일 뿐입니다.

아래 사진은 2013년 시민단체 '사교육걱정없는세상'이 시민들의 제보를 통해 모집한 '나쁜 광고' 21건 중 몇 가지 사례입니다. 초등학교 4학년 때 시작해야 SKY를 가고, 초등학교 5~6학년 때 시작하면 늦으며, 초등학교 5학년 때 중학 수학을 끝내야 한다는 선동에, 성공하는 아이의 99%는 초등학교 1학년 때 엄마가 만든다는 협박까지 하고 있습니다.

과도한 선행학습은 어떤 폐해를 낳을까요? 세 살 때부터 '교육 전선'에 뛰어든 요즘 학생들은 10년 정도 교육을 받은 초등학교 고학년이 되면 자신이 공부를 통해서 무언가 해낼 수 없다는 것을 깨닫고 '무기력'이라는 방식의 저항을 합니다.

교육개혁은 없다 1

무기력이란 무엇일까요? 정식분석가 수잔 캐벌러-애들러(Susan Cavaler-Adler)는 무기력을 '더 이상 분노할 수 없을 때 보이는 상태'라고 해석합니다. 반복되는 실패와 극복해보려는 노력의 좌절이 누적되어 선택한 삶의 방식이 무기력이라는 것이죠.

단순히 공부를 못하는 것과는 달리 아예 포기하려는 정신상태에 이르는 시기가 초등학교 고학년이라니, 우리 사회는 아이들에게 도대체 무슨 짓을 하는 것일까요?

무기력을 양산하는 초중고 교육 단계를 거쳐 대학에 들어가면 더 잔인한 체제가 기다리고 있습니다. OECD 국가 중 미국 다음으로 등록금이 비싸면서 교육 여건은 최하인 대학에 가서 단군 이래 최대의 스펙으로 무장을 한 대학생들이 취직이 안 되는 것입니다.

학벌, 학점, 토익점수, 어학연수, 자격증을 '스펙 5종'이라고 한답니다. 여기에 봉사활동, 인턴, 수상경력을 합쳐 '스펙 8종', 성형수술을 합치면 '스펙 9종', 마지막으로 '인성'을 합치면 '스펙 10종 세트'가 완성되었다고 한답니다. 인성이 스펙이 되는 사회, '웃프다'는 신조어는 이럴 때 쓰라고 있는 것 같습니다.

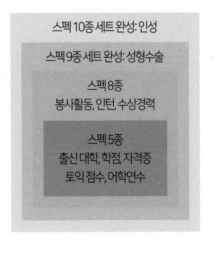

스펙 10종 세트 완성 : 인성

스펙 9종 세트 완성 : 성형수술

스펙 8종
봉사활동, 인턴 수상경력

스펙 5종
출신 대학, 학점, 자격증
토익 점수, 어학연수

취업 문은 얼마나 좁은 상태일까요? 통계청이 발표하는 실업률은 체감수치가 아닙니다. 그래서 2018년부터 '확장실업률'이라는 지표를 발표합니다. 예를 들어 취업 준비를 하면서 하루 4시간씩 아르바이트를 한다면 취업자로 분류되지만 사실상 실업자인 셈이죠. 이렇게 발표한 2021년 15~29세 청년들의 확장실업률은 26.8%로, 4명 중 1명은 실업자입니다. 장기실업자의 65%가 2030 세대입니다.

이 험난한 벽을 뚫고 대기업 정규직, 공기업, 공무원으로 취업한 20%에 끼지 못하면 자신을 '잉여'라고 부릅니다. 취업 원서를 100장, 200장 써도 면접 기회조차 주지 않는 절망의 상태, 영혼을 팔아서라도 취직하고 싶은 절절한 마음은 자신에 대한 학대로 이어집니다.

잉여가 된 80%의 청년들은 인턴, 수습, 계약직, 파견직으로 노동력을 착취당하거나 직장을 전전합니다. 취업 플랫폼 잡코리아(JOBKOREA)가 2022년 직장인 2,400명을 대상으로 조사한 바에 따르면 10명 중 3명은 첫 직장을 1년 안에 퇴직한다고 합니다. 그렇게 몇 번 직장을 옮기다가 들어가는 곳이 노량진 고시촌입니다. 30세 이전에 부모에게서 경제적으로 독립하는 것이 꿈이 되었습니다.

그래서 연애, 결혼, 출산을 포기한 '3포 세대'를 지나, 내 집 마련과 인간관계까지 포기한 '5포 세대'를 넘어, 꿈과 희망까지 포기한 '7포 세대'로, 결국 모든 것을 포기한 'N포 세대'가 되어 '이생망'(=이번 생은 망했다)을 되뇌고 있습니다.

'N포' 단계를 지나면 어떤 상태가 될까요? '고립·은둔'의 삶입니다. 2023년 1월 서울시는 서울의 고립·은둔 청년의 규모가 13만 명이라고 발표해 충격을 주었는데요, 고립·은둔 청년이란 거의 외출하지 않고 집에서만 생활하는 청년을 말합니다.

서울시는 2022년 5~12월에 만19~39세 청년 5,513명을 대상으로 한 심층 조사를 통해 규모를 추산했고, 이를 전국으로 범위를 넓히면 61만 명에 이를 것이라 합니다.

청년들이 고립·은둔하는 이유는 여러 가지가 있지만 가장 큰 이유는 실직과 취업난, 다음으로 심리적 또는 정신적 어려움입니다. 지속 기간은 '1년~3년'이 28.1%, '3년~5년'이 16.7%, '5년 이상'도 28.5%에 이릅니다.

교육개혁은 없다 1

MBN에서 제작하는 '나는 자연인이다'라는 프로그램이 있죠. 건강을 잃거나 세파에 시달리다 산으로 들어가 혼자 살아가는 사람들의 이야기인데요, 주인공들은 대부분 50대 이상이죠. 그런 자연인이 아니라 사회와 차단되어 집 밖으로 나오지 않는 청년들이 전국에 61만 명이나 된다니 우리 사회는 지금 청년들에게 무슨 짓을 하고 있는 걸까요.

한국 교육의 기형성

한국 교육의 잔인성은 기형성으로 연결됩니다. 많은 기형적 현상 중에서 대표적인 것으로 두 가지를 살펴보고자 합니다.

첫째는 사교육 문제입니다. 사교육이 공교육의 보완재 역할을 하는 게 아니라 사교육이 우선되고 공교육이 뒤치다꺼리하는 상황입니다.

둘째는 대학교 문제입니다. 학생을 위해 대학이 존재해야 하는 건데, 대학을 위해 학생이 입학해주는 것 같습니다. 왜 우리 아이들이 졸업해봐야 취업도 되지 않는 대학을 세계에서 가장 비싼 등록금을 내면서 가고 있을까요?

사교육이 주(主), 공교육이 종(從)이 된 물구나무선 교육

사교육 앞에 주로 붙는 수식어는 '천문학적', '공교육을 압도하는' 등입니다. 공교육 뒤에 붙는 단어는 '실패', '무능', '불신' 등입니다. 이를 결합하면 "공교육이 실패했거나 무능하거나 불신을 받기 때문에 공교육을 압도하는 천문학적 사교육비가 들어간다"는 문장으로 완성됩니다.

과연 그럴까요? 학교 시설이 학원만 못하거나, 교사들의 자질과 능력이 학원 강사들보다 부족해서 학원이 창궐할까요? 학교 교사들이 한글을 잘 가르치지 못해서 초등학교 입학 전에 한글을 배우고 들어올까요? 학교 교사들의 실력이 부족해서 초등학생에게 중학교 공부를, 중학생에게 고등학교 공부를 시킬까요?

사교육은 가정 경제에 심각한 문제를 일으키지만, 사교육으로 인해 파생되는 사회적 불행의 크기는 측정하기도 어렵습니다. 부모는 학원비 마련을 위해 장시간 노동을 마다하지 않고, 자녀는 부모를 만족시키기 위해 쉴 틈 없이 학원을 뺑뺑이 돌아야 하며, 많은 가정불화가 사교육을 둘러싸고 발생합니다.

학교 수업에서 뒤떨어진 학생이 학원을 통해 공부를 보충하려는 것이라면 이해할 수 있습니다. 현실은 공부를 잘하는 학생이 학원을 더 많이 다닌다는 것입니다. 단순히 부모의 경제력 때문이 아닙니다. 사교육의 본질이 보충학습이 아니라 선행학습이기 때문입니다.

[도표15]는 2019년 한국교육개발원이 만19~74세 4,000명을 대상으로 실시한 '2019 교육여론조사'이고, [표14]는 2019년 통계청이 발표한 '성적 구간에 따른 고등학생 사교육 참여율과 사교육비'입니다.

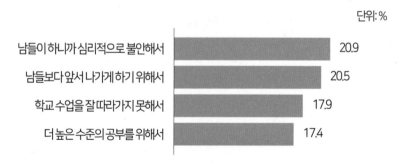

[도표15] 학부모들이 사교육을 시키는 이유

단위: %

이유	비율
남들이 하니까 심리적으로 불안해서	20.9
남들보다 앞서 나가게 하기 위해서	20.5
학교 수업을 잘 따라가지 못해서	17.9
더 높은 수준의 공부를 위해서	17.4

자료: 한국교육개발원(KEDI)

교육개혁은 없다 1

[표14] 성적 구간에 따른 고등학생 사교육 참여율과 사교육비

성적 구간	사교육 참여율(%)	사교육비(만원)
상위 10% 이내	72.3	47.5
11~30%	67.8	43.0
31~60%	62.8	38.5
61~80%	57.2	32.6
81~100%	48.9	24.8

사교육을 시키는 이유 중 '학교 수업을 잘 따라가지 못해서'는 17.9%에 불과하고, 나머지는 모두 불안하거나 남보다 앞서기 위해서입니다.

학생의 성적과 사교육에 참여하는 비율, 금액을 보면 더 명확합니다. 공부를 못해서 사교육을 받는 것이 아니라 공부를 잘할수록 더 많이 참여하고 더 많은 돈을 씁니다. 상위 10%의 학생은 72.3%가 사교육을 받는데, 하위 20%의 학생은 48.9%가 사교육을 받고 있습니다.

영화관에서 앞자리 관객이 일어서서 영화를 본다면, 뒷좌석 관객도 줄줄이 일어서야만 하는 형상입니다. 모두 앉으면 되는데, 그게 안 되는 게 대한민국 교육입니다. 그래서 모두가 불행합니다. 선행학습이 핵심인 사교육의 문제는 세 가지 정도로 정리해볼 수 있겠습니다.

첫째, 선행학습은 학생의 정신발달 단계를 무시하고 무리한 공부로 내몰아 정신적 고통에 빠뜨리는 비인간적 행위입니다.

선행학습은 예습이 아닙니다. 다음 수업시간에 배울 것을 미리 훑어보는 것이 무슨 문제겠습니까? 학원에서 하는 선행학습이란 초등학교에서 배워야 할 것을 유치

원 때, 중학교에서 배워야 할 것을 초등학교 때, 고등학교에서 배워야 할 것을 중학교 때, 3학년 때 배울 것을 2학년 때, 2학년 때 배울 것을 1학년 때 배우는 것입니다. 이것은 미친 짓입니다. 그런데 모두 하니까 미친 짓이 당연하게 되어버렸습니다.

선행학습을 하는 이유는 남들보다 앞서가려는 것인데, 모두가 선행학습을 하기 때문에 효과가 없습니다. 효과는 없으면서 후유증은 심각합니다. 어린 나이에 학습을 포기해버리는 학생들이 급속히 증가했습니다.

둘째, 학원의 선행학습은 수많은 학습 포기자를 양산합니다.

선행학습에서 가장 많은 비중을 차지하는 것은 영어와 수학입니다. 영어는 뒤에 다시 살펴보기로 하고, 수학을 중심으로 살펴보죠.

2015년 시민단체 '사교육걱정없는세상'과 새정치민주연합 박홍근 의원이 전국의 초중고생 7,719명(초6학생 2,229명, 중3학생 2,755명, 고3학생 2,735명)과 교사 1,302명을 대상으로 실시한 수학교육에 대한 인식조사 결과를 발표했습니다. [표15]

[표15] 수학교육 인식조사 결과   단위: %

질문 문항	초6	중3	고3
수학 실력을 키우기 위해 수학 사교육을 받은 적이 있다	72.0	81.7	81.1
학교에서 배우는 수학 진도에 앞서서 선행교육을 한다	70.4	77.8	72.1
선행 교육 내용의 절반 또는 절반도 이해하지 못한다	27.3	45.1	57.0

조사 결과 '수포자'(수학을 포기한 자)의 비율은 초6 학생의 36.5%, 중3 학생의 46.2%, 고3 학생의 59.7%라고 합니다. 문제는 원인에 대한 진단인데, 학생들은 '내용이 어렵다'를 가장 많이 꼽았다면, 중학교 교사(453명)들은 선행학습으로 인한 집

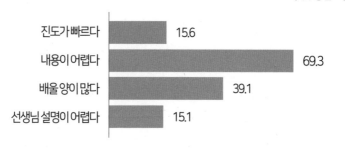

[도표16] 중3 학생들이 밝힌 수학이 어려운 이유

(복수응답·%)

이유	%
진도가 빠르다	15.6
내용이 어렵다	69.3
배울 양이 많다	39.1
선생님 설명이 어렵다	15.1

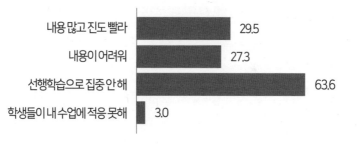

[도표17] 중학교 교사들이 밝힌 '학급의 반 이상이 수업을 못 따라오는' 이유

(복수응답·%)

이유	%
내용 많고 진도 빨라	29.5
내용이 어려워	27.3
선행학습으로 집중 안해	63.6
학생들이 내 수업에 적응 못해	3.0

자료: 사교육걱정없는세상·새정치민주연합 박홍근 의원

중력 저하를 압도적으로 지적했습니다. [도표16] [도표17]

학부모들은 학교 선생님들이 "너희 학원에서 다 배웠지?"라며 수업을 열심히 안 한다는 식으로 비난하는데, 사실은 앞뒤가 뒤바뀐 것 아니겠습니까? 학교가 학원 수업 뒤치다꺼리를 하는 상황이 학교를 무능하게 만든 것 아니겠습니까?

셋째, 사교육을 통해 빈부 격차가 학습 격차로 이어집니다. [도표18]은 교육부가

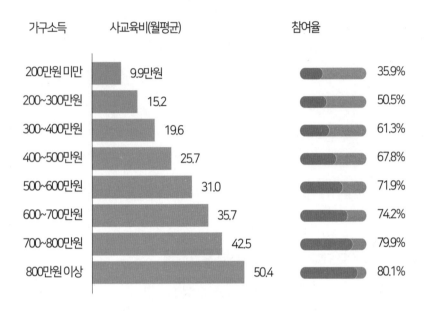

[도표18] 가구 소득수준별 월평균 사교육비와 사교육 참여율

가구소득	사교육비(월평균)		참여율
200만원 미만		9.9만원	35.9%
200~300만원		15.2	50.5%
300~400만원		19.6	61.3%
400~500만원		25.7	67.8%
500~600만원		31.0	71.9%
600~700만원		35.7	74.2%
700~800만원		42.5	79.9%
800만원 이상		50.4	80.1%

발표한 2020년 가구 소득수준별 월평균 사교육비와 사교육 참여율입니다.

부모의 소득은 사교육을 통해 자녀의 학업 성취도로 대물림됩니다. 월 소득 200만 원 이하의 가구는 학생 1인당 월평균 9.9만 원을, 월 소득 800만 원 이상의 가구는 월평균 50.4만 원을 쓰고 있습니다.

더 큰 격차는 사교육 참여율입니다. 월 소득 200만 원 이하의 가구는 39.5%가, 월 소득 800만 원 이상의 가구는 80.1%가 참여합니다. '기회는 평등하고, 과정은 공정하며, 결과는 정의로운' 사회는 빛 좋은 개살구입니다.

저는 사교육 자체를 없애야 한다고 생각하지 않습니다. 사교육이 공교육의 보완재 역할을 해야 하는데, 사교육이 주인 노릇을 하고 공교육이 뒤치다꺼리나 하는, 본말이 전도된 교육체제에 대해 말하고 있는 것입니다.

교육개혁은 없다 1

우리나라 의료 서비스에 대한 불만은 매우 높습니다. 오진도 많고 불친절한 경우도 많습니다. 그렇다고 병원 이외의 곳에서 의료 서비스를 받지는 않습니다. 의료인이 아니면 의료행위를 할 수 없고, 의료인도 면허된 것 이외의 의료행위를 할 수 없도록 의료법에서 규정하고 있기 때문입니다. 우리나라의 법률 서비스에 대한 불만도 매우 높습니다. 그렇다고 해서 법무사나 로펌 사무장이 소송을 대리할 수는 없습니다.

그런데 교육은 어떻습니까? 교사 자격증이 뭐 대단한 것은 아니지만, 그래도 국가가 인정한 교사 자격증을 소지하고 치열한 임용고시를 거쳐 학교에 들어온 교사를 믿지 않고 학원에 자기 자식 교육을 맡기는 이 시스템, 이게 정상일까요?

학력 인플레이션-대학 운영을 위해 학생이 입학해주는 나라

대학의 목적이 학문 탐구인가 취업인가 하는 고상한 문제는 이야기하지 않겠습니다. 인문학 관련 학과들이 사라지는 현실에 대한 문제의식도 말하지 않겠습니다. 왜 우리 아이들이 학문 탐구는 물론이고 취업도 되지 않는 대학을 세계에서 가장 비싼 등록금을 내면서 가고 있는가만 살펴보고자 합니다.

고3 담임들이 모여 있는 3학년부 교무실에는 한 주도 빠짐없이 대학교수들이 홍보물을 들고 찾아옵니다. '3년 연속 취업률 1위', '3년 연속 우수 평가 대학', '전원 취업 책임 제도' 등 홍보물만 보면 청년 취업난이 다른 나라 이야기 같습니다. 특별히 제가 근무하는 학교만 찍어서 왔을 리 없고, 이렇게 모든 고등학교에 찾아갔을 것입니다. 홍보물은 교무실 구석에 며칠간 쌓여있다가 분리수거의 날에 사라집니다. 그 홍보물들은 모두 학생들의 등록금으로 만들어졌을 것입니다. 엄청난 사회적 낭비입니다.

학교에서 종일 엎드려 자는 아이, 수학 시험에 한 줄로 긋고 자는 아이들이 모두 대학에 갑니다. 고등학교 공부도 제대로 소화하지 못한 아이들이 모두 대학에 갑니다. 대학 운영에 학생이 필요하기 때문입니다. 친구들이 다 가니까 안 갈 수 없어서 갑니다. 대학 나와도 취업 안 되는 걸 알면서도 갑니다. 자본주의 논리에 따르면 투자한 효과가 없으니 대학을 가지 않아야 하는데도 갑니다.

지금 학부모들은 대학 진학률이 50% 정도였던 시대를 살았습니다. 자식을 낳았으면 대학 등록금까지는 대주어야 한다는 책임감이 강하죠. 대학을 나와도 취업이 안 되는 걸 알지만 남들 다 보내는 대학을 안 보낼 수도 없습니다. 대학은 그런 부모들의 마음을 이용하여 돈벌이하는 기업입니다. 교육기관이 아닙니다. 우리나라 대학이 왜 이렇게 되었을까요? 그 과정을 살펴보겠습니다.

1995년 김영삼 정부는 대학 정원과 설립 기준을 자율화했습니다. 그전에는 교육부 장관에게 대학 설립 승인권이 있었고, 학생 성원 5,000명 이상 규모에 맞는 시설 기준을 확보해야 했으나, 소규모 특성화 대학을 유도한다며 400명 이상이면 가능하도록 규정을 바꿨습니다.

1997~2014년에 대학 52개, 대학원대학 46개, 전문대학 9개가 새롭게 세워졌습니다. 대학생 수는 1990년 158만 명→1995년 221만 명→2000년 313만 명으로, 불과 10년 사이에 두 배로 증가했고, 한국의 대학 진학률은 단박에 세계 최고 수준으로 올라섰습니다. [도표19] [도표20] 대학 진학률은 한때 80%를 넘었으나, 2010년 이후 비싼 등록금 내고 대학 가봐야 별수 없다는 생각이 확산되어 현재는 70% 정도입니다.

세계에서 미국 다음으로 비싼 대학 등록금 문제도 살펴보겠습니다.

대학 등록금이 치솟는 과정은 사립대 등록금 자율화→사립대 등록금 폭등→공

[도표19] 1990~2015년 대학·학과 수 추이

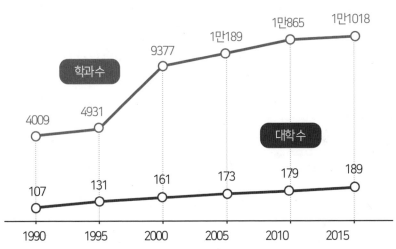

단위:개

학과수

4009 4931 9377 1만189 1만865 1만1018

대학수

107 131 161 173 179 189

1990 1995 2000 2005 2010 2015

자료: 교육부

[도표20] 대학진학률

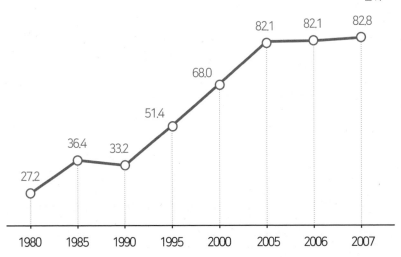

단위:%

82.1 82.1 82.8

68.0

51.4

36.4 33.2

27.2

1980 1985 1990 1995 2000 2005 2006 2007

립대 등록금 자율화→공립대 등록금 폭등의 과정을 거쳐 고착되었습니다.

1980년대에는 교육부가 2~4% 범위에서 사립대 등록금 인상을 통제했습니다. 1989년 노태우 정부는 사립대학 등록금을 자율화했습니다. 1990~1996년에 매년 15% 가까이 인상되면서 1990년 150만 원 정도였던 1년 등록금이 1996년에는 300만 원을 넘어서고, 2010년에는 평균 754만 원에 이르게 되었습니다. [표16]

[표16] 사립대 계열별 1년 등록금 단위: 백만 원

	1990년	1996년	2000년	2005년	2010년	2015년
인문사회	143	319	388	528	659	641
자연과학	161	382	462	630	785	771
공학	171	418	508	691	849	827
예체능	171	418	532	699	854	826
의학	193	502	606	821	1,015	1,011

사립대 등록금이 폭등하자 2002년에는 형평성을 이유로 국공립대 등록금을 자율화했습니다. 2001년 평균 230만 원이었던 국공립대 등록금은 2008년엔 417만 원으로 폭등했습니다. 바야흐로 등록금 천만 원 시대가 열리면서, 대학생들은 공부가 아니라 알바에 쫓기고 학자금 대출로 채무자가 된 상태에서 사회에 진출하게 되었습니다.

등록금이 폭등하니 대학 설립과 운영은 남는 장사가 되었습니다. 사립대학들은 등록금을 비싸게 받고, 강의는 값싼 시간강사를 고용하고, 대형 강의실에 학생들을 몰아넣는 수준의 교육을 하면서, 계속 건물을 올리고, 그래도 남는 돈을 쌓아두었습

니다. 그 액수는 천문학적입니다.

[표17]은 2020년 전국 사립대 중 적립금 상위 20개 대학의 적립금 현황입니다. 20개 대학만 따졌는데도 5조가 넘습니다. 이게 교육기관입니까, 기업입니까?

[표17] 적립금 상위 20개 대학의 적립금 현황

순위	학교명	적립금	순위	학교명	적립금
1	홍익대	7,135억	11	국민대	1,591억
2	이화여대	6,310억	12	을지대	1,441억
3	연세대	5,841억	13	영남대	1,324억
4	수원대	3,698억	14	세명대	1,312억
5	고려대	2,985억	15	한양대	1,291억
6	성균관대	2,843억	16	가톨릭대	1,196억
7	청주대	2,419억	17	경희대	1,126억
8	계명대	2,306억	18	중앙대	1,115억
9	동덕여대	2,234억	19	대구대	1,093억
10	숙명여대	1,905억	20	건양대	1,026억

하나 더 놀라운 것은 국가장학금을 포함해 7조 원의 정부 재정 지원을 받는 사립대학들이 정부의 종합감사도 받지 않았다는 것입니다. 2020년 기준으로 전체 사립대 278개교 중 교육부의 종합감사를 한 번도 받지 않은 대학이 111개교, 무려 40%입니다. 2020년에 교육부는 연세대, 고려대를 비롯하여 서울의 사립대학에 대한 종합감사를 시작했습니다.

개교 이래 처음으로 종합감사를 받은 연세대는 감사 결과 부총장 딸이 동료 교수들의 도움으로 대학원에 부당 입학한 것을 비롯하여 행정상 조치 69건과 중징계 26명을 포함하여 총 421명에게 신분상 조처가 내려졌습니다. 회계와 관련해서는 1조 7천억 원대의 부정한 수의계약을 비롯하여 증빙 서류 없는 법인카드 회계 처리, 시간외근무 신청서 허위 작성 등이 광범위하게 드러났습니다.

고려대는 어땠을까요? 2017~2020년 대학원 입학 전형에서 전형위원 개인별 평점표 등 자료를 보존하지 않아, 관련자 12명이 중징계 처분을 받았습니다. 2018~2020학년도에 럭비 등 5개 종목의 체육특기자 선발에서 서류심사 규정을 위반하여 5명을 부당 합격시켰습니다.

고려대학교 의료원은 2016~2019년에 94차례 정규직 채용과정에서 수능배치표를 참고한 대학순위표를 만들어 지원자 649명을 출신대학에 따라 5개 등급으로 구분하고 26~30점씩 차등점수를 준 것도 드러났습니다. 보직교수 13명은 서울 강남 소재 유흥업소에서 221차례에 걸쳐 법인카드로 6,693만 원을 결재하여 12명이 중징계 처분을 받았습니다.

이게 한국 최고의 사립대학을 자부하는 연세대, 고려대의 실상입니다.

한국 교육의 비효율성

2살 때부터 사교육을 시작해서 초중고 학생의 선행학습에 천문학적 돈을 쏟아붓고 경쟁에 경쟁을 거듭하는 대한민국 교육, 얼마나 훌륭한 성과를 거두었을까요? 우리나라 대학의 수준, 대학 졸업자의 취업, 취업 이후의 삶을 살펴보겠습니다.

대학교육 경쟁력은 세계에서 중하위권

[도표21]은 2019년 기준 OECD 국가의 대학 진학률입니다. 한국은 69.8%로 1위입니다. OECD 평균인 44.9%를 훨씬 뛰어넘고 있는데요, 우수한 대학을 세계에서 가장 많이 보유한 미국이 50.4%, 4차산업혁명의 발원지인 독일이 33.3%로 대학 진학률이 최하위권 수준인 것이 눈에 띕니다.

[도표21] OECD 국가의 대학 진학률

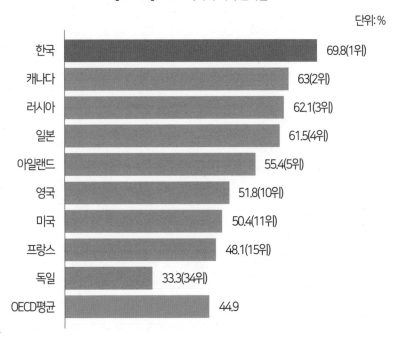

단위: %

한국	69.8(1위)
캐나다	63(2위)
러시아	62.1(3위)
일본	61.5(4위)
아일랜드	55.4(5위)
영국	51.8(10위)
미국	50.4(11위)
프랑스	48.1(15위)
독일	33.3(34위)
OECD평균	44.9

대학교육이 사회적 요구에 얼마나 잘 부응하는지를 보여주는 자료로 국제경영개발연구원(IMD)의 대학교육 경쟁력 평가가 있습니다. 이를 보면 2020년 기준으로 우리나라는 63개 국가 중 48위에 불과합니다. [표18]

[표18] IMD 및 WEF 국가경쟁력 평가 결과(순위)

구분		2012	2013	2014	2015	2016
IMD	대상국가수	59	60	60	61	61
	국가경쟁력	22	22	26	25	29
	교육경쟁력	31	25	31	32	33
	대학교육 경쟁력*	42	41	53	38	55
WEF	대상국가수	144	148	144	140	138
	국가경쟁력	19	25	26	26	26
	대학교육 경쟁력**	44	64	73	66	75
구분		2017	2018	2019	2020	
IMD	대상국가수	63	63	63	63	
	국가경쟁력	29	27	28	23	
	교육경쟁력	37	25	30	27	
	대학교육 경쟁력	53	49	55	48	
WEF	대상국가수	137	-	-	-	
	국가경쟁력	26	-	-	-	
	대학교육 경쟁력	81	-	-	-	

1. 자료: IMD 국가경쟁력 평가 결과, 각 연도, WEF 국가경쟁력 평가 결과, 각 연도, 재구성

* 대학교육의 경쟁사회 요구 부합 정도

** 교육시스템의 질

2. WEF 대학경쟁력: 2018년부터 지표가 변경(교육시스템의 질 → 대졸자의 기술 수준)됨

교육개혁은 없다 1

세계경제포럼(World Economic Forum, WEF)이 137개국을 대상으로 한 국가경쟁력, 대학교육 경쟁력을 보면 2017년 기준으로 국가경쟁력은 26위지만 대학교육 경쟁력은 81위에 불과합니다. 이런 대학에 그 많은 등록금을 내고 다니고, 취업도 안 되는 시스템을 만들었습니다.

초등학생보다 공부 안 하는 대학생

취업난이 극심해서 대학생들이 공부에 쏟는 시간이 많을 것 같지만, 현실은 그렇지 않습니다. 통계청의 '2019 생활시간 조사' 결과를 보면 대학생이 초등학생보다 공부하는 시간이 더 짧습니다. [표19]

[표19] 2019 생활시간 조사

	학교에서 학습 시간	학교 외 학습(학원 등)
초등학생	3시간 53분	2시간 16분
중학생	4시간 29분	2시간 51분
고등학생	5시간 17분	2시간 40분
대학생	2시간 27분	1시간 42분

매우 충격적인 실태인데요, 대학생들은 왜 공부를 안 하는 걸까요?

2018년 3월 '알바몬'이 대학생 1,386명을 대상으로 알바 현황을 조사한 결과를 보면 '방학이나 학기 중 관계없이 항상 한다'는 학생이 55.3%에 이릅니다. 그리고 하루 평균 아르바이트 시간은 학기 중에는 4시간(40.3%)이나 6시간(28.1%) 정도, 방학 중에는 8시간(41.0%)이나 6시간(37.5%)입니다.

2015년 알바 전문포털 '알바천국'이 대학생 1,522명을 대상으로 조사한 '대학생 타임 푸어 현황' 설문 조사 결과를 보면 대학생이 '하루 중 가장 많은 시간을 할애하는 일과'는 공부가 아니라 알바입니다. 공부를 하기 위해 대학을 가는 게 아니라 대학생 신분을 유지하기 위해 알바를 하고 있는 상황이죠. [표20]

[표20] 대학생이 하루 중 가장 많은 시간을 할애하는 일과

아르바이트	공부 및 과제	취업 준비	취미 활동	대외 활동
37.1%	31.5%	15.6%	12.7%	3.1%

취업준비생의 절반이 공시족

2021년 7월 통계청이 발표한 경제활동 인구조사 중 청년 부가조사를 보면, 취업 시험을 준비 중인 85만9천 명 중 32.4%가 일반직 공무원을 준비하고 있다고 합니다. 여기에 각종 고시, 전문직, 교원, 기능 분야를 모두 합쳐서 보면 38만6천 명입니다.

지금 청년들은 '영혼을 팔아서라도' 취직하고 싶다고 합니다. 그런데 왜 월급도 많지도 않은 9급 공무원 시험에 삼수, 사수를 하면서 노량진에서 청춘을 불사를까요?

외환위기 이후 평생직장 개념이 사라지면서 직업 선택의 기준이 급속히 변했습니다. 외환위기 이전(1995년)에는 직업 선택의 기준으로 안정성, 장래성, 수입이 비슷한 비중이었다면, 외환위기 직후(1998년) 안정성이 급속히 증가했습니다. [표21]

정년 연장이 이슈로 떠올랐던 2019년 7월 구인구직 매칭플랫폼 '사람인'이 382개

[표21] 직업 선택의 기준

	1995년	1998년
안전성	29.6%	41.5%
장래성	29.2%	20.7%
수입	27.1%	18.2%

기업을 대상으로 조사한 결과를 보면 39.5% 회사가 정년제를 실시하고 있으나, 정년까지 일하는 직원 비율은 32%에 불과하며, 퇴사 연령은 평균 49세라고 합니다. 100세 시대에 기막힌 일이죠.

2018년 취업포털 인크루트가 조사한 30대 대기업 직원들의 평균 근속 연수는 12년에 불과합니다. 이러니 대학생들이 정년이 보장된 공무원으로 몰리는 것입니다.

매년 20만 명 가까이 응시하고 있는 9급 공무원 시험은 대학 졸업장이 필요 없습니다. 만18세 이상 대한민국 국민이면 누구나 가능합니다. 두 살 때부터 사교육을 시작하여 치열한 경쟁을 거쳐 대학을 간 후, 대학 졸업장이 필요 없는 9급 공무원 시험에 취업준비생의 1/3이 몰리는 시스템, 이보다 비효율적 교육체제가 있을까요?

대졸 취업자의 절반은 전공과 무관한 직종

2020년 6월 한국개발연구원(KDI)이 발표한 「전공 선택의 관점에서 본 대졸 노동 시장 미스매치와 개선방향」 보고서를 보겠습니다.

2015년 OECD가 고등교육(전문대졸 이상)을 이수한 25~34세 임금근로자 중 최종 이수한 전공과 현재 직업 간 연계성이 없는 비중을 계산해보니 우리나라의 전공—직업 불일치는 50%에 달해 영국, 이탈리아 등과 함께 가장 높은 집단에 속했습니다. OECD 국가 전체의 평균은 39.1%였습니다. 이 통계에서 흥미로운 점은 불일치 비율이 가장 낮은 나라는 핀란드, 독일 순이었고, 대체로 북유럽 국가들의 불일치 비율이 낮게 나타났다는 점입니다. [도표22]

독일과 핀란드의 대학은 국가에서 학비를 다 대주지만 졸업하면 자기 전공을 살려 취업하는데, 우리나라는 자기 돈 내고 다니면서 절반은 전공과 무관하게 취업합니다. 이처럼 비효율적인 대학을 왜 가고 있는 것일까요?

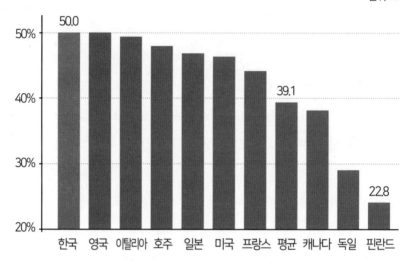

[도표22] 전공·일자리 불일치율 국제비교

단위: %

50.0

39.1

22.8

한국 영국 이탈리아 호주 일본 미국 프랑스 평균 캐나다 독일 핀란드

자료: OECD 2015 연구 보고서

성인 중 절반은 1년에 책 한 권도 안 읽는 현실

[표22]는 2013년 실시한 '국제성인역량조사'(PIAAC)입니다.

OECD는 2000년부터 3년에 한 번씩 70여 개 나라 학생을 대상으로 PISA를 실시해왔는데, 2013년에는 성인을 대상으로 한 역량 평가를 처음으로 실시했습니다. '국제성인역량조사'(PIAAC)라는 것인데요, 읽기 문해력, 수리 능력, 기술적 문제 해결 능력 등을 평가합니다. 자주 하는 게 아니라서 2022년 9~11월에도 평가를 했는데 그 결과는 2024년에 공개될 예정이기 때문에 2013년 자료를 살펴본 것입니다.

이 조사에는 23개국이 참가했는데, 한국은 언어 능력 11위, 수리력 15위, 컴퓨터 기반 문제해결력 15위로 중하위권에 머물렀습니다. 학생 대상의 PISA에서 늘 상위권인 것과 비교가 되지요.

교육개혁은 없다 1

[표22] OECD 국제 성인역량(PIAAC) 분야별 순위

언어능력

순위	국가	평균(점)	순위	국가	평균(점)	순위	국가	평균(점)
1	일본	296	5	스웨덴	279	9	체코	274
2	핀란드	288	6	노르웨이	278	10	슬로바키아	274
3	네덜란드	284	7	에스토니아	276	11	한국	273
4	호주	280	8	벨기에	275		OECD평균	273

수리력

순위	국가	평균(점)	순위	국가	평균(점)	순위	국가	평균(점)
1	일본	288	5	스웨덴	279	9	슬로바키아	276
2	핀란드	282	6	노르웨이	278	10	오스트리아	275
3	네덜란드	280	7	덴마크	278	15	한국	263
4	벨기에	280	8	체코	276		OECD평균	269

컴퓨터 기반 문제해결력

순위	국가	상위권 비율(%)	순위	국가	상위권 비율(%)	순위	국가	상위권 비율(%)
1	일본	44	5	덴마크	39	9	영국	35
2	핀란드	42	6	호주	38	10	일본	35
3	네덜란드	42	7	캐나다	37	15	한국	30
4	노르웨이	41	8	독일	36		OECD평균	34

500점 만전 기준. 컴퓨터 기반 문제 해결력은 4단계 중 상위 2단계 비율. 23개 회원국 참여.
자료: OECD

문화체육관광부는 2년마다 국민의 독서실태를 조사하여 발표하는데요, 2021년에 조사하여 발표한 자료를 보면 성인의 '연간 종합 독서율'은 47.5%로 나타났습니다.

'연간 종합 독서율'이란 1년간 일반도서(교과서, 학습참고서, 수험서, 잡지, 만화 제외)를 1권 이상 읽은 사람의 비율을 의미합니다. 그러니 성인 둘 중 한 명은 1년간 책을 한 권도 안 읽었다는 뜻입니다.

성인 독서율은 소득이 적을수록 낮게 나타납니다. 가구소득별 독서율을 보겠습니다.[표23]

성인 독서율이 낮은 이유는 사회가 변화함에 따라 책 이외의 다른 콘텐츠를 이용하는 것에도 이유가 있습니다. 그렇다면 가계소득과 상관없이 독서율이 비슷해야 하는데, 가계소득과 독서율은 비례관계입니다. 소득이 낮을수록 노동시간이 길다는 점을 고려하면 일에 지쳐 정신적 여유가 없는 게 책을 멀리하게 되는 이유라고 볼 수 있습니다.

[표23] 가구소득별 독서율

가구 소득	연간 종합 독서율
500만 원 이상	65.4%
400~500만 원	54.4%
300~400만 원	45.2%
200~300만 원	31.3%
200만 원 이하	20.4%

[도표23]은 2021년 OECD 국가들의 연간 노동시간입니다. 우리나라 노동자들은 오랫동안 멕시코와 장시간 노동을 놓고 1, 2위를 다퉈왔는데 2021년에는 4위로 낮아졌습니다. OECD 평균 노동시간과 비교하면 1년에 199시간(=24.8일), 생산성이 가장 높은 독일 노동자들과 비교하면 580시간(=73.1일≒3.3개월)을 더 일합니다. 그러니 성인 둘 중 한 명은 책 읽을 시간도 없이 살아가는 것입니다.

교육은 성인의 삶을 준비하는 과정입니다. 2살 때부터 사교육 시장에 내몰리고

교육개혁은 없다 1

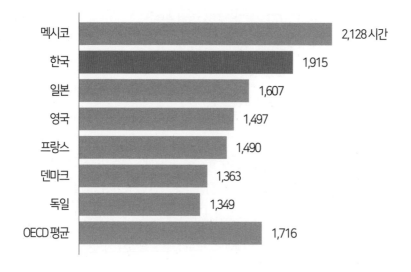

[도표23] OECD 주요국 연간 실노동시간

2021년 기준, 전체 취업자의 1인당 연평균

멕시코	2,128 시간
한국	1,915
일본	1,607
영국	1,497
프랑스	1,490
덴마크	1,363
독일	1,349
OECD 평균	1,716

극단적 경쟁을 한 결과가 이렇다면 우리는 학생들에게 무엇을 위해 열심히 공부하라고 말해야 할까요?

한국 교육의 세습성

2015년은 청년들의 절망감을 반영하는 신조어가 유난히 많이 등장했던 해입니다. 대한민국 홍보 연합동아리 '생존경쟁'이 한 해를 마감하며 대학생 2,015명을 대상으로 조사하여 발표한 신조어 1위에 '금수저(·흙수저)', 2위에 '헬조선', 3위에 'N포세대'가 선정됐습니다. 위 신조어로 문장을 만들자면 "헬조선에서 흙수저로 태어나면 모든 것(N)을 포기한 삶을 살게 된다"는 것이겠지요.

『불평등한 선진국』의 저자 박재용 씨는 대한민국의 청년을 네 부류로 구분합니다.

- 번듯한 일자리를 애써 구하지 않아도 되는 1%의 젊은이.
- 번듯한 일자리 얻기에 성공할 가능성이 높은 9%의 젊은이.
- 미친 듯이 공무원 시험을 준비하는 10%의 젊은이.
- 그저 그런 일자리로 가는 80%의 젊은이.

조귀동 조선비즈 기자는 저서 『세습 중산층 사회』에서 한국 사회를 10:90의 사회라고 규정하며, "오늘날 20대 문제의 핵심은 '1등 시민'인 중상위층과 나머지 '2등 시민' 간의 격차가 더는 메울 수 없는 초격차가 된 것"이라고 지적합니다. 이 초격차는 단순히 부모의 재산을 물려받는 것만이 아니라 좋은 직업과 사회경제적 지위를 확보하는 세습을 통해 확대 유지된다는 것이죠.

구체적 실태를 볼까요? 아래 도표는 더불어민주당 김병욱 의원실이 공개한 한국장학재단의 '2014~2016년 대학별 국가장학금 신청 현황'입니다. '고소득층'이란 소득을 10단계로 구분했을 때 9~10분위, 즉 월 소득 893만 원 이상의 상위 20%에 해당하는 학생입니다. 서울대를 비롯하여 서울 주요 대학 학생들의 70% 정도가 상위 20%에 해당합니다. [도표24]

다른 자료를 하나 더 보겠습니다. [도표25]는 더불어민주당 김해영 의원이 한국장학재단의 '2012~2019 국가장학금 신청 현황'을 분석한 자료입니다. SKY와 의대를 분석한 도표의 소득 수준은 계산법이 약간 다른데 1분위는 중위소득 대비 30% 이하, 2분위는 30~50%, 9분위는 200% 초과, 10분위는 300% 초과를 의미합니다. 의대생의 48%, SKY 재학생의 40.7%가 월 소득 1,348만 원 이상인 9~10분위 가정 출

교육개혁은 없다 1

[도표24] 2016년 국내 주요 대학의 고소득층 학생비율(추정)

단위: %

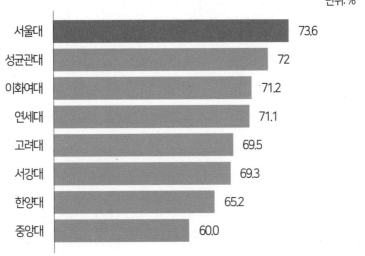

대학	비율
서울대	73.6
성균관대	72
이화여대	71.2
연세대	71.1
고려대	69.5
서강대	69.3
한양대	65.2
중앙대	60.0

[도표25] 2012~2019년 대학생 가구소득 수준

단위: %

■ 의대　■ 서울·고려·연세대

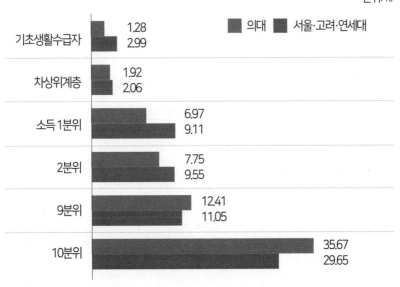

구분	의대	서울·고려·연세대
기초생활수급자	1.28	2.99
차상위계층	1.92	2.06
소득 1분위	6.97	9.11
2분위	7.75	9.55
9분위	12.41	11.05
10분위	35.67	29.65

신입니다.

'개천용지수'를 제시하여 유명한 주병기 서울대 경제학과 교수는 2016년 발표한 논문 「한국 사회의 불평등」에서 '개천에서 용 나는' 시대가 끝났다고 지적합니다. 주병기 교수의 주장을 요약하면 아래와 같습니다.

우리나라의 소득 불평등은 1990년대 중반까지는 OECD 국가에서 평균치였지만 2010년 경부터 멕시코, 칠레와 함께 가장 높은 수준이 되었습니다. 소득 불평등 중 개인의 노력 차이에 의한 불평등보다 부모의 사회경제적 지위에 의해 발생하는 기회 불평등이 더 중요해졌지요.

1990년대 중반까지만 해도 교육을 통한 세대 간 계층상승의 기회가 비교적 공평하게 보장되었습니다. 우리나라의 세대 간 계층 이동성은 복지 선진국들과 비교될 만큼 높은 편이었고, 교육투자가 이러한 계층이동의 50%에 이르는 원인으로 작용하였습니다. 그러나 2000년대에 접어들어 교육이 기회 평등을 보장하는 제도적 장치로서 잘 기능하지 못하는 것으로 나타나고 있습니다.

김희삼 광주과학기술원 교수는 2015년 「사회 이동성 복원을 위한 교육정책의 방향」이라는 보고서에서 이를 구체적 수치로 제시했습니다. [도표26]는 세대 간 교육 수준, 사회경제적 지위의 상관 계수[20]를 나타낸 것인데요.

이 도표에서 '본인'은 조사가 이루어진 2013년의 40~50대이고, 교육 수준은 학력

---

20)   상관 계수는 0.9 이상은 매우 높음, 0.7~0.9는 높음, 0.4~0.7은 다소 높음, 0.4~0.7은 낮음, 0.2 미만은 상관 관계 없음으로 해석합니다.

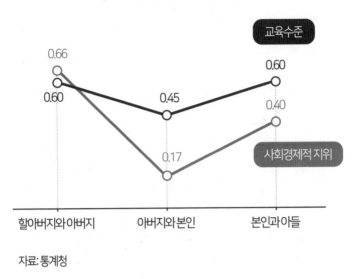

[도표26] 세대 간 상관계수 추이

교육수준

0.66

0.60

0.45

0.60

0.40

0.17

사회경제적 지위

할아버지와 아버지　　　아버지와 본인　　　본인과 아들

자료: 통계청

별 교육 연수이며, 사회경제적 지위란 해당 가족이 40~50대인 시기를 기준으로 해당 세대의 전체 한국인과 비교했을 때의 상대적 위치입니다.

상관관계를 보면 교육 수준은 변동이 크지 않고 사회경제적 지위는 변동이 큰데요, 현재 기성세대의 사회경제적 지위는 '아버지와 본인' 사이에 상관관계가 거의 없다고 볼 수 있습니다. 이때가 소위 개천에서 용 나던 시절인데요, 이후 현재의 기성세대와 청년 세대 사이에는 상관관계가 증가한 것으로 나타납니다.

그러면 이를 사람들이 어떻게 느끼고 있을까요? [도표27]은 1999~2017년에 통계청이 작성한 사회조사 중 '자녀 세대에 계층이 높아질 가능성'을 묻는 항목 결과입니다. 자녀 세대가 계층 상승할 가능성을 낙관하는(매우 높다+비교적 높다) 비율이 1999년 65%에서 2017년 31%로 낮아졌고, 비관하는 비율은 18%에서 54%로 급증했습니다.

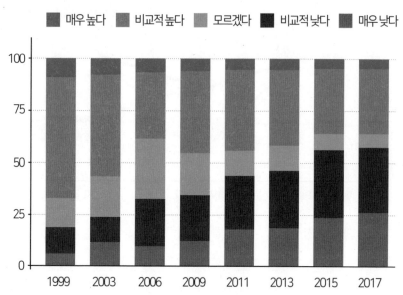

[도표27] 자녀 세대가 계층 상승할 가능성

단위: %

■ 매우 높다 ■ 비교적 높다 ■ 모르겠다 ■ 비교적 낮다 ■ 매우 낮다

1999년 및 2003년 수치는 2006년 이후의 동일 항목으로 조정
자료: 통계청

이는 청년들에게 어떤 영향을 미치고 있을까요? [도표28]은 김희삼 교수가 2017
년에 한국, 중국, 일본, 미국 4개국 대학생 각 1천 명씩을 대상으로 조사하여 발표한
「청년의 성공 요인에 관한 인식조사」 결과입니다.

한국은 부모의 재력을 성공의 제1순위로 꼽은 비율이 무려 50.5%로 중국, 일본,
미국과 비교가 되지 않습니다. 2015년 신조어로 '금수저 흙수저'가 1위로 등장한 것
은 현실을 정확히 반영한 것이라 할 수 있겠습니다.

청년들이 한국 사회의 세습성을 깨닫는 시기는 언제쯤일까요? 2020년 3월 오마

교육개혁은 없다 1

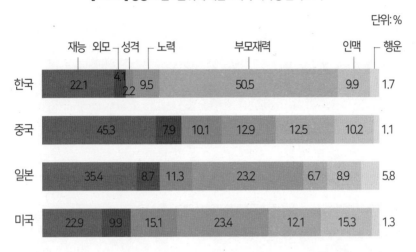

[도표28] 성공 요인 1순위에 대한 4개국 대학생 인식 조사

단위: %

	재능	외모	성격	노력	부모재력	인맥	행운
한국	22.1	4.1 / 2.2		9.5	50.5	9.9	1.7
중국	45.3		7.9	10.1	12.9	12.5	10.2	1.1
일본	35.4	8.7	11.3		23.2	6.7	8.9	5.8
미국	22.9	9.9	15.1	23.4	12.1	15.3	1.3

이뉴스가 창간 20주년을 맞아 전국의 18~20세 청년 1,000명을 대상으로 실시한〈스무살 머릿속〉조사 결과를 보면 대부분 고등학교 졸업 이전이라고 합니다. [도표29]

'우리 사회 현실이 헬조선'이라는 것에 88%가 동의했습니다. '기회가 되면 이민 간다'는 생각에 53%가 동의했고, 이민의 이유로는 '치열한 경쟁 사회에서 탈출'이 43.2%로 가장 많았습니다.

"스스로 금수저와 흙수저 중 어느 쪽에 더 가깝다고 생각하느냐?"는 질문에 50.8%가 '흙수저'라고 답변했는데, 놀라운 것은 자신이 '흙수저'라고 처음 생각한 때가 유치원 5.2%, 초등학교 20.0%, 중학교 31.9%, 고등학교 35.2%로, 총 92.3%가 고등학교 졸업 전에 깨달았다고 합니다. 사회에 나와서 생활해본 경험으로 판단한 게 아니라 어릴 때부터 보고 들은 결과라는 것이지요.

저는 고등학교에서 학생들을 가르치고 있는데, 제가 가르치는 학생의 절반 정도가 이미 자신이 흙수저임을 깨닫고 있다는 것입니다. 이런 상황에서 학생들에게 미

[도표29] 스무살 머릿속 조사

Q. 한국 사회의 대체적인 현실이 헬조선이라는 말과 어느 정도로 일치한다고 생각하십니까?

26.1% 매우 일치	61.9% 대체로 일치	11.5% 별로 일치하지 않는다

0.5% 전혀 일치하지 않는다

Q. 만약 기회가 된다면 외국으로 이민을 가겠다

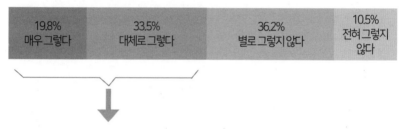

19.8% 매우 그렇다	33.5% 대체로 그렇다	36.2% 별로 그렇지 않다	10.5% 전혀 그렇지 않다

Q. 위 응답에 가장 주된 이유는 무엇입니까?

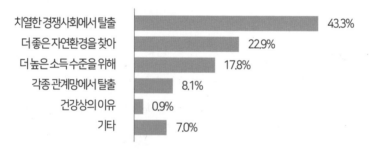

치열한 경쟁사회에서 탈출 43.3%
더 좋은 자연환경을 찾아 22.9%
더 높은 소득 수준을 위해 17.8%
각종 관계망에서 탈출 8.1%
건강상의 이유 0.9%
기타 7.0%

Q. 처음으로 나는 흙수저구나 생각한 때는?

5.2% 유치원	20% 초등학교	31.9% 중학교	35.2% 고등학교	7.7% 고교 졸업후

교육개혁은 없다 1

50.8% 흙수저	40.7% 잘모르겠다	8.5% 금수저

래에 대한 희망을 갖고 열심히 공부하라고 말하기 어렵지요.

그런데 대한민국 교육은 학생들에게 '꿈과 끼'를 가지라고 '강요'합니다. 그래서 중학교 1학년 때 꿈과 끼를 키우기 위해 '자유학년제'를 실시하고 있습니다. 1년 동안 중간고사, 기말고사와 같은 시험을 없애고 다양한 체험활동을 통해 자신의 꿈을 찾으라고 합니다. 여기서 말하는 '꿈'이란 '인류의 행복을 위하여', '세계 평화를 위하여' 같은 게 아니고 장래 희망 직업입니다.

고등학교에서도 학생들의 장래 희망 직업을 찾아주기 위한 노력을 많이 합니다. 희망 직업과 학과를 전담해 가르치는 진로 지도교사가 있고, '진로'라는 과목의 수업이 있어서 1년 내내 진로 탐색 수업을 합니다.

그렇게 진로를 탐색한 결과는 무엇일까요? 매년 청소년들 대상으로 장래 희망 직업을 조사한 결과를 보면 교사, 공무원이 늘 일등입니다. 10년 넘게 그렇습니다. 교사들로서는 매우 반가워해야 할 일인데, 막상 교사들은 씁쓸해합니다. 학생들이 교사를 존경해서 그런 게 아님을 너무나도 잘 알고 있기 때문이죠.

학생들의 장래 희망과 관련하여 사회에 충격을 준 조사가 있었습니다. 2016년 2월 29일 jtbc 뉴스룸의 '탐사플러스'팀이 서울 시내 초중고 학생 830명을 대상으로 장래 희망을 물어본 결과, 고등학생들이 선망하는 직업으로 1위에 공무원, 2위로 '건물주'를 꼽아서 화제가 된 적이 있었죠.

'부동산 불패 신화'의 사회에서 누가 가르쳐주지 않아도 '조물주 위에 건물주'라는 비밀을 고등학생들도 다 알고 있습니다. 학생들에게 건물주가 되어야 한다고 가르친 부모는 없을 것입니다. 대한민국에 태어나 성장하면서 누가 말해주지 않아도 알게 된 것입니다.

대한민국 헌법 제11조 ②항은 "사회적 특수계급의 제도는 인정되지 아니하며, 어떠한 형태로도 이를 창설할 수 없다"고 선언하고 있습니다. 신분제를 철저히 부정하고 있는 것이죠. 그러나 현실은 어떻습니까?

'부모의 사회경제적 지위→사교육 격차→자녀의 학력→자녀의 사회경제적 지위'가 순환되는 방식으로 사회적 지위가 세습되고 있습니다. 대한민국은 신분 세습 사회죠. 교육은 이를 정당화하는 매개체 구실을 하고 있을 뿐입니다.

두 세대에 걸친 고통

고등학교에서 학생들을 가르치다 보니 저는 40여 년 전 저의 고등학생 시절을 떠올리며 그때와 지금 학생 중 누가 더 힘들고 불행한가를 비교해보는 습관이 있습니다. 저는 2022학년도에 1학년 담임을 맡았습니다. 우리 반 학생 23명 중 아침밥을 먹고 오는 학생은 5명에 불과했습니다. 11명은 아예 안 먹고, 7명은 불규칙하게 먹습니다.

너무 일찍 등교해서 그럴까요? 아닙니다. 23명 중 13명이 주5일 이상 학교 수업을 마치고 학원에서 삽니다. 아이들에게 학원은 학교 수업을 보충하는 곳이 아니라 '밤의 학교'입니다. 학원 수업 마치고 9시, 10시에 귀가하여 저녁을 먹습니다. 그리고 새벽 1시 정도까지 학원 숙제와 학교 숙제를 합니다. 그러니 아침밥을 먹을 생각이 없는 것이죠.

앞서 한국 교육의 현재 상황을 살펴보았는데요, 지금 현실이 과거보다 나아진 것인지, 과거와 별반 차이가 없는 것인지, 더 나빠진 것인지 생각해보려 합니다.

이야기는 한 세대 전 시대를 풍미했던 노래에서 시작하겠습니다. 1994년 '문화 대통령'으로 불리던 '서태지와 아이들'은 〈교실 이데아〉에서 한국 교육을 통렬히 비판했습니다.

매일 아침 일곱 시 삼십 분까지 우릴 조그만 교실로 몰아넣고

전국 구백만의 아이들의 머리 속에 모두 똑같은 것만 집어넣고 있어

막힌 꽉막힌 사방이 막힌 널 그리곤 덥썩 그 모두를 먹어 삼킨

이 시꺼먼 교실에서만 내 젊음을 보내기는 너무 아까워

좀더 비싼 너로 만들어 주겠어 네 옆에 앉아 있는 그 애보다 더

하나씩 머리를 밟고 올라서도록 해 좀더 잘난 네가 될 수가 있어

800만 관객을 동원했던 곽경택 감독의 영화 〈친구〉는 1981년 부산의 고등학교를 배경으로 시작합니다. 제가 1981년에 고등학교 1학년 학생이었기 때문에 〈친구〉는 저의 이야기이기도 합니다. 영화 도입부에 묘사된 수업 시간을 기억하시나요? 교사(김광규 역)가 애들을 교실 앞에 쭉 세워놓은 상태에서 한 명씩 불러냅니다.

영화 〈친구〉 포스터

교사: (학생의 볼을 잡아당기며) 아부지 뭐하시노?

학생1: 회사 다니십니다.

교사: 회사? 그래 이 빌어먹을 놈아! 느그 아부지는 회사에서 직장 상사한테 굽신거려가지고 니 공부시키는데, 나는 시험을 30점밖에 못 받나? (따귀를 때린다)

교사: (역시 볼을 잡아당기며) 아부지 뭐하시노?! 말해라! 아부지 뭐하시노!

학생2(장동건 역): 장의삽니더.

교사: 장의사?! 그래! 이놈아, 느그 아부지는 죽은 사람 염해가며 니 공부시키는데, 공부를 이 꼬라지로 하나, 으이?! (따귀를 때린다)

사랑의 매가 아니었습니다. 훈육도 아니었죠. 대단한 잘못을 해서 맞는 것도 아니었습니다. 5분 지각해서, 머리카락이 길어서, 복장 규정을 위반해서, 수업 시간에 질문에 대답하지 못해서, 숙제를 해오지 않아서, 수업 준비물을 챙겨오지 못해서, 짝과 이야기하다 웃어서, 야간자율학습을 빠져서 맞았습니다.

손바닥으로 맞고, 출석부로 맞고, 빗자루로 맞고, 대걸레 자루로 맞았습니다. 원산폭격, 오리걸음, 쪼그려 뛰기, 앉았다 일어서기 등 군대식 기합도 받았습니다. 아침 등굣길에 교문 앞에는 학생부 교사들과 선도부 학생들이 서서 교복 검사, 가방 검사를 하고 조금만 규정과 달라도 맞아야 했습니다.

한국 공포 영화에 새로운 이정표를 세운 〈여고괴담〉에 등장하는 '미친개', '늙은 여우'라는 별명을 가진 교사는 전국 어느 학교에나 있었습니다. 〈친구〉, 〈말죽거리 잔혹사〉, 〈여고괴담〉이 모두 수백만 명의 관객을 동원하며 히트한 것은 영화가 그려낸 학교 상황이 그 시절에 학교를 다녔던 사람들의 아픈 추억을 소환했기 때문입니다.

제 기억 속의 학교는 폭력적 억압기구입니다. 폭력적 억압은 입시 경쟁과 맞물려 유지되었습니다. 1960년대에 교육 경쟁 사회로 진입하면서 학생은 입시 전쟁에서 승리해야 할 '전사'가 되었고, 학교는 전쟁터가 되었습니다. 모르니까 학교에 배우러 오는 건데, 모른다는 이유로 맞아야 했습니다.

입시 전쟁터에서 '인권'은 한가한 소리였습니다. 그런 것은 대학에나 가서 누리라고 했습니다. 0교시, 8교시, 야간 보충, 야간 자율학습을 마치고 "집에 다녀오겠습니다"라며 교문을 나서야 했고, 이에 적응하지 못하면 맞아야 했습니다.

박정희부터 노태우까지 30년 군부독재 체제에서 학교는 군대와 다를 바 없었습니다. 박정희 정권은 1969년 '교련' 과목을 대학교와 고등학교에 도입하고, 1975년에는 '학생회'를 폐지하고 '학도호국단'을 설립합니다. 학도호국단이란 학교를 군대 조직으로 편재하는 것입니다.

지금 학생들은 학교를 군대식으로 편재한다는 게 어떤 것인지 상상조차 못 할 것입니다. 제가 고등학생이었을 때 학급의 반장을 '소대장'이라고 불렀습니다. 세 개의 반을 묶어 중대로 편성하여 세 반마다 '중대장'이 있었고, 학년 대표는 '대대장', 총학생회장은 '연대장'이라고 불렀습니다.

"싸우면서 배우고, 배우면서 싸우자"는 구호 아래 얼룩무늬 교련복을 입고 운동장에서 제식훈련과 총검술을 배웠고, 1년에 한 번씩 군사 검열을 했습니다. '연대장'과 참모들의 힘찬 구령으로 '분열'[21]이 시작되면 전교생이 조회대 앞을 행진하면서 교장 선생님을 향하여 '우로 봐!'를 하던 시절의 학생들이 '히틀러유겐트(Hitlerjugend)'[22]나 '천황의 학도병'과 무엇이 달랐겠습니까. 그런 학교에 무슨 인권이 있었겠습니까. 그 교련 과목이 학교에서 사라진 게 군부독재가 끝나고도 한참 후인 1997년입니다.

5.16 군사쿠데타 이후 30년 군부독재 기간, 한국은 일제 식민지 잔재가 온존하는 병영(兵營)국가였습니다. 당시 학교는 병영국가 체제의 질서를 내면화시키는데 복

---

21) 정렬해있던 부대가 지휘관을 향해 행진하는 것
22) 히틀러 시대에 청소년들에게 나치즘을 교육하고자 1926년 설립한 청소년 조직

　　　　　　　　　　　　　　　　　　　　　　　　　　　교육개혁은 없다 1

무하는 기구였습니다.

학교는 친일파가 쓴 문학작품을 배우고, 친일·독재를 미화하는 역사관을 익히며, 유신체제의 정당성을 이해하고, 반공(反共) 사상과 새마을 정신으로 무장하는 곳이었습니다. 자본주의가 뭔지 배우기도 전에 사회주의가 나쁘고, 북한은 뿔 달린 도깨비들이 사는 나라라고 배웠습니다. 가난은 사회 체제의 문제가 아니라 개인의 게으름 탓이며, 일류대학에 진학한 엘리트들만 부귀영화를 누리는 것이 당연한 질서임을 체득하는 곳이었습니다.

남학생은 군인처럼 스포츠형, 여학생은 단발머리를 하고, 신발과 양말도 정해진 색깔 외에는 안되고, 남녀학생이 데이트하는 것은 '풍기문란'으로 처벌받는 곳이 학교였다면 지금 학생들은 믿지 못할 것입니다.

민주주의, 인권, 개성을 말할 수 없었던 군부독재 시절에 학교는 독재 체제를 떠받치는 기둥이었습니다. 0교시부터 야간 자율학습까지 학생들을 가둬두고 경쟁에서 승리하는 자에게 대학 입학이라는 선물을 안겨주는 곳, 이것이 군부독재 시절의 학교였습니다.

군대, 교도소와 다를 바 없는 학교, 성적 지상주의가 판치는 교육체제에서 많은 학생이 세상을 등졌습니다. 1986년 1월, 전교 1등을 달리던 서울 S사대부중 3학년 O양이 "행복은 성적순이 아니잖아"라는 말을 남기고 세상을 떠났습니다. O양의 유서를 보겠습니다.

난 1등 같은 것은 싫은데…앉아서 공부만 하는 그런 학생은 싫은데, 난 꿈이 따로 있는데, 난 친구가 필요한데….이 모든 것은 우리 엄마가 싫어하는 것이지.

행복은 성적순이 아니잖아? 난 그 성적 순위라는 올가미에 들어가 그 속에서 허우적거리며 살아가는 삶에 경멸을 느낀다.

1989년에 이미연 씨가 주인공을 맡았던 영화〈행복은 성적순이 아니잖아요〉는 O양의 유서에서 나온 것입니다. O양의 죽음은 당시 교사들에게 큰 충격을 주었습니다. 1986년 5월 10일 전두환 독재 치하에서 최초로 교사들의 목소리가 세상을 향해 울려 퍼지게 됩니다. '교육민주화선언'입니다.

1986년 '교육민주화선언'으로 시작된 교사들의 교육개혁 운동은 1989년 전교조 결성으로 이어지고, 전교조와 함께 교육운동을 해온 시민사회 단체들의 힘이 성장해 20년 후 2010년대에 진보교육감 시대를 열어냈습니다.

이명박, 박근혜 정권의 퇴행적 교육정책 속에서도 진보교육감이 당선된 지역에서는 학교 내에 만연했던 억압적 문화를 개혁하려는 시도가 시작되었습니다. 학생인권조례 제정을 둘러싸고 학교 현실에 대한 사회적 공론의 장이 마련되기 시작했습니다.

그 후 10년이 흐르면서 학교 현장에서 체벌, 용의·복장 단속, 0교시 수업, 강제적 보충수업과 야간자율학습 등 20세기 학교를 상징하던 억압들이 사라져왔습니다.

물론 학교의 억압적 문화가 '완전히' 사라진 것은 아닙니다. 변화하는 학교 문화에 적응하지 못하는 교사들도 있습니다. 그러나 군대조차도 구타와 기합이 사라진 2023년의 학교는 〈교실 이데아〉가 비판하던 학교와 같지 않습니다.

학교 내의 억압적 문화는 해체되어왔고, 앞으로도 계속 해체될 것입니다. 그러면 대한민국 학생들이 행복해져 왔을까요? 제 답은 '글쎄요'입니다. 전근대적 폭력적 억압은 해체되어왔지만, 그 자리를 극심한 경쟁 체제가 채워왔습니다.

전두환의 과외 금지 조치로 학원·과외가 원천 봉쇄되었던 1980년대, 서서히 규제가 풀렸던 1990년대까지 학생들이 경험한 억압은 학교에서 이루어졌습니다.

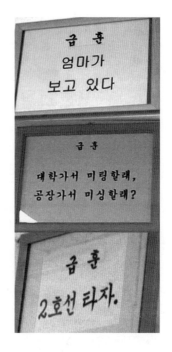

오른쪽 사진은 2005년 청소년 인터넷 언론 '바이러스'(www.1318virus.net)가 모집한 '엽기 급훈 이벤트'에 올라온 것들입니다. 21세기에 접어든 지 얼마 되지 않은 시점이라 이런 종류의 급훈들이 교실에 걸려있었던 모양입니다. 낡은 시대의 마지막 초상화죠. 지금은 이런 종류의 급훈은 불가능합니다. 교사들의 의식, 학생과 학부모들의 의식이 모두 변했습니다. 교육의 본질이 달라진 건 아니지만 발현되는 방식이 변했습니다.

21세기는 1997년 외환위기 이후 한국 사회의 급격한 변화 속에 시작되었습니다. 중산층이 몰락하고, 양극화가 극심해지고, 비정규직이 급증하고, 취업 문이 좁아지면서 생존경쟁이 치열해졌습니다. 1995년 대학 설립 규제가 완화되면서 대학이 우후죽순으로 설립되어 대학 진학이 선택이 아니라 필수가 되면서 경쟁은 대학까지 연장되었습니다.

과학고, 외고에 이어 국제고, 자율형사립고가 신흥 명문고로 등장하면서 고교 입시가 부활했고, 그 여파는 초등학교까지 내려가서 선행학습 열풍을 일으켰습니다.

'세계화', '글로벌 인재' 등의 이데올로기가 교육을 점령하면서 영어교육 광풍은 유치원까지 내려갔습니다. 우리말도 제대로 습득 못 한 아이들에게 원어민 발음을 익혀주겠다는 영어유치원까지 등장했습니다. 2000년 헌법재판소가 과외 금지에 대해 위헌 판결을 내리면서 사교육 시장은 날개를 달고 확대되었습니다.

저는 2023년의 한국 교육은 한 세대 전보다 더 잔인하고, 학생들은 더 불행하다고 생각합니다. 저는 그 원인을 여섯 가지로 생각합니다.

- 학생들이 경쟁으로 내몰리는 시기가 앞당겨졌습니다. 2살짜리 어린 아기부터 사교육 시장에 내몰리고 있습니다.
- 외고, 과학고, 영재고, 국제고, 자사고, 국제중 등이 설립되고 확대되면서 중학생은 물론이고 초등학생까지 입시 경쟁에 편입되었고, 선행학습으로 고통받고 있습니다.
- 대학 간 서열이 더 촘촘해지면서 대학 입학 경쟁이 더 치열해졌습니다.
- 학생부종합전형이 도입되면서 기존에 하던 공부는 그대로 하고 스펙 쌓기 활동까지 더해져 강요되었습니다.
- 원치 않아도 대학에 가야 하고 경쟁 시기가 대학까지 연장되었습니다.
- 극심한 취업난으로 대학에서 경쟁이 더욱 치열해졌습니다.

한국 사회가 치열한 교육 경쟁 사회로 진입한 1960년대 이후 교육이 행복했던 적은 없었습니다. 그래도 시간이 흐르고 사회가 먹고살 만해지면 교육도 좀 나아질 거라 기대했는데, 기대가 무너졌습니다. 단군 이래 '부모 세대보다 가난한 세대'가 탄생하는 나라의 비극이라고 할 수 있겠습니다.

한 세대 전의 교육과 지금 교육을 [표24]로 비교해 봤습니다.

이 표에서 정리한 내용은 향후 교육개혁과 관련하여 중요한 의미를 지닙니다. 과거에는 학교를 개혁하는 것이 교육개혁에서 핵심 문제였습니다. 한국의 교육개혁을 상징했던 조직 전교조 교사들은 학교를 바꾸기 위해 노고를 아끼지 않았습니다. 그러나 지금 학교 교육은 무엇을 바꿔야 할까요? 지금 학생들을 고통스럽게 만드는

[표24] 한 세대 전의 교육과 지금 교육

	한 세대 전	현재
학교의 역할	독재체제 유지	자본주의 체제 유지
육성하려는 인간	체제순응형	자본 요구형
학교를 통제하는 권력	군부독재	자본과 관료
중고등학교 체제	평준화	서열화
교육 경쟁의 시작	중학교 3학년	초등학교 입학 전
교육 경쟁의 종료	수능 시험날	대학 졸업식
교육의 주도권	학교	학원
학생 억압의 주된 집행자	학교	부모
억압의 방식	폭력	가족주의
억압에 대한 학생의 대응	반항	무기력

것은 학교인가요, 학원인가요? 학생들을 억압하는 것은 교사인가요, 부모인가요?

한 세대 전에는 학교가 입시 경쟁교육을 주도하며 교사가 학생들을 억압했다면, 지금은 학원이 주도하는 교육체제에서 부모가 자녀를 입시 경쟁교육으로 몰아넣고 있습니다. 한 세대 전에는 고등학교를 졸업하면 일단 교육 경쟁에서 해방되었지만, 지금은 대학생들이 취업을 위한 더 큰 경쟁에 시달리고 있습니다. 고등학생의 고통보다 대학생의 고통이 더 큽니다.

사회개혁 없이는, 한국 사회의 체질 개선 없이는 학생들을 불행에서 구할 수 없습니다. '교육개혁=학교 개혁'은 한 세대 전의 프레임입니다. 지금은 '교육개혁=사회개혁'입니다.

한국 교육의 본질과 성찰 과제

앞서 한국 교육의 특징을 잔인성, 기형성, 비효율성, 세습성, 이렇게 네 가지 측면에서 살펴보았습니다. 두 세대에 걸친 교육 고통의 변화된 양상도 생각해봤습니다.

전 세계에 학력에 따른 사회적·경제적 대우의 차이가 없는 나라가 있을까요?

교육을 통해 부모의 사회적 지위가 자녀에게 대물림되지 않는 나라가 있을까요?

부모가 자식에게 공부를 강요해서 발생하는 갈등이 없는 나라가 있을까요?

대부분의 자본주의 국가는 물론이고 북유럽의 복지국가, 심지어 평등을 국가 이념으로 표방하는 사회주의 국가에도 학력 경쟁은 있고, 학력에 따른 사회경제적 대우에 차이가 있고, 부모의 사회경제적 지위가 자녀에게 영향을 미칩니다.

그러나 우리나라처럼 학력 경쟁에 '죽기 살기'로 매달리지 않으며, '모든' 국민이 매달리지 않으며, '스무 살'에 결정된 대학이 평생을 따라다니는 신분처럼 작동하지는 않습니다.

한국 교육의 본질을 한마디로 표현하면 뭐가 적당할까요? 저는 '전쟁'이라고 표현하겠습니다. 한국 대학생의 80%가 고등학교 시절을 '사활을 건 전장'이라고 평가했는데요, 공부량이 많다, 사교육비가 많다, 경쟁이 심하다, 불평등이 심각하다는 정도로는 한국 교육의 본질을 표현하기에 부족합니다.

역대 모든 정권이 교육개혁을 약속하고 수많은 개혁 조치를 내놓았습니다. 학습

부담을 줄여주겠다, 사교육비를 줄여주겠다, 교육 불평등을 해소하겠다며 쏟아낸 수많은 정책 중 현실을 바꾼 정책은 없습니다. 왜 그럴까요? 변화된 정책은 적응해야 할 과제일 뿐 교육의 본질이 바뀌는 게 아니기 때문입니다.

한 가지 예를 들어 생각해보겠습니다. 2019년 조국 사태로 전 국민이 학생부종합전형을 공부하게 되었는데요, 학생부종합전형이 도입될 당시 정부는 학원이 대학입시에 개입할 방도가 줄어들게 되어 사교육비가 감소하고 학교 교육이 정상화될 것이라고 홍보했습니다. 그러나 결과는 거꾸로입니다. 학원에서는 고등학교에 가면 스펙 쌓느라 시간이 부족하니까 중학교 때 고등학교 공부를 미리 끝내놔야 한다고 선전했고, 학원이 학생생활기록부 컨설팅까지 하게 되어 학원 의존도가 더 커졌으며, 학생들은 더 고통스러워졌습니다.

한국 교육은 왜 전쟁이 되었을까요? 그 원인을 명확히 규명해야 해결 방도를 찾을 수 있습니다. 교육학자나 교육 전문가들의 설명을 살펴보면 3개의 범주로 나눠볼 수 있습니다. 높은 교육열, 학력에 따른 빈부격차, 학벌주의입니다. 높은 교육열은 사회문화적 현상입니다. 학력에 따른 빈부격차는 경제 문제입니다. 학벌주의는 한국 사회에만 존재하는 매우 독특한 사회적 현상입니다. 이에 대해 살펴보면서 연구 과제를 정리해가겠습니다.

한국의 높은 교육열

세계 최고의 대학 진학률이 상징하듯이 한국의 교육열은 세계 최고 수준입니다. 한국이 단기간에 경제성장을 이루고 선진국 대열에 진입한 원인으로 높은 교육열을 꼽기도 합니다.

2014년 미국 〈뉴욕타임스〉는 한국의 교육열이 OECD 23개 주요 회원국 가운데 가장 높다고 보도했습니다. 근거는 부모 세대보다 자녀 세대의 학력이 높거나 같은 경우가 96%(높은 경우 58%, 같은 경우 38%)로 가장 높다는 것입니다.

교육열은 학구열과 다릅니다. 학구열이 공부에 대한 학생의 욕구라면 교육열은 자녀를 공부시키려는 부모의 욕구입니다. 한국 학생들의 학구열을 객관화할 수 있는 자료는 PISA에서 측정한 학업 흥미도입니다. 2015년 PISA에서는 성취도와 함께 흥미도를 측정했는데요, 자료를 보면 과학, 수학의 성취도는 OECD 35개국 중 최상위권이지만, 흥미도는 최하위권입니다. [표25]

'부모가 굶는 한이 있더라도 자식은 공부시켜야 한다'는 말처럼 한국 부모들의 높

[표25] PISA 과학 성적 및 흥미도

2015년 OECD(과학 35개국, 수학 34개국) 기준

	과학 성적		흥미도		수학 성적		흥미도
1	일본	1	멕시코	1	한국	1	멕시코
2	에스토니아	2	포르투갈	2	일본	2	터키
3	핀란드	3	캐나다	3	스위스	3	덴마크
4	캐나다	4	아이슬란드	4	네덜란드	4	칠레
5	한국	5	룩셈부르크	5	에스토니아	5	그리스
6	뉴질랜드	12	뉴질랜드	11	오스트리아	28	한국
18	포르투갈	26	한국	33	칠레	30	일본
35	멕시코	28	일본	34	멕시코	34	오스트리아
		35	체코				

교육개혁은 없다 1

은 교육열을 잘 표현한 말은 없을 것입니다. 그러면 왜 한국 부모들의 교육열이 높을까요?

높은 교육열은 한국뿐 아니라 중국, 일본, 대만, 싱가포르 등 동아시아 국가들에서도 나타납니다. 2014년 영국 BBC 방송은 교육·출판 기업인 '피어슨'이 작성한 세계 교육열 순위를 보도했습니다. '피어슨'이 작성한 근거는 고등교육 수준, 국제시험 성적, 교사나 학교를 존중하는 문화, 교사와 학생과 보호자가 교육의 책임을 짊어지는 문화 등입니다. 조사 결과 한국이 1위를 했는데, 2위는 일본, 3위는 싱가포르, 4위는 홍콩, 그다음으로 핀란드, 영국, 캐나다, 네덜란드, 아일랜드, 폴란드 순이었습니다.

동아시아의 높은 교육열에 주목하는 학자들은 그 원인을 시험으로 관료를 선발하는 과거제에서 찾습니다.

과거제는 역사상 세 나라에 존재했는데, 원조는 중국입니다. 중국은 서기 587년 수나라 문제(文帝) 때 과거제를 시작했고, 우리는 958년 고려 광종 때, 베트남은 1075년에 과거제를 도입했습니다.

알렉산더 우드사이드(Alexander Woodside) 브리티시컬럼비아대 명예교수는 중국, 한국, 베트남의 과거제를 분석하여 출간한 『잃어버린 근대성들』에서 과거제는 귀족 체제를 직업적 엘리트 관료 체제로 대체한 세계사적 사건이었다고 평가합니다.

유럽에서 혈통과 신분이 아니라 개인의 능력에 따른 인재 선발 제도가 도입된 것은 신분제 폐지를 선언한 프랑스 혁명 이후입니다. 우드사이드 교수는 과거제를 근거로 '근대성'을 자본주의 발전이나 산업화에 기반하여 설명하는 서구 중심의 관점에 문제를 제기했습니다.

동아시아의 높은 교육열을 과거제로 설명하는 근거는 세 가지입니다. 과거제의 개방성, 엘리트가 되기 위해 갖춰야 할 학문적 전통, 공부를 통해 집안을 일으키는 가족주의입니다.

과거 시험은 천민이 아니면 응시 자격에 제한을 두지 않았다고 합니다. 하지만 먹고 살기 힘든 평범한 양인들이 장기간 과거를 준비할 수는 없었으니, 형식적으로는 개방적 제도라 할 수 있지만 실제로는 그렇다고 할 수 없겠지요.

시험 과목은 유학 경전이었기 때문에 국가 지도층이 되기 위해 체득해야 할 학습 과제가 존재했습니다. 공자, 맹자를 비롯하여 많은 정치사상가가 국가와 사회의 운영 원리에 큰 영향을 주었습니다.

또한 동아시아는 쌀을 주식으로 하는데, 쌀농사는 노동집약적이기 때문에 농촌 사회에서 형성된 가족주의가 공부를 통해 집안을 일으키려는 동기로 작동했습니다.

이렇게 오랜 시간 동안 과거제가 형성한 교육 문화를 무시할 수는 없겠지만, 동아시아 국가들의 높은 교육열을 과거제의 전통이라고 설명하기에는 불충분한 점이 많습니다.

일본은 과거제를 통한 관료 선발이 존재하지 않았고 유교적 가치관이 대중화되지 않았던 '사무라이의 나라'입니다. 일본의 교육열이 높아진 것은 메이지 유신으로 근대적 학교 제도를 수립한 이후입니다. 싱가포르는 과거제를 시행해본 적이 없는 말레이반도의 나라입니다.

과거제가 있었던 나라를 살펴보면, 중국은 문화혁명 당시에는 교육열이 높지 않았으나 개혁개방 이후 교육열이 높아졌으며, 베트남도 도이머이(쇄신) 노선 채택 이후 시장경제가 확대되면서 최근에 교육열이 높아졌습니다. 과거의 전통보다 사회 체제와 사회 체제가 형성하는 문화가 교육열에서 훨씬 더 중요한 요소입니다.

한국에서 교육열이 높아진 시기는 1960년대입니다. 그 이전에는 어땠을까요? 1945년 해방될 당시 문맹률이 78%였습니다. 글자도 모르는 사람이 10명 중 8명이었던 일제 강점 시기에 교육열을 논하는 것은 타당하지 않겠죠.

조선시대는 어땠을까요? 조선시대 문과 시험은 총 805회 시행됐고, 급제한 사람은 15,194명이었다고 합니다. 급제자가 연평균 30명 정도, 평균 연령은 36.4세였다는데, 먹고 살기도 빠듯한 평민들이 어떻게 과거제를 통해 입신양명의 길에 나서려고 했겠습니까. 과거제는 양반들끼리의 관직 경쟁이었습니다.

지금 우리가 성찰하려는 것은 왜 학력 경쟁에 '모두'가 '죽기 살기'로 나서는가 하는 것입니다. 일부가 아니라 모두가, 조금 해보다 안 되면 단념하는 게 아니라 죽기 살기로 경쟁하는가 하는 것입니다. 그런 점에서 한국의 높은 교육열의 원인을 양반들의 경쟁 체제인 과거제에서 찾는 것은 타당하지 않습니다. 이는 제3부 '학벌 세습 사회의 형성 과정'에서 자세히 알아보도록 하겠습니다.

학력에 따른 빈부격차

학력에 따른 빈부격차가 심해지면 부모가 자녀를 교육 경쟁 속으로 강하게 밀어넣게 됩니다. 이는 한국뿐 아니라 다른 나라에도 존재하는 일반적 현상입니다. 이와 관련하여 흥미로운 연구 결과가 있어서 살펴보겠습니다.

독일 출신인 마티아스 도프케(Matthias Doepke)는 미국 노스웨스턴 대학에서, 이탈리아 출신인 파브리지오 질리보티(Fabrizio Zilibotti)는 미국 예일 대학에서 경제학을 가르치는 교수입니다.

이들은 자신들이 1970년대 부모 세대와 전혀 다른 방식으로 자녀를 양육하고 있음을 깨닫고 전 세계 여러 나라의 양육 방식 차이를 그 나라의 경제적 요인과 관련하여 연구해서 2019년 『기울어진 교육』[23]을 출간했습니다.

경제학자인 이들이 자녀 양육 문제를 연구하게 된 이유가 매우 흥미롭습니다. 이들의 문제의식은 오늘날 미국 부모들이 가진 많은 걱정거리가 자신들이 자라던 40년 전에는 아예 존재하지 않았다는 것에서 출발합니다.

이들이 자란 독일과 이탈리아는 대학까지 무료였고, 학교들 사이의 질적 차이가 존재하지 않았습니다. 낙제를 면할 최소한의 점수로 과목을 통과하기만 하면 18세 이전에 학교에서 무엇을 얼마나 잘했는지는 인생에 영향을 미치지 않았습니다. 대학에 가지 않아도 삶의 전망이 나쁘지 않았습니다. 폭스바겐 공장에 취직해 받는 임금은 의사와 비교해도 그리 적지 않았습니다. 실업률도 낮았고 노동자 계급의 사회적 지위도 높은 편이었습니다.

이런 상황에서는 부모가 아이를 맹렬히 몰아쳐서 득이 될 것이 별로 없습니다. 그러니 부모가 느긋한 태도로 아이를 뛰놀게 만드는 것은 이상한 일이 아닙니다. 하지만 1980년대 이후 미국 사회의 경제적 불평등이 가파르게 증가하고, 승자독식의 문화가 나타납니다. 이렇게 바뀐 세상에서 부모들은 아이가 뒤처지지 않을까 점점 걱정하게 되고, 아주 어릴 때부터 아이가 목표를 달성하고 성공하도록 몰아붙이게 됩니다.

---

23) 원제는 『Love, Money & Parenting』, 부제는 〈How economics explains the way we raise our kids〉이다. 번역하면 원제는 〈돈, 사랑, 그리고 양육〉, 부제는 〈경제학은 양육 방법을 어떻게 설명하는가〉이다.

마티아스와 파브리지오는 독일, 이탈리아, 미국, 스페인, 영국, 스웨덴, 스위스, 한국, 중국, 일본 등의 양육 태도를 분석한 결과, 양육에 대한 가치관과 양육 행태의 변화는 경제 불평등의 양상으로 설명할 수 있다고 결론을 내립니다.

임금 불평등이 크지 않고 블루칼라 노동자도 사회적으로 높은 지위를 인정받는 사회라면 부모는 아이의 선택을 존중합니다. 반면 불평등이 심각한 나라의 부모는 아이의 개성을 무시하고 공부를 열심히 하도록 몰아붙일 동기가 커집니다. 이런 이유로 과거에 존재하지 않던 '헬리콥터 부모'[24], '타이거 맘'이 등장합니다.

마티아스와 파브리지오의 연구 결과는 우리 교육이 극심한 경쟁 체제가 된 이유를 이해하는데 시사하는 바가 큽니다.

한국은 외환위기 이후 빈부격차가 가장 심각한 사회적 문제가 되었습니다. 빈부격차의 일차적 원인은 학력에 따른 소득 격차로 볼 수 있습니다.

학력에 따른 소득 격차는 어느 정도일까요? [표26]은 2022년 10월 교육부와 한국교육개발원이 발표한 'OECD 교육지표 2022' 중 교육 단계에 따른 상대적 임금입니다. OECD 38개 회원국과 7개 비회원국 고졸 임금을 100으로 했을 때 전문대, 대학, 대학원 졸업자의 임금을 비교한 것입니다.

[표26] 교육 단계에 따른 상대적 임금

기준연도	구분	고졸	전문대학	대학	대학원(석박사)
2020년	한국	100	110.2	138.3	182.3
	OECD 평균	100	120.3	143.8	187.6

24) 헬리콥터처럼 자녀 주위를 빙빙 돌며 전반적인 생활을 간섭하는 부모

한국의 학력에 따른 임금 격차는 OECD 평균과 비교하여 크지 않습니다. 대학 진학률이 70%에 이르기 때문에 '대졸'이라는 이유로 누릴 수 있는 경제적 효과가 크지 않기 때문입니다.

한국의 임금 격차는 '고졸-전문대졸-대졸-대학원졸'로 드러나기보다 대기업과 중소기업 사이에, 정규직과 비정규직 사이에, 같은 대졸이라도 출신 대학 서열에서 드러납니다. 그러면 누가 대기업에 들어가고, 누가 정규직이 되는가가 중요하겠는데, 결국은 학력입니다. 자세한 상황은 뒤에서 다시 살펴보겠습니다.

그런데 한국 교육이 전쟁이 된 이유를 학력에 따른 빈부격차로만 설명하기에는 부족합니다.

1980년대 중반까지 대졸자의 평균 임금은 고졸자의 2배 정도였습니다. 1987년 6월항쟁 이후 노동운동이 폭발적으로 성장하면서 고졸 노동자들의 임금이 급속히 증가하여 외환위기 직전인 1996년에는 대졸자와 고졸자의 임금 격차가 1.5배로 줄어듭니다. 그러나 그 시기에 교육 경쟁이 약해졌다는 징표는 없습니다.

따라서 교육 경쟁의 강도는 학력에 따른 임금 격차뿐 아니라 임금 격차를 완충할 수 있는 사회 복지 체제가 어떠한가를 포함하여 살펴봐야 합니다.

사회 복지 체제는 한국 사회의 운영 원리와 밀접한 관련이 있습니다. 국가가 개인의 삶을 보살펴주냐 방치하냐에 따라 자녀 교육에 대한 부모의 태도가 달라집니다. 한국은 각자도생 사회입니다. 각자도생 사회에 내던져질 자녀들에게 부모는 학력이라는 '갑옷'을 입히고자 합니다. 이것이 한국의 교육 경쟁이 극심한 또 하나의 이유입니다. 한국 사회가 왜 각자도생의 사회가 되었는지는 뒤에서 자세히 살펴보겠습니다.

학벌주의

학벌은 학력과 학연, 파벌과 붕당이 혼합된 개념입니다. 학벌주의는 두 가지 형태로 나타납니다.

첫째는 서열화된 대학 체제입니다. 다른 나라에도 명문대학은 있습니다만, 명문대학이 있는 것과 대학 간에 서열이 존재하는 것은 완전히 다른 문제입니다. 더구나 특정 대학을 정점으로 모든 대학을 줄 세운 나라는 전 세계에서 대한민국밖에 없습니다.

둘째는 권력의 독점입니다. 학벌주의 사회를 비판할 때 가장 많이 드는 사례가 고위 공직자의 몇 퍼센트, 국회의원의 몇 퍼센트, 대기업 CEO의 몇 퍼센트가 서울대 또는 SKY 출신이라는 것입니다. 특정 대학 출신이 '그들만의 리그'를 만들어 요직을 독점하는 현상은 사회의 건강한 발전을 가로막습니다.

학벌주의는 '한국 교육은 왜 전쟁이 되었나?'라는 질문에 가장 많은 답을 주는 현상입니다. 학력에 따른 차별, 차별의 내면화, 학력과 권력의 관계 등 한국 사회의 작동 방식을 가장 잘 설명할 수 있는 현상입니다.

그러면 한국 사회는 언제부터 어떻게 해서 학벌주의 사회가 되었을까요? 학벌주의의 토대가 되는 '학연'이나 '기수'와 같은 전근대적 문화는 어떻게 형성되었을까요? 왜 한국의 대학은 서열화되었을까요? 좋은 학벌로 특권을 누릴 수 있는 사람은 소수인데, 왜 사회 전체가 학벌 경쟁을 하게 되었을까요? 이런 질문들에 대한 답을 찾는 게 이 책의 목표입니다.

학벌주의에 대한 분석이나 정책 대안들은 2000년대 들어 활발하게 전개되었습니다. 1996년 출간된 강준만 교수의 저서 『서울대의 나라』는 학벌주의를 사회적으로 공론화한 최초의 '사건'으로 평가됩니다. 1999년 "학벌은 계급"이라고 선언하며 시민단체 '학벌없는사회'가 출범했습니다. 2004년에는 경상대학교 정진상 교수가 이끄는 사회과학연구원이 출간한 『대학 서열 체제 연구: 진단과 대안』에서 대학 서열화 체제를 대체할 '국립대통합네트워크'를 제안했습니다.

'국립대통합네트워크'란 학벌주의의 근본 문제를 서울대를 정점으로 하는 대학 서열화 체제에 있다고 보고, 프랑스를 모델로 하여 대학을 '평준화'하자는 것입니다. 그런데 이게 장기적 과제가 될 것이기 때문에 서울대와 지방 국립대를 묶어 공동의 졸업장을 수여하는 체제를 만드는 것부터 시작하자는 것입니다.

'국립대통합네트워크'는 빠른 속도로 정치권에 수용되었습니다. 민주노동당이 2007년 대선에서 처음으로 국립대통합네트워크를 공약으로 채택했습니다. 2012년에는 제1야당인 민주당이 대선 공약으로 수용했고, 2017년 대선에서도 문재인 후보의 공약에 포함되었습니다.

그러나 문재인 정부는 집권 이후 구체적 일정을 갖고 추진하지 않았습니다. 그렇다고 공약 파기에 대한 비판이 크게 일어나지도 않았습니다. 국민 대부분이 잘 모르기 때문에 추진 동력도 별로 없었다고 봐야겠죠.

학벌주의 사회를 극복할 대안 교육 체제를 만들자는 운동이 시작된 지 20년, '국공립대통합네트워크'를 공약으로 내건 정당이 집권도 했으나 현실은 한발도 앞으로 나가지 못했습니다. 왜 그렇게 되었을까요? 학벌주의의 원인을 제대로 규명하지 못한 결과는 아닐까요? 저는 앞으로 이 점을 살펴보려고 합니다.

문재인 정부 들어서 학벌주의와 결이 다른 사회적 담론이 등장했습니다. '능력주의'입니다. 외환위기 이후 직업의 불안정성이 급격히 증가하면서 정년이 보장된 공무원·교사, 공기업, 정년 없이 일할 수 있는 의사·약사 등에 대한 선호도가 치솟았습니다.

　이는 대학 진학에 그대로 반영되었습니다. 외환위기 직후 사범대 입학 수능점수가 법대 수준으로 치솟는가 하면, 전국의 모든 교대가 고교 내신 '1점대' 학생들의 집합소가 되었습니다.

　전국의 모든 의대를 다 채운 후 서울대 나머지 학과들을 채우기 시작했습니다. 의대, 치대, 한의대, 약대, 수의대의 머리글자를 딴 '의치한약수'라는 신조어도 등장했습니다. 서울대를 정점으로 한 학벌주의와 다른 현상들이었죠.

　2015년에 '금수저 흙수저'라는 신조어가 등장하면서 2016년에 '학벌없는사회'가 해산을 선언합니다. '학벌없는사회'는 해산 선언문에서 "자본의 독점이 더 지배적인 지금은 학벌이 권력을 보장하기는커녕 가끔은 학벌조차 실패하고 있다"고 이유를 밝혔습니다.

　2016년 박근혜 대통령 국정농단 사태 당시 정유라의 특권과 반칙, 2017년에 터진 강원랜드 대규모 채용 비리, 2019년 조국 사태 때 '부모 찬스', 2020년 인천국제공항 비정규직 노동자들의 정규직화를 둘러싼 사회적 논란 등을 거치면서 '능력주의'가 사회적 화두로 등장했습니다. 교육계에서는 수시와 정시 비율, 학생부종합전형에 대한 관점을 놓고 능력주의 논쟁이 벌어졌지요. 이런 흐름 속에서 능력주의와 관련한 책들도 많이 출판되었습니다.

　조국 일가에 대한 수사를 총지휘하며 온 나라를 뒤흔들었던 검찰총장이 '공정과 상식'을 내세우고 대통령에 출마하여 당선되었는데, 집권 후 보니 '공정과 상식'은 온데간데가 없고 서울법대 출신 검사들이 지배하는 나라가 되었습니다. 심지어 대통령의 초등학교 동창, 고등학교 후배, 출퇴근 때 '카풀'하던 검사, 점심시간에 '밥 총무' 하던 검사 등 온갖 연줄로 얽힌 사람들이 대한민국을 통치하고 있습니다.

한국 사회는 전근대적인 학벌의 힘이 약해지고 능력주의 사회로 변하고 있는 줄 알았는데, 학벌주의는 여전히 날카로운 발톱으로 무장한 채 강력한 힘을 갖고 있었습니다.

한국 교육의 성찰 과제 정리

한국 교육을 전쟁으로 만든 원인으로 지적되어온 높은 교육열, 학력에 따른 빈부 격차, 학벌주의에 대해 개략적으로 살펴보았는데요, 그동안 한국 교육에 대한 성찰은 겉으로 드러난 양태에 치우치고 본질에 대한 성찰이 부족했습니다.

예를 들어 학벌주의를 성찰할 때 서울대 출신들이 요직을 독점하는 게 문제라는 지적은 차고 넘치지만, 서울대 출신들이 요직을 차지해서 무엇을 했는가에 대한 성찰, 즉 본질에 대한 성찰은 부족했습니다. 이는 학벌주의의 본질을 규명하는 데서 한계를 가져옵니다.

서울대 출신들이 사회를 위해서 헌신하는 엘리트이고 국민이 이를 긍정적으로 인정한다면 그들이 요직에서 차지하는 비율이 높더라도 무슨 문제가 있겠습니까. 영국의 옥스퍼드대·케임브리지대 출신들, 프랑스의 그랑제꼴 출신들은 서울대보다 훨씬 오랫동안 사회에서 지도적 역할을 독점해왔습니다. 그러나 영국과 프랑스에서 엘리트들에 대한 문제의식은 우리와 같지 않습니다.

또 하나의 예를 들자면, 한국 학부모들의 과도한 교육열에 대한 성찰입니다. 교육열이 높은 게 좋은 것입니까, 나쁜 것입니까? 당연히 높은 게 좋습니다. 문제는 교육열이 무엇을 위한 것인가입니다. 부모가 국가와 사회의 미래를 위하여 자녀에게 공부를 요구하나요? 만약 그랬다면 교육이 이렇게 극단적 경쟁으로 오지도 않았겠지

교육개혁은 없다 1

만, 자녀에게 공부를 요구하는 목적이 "이게 다 너를 위해서야"이기 때문에 문제 아니겠습니까. 그렇다면 왜 한국의 학부모들은 그런 가치관을 갖게 되었는지 규명해야겠지요.

이제 한국 교육이 왜 전쟁이 되었는지 본격적으로 살펴보겠는데요, 다음과 같은 순서로 진행하겠습니다.

먼저 최근 화두로 등장한 능력주의 담론부터 살펴보겠습니다. 능력주의라는 용어의 등장 배경부터 시작해서 능력주의 담론이 확산하는 과정에서 검토할 점은 없는지, 더 나아가 한국은 능력주의 사회인지, 능력주의라는 틀로 한국 교육에 대한 해결책을 제시할 수 있는지 살펴보겠습니다.

다음으로 학벌주의에 대해 살펴보겠습니다. 명문대학이 즐비한 다른 나라들에 학벌주의가 없다면 그 이유가 무엇인지, 대학 서열화가 학벌주의를 낳은 것인지, 학벌주의의 본질이 무엇인지 살펴보겠습니다. 그후 제3부에서 학벌주의 사회의 형성 과정을 역사적으로 정리해보고자 합니다.

대한민국은 능력주의 사회인가?

자본주의 사회에서 교육의 계급적 성격

유럽에서 근대적 학교 제도는 자본주의가 등장한 이후 만들어졌습니다. 자본주의가 등장하기 이전에는 가정이나 기술을 가르치는 도제 제도에서 교육이 이루어졌습니다. 우리는 초등학교, 중·고등학교를 거쳐 대학에 가기 때문에 학교도 그 순서대로 생겨났을 것 같지만, 대학교가 제일 먼저 생겼고 초등학교가 가장 나중에 생겼습니다.

유럽에서 대학은 중세 시대에 등장했습니다. 유럽 대학의 모태라 불리는 이탈리아의 볼로냐 대학, 영국의 옥스퍼드와 케임브리지 대학, 프랑스의 소르본 대학 등 13세기~16세기에 60개가 넘는 대학이 있었습니다. 대학은 교회의 강력한 영향 아래 운영되었고, 개인 교습을 통해 학업 능력을 갖춘 귀족의 자녀들이 입학했으며, 대학을 졸업하면 교회의 간부나 국가 관료가 되었습니다.

대학이 발전하면서 영국의 퍼블릭 스쿨, 프랑스의 리세, 독일의 김나지움 등 대학 입학을 준비하는 중등학교들이 생겨났습니다.

초등학교는 언제 생겨났을까요? 아동 노동이 금지된 이후입니다.

초기 산업 자본주의는 매우 잔인했습니다. 산업혁명의 발생지 영국의 1830년대

상황을 보면 탄광 노동자를 고용할 수 있는 나이는 4살, 모직공장은 6살, 면직공장은 8살부터 가능했고 아동들은 하루 12~18시간을 일했습니다. 아동은 성인의 1/10 수준의 임금을 받아도 저항하지 않는 아주 좋은 착취 대상이었습니다.

그러다 1833년에 '공장법'이 제정되었습니다. 구체적 내용을 보면 9세 이하 아동은 노동 전면 금지(견직 공장은 예외), 9~13세 아동은 하루에 9시간 이내, 13~18세 아동은 하루 12시간 이내로 노동시간을 제한하고, 아동의 야간노동을 금지하며, 아동에 대해 하루 2시간 이상 교육을 의무화하는 것입니다.

그런데 영국의 공장법은 기대하지 않았던 효과를 낳았습니다. 아동들이 공부하고 지적 수준이 높아지자 생산성이 향상된 것입니다. 그러면서 대공장이 위치한 지역을 중심으로 초등교육이 대중화되었습니다. 교육의 목적은 공장에서 노동자로 일할 준비를 시키는 것이었죠. 질서 의식, 규율 준수, 근면 성실, 공손함 등 자본가의 지시와 통제에 순응하는 정신을 익히는 것이 학교 교육의 주요 내용으로 자리 잡았습니다.

지금과 같은 공교육 형태는 19세기 후반 독일에서 시작되었습니다. 독일은 공교육을 통해 영국이 이룬 산업화를 빨리 따라잡고자 했습니다. 영국의 교육제도가 민간 주도였다면, 독일은 국가 주도로 공교육 시스템을 만들었습니다. 아동의 학교 교육을 의무화하고, 이에 응하지 않으면 무거운 벌금을 물렸습니다. 공교육 제도 덕분에 독일은 빠른 속도로 영국과 프랑스를 따라잡으며 강대국으로 성장했고, 이후 대부분 자본주의 국가에서 공교육 제도가 수립되었습니다.

신분에 따라 부가 세습되던 봉건사회가 무너지고 근대적 공교육 제도가 수립되었으나, 자본가의 자녀는 자본가로, 노동자의 자녀는 다시 노동자로 사회적 지위가 대물림되는 현상이 나타났습니다. 앞 세대의 지식과 문화를 전달하고 개인의 소질과 능력을 키우는 역할 외에 학교가 계급을 재생산하는 역할을 하게 된 것이죠.

학생의 타고난 재능, 학습 동기, 노력 등의 차이로 불평등이 발생하는 게 아니라 학교 자체가 구조적으로 불평등을 생산하는 기관이 아니냐는 성찰이 나타나기 시작했습니다. 그런 성찰 중에서 20세기에 가장 영향력 있는 사회학자이자 프랑스를 대표하는 실천적 지성인인 피에르 부르디외(Pierre Bourdieu)의 '문화자본' 이론을 살펴보겠습니다.

부르디외는 사람의 사회적 지위는 경제자본(돈), 사회자본(사회적 관계망), 문화자본의 총합과 구성 양식으로 결정된다고 보았습니다.

문화자본은 '객관화된 문화자본'(책이나 예술작품), '제도화된 문화자본'(졸업장이나 자격증), '체화된 문화자본'(가정환경에서 체득된 지식, 문화, 취미)으로 나눠볼 수 있는데, 부르디외는 '체화된 문화자본'에 주목합니다.

부르디외는 자본주의 사회에서 지배계급은 경제자본을 자녀에게 직접 상속하는 방식이 아니라 문화자본으로 전환하여 자녀에게 체화시켜 상속한다고 설명합니다. 지배계급은 어릴 때부터 독서 습관을 키우고, 클래식 음악이나 그림 감상 능력을 키우고, 세련되고 교양 있는 언어 능력을 갖추도록 합니다. 그런데 학교는 계급을 떠난 중립적 지식과 가치를 전수하는 것이 아니라 지배계급의 문화를 전수하여 지배계급의 자녀가 더 좋은 교육적 성과를 획득하도록 합니다.

쉽게 설명하면 이렇습니다. 지배계급의 자녀는 어릴 때부터 클래식 음악을 들으며 성장하고, 피지배계급의 자식은 대중음악을 들으며 성장하는데 학교에서는 대중음악은 가르치지 않고 클래식 음악을 가르칩니다. 그러니 지배계급의 자녀가 학교에 잘 적응하고 성적이 우수하여 결국 지배계급이 될 수 있는 학력을 획득하게 된다는 것이죠.

부르디외는 이와 같은 학교의 역할을 '상징적 폭력'이라고 규정했습니다. 피지배 계층에게 불평등한 사회 질서를 정당한 것으로 받아들이게 함으로써 물리력에 의존하지 않고 복종하도록 이끄는 지배 방식이라는 것이죠. 학교 교육은 상징적 폭력을 통해 계급 재생산에 사회적 정당성을 부여하는 것입니다.

부르디외는 지배계급, 중간계급, 피지배계급의 문화적 취향 차이는 개인적인 것이 아니라 사회적인 것이며, 타인을 대하는 태도의 차이로 귀결된다고도 지적합니다. 지배계급의 취향은 차별화를 특성으로 합니다. 노동계급은 떠들썩하게 먹고 마시고 즐기는 일에 몰두하고 상류층은 가리고 삼가고 절제합니다. 지배계급은 대중과 같은 문화를 즐기지 않으며, 이는 피지배계급에 대한 우월 의식으로 발현됩니다. 따라서 중간계급은 지배계급에 대해서는 문화적 열등감을, 피지배계급에 대해서는 문화적 우월감을 갖게 됩니다.

부르디외의 문화자본 이론은 한국 교육의 세습성을 설명하는데 유효한 틀이 될 수 있을까요? 두 가지 연구 사례를 살펴보겠습니다.

2004년 문화일보 권선무 기자는 2000학년도부터 2004학년도까지 5년 동안 서울대 신입생 15,156명에 대한 서울대 대학생활문화원의 자료를 바탕으로 신입생들의 가정환경, 성장지역, 계층의식 등을 분석하여 『서울대는 왜 있는 집 자녀들만 다닐까』를 출간했습니다.

권선무 기자의 분석에 의하면 서울대 입학생 중 아버지의 직업이 의사, 판검사, 연구원, 교수, 교사 등 전문직이 농어민보다 30배, 생산직 노동자보다 27배가 높았습니다. 서울대 내부에서도 수능점수가 높은 의예과, 법대, 경영대와 레슨비가 많이 들어가는 음대, 미대는 아버지가 전문직·관리직인 비율이 더 높았습니다.

권선무 기자는 서울대 입학생들의 성적은 가정에서부터 출발한다고 설명합니다.

교육적 자극에 따른 지능의 차이, 사회계층에 따른 학생의 학습 동기, 자아개념의 차이에 따른 행동 양식의 차이, 가정환경에 따른 성취도 격차 등이 부모의 사회경제적 지위에 따라 형성된다는 것이죠.

이런 비판을 의식해서인지 서울대는 2005년에 지역균형 선발제를 도입하여 전체 입학생의 20%를 선발하도록 했습니다. 이후 서울대 신입생 부모의 직업 분포는 변했을까요? [도표30]은 1998년과 2010년을 비교한 것입니다. 부모 직업이 경영관리직, 전문직, 사무직인 학생의 비율은 1998년 66.1%에서 2010년에 73.7%로 더 늘어났습니다.

조금 더 흥미 있는 연구 결과가 있습니다. 2016년 서울대 경제학부 김세직, 류근관 교수가 서울대 경제연구소 '경제논집'에 게재한 「학생 잠재력인가? 부모 경제력

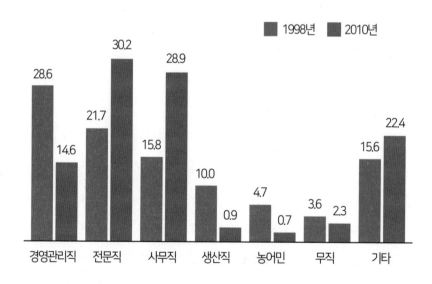

[도표30] 서울대 신입생 부모 직업 변화

단위: %, 자료: 서울대 대학생활문화원

■ 1998년　■ 2010년

교육개혁은 없다 1

인가?」라는 논문입니다. 대학 입학 성과가 부모에게 물려받은 학생의 타고난 잠재력과 부모의 경제적 능력으로 대표되는 환경적 요인으로 구성된다고 할 때, 환경적 요인이 어느 정도 영향을 끼치는지 조사한 논문입니다.

두 교수의 연구에 의하면 2014년 서울 강남구와 강북구 출신 학생의 지능, 노력, 유전 등 잠재력을 분석하여 '추정'한 서울대 합격률은 1.7배 차이가 나는데, '실제' 서울대 합격률은 20배 넘게 차이가 났다는 것입니다. [도표31] 부모의 소득 수준에 따른 사교육, 선행학습, 특목고 진학 여부 등이 학생의 잠재력보다 더 큰 영향을 준다는 것이죠.

부르디외는 자본주의 사회에서 계급 재생산의 작동 방식을 '문화자본'이라는 개념을 도입하여 설명했는데, 자본주의 사회인 한국도 예외는 아니겠죠. 그러나 분명

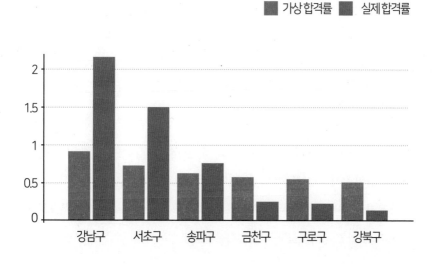

[도표31] 진짜 인적자본 기준 가상 서울대 합격률과 실제 합격률

단위: %

■ 가상합격률 ■ 실제합격률

한 차이가 있습니다. 문화적 요인도 영향을 주겠지만, 물질적 요인인 사교육비 격차의 영향이 훨씬 큽니다.

능력주의 담론의 확산

'능력주의'라는 용어의 기원

'능력주의'(meritocracy)는 'merit'(능력)와 'cracy'(통치)의 합성어로 영국의 사회학자 마이클 영(Michael Young)이 1958년 발간한 『능력주의의 발흥』(원제: The Rise of the Meritocracy)에서 만든 용어입니다. 'merit'는 라틴어 'meritium'에서 나온 말로 '탁월', '가치', '공로' 등을 뜻한다고 합니다. 'meritocracy'를 직역하자면 '능력자의 통치체제'가 되겠는데요, 그동안 '업적주의', '공적주의', '실력주의' 등 여러 용어로 번역되다가 최근 '능력주의'로 통일되어 사용되고 있습니다.

마이클 영이 쓴 『능력주의의 발흥』의 부제는 〈2034년, 평등하고 공정하고 정의로운 엘리트 계급의 세습 이야기〉입니다. 뭔가 비꼬는 말투죠. 마이클 영이 여러 출판사에 원고를 보냈으나 퇴짜를 맞는 바람에 풍자물 형식으로 썼다고 밝히고 있습니다.

마이클 영은 사회학자이자 사회운동가로서 1945년 노동당의 총선 선언문 작성 과정을 책임졌으나, 노동당이 집권한 이후 실망하여 지역 사회 운동에 전념했습니다.

마이클 영이 『능력주의의 발흥』을 쓴 이유는 영국 사회의 교육 불평등과 노동당의 우경화를 우려했기 때문입니다. 영국의 중등교육은 오래전부터 엘리트 교육과 대중 교육이 철저히 분화되어 있었습니다. '퍼블릭 스쿨'이라 부르는 사립학교는 귀족과 부자의 자녀들이 다니는 '귀족학교'입니다. 공립학교는 대학 진학을 목표로 하는 5% 정도의 '그래머 스쿨'과 직업 교육을 목표로 하는 대부분의 '모던 스쿨'로 나뉩니다.

영국은 1944년에 교육법을 개정하여 만 11세에 시험을 쳐서 '그래머 스쿨'에 입학하도록 했습니다. 이에 대해 노동당의 정치인들과 교육학자들은 선별적 교육시스템이 중산층의 특권을 강화한다고 비판했습니다. 『능력주의의 발흥』은 그런 입장에서 영국 사회의 미래를 상상하며 쓴 풍자물입니다. 능력주의와 관련해서 논의의 출발점이 되는 중요한 책이라 핵심 내용만 요약해보겠습니다.

영국은 1870년 아동에 대한 교육이 의무화되고 공무원 사회에서 정실주의가 폐지되고 경쟁을 통한 진입이 규칙으로 되었습니다. 영국은 귀족주의가 폐지된 후에도 잔재가 남아 폐해가 사라지지 않았는데, 사회주의자들이 '기회의 균등'을 내세우며 능력이 지배하는 사회를 만들게 됩니다.

'능력=지능(I.Q.)+노력'입니다. 능력이 절대적 기준이 되면서 능력별 수업, 우열반 편성, 능력별 진학이 일반화됩니다.

상층계급은 사교육을 동원해 자녀를 좋은 학교에 보내려 하고, 정부는 불필요한 낭비를 없애기 위해 어린 나이부터 능력자를 찾아냅니다. 지능검사와 업무능력 평가가 더욱 촘촘해집니다. 1989년이 되면 중등학교는 지능 분포에 따라 [표27]과 같

[표27] 지능 분포에 따라 나뉜 중등학교

학교 유형	학생의 지능 수준	교사 1인당 학생 수	교사의 지능 수준
지진아 학교	50~80	25	100~105
현대식 중등학교	81~115	20	105~110
그래머 스쿨	116~180	10	135~180
기숙형 그래머 스쿨	125~180	8	135~180

이 나뉘게 됩니다.

신뢰할 수 있는 I.Q. 검사 연령이 점점 낮아져 2000년에는 9세, 2015년에는 4세, 2020년에는 3세가 됩니다. 2033년이 되면 지능에 따라 선발되고 교육받은 엘리트 집단이 지배하는 사회가 됩니다. 엘리트 집단은 I.Q.125 이상을 요구받고, 최고직위 관료는 165 이상 되어야 합니다. 공교육 체계는 붕괴하고 엘리트를 위한 교육시스템으로 재편되며, I.Q.가 높은 사람끼리 결혼해서 자식의 I.Q.를 높이려고 노력합니다.

세습사회를 깨기 위해 2세기 동안 싸워 기회 균등의 사회를 만들었다고 생각했는데 계급 사이의 간극이 더 벌어진 새로운 세습주의가 만들어집니다. 세습 원리와 싸웠던 사회주의자들은 능력주의가 자리잡자 역사의 뒤안길로 사라집니다. 정치도 머리 좋은 사람이 하게 되니 노동당에도 사업가와 변호사만 우글거리게 됩니다. 노동당은 몰락하고 하층 계급은 능력 있는 지도자를 갖지 못하게 됩니다.

능력이 모든 걸 결정짓는 사회는 이럴 바엔 아예 세습주의를 공식화하자는 보수당과 이에 대항하는 포퓰리스트 집단이 갈등하고, 여전히 여성이 육아를 담당하는 부조리 속에서 2034년 여성들이 주도하는 혁명이 일어나게 됩니다.

광주교대 박남기 교수는 오랫동안 능력주의에 주목해온 학자입니다. 그는 학벌을 타파하면 능력주의 사회가 된다는 믿음은 잘못된 것이며, 능력주의가 학벌 사회를 만들었다고 주장합니다. 그는 2018년 출간한 『실력의 배신』에서 실력과 성공을 다음과 같이 공식으로 만들어 제시했습니다.

- 실력=타고난 능력×{노력+교육(학교교육+사교육)+비실력적 요인(가정 배경+운)}
- 성공=실력+비실력적 요인{개인 특성(타고난 특성+길러진 특성)+기타(가정배경+운)}

순수하게 '능력대로' 재화가 분배되는 '정의로운 사회'가 되려면, 모든 사람이 같은 수준의 능력을 갖고 같은 조건에서 출발하며, 오직 개인의 노력에 따라 능력 차이가 나야 하는데, 현실은 그렇지 않습니다. '순수한' 능력주의 사회는 존재하지 않습니다.

성실한 사람이 좋은 대우를 받아야 하느냐, 유능한 사람이 좋은 대우를 받아야 하느냐에 하는 윤리적 문제는 차치하고, 사회적으로 인정되는 능력에는 환경적 요소가 크게 작용합니다.

시골 산촌에서 태어나 오로지 '노오력'으로 서울대를 갔다거나, 지방대를 나왔지만 대기업 CEO가 되었다는 신화들은 사회의 불평등 구조를 개인의 노력 부족 문제로 환원합니다. 박남기 교수는 "능력주의란 사람들이 기회와 과정이 균등하다는 환상을 받아들이도록 세뇌하는 것"이라고 비판합니다.[25]

『공정하다는 착각』의 착각

한국에서 능력주의라는 용어가 대중적으로 확산되는 데서 마이클 샌델(Michael Sandel) 교수가 쓴 『공정하다는 착각』[26]이 큰 역할을 했습니다. 『공정하다는 착각』은 2021년 한국에서 연간 판매 순위 6위를 기록했다고 합니다. 한국에서 100만 부가 넘겨 팔린 『정의란 무엇인가』의 저자로서 명성이 크게 작용했겠죠. 샌델 교수는 『공정하다는 착각』 출간 후 jtbc의 〈차이나는 클라스〉에 출연해 한국 시청자들과 소

---

25) 박남기, 『실력의 배신』, 쌤앤파커스, 2018.

26) 원제는 『The Tyranny of Merit: What's Become of the Common Good?』으로, 번역하면 『능력주의의 폭정: 무엇이 공공선인가?』가 될 것입니다.

통도 했습니다.

『공정하다는 착각』은 2019년 3월에 터진 미국 명문대학들의 입시 비리 뉴스로 시작합니다. 샌델 교수는 미국 명문대 입시를 비판하면서 '옆문', '뒷문'이라는 표현을 사용합니다. '뒷문'은 기부금 입학이나 동문 자녀 특혜로 들어가는 문입니다. '옆문'은 입시 컨설턴트를 통해 성적과 서류를 위조하거나 입학사정관을 매수해서 들어가는 문입니다. 샌델 교수는 미국 상류층의 자녀들이 옆문과 뒷문으로 들어가 점령한 명문대의 현실에 대해 비판하면서 능력주의 사회가 공정하다는 착각에서 벗어나야 한다고 주장합니다.

하버드와 아이비리그 대학에서 소득 상위 1%(연봉 63만 달러 이상) 출신의 학생은 하위 50% 가정 출신 학생보다 많다. 노력과 재능만으로 누구나 상류층으로 올라갈 수 있다는 미국인의 믿음은 더 이상 사실과 맞지 않다.

그런데 주류 정당과 정치인들은 인종·민족·성의 장벽을 제거하는 방식으로 대학교육에서 기회의 평등을 늘림으로써 증가하는 불평등에 대응해왔다. 불평등한 현실을 놔두고 승자가 되는 사다리를 공정하게 만드는 것이 교육의 역할인가? 교육은 불평등 사회를 당연하게 여기도록 만드는 '공정함'의 장치인가?

1980년부터 하버드대에서 정치철학을 가르쳐온 샌델 교수는 1990년대 이후 '나는 죽도록 노력해서 하버드에 왔으며 나의 지위는 능력으로 정당화된다'고 생각하는 학생이 계속 늘어왔으며, 능력주의적 신념이 더 강해지고 있다고 말합니다. 샌델 교수는 능력주의 사회가 오만과 굴종의 정신 상태를 만든다고 지적합니다.

교육개혁은 없다 1

태어날 때 인생이 결정되는 신분제 사회에서 부자는 자신의 특권이 '성취가 아닌 행운'임을 알며, 빈자는 자신의 불행이 '내 탓이 아닌 불운'이라 생각한다. 삶이 고달프긴 해도 '이렇게 태어난 운'이 문제이므로 자기 자신을 탓하며 자괴감에 빠질 필요가 없다. 그러나 능력주의 사회에서의 부자는 자신의 성공이 '행운이 아닌 성취'라고 생각해 오만에 빠지게 되며, 빈자는 부족한 자신의 능력과 노력을 저주하면서 깊은 좌절에 빠지게 된다.

그러면서 샌델 교수는 능력주의의 해결책으로 '제비뽑기' 선발을 제안합니다. 하버드는 매년 2천 명 정도를 선발하는데 4만 명 정도가 지원한다고 합니다. 그중 하버드에서 공부할 능력이 있다고 인정되는 학생을 2~3만 명 정도 선발한 후, 이들 중 합격자를 추첨으로 결정하는 것이죠. 그렇게 하면 능력주의의 오만에서 바람을 빼게 되고, 대입 경쟁에 매몰된 고등학생들에게 학교생활의 건강함을 어느 정도 되찾아 줄 것이라고 말합니다. 굉장히 충격적인 제안이죠.

샌델 교수는 동문 자녀 혜택 입학이나 기부금 입학에 대해 원칙적으로 반대하지만, 당장 이 제도를 없앨 수 없다면 동문 자녀나 거액의 기부금 납부자 자녀에게 추첨권을 2장, 또는 그 이상 주는 방식으로 하자고 제안합니다.

세상에 대학생을 추첨으로 뽑는 나라가 있을까요? 있습니다. 네덜란드는 초등학교를 졸업하면서 진로에 따라 다른 중고등학교로 진학합니다. 그래서 대학 진학 단계에서는 경쟁이 거의 없는데, 의사나 변호사는 선호 직업이기 때문에 의대와 법대는 경쟁이 있습니다. 네덜란드는 오랫동안 의대와 법대를 추첨제로 뽑아오다가 2017년부터 대학별 선발로 전환했습니다. 전환은 했어도 성적보다 전공에 대한 학생의 열의를 보고 선발한다고 합니다. 이런 사회적 합의가 가능한 이유는 대학을 나오지 않아도 먹고 사는 데 어려움이 없기 때문이죠. 학력 간 임금 격차는 있지만, 누진세를 적용해서 세금 떼고 나면 큰 차이가 없답니다. 더 중요한 것은 '아무리 훌륭한 의사라도 도로공사는 할 수 없고, 똑똑한 대학교수가 있다고 해도 제빵사가 없으면 빵을 사 먹을 수 없다'는 게 네덜란드 사람들의 생각입니다.[27]

한국뿐 아니라 미국도 제비뽑기 선발은 불가능할 것입니다. 그런데 왜 샌델 교수는 제비뽑기를 제안했을까요? 저는 샌델 교수가 능력주의를 부자의 '오만'과 빈자의 '굴종' 문제로 보기 때문이 아닐까 하고 추측합니다. 신분제 사회에서 부자들은 오만까지 떨지는 않았는데 신분이 해체된 능력주의 사회에서는 오만하기까지 하다는 것이죠. 그러니 제비뽑기 입학이 능력주의를 약화할 수 있는 정의로운 대안이라고 생각하는 것 같습니다.

신분제 사회에서 '부자들이 자신의 부를 행운으로 받아들였을 것'이라는 샌델 교수의 생각은 당황스럽습니다. 인류가 계급사회로 진입한 후 어느 신분제 사회에 그런 부자가 존재했을까요? 신으로 숭배받았던 이집트의 파라오, 하늘의 아들(天子)을 자칭했던 중국의 황제들, 왕권은 신이 내린 것이라 주장했던 중세 유럽의 왕들은 신격화된 존재였죠. 왕과 함께 지배층을 형성한 유럽의 귀족, 조선의 양반, 그들도 왕후장상의 씨는 따로 있다고 생각했죠. 그들이 자신의 신분을 행운으로 생각하고 피지배 민중에게 미안한 마음을 가졌을까요?

멀리 갈 것도 없이 샌델 교수의 선조들은 아프리카인들을 납치하여 노예로 삼았죠. 1863년 노예제 폐지를 선언했지만 인종 차별은 사라지지 않았습니다. 흑인에게 투표권을 부여한 게 1965년입니다. 백인들이 백인으로 태어난 것을 행운으로 여기며 겸손한 마음을 조금이라도 가졌을까요?

---

27) 정현숙, 『공교육 천국 네덜란드』, 한울, 2019

고대 노예제 사회, 중세 봉건제 사회와 같은 신분제 사회는 신분 관념 때문에 성립된 게 아닙니다. 지배계급이 생산수단인 땅을 소유하고, 소유권을 물리력으로 지켰기 때문에 신분제가 유지된 것입니다. 자본주의 사회에서 부자가 오만한 이유는 대학을 나와서가 아닙니다. 생산수단인 공장과 기업을 소유하고 부를 독점했기 때문입니다.

샌델 교수는 능력주의 사회를 비판하면서도 능력주의 사회를 움직이는 물질적 동력에 대해서는 외면하고 있습니다. 그래서 신입생 선발이라는 교육적 행위를 능력주의 해소라는 사회적 행위로 무리하게 전환하자고 제안한 것입니다.

샌델 교수가 동문 자녀 특혜 입학, 기부금 입학에 대해서 '당장' 폐지하기 어렵다면 추천권을 배수로 주자고 한 것도 동의하기 어렵습니다. 전 세계에서 동문 자녀라고 대학 입학에 특혜를 주는 나라가 미국 말고 어디 있습니까? 기부금 입학이 합법적인 나라는 또 어디 있습니까? 미국의 대학입시 제도는 능력주의 관점에서 비판할 게 아니라 세습주의 관점에서 척결해야 할 관행입니다.

제가 샌델 교수의 생각을 비판한 이유는 한국에서 확산된 능력주의 담론을 검토하기 위해서입니다. 능력주의는 자본주의 유지에 필요한, 공정으로 포장된 불평등 이데올로기죠. 따라서 능력주의를 극복하려면 오만한 부자들의 태도를 질타하는 것을 넘어서 체제와 의식의 관계를 정확히 규명해야 할 것입니다.

능력주의의 교과서, 『엘리트 세습』

"어떤 사람들은 3루에서 태어났으면서 마치 자기가 3루타를 친 것처럼 생각하며 살아간다."

미국의 전설적 미식축구 코치 배리 스위처(Barry Switzer)가 한 말입니다. 능력주의와 관련하여 많이 인용되는 말이죠.

샌델 교수의 『공정하다는 착각』이 스위처 코치와 같은 생각으로 능력주의를 고찰한 책이라면, 대니얼 마코비츠(Daniel Markovits) 예일대 로스쿨 교수가 2020년에 출간한 『엘리트 세습』[28]은 미국의 능력주의를 실증적으로 분석한 책입니다.

마코비츠 교수는 『엘리트 세습』을 20년에 걸쳐 썼다고 밝히고 있는데요, 미국 사회의 현실과 능력주의를 이해하는데 교과서로 삼을 만한 책입니다. 마코비츠 교수는 미국 사회를 지배하는 엘리트들이 과거의 자본주의와 다른 방식으로 등장하고 있으며, 부의 대물림도 과거와 다른 방식으로 진행되고 있다는 것을 밝힘으로써 능력주의의 본질을 가장 정확히 설명합니다. 미국 사회의 능력주의를 정확히 이해하는 것은 한국의 능력주의 담론을 판단하는 매우 중요한 기준이 될 것입니다. 『엘리트 세습』을 다섯 개의 주제로 정리해 살펴보겠습니다.

미국의 경제적 불평등은 과거와 어떻게 다른가?

1970년대 이후 미국 사회의 경제적 불평등은 상류층과 하위층 사이가 아니라 상류층과 중산층 사이에서 크게 벌어졌습니다. 1980~2005년에 생산성 향상으로 인한 소득 증가분의 80%를 상위 1%가 가져갔기 때문입니다. [도표32] [도표33]

미국 상류층의 연간소득은 얼마나 될까요? 미국 국세청 자료에 따르면 2017년 기준으로 상위 1%(143만 명)는 연 소득 6억 원, 상위 0.1%(14만 명)는 27억 원 정도입니다.

---

28) 원제는 『The Meritocracy Trap』으로, 번역하면 『능력주의의 덫』이 되겠다.

교육개혁은 없다 1

[도표32] 1980~2015년 미국의 소득점유율

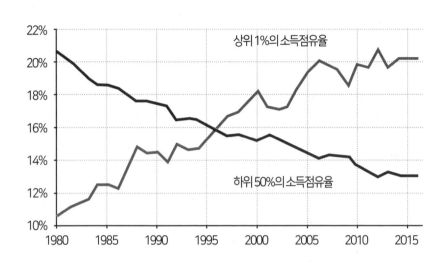

상위 1%의 소득점유율

하위 50%의 소득점유율

[도표33] 줄어드는 미국 중산층

단위: %

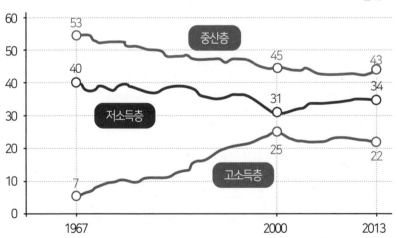

1960년대 대기업 CEO는 일반 생산직 노동자보다 20배 정도 높은 급여를 받았는데 현재는 격차가 300배로 커졌습니다. 1960년대 엘리트 공무원의 소득은 민간 부문 엘리트의 소득과 비슷했습니다. 그러나 지금은 민간 엘리트의 소득이 훨씬 많습니다. 미국 대법원장의 연봉이 27만 달러인데 잘나가는 법무법인의 파트너 변호사[29] 연봉이 평균 500만 달러가 넘습니다. 재무부 장관의 연봉은 20만 달러인데 JP모건체이스, 골드만삭스, 모건스탠리 CEO의 연봉은 2,500만 달러로 100배가 더 많습니다.

현재 미국의 엘리트는 과거의 엘리트와 어떻게 다른가?

미국의 새로운 엘리트는 수입원과 생활 방식이 과거와 다릅니다. 과거의 엘리트는 유산과 유산에서 파생된 이득을 주된 수입원으로 했다면, 현재 미국 엘리트의 소득원은 70% 정도가 근로소득입니다. 현재 미국에서 가장 부유한 사람 10명 중 8명은 부모의 재산을 물려받아 부를 축적한 게 아니라 새로운 기술과 혁신으로 기업을 일궈 부를 축적했습니다.

새로운 부의 창출 방식은 엘리트와 중산층의 생활 방식을 바꿔놓았습니다. 인류 역사에서 소득과 근면성은 반대되는 경로를 걸었습니다. 신분제 사회는 물론이고 20세기 중반까지 엘리트들은 부모에게 물려받은 토지와 공장에서 얻은 소득으로 여가활동을 즐기며 근면성을 경멸했습니다. 그들은 부를 창출할 수 있는 역량을 갖추지 못했으며 일에 전념할 동기도 없었습니다.

---

29) 로펌의 변호사들은 대표 변호사, 대표 변호사와 동업자인 파트너 변호사, 고용되어 월급받고 일하는 어쏘 변호사(associate에서 따온 말) 등으로 구분한다.

그 시기에 미국 경제는 중산층이 움직여나갔습니다. 적당히 숙련된 중간관리자들이 생산 현장을 관리했습니다. 적당히 숙련된 은행 직원, 대출 담당자, 주식 중개인이 금융계를 움직였습니다. 부지런함은 중산층과 하층 노동자들의 덕목이었습니다.

20세기 중반에 월가에서 가장 열심히 일하는 사람은 청소부였고, 은행원들은 오전 10시부터 오후 3시까지 근무하는 한가하고 지루한 직업이었습니다. 그러나 지금 월가의 중간급 간부들은 일주일에 90시간 정도 일합니다. 1960년대 변호사들의 연간 수임료 청구 시간은 1,300시간에 불과했는데 지금은 2,500시간에 이릅니다. 엘리트 로스쿨 졸업생들은 1주일에 100시간 일하는 법무법인 취직도 마다하지 않습니다.

과거에는 사람들에게 얼마만큼 열심히 일하는지 물어보면 그들이 얼마나 가난한지 알 수 있었습니다. 그러나 지금은 어느 정도 오랜 시간 열심히 일하냐고 물어보면 그가 얼마나 부유한지 알 수 있는 시대가 되었습니다. 미국 엘리트 사회에서 근면성은 높은 평가를 받고 한가한 삶은 경멸의 대상입니다.

미국의 엘리트는 미국 사회를 어떻게 움직이는가?

미국의 경제적 엘리트들은 미국 사회를 어떻게 움직여나갈까요? 엘리트들은 정치인들의 선거운동 자금줄을 쥐고 정치를 통제합니다. 미국 정치가들의 일정을 보면 하루에 4시간 넘게 사무실에서 기부금을 요청하는 데 사용한다고 합니다. 그에 비해 유권자들과 정책을 논의하는데 들이는 시간은 1/3도 되지 않습니다. 그래서 미국 정치인들은 공직자라기보다 '텔레마케터'에 가깝다는 이야기를 듣기도 한답니다.

정치인들을 쥐고 흔들 수 있는 정치 후원금은 1%의 상류층이 내는 금액이 하위 75%가 내는 금액보다 많습니다. 게다가 미국 정치는 로비 정치입니다. 현재 워싱턴의 합법적 로비스트는 1980년대보다 2배가 많으며, 연방정부에 등록된 로비스트의 연평균 지출은 30억 달러(≒3,900억 원)가 넘는다고 합니다. 기업은 자신을 규제하는 위원회에 소속된 국회의원이 주관하는 자선행사에 거액을 기부하는 방식으로 로비를 합니다.

미국의 엘리트는 자녀에게 능력을 어떻게 세습하는가?

현재 미국의 엘리트는 자신들이 일군 재산을 어떻게 상속할까요? 미국의 엘리트들은 누진소득세, 상속세, 증여세 등 세금을 통해 부를 사회적으로 분배하는 것에 반감을 갖고 재산을 기부하는 방식으로 자신의 이름값을 높이고 사회적 존경을 획득하려 합니다. 이점이 세금을 통해 복지제도를 발달시킨 유럽 엘리트들과 다른 미국 엘리트들의 특성입니다.

21세기 세계 최고의 부자는 빌 게이츠입니다. 1995~2017년 중 4년을 빼고 포브스가 선정한 부자 순위 1위를 지켰습니다. 빌 게이츠는 2000년 '빌&멜린다 게이츠 재단'을 설립합니다. 멜린다는 빌 게이츠 아내의 이름입니다. 빌 게이츠는 자기 재산의 99%를 기부하겠다고 약속했고, 2022년까지 91조 원을 기부했습니다. 빌 게이츠가 실리콘 밸리를 상징하는 부자라면 월가를 상징하는 부자 1위는 워런 버핏입니다. 버핏도 전 재산의 99%를 사회에 기부하겠다고 선언하고 실천 중이죠.

빌 게이츠와 워런 버핏은 2010년 '더 기빙 플레지'(The Giving Pledge)를 함께 창립합니다. 포브스가 선정한 미국 400대 부자들을 대상으로 재산의 절반 이상을 생전 또는 사후에 기부할 것을 약속받는 기부 클럽입니다. 여기에 페이스북 창립자 저커버그, 테슬라의 일론 머스크를 비롯하여 억만장자 200여 명이 서명했습니다.

미국의 엘리트들은 자녀에게 재산을 그대로 물려주지 않고 '쿨'하게 자선재단을 만드는 식으로 부를 사회에 환원하며 대신 '능력'을 상속합니다.

교육개혁은 없다 1

이제 미국 엘리트들의 능력 상속 방식을 살펴보겠습니다. 과거에는 엘리트 교육이 치열하지 않았습니다. 1950년대 말까지 아이비리그는 가장 우수하고 명석한 학생을 선발하기보다 명문가 자제들을 받아들여 사회적 품격을 유지하고 연마시켰습니다. 과거 엘리트 부모들은 자녀를 자상한 무관심으로 대하고 자기 생활을 즐겼지만, 지금 엘리트 부모들은 자녀가 교육 경쟁에서 승리할 가능성을 극대화하는 방향으로 가정을 재편합니다.

20세기 중반까지 부유층 학생과 중산층 학생의 학업 성취도는 크게 다르지 않았습니다. 격차는 1970년대부터 벌어지기 시작하여 계속 가속 페달을 밟아왔습니다. 자녀에게 엘리트 교육을 제공하기에 충분한 소득을 벌어들일 수 있는 직업은 금융, 경영, 법률, 의학 등 제한적이며 직업으로는 100개 중 1개도 되지 않습니다. 그들이 자녀 교육에 쏟는 금액은 중산층 부모가 감당할 수 있는 수준이 아닙니다. 엘리트 사립학교는 소득 분포 상위 4% 학생 가운데 80%를 유치합니다. 학교의 투자 규모는 공립학교보다 6배 많습니다. 학생 1인당 교사 수는 2배가 많습니다. 엘리트 자녀와 중산층 자녀의 학업 격차는 중산층과 저소득층의 격차보다 훨씬 더 큽니다. 이를 표로 정리하면 [표28]과 같습니다.

[표28] 학업 격차

지역과 가정	연간 교육 투자
가난한 주, 가난한 아이	8,000$
중소득 주, 중산층 아이	12,000$
부유한 주, 중산층 아이	18,000$
부유한 주, 부유한 아이	27,000$
엘리트 사립학교	75,000$

학교 교육에 들어가는 금액만 다른 게 아닙니다. 1970년대에는 존재하지 않았던 시험 대비 산업이 수십억 달러 규모로 성장했습니다. 엘리트들은 자녀에게 과외교사를 붙이는데 한 과목의 비용은 시간당 600달러(≒72만 원) 정도입니다. 아이비리그 교수를 개인과외 교사로 채용하면 시간당 1천 달러 정도 한답니다.

미국의 유명 로펌이나 월가에서는 신입사원을 뽑을 때 아이비리그 출신이 아니면 쳐다보지도 않는다고 합니다. 엘리트 사립학교를 나와 아이비리그 대학에 진학하여 엘리트 지위를 세습하는 게 미국의 교육 현실입니다. 엘리트 지위 세습을 돈으로 환산하면 어느 정도나 될까요? 마코비츠의 분석에 따르면 엘리트 가정의 인적자본 투자 초과분은 자녀 1명당 1천만 달러(≒125억 원)를 전통적 유산 형태로 상속하는 것과 맞먹는다고 합니다.

능력주의는 미국 사회를 어떻게 변화시켰는가?
'99%에게 기회다!'

2008년 월가 점령 시위 당시 시위대가 들고 있던 플래카드의 글씨입니다.

왜 미국 시민들이 '10:90'의 사회, '20:80'의 사회가 아니라 '1:99'의 사회라고 절규했는지 『엘리트 세습』은 잘 설명하고 있습니다.

미국의 부유층과 나머지 계층은 일, 결혼, 양육, 사교생활, 독서, 식사는 물론 종교 참배도 따로 떨어져 다른 방식으로 합니다. 그 결과 미국 부유층과 나머지 계층은 서로에게 공감하지 못합니다.

능력주의는 미국인들 모두를 불행하게 만들었다는 것이 마코비츠 교수의 평가입니다. 엘리트들에게는 고액의 연봉을 가져다주었지만 끝없는 경쟁과 과도한 노동으로 불안을 내면화시켰습니다. 엘리트 지위를 세습하기 위해 과도한 학습 경쟁에 내몰린 자녀들 역시 정신질환을 많이 겪고 있습니다. 경제적으로 배제된 중산층에게는 상실감을 주었으며, 좌절감에 사로잡힌 중산층이 엘리트에 대한 반발로 트럼프의 선동을 지지하게 되었다고 분석합니다.

트럼프는 미국 정치의 이단아로 미국의 주류 사회를 전면적으로 공격했습니다. 트럼프는 부동산 부자지만 미국 사회의 주류와 다른 인생을 살아온 사람입니다. 대선에서 경쟁자였던 힐러리는 미국에서 최고의 여자대학교로 꼽히는 웰즐리대를 졸업하고 예일대 로스쿨을 거친 변호사입니다. 빌 클린턴의 영부인이자 국무장관을 지낸 힐러리는 강연 한 번에 2~3억 원의 강의료를 받는 사람이죠. 그런 미국 주류 엘리트에 대한 반감이 트럼프의 당선으로 이어졌다는 것이 마코비츠 교수의 분석입니다.

마코비츠의 『엘리트 세습』은 1970년대 이후 변화된 미국 자본주의 속에서 새로운 엘리트 계층이 어떻게 탄생하고 세습하는지 잘 설명하고 있습니다.

강철왕 카네기, 석유왕 록펠러, 자동차왕 포드 등 과거 미국을 대표하는 부자는 제조업 분야였습니다. 지금 미국을 대표하는 부자는 누구입니까? 마이크로소프트의 빌 게이츠, 구글의 래리 페이지, 페이스북의 주커버그, 아마존의 제프 베이조스, 테슬라의 일론 머스크 등은 실리콘 밸리에서 탄생한 부자들입니다. 워렌 버핏, 조지 소로스, 짐 로저스 등은 월가에서 탄생한 부자들이죠.

미국은 1970년대 이후 컴퓨터, 인터넷으로 상징되는 정보통신 혁명을 주도했습니다. 소련 동구의 사회주의 몰락 이후 전 세계를 하나의 시장으로 통합하면서 미국의 금융자본은 세계를 평정했습니다. 게다가 1980년대부터 부자들의 돈벌이에 방해가 되는 온갖 규제를 풀어주는 신자유주의를 정부 정책의 기조로 삼았습니다. 미국의 제조업은 몰락하고, 공장은 인건비가 싼 나라들로 모두 빠져나갔습니다. 이 과정에서 부의 창출 방식이 바뀌게 되었습니다.

1980년대 초 미국의 경제 잡지 〈포브스〉가 매긴 400대 슈퍼 리치 중 '자수성가'형은 40%에 불과했지만, 현재는 70%에 이릅니다. 슈퍼 리치 중 제조업 분야는 1982년 15.5%에서 2012년에 3.8%로 감소하고, 금융업 분야는 9%에서 24%로 증가했습니다.

능력주의란 말 그대로 능력이 지배하는 사회입니다. 작위와 토지를 결합하여 상속하는 귀족주의 사회, 토지와 대규모 시설을 상속하여 부를 세습하는 산업 자본주의와 다르게 정보화 시대·금융자본주의 시대에 등장한 엘리트들이 지배하는 사회를 능력주의라는 말로 표현할 수 있을 것 같습니다.

그렇다고 능력주의가 자본주의 발전의 필연적 귀결이라고 볼 수는 없습니다. 능력주의를 비판하는 목소리는 주로 영국과 미국에서 나오고 있습니다. 다른 자본주의 국가는 교육을 통한 계급 재생산 현상이 없어서 그런 게 아닙니다. 『엘리트 세습』에서 보듯이 미국은 엘리트와 그 외 계급 사이의 격차가 너무 크고, 부의 격차를 완충할 사회복지 시스템이 취약해서 심각한 사회적 문제로 등장한 것입니다.

부의 세습과 관련하여 흥미로운 통계 자료가 있습니다. [표29]는 OECD가 2018년 발표한 보고서 「사회적 엘리베이터는 붕괴했는가?」입니다.

2015년 기준으로 미국의 소득 하위 10% 계층에서 태어난 사람의 자손이 평균 소득의 중산층이 되기까지 걸리는 기간은 5세대(150년)라고 합니다. 조사대상 24개 회원국의 평균은 4.5세대인데, 덴마크(2세대), 노르웨이·핀란드·스웨덴(3세대) 등 사회적 평등 지수가 높은 북유럽 국가가 계층이동이 원활하다는 것을 알 수 있습니다. 그런데 프랑스와 독일은 6세대로 미국보다 계층 이동성이 안 좋은데 능력주의가 중요한 문제로 부각되지 않습니다. 그 이유는 무엇일까요? 하위 계층도 살 만한 복지 체제에 답이 있지 않을까요?

교육개혁은 없다 1

[표29] 소득 하위 10% 계층이 중산층(평균 소득)이 되기까지 걸리는 기간

세대	OECD회원국	비OECD회원국
2	덴마크	
3	노르웨이, 핀란드, 스웨덴	
4	스페인, 뉴질랜드, 캐나다, 그리스, 벨기에, 호주, 일본, 네덜란드	
5	포르투갈, 아일랜드, 한국, 미국, 영국, 이탈리아, 스위스, 오스트리아	
6	프랑스, 독일, 칠레	아르헨티나
7	헝가리	인도, 중국
9		브라질, 남아공
11세대		콜롬비아

> 4.5세대
> OECD 24개국 평균

2세대는 소득 하위 10% 계층 부부의 손자 세대를 의미
자료: OECD

대한민국은 능력주의 사회인가?

마코비츠 교수의 『엘리트 세습』을 자세히 소개한 이유는 미국 사회의 능력주의를 통해 우리나라에서 확산된 능력주의 담론이 타당한가를 성찰하기 위해서입니다.

능력주의 사회는 능력 있는 자가 지배하며 능력을 상속하는 사회입니다. 자본주의 사회는 돈이 지배하는 사회이니 '누가' '어떻게' 돈을 벌어 지배하며, 번 돈을 어떻게 자녀에게 물려주는가, 이 두 가지 관점에서 살펴봐야 그 사회가 능력주의 사회인

지 아닌지 판단할 수 있겠죠.

[도표34]는 국제 경제 연구 분야에서 영향력이 큰 미국의 피터슨국제경제연구소(PIIE)가 1996년부터 2015년까지 20년 동안 포브스가 발표한 자산 10억 달러(≒1조 2천억 원) 이상의 억만장자 1,826명을 '자수성가형'과 '상속형'으로 분류하여 2016년에 발표한 것입니다.

'자수성가형'이란 가난하게 태어나서 부자가 되었다는 뜻이 아니라 재산 형성과정에서 부모의 영향이 크지 않다는 뜻입니다. 전 세계적으로 상속형 부자는 1996년

[도표34] 2015년 세계 주요 국가 억만장자 현황

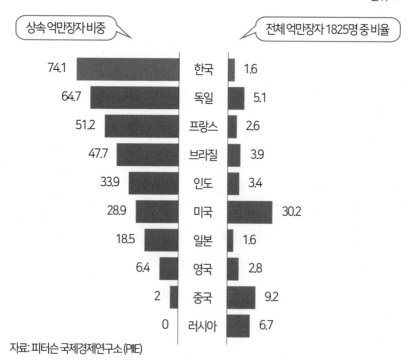

단위: %

자료: 피터슨 국제경제연구소(PIIE)

교육개혁은 없다 1

에 55.3%에서 2015년에 30.4%로 줄어들었습니다.

한국은 이건희, 이재용 부자를 비롯하여 30명이 억만장자에 이름을 올렸는데, 상속형 부자가 74.1%입니다. 조사한 65개국의 상속형 부자 비율은 평균 30.4%로 한국은 두 배가 넘습니다. 한국보다 상속형 부자가 많은 나라는 핀란드, 덴마크, 쿠웨이트, 아랍에미레이트인데, 나라별로 5명이 안 되어 상속형이냐 자수성가형이냐를 따지는 게 의미는 없습니다. 그렇게 보면 한국이 상속형 부자가 가장 많은 나라로 볼 수 있겠습니다. 놀라운 것은 카스트 제도가 살아있는 인도의 상속형 부자가 33.9%로 한국의 절반밖에 안 된다는 것입니다. 인도의 신흥 부자들은 IT 소프트웨어, 의약품, 통신 등 다양한 분야에서 자수성가한 사람들입니다.

2023년 포브스가 뽑은 한국의 50대 부자 순위를 보면 카카오 창업자 김범수(1위), 사모펀드 MBK파트너스의 김병주(3위), 샐러리맨의 신화를 쓴 셀트리온의 서정진(4위) 등이 최상위권에 이름을 올렸습니다. 소위 자수성가형 부자들이죠. 상속형 부자를 보면 이재용(2위), 홍라희(6위), 이부진(8위), 이서현(11위)은 고 이건희 회장의 아들, 부인, 큰딸, 둘째 딸이죠. 정몽구(7위), 정의선(13위)은 고 정주영 회장의 아들과 손자죠. 삼성, 현대뿐 아니라 다른 재벌 가문도 많이 있지만 생략합니다.

자수성가하여 수조 원대의 부자가 된 사람들도 있지만, 한국 경제를 이끌고 가는 것은 재벌입니다. 30대 재벌의 자산규모는 GDP보다 많고, 그중 5대 재벌의 매출액은 한국 기업 총매출액의 40%를 차지합니다.

그 재벌을 누가 운영합니까? 이제 2세 시대를 지나 3세, 4세 운영 시대로 접어들었습니다. 2017년 2월 기업 경영 성과 평가 사이트 'CEO 스코어'가 50대 그룹의 총수 일가 208명의 경영 참가 현황을 조사한 결과에 따르면 재벌 3·4세는 평균적으로 29세에 입사하여 34세에 임원(이사)으로 승진하고 43세에 사장단에 합류한다고 합니다.[30) 재벌 2세들이 창업주 밑에서 도제식으로 경영을 배웠다면 3·4세는 실무 경험도 제대로 쌓지 않고 미국 MBA(경영학 석사)를 거쳐 입사 후 5년 안에 회사 경영진에 올라갑니다.

한국의 재벌 3세를 대표하는 이재용을 볼까요? 그는 1994년 26살의 나이에 아버지 이건희에게 60억 원을 받아 16억을 증여세로 낸 후 20년 만에 9조 원으로 재산을 불렸습니다. 이재용은 세법의 허술함을 활용하여 삼성그룹의 주식을 싸게 사서 비싸게 파는 재테크로 20년 누적 수익률 15만%를 달성했습니다. 이재용을 위해 삼성그룹이 총동원되어 편법의 새역사를 썼습니다. 막판에는 삼성전자 경영권을 잡기 위하여 국민의 노후를 책임진 국민연금에 1,388억 원의 손해를 입히고, 최순실 딸 정유라에게 말도 사주면서 박근혜 정권과 국정을 농단하다 감옥까지 갔습니다.

이재용은 경영 능력을 검증받아 삼성전자 회장이 되었을까요? 삼성은 이재용을 후계자로 부각시키기 위해 2000년 5월 이재용이 주식의 60%를 소유한 인터넷 벤처 지주회사 'e삼성'을 언론의 화려한 스포트라이트 속에 출범시킵니다. 그러나 출범 10개월 만에 실패로 끝나고 이재용은 208억 원의 손실을 삼성 계열 제일기획에 떠넘기고 손을 털었습니다.

이재용의 e삼성 사건에 대해 인터넷 언론 '민중의소리' 이완배 기자는 "이재용은 삼성이 그룹 차원에서 총력전을 펼치며 지원한 인터넷 사업 분야도 말아먹은 무능한 경영자, 장기 투자하겠다는 약속을 헌신짝처럼 버리고 단 10개월 만에 사업에서 손을 뗄 정도로 인내심이 바닥인 경영자, 자기 책임하에 진행된 사업을 홀라당 말아먹고도 손실을 전부 계열사에 떠넘긴 비겁자"라고 평가했습니다.[31) 그런 사람이

---

30)   주간한국, 〈한국 경제 중추 재벌 3·4세, 그들은 누구인가〉, 2017. 9. 23.

교육개혁은 없다 1

시가총액 437조의 삼성그룹을 총괄하는 최고 경영자가 되었습니다.

이재용만 그렇습니까? 삼성과 쌍벽을 이루는 현대의 정의선도 살펴보죠. 2001년 정의선은 아버지 정몽구와 함께 현대자동차그룹의 물류 수송을 전담하는 '한국로지텍'(현대 글로비스의 전신)을 설립합니다. 현대자동차, 기아자동차 수출 물량이 1년에 180만대 정도였으니 엄청난 독점이죠. 당시 정의선이 출자한 금액은 12.5억 원이었는데 현재 시가총액 6조 원의 기업이 되었습니다.

또한 정의선은 2005년에는 12억 원으로 '이노션'이라는 광고대행사를 설립하여 현대자동차그룹의 광고를 도맡아 10년 만에 1조 2천억짜리 회사로 상장합니다. 이재용이 삼성 주식 재테크로 부를 쌓았다면, 정의선은 땅 짚고 헤엄치는 현대그룹 내부 일감 몰아주기로 4조 2천억의 부자가 되어 시가총액 140조의 현대자동차그룹 회장에 올라섰습니다.

2021년 공정거래위원회가 71개 기업집단[32] 소속 회사 2,612개의 주식 보유 현황을 공개한 자료에 따르면 한국 재벌은 총수 자신이 1.6%, 그 가족이 1.9%, 합계 3.5%의 지분으로 그룹 전체를 지배합니다.

고 이건희 회장은 삼성전자 집무실에 출근도 잘 하지 않고 용산구 이태원에 있는 자택에서 '파자마' 바람으로 이학수 삼성그룹 부회장에게 보고받고 지시를 내렸다고 합니다. 이재용도 공식 석상에 모습을 잘 드러내지 않는 베일에 가려진 인물입니다.

청바지를 입고 직접 프리젠테이션을 하는 스티브 잡스, 일흔을 바라보는 나이에도 하루 일정을 '분' 단위로 쪼개 관리당하며 끊임없이 일에 대한 영감을 찾는 빌 게

---

31) 민중의소리, 〈이재용은 어떻게 e삼성을 말아먹었나?〉, 2017. 8. 22.

32) 동일인이 사실상 사업 내용을 지배하는 회사의 집단

이츠[33]), 이런 미국의 부자들과는 너무나도 다르죠.

상속 부자들은 능력도 문제지만 인성은 어떤가요? 영화 '베테랑'의 주인공 조태오(유아인 역)는 2009년 '야구방망이 맷값 폭행 사건'의 주인공 최철원(SK 창업주 최종현의 조카)을 모티브로 한 영화입니다. 한화그룹 김승연 회장은 2007년 아들이 술집에서 시비가 붙어 폭행당하자 조폭들을 대동하고 직접 쇠파이프로 응징했다가 구속된 적이 있습니다.

2014년 기내서비스로 나온 땅콩을 문제 삼아 이륙 중인 비행기를 되돌린 대한항공 부사장 조현아는 너무나도 유명하지요. 조현아는 40살 젊은 나이에 대한항공 기내서비스 및 호텔사업 부문 총괄 부사장에 취임하여 그 난리를 일으켰습니다. 알고 보니 그 집안이 모두 그랬죠. 조현아의 어머니 이명희는 경비원, 정원사, 가사 도우미 등에게 폭언, 욕설, 물건 집어 던지기 등이 문제가 되어 기소되고 재판받게 되었죠.

그렇게 죄를 지어도 재벌은 죗값을 치르지 않습니다. 2012년 2월 20일 오마이뉴스 기사〈이건희·정몽구·최태원의 공통점…정말 놀랍다〉의 일부를 보시겠습니다.

이건희 삼성그룹 회장은 노태우 전 대통령 비자금 사건으로 1996년 8월에 징역 2년, 집행유예 3년을 받았지만 402일 만에 사면됐다. 이어 그는 김용철 변호사의 양심선언으로 시작된 삼성특검에서 2009년 8월에 배임·조세포탈 사건으로 징역 3년, 집행유예 5년을 받았고, 대법원에서 유죄 파기환송됐는데도 형량은 바뀌지 않았다. 그는 이번에도 139일 만에 사면을 받았다.

정몽구 현대차그룹 회장은 비자금 조성 및 횡령 사건으로 2008년 6월에 징역 3년, 집행유

---

33) 넷플릭스 다큐멘터리〈인사이드 빌 게이츠〉에 나오는 그의 일상 생활

예 5년을 선고받았고 73일 만에 사면됐다. 최태원 SK그룹 회장은 1조 5,000억 원대의 SK글로벌 분식회계로 2008년 5월에 징역 3년 집행유예 5년을 선고받고 78일 만에 사면됐다. 그는 현재 수백억 원대의 회사자금을 횡령한 혐의로 기소되어 재판을 앞두고 있다. 박용성 두산그룹 회장, 조양호 한진그룹 회장의 횡령 사건도 마찬가지로 징역 3년, 집행유예 5년의 형이 선고되었다.

재벌총수들이 검찰이나 법정에 출두할 때 휠체어를 타고 가는 바람에, 외신들은 한국 재벌들을 '휠체어맨'이라고 조롱까지 하고 있지만 진정한 반성은 없다. 지난 20년간 법원은 재벌총수들의 범죄에 대해 단죄는커녕 특별사면이라는 특혜를 남발하였다. 오히려 재벌들은 대대손손 경영권까지 세습하면서 범죄를 저질러도 실형을 면하는 무소불위의 특권계급이 돼 가고 있다.

법원은 묻지도 따지지도 않고 '징역 3년, 집행유예'로 판결한다. 하나 같이 '징역 3년, 집행유예'를 선고받는 것은 징역 3년이 집행유예를 선고할 수 있는 최대 형량이기 때문이다.

헌법 제11조는 '모든 국민은 법 앞에 평등하다'고 했는데 법원은 재벌 총수에게는 지나치게 관대한 솜방망이 판결을 지속하였다. 반대로 용산 철거민을 비롯한 사회적 약자들의 피맺힌 절규에 대해서는 쇠방망이 판결을 한다.

자기들은 부귀영화를 누리면서 "내 눈에 흙이 들어가기 전에 노조는 절대 안 된다"는 삼성 창업주 이병철의 유언을 이병철 눈에 흙 들어간 후 30년 가까이 지켜온 '무노조 삼성'[34], 과연 '글로벌' 기업이라 할 수 있습니까?

---

34) 삼성은 2015년까지 노사협의회만 인정하다가 2018년 최초로 삼성전자서비스와 합의서에서 노조를 인정하고 활동을 보장하기로 합의서를 맺었다.

미국의 부자들처럼 사회에 재산을 기부하는 '노블레스 오블리주'(noblesse oblige. 사회 고위층 인사에게 요구되는 도덕적 의무)를 실천하는 것도 아니고, 상속세를 면하기 위해 온갖 편법을 동원합니다. 그들이 자신의 부가 행운임을 알고 미안한 마음을 가질까요? 우리는 그들을 바라보며 자신의 능력 없음을 탓하며 좌절에 빠질까요?

능력주의와 관련해서 재벌에 대해 길게 이야기한 이유는 재벌이 대한민국을 움직이는 실질적 통치세력이기 때문입니다. 흔히 대한민국은 '재벌 공화국'이다, '삼성 공화국'이다, 이렇게 말하지 않습니까? 원래 공화국이란 '공공의 것'을 뜻하는 라틴어 'Res publica'를 어원으로 하는 것이라 '재벌 공화국', '삼성 공화국'은 '뜨거운 얼음'처럼 형용모순임에도 불구하고 말입니다.

한국에서 최고의 권력자는 대통령이지만, 대통령은 5년 단임 계약직입니다. 임기가 끝나면 영향력도 없습니다. 지금 이명박, 박근혜, 문재인 전 대통령이 무슨 영향력이 있습니까. 국회의원은 재계약이 가능한 4년 계약직이죠. 대통령과 국회의원이 비정규직이라면 정규직은 시험을 통해 관료가 된 사람들인데, 그들은 재벌의 이익을 집행하는 '머슴'입니다. 재벌을 위한 경제정책과 예산을 짜고, 재벌의 재산을 지켜주기 위해 감세를 해주고, 검사는 재벌 편에서 선별적으로 기소하고, 판사는 봐주기 판결을 합니다.

대통령과 국회의원은 비정규직, 관료는 시험 쳐서 붙은 정규직이라면, 재벌은 뭘까요? 대대손손 세습하는 귀족 특권층입니다. 3대를 넘어 4대 세습이 진행 중입니다.

재벌만 그렇습니까? 한국 사회의 여론을 좌지우지하는 언론사 경영진도 세습입니다. 조선일보는 방우영의 후손이, 동아일보는 김성수의 후손이, 중앙일보는 이병철의 사돈 일가가 세습합니다.

교육개혁은 없다 1

교육계는 어떻습니까? 한국은 세계에서 유례를 찾기 어려울 정도로 사립학교 비중이 높습니다. 고등학교의 40%, 전문대학의 94%, 4년제 대학의 80%가 사립입니다. 사립재단은 극히 일부를 제외하고 대다수가 세습합니다. 사립학교는 이사장, 교장, 행정실장이 한 가족으로 구성되어 부정부패를 저지르는 게 거의 상식입니다.

한국 사회는 심지어 인간의 영혼을 다루는 교회도 세습합니다. 한국 사회의 기울어진 이념적 지형을 말할 때 보수개신교를 빼놓을 수 없는데, 많은 대형 교회가 담임목사를 세습한다고 합니다.[35]

한국의 지배층은 능력을 상속하지 않습니다. 혈통으로 그냥 세습합니다. 이재용과 정의선이 국내 명문대를 나와 미국에서 석·박사를 받았다는 게 능력주의의 근거가 될 수 없습니다. 조선 시대에 왕이 되기 위해 세자가 공부해야 할 분량은 어마어마했습니다. 그렇다고 조선 시대를 능력주의 사회라고 합니까?

최근 몇 년 동안 '공정'이 사회적 화두가 되면서 능력주의가 담론으로 등장했는데, 능력주의에 대한 비판은 한국 사회의 폐부를 빗겨나 살갗을 공격하는 모양새입니다. 혈통에 기초한 세습주의 세력이 사회를 지배하고 있는데, 사회 일각에서 나타난 현상을 능력주의의 잣대로 비판하는 모양새입니다.

"능력 없으면 네 부모를 원망해. 돈도 실력이야."라는 말을 남긴 정유라의 부정 입학, 강원지역 토착 세력과 정치 권력이 유착된 강원랜드 채용 비리, 이런 것은 능력주의가 아니라 그냥 부정부패입니다.

---

35)   시사저널, 〈교차세습에 합병세습까지…여기가 교회야 기업이야〉, 2019.9.3.

최근 능력주의 담론에 대한 우려

능력주의 담론과 관련하여 깊이 생각해봐야 할 현상이 있습니다. 비정규직의 정규직화와 관련한 논란에서 비롯된 능력주의 담론입니다.

문재인 대통령은 2017년 대통령에 취임한 후 첫 방문지로 인천국제공항을 찾았습니다. 인천국제공항은 세계 서비스 평가에서 10년 넘게 1위를 기록했지만, 10,490명 노동자 중 88%가 비정규직이었습니다. 문재인 대통령은 '공공부문 비정규직 제로'를 약속했고, 3년간 준비를 거쳐 2020년 정규직 전환이 진행되었습니다.36)

그러자 '공기업 비정규직의 정규직화 그만해주십시오'라는 제목의 글이 청와대 국민 청원 게시판에 올라가고 동의자가 하루 만에 20만 명을 돌파하는 사건이 있었습니다. 20만 명이라는 숫자는 청와대가 국민 청원에 답변해야 할 기준입니다. 청원에 동의한 이들은 비정규직이 시험을 치르지 않고 정규직이 되는 것은 그동안 정규직이 되기 위해 시험을 준비해온 청년들에게 불공정한 역차별이라고 주장했습니다.

이 사건은 시험이 사람의 진정한 능력을 판가름하는 기준이 될 수 있는가 하는 문제에서 시작하여 차별을 당연시하는 문화에 대한 비판으로, 한국 사회의 능력주의 이데올로기 문제로 번져갔습니다.

인천국제공항과 비슷한 사례로 2018년 서울교통공사 비정규직 직원들의 정규직화에 대해 기존 정규직 직원들이 반발한 사건이 있었습니다. 2017년에는 기간제 교

---

36) 사실은 2,143명만 인천공항공사가 직접 고용하고, 7,624명은 3개의 자회사에 분산하여 고용하는 편법적 정규직화였다.

교육개혁은 없다 1

사의 정규직화 통로를 따로 만들자는 '전국기간제교사연합'의 제안에 대해 전교조가 반대한 일도 있었죠.

제가 교사니까 기간제 교사의 정규직화 논란과 관련해서 좀 자세히 이야기해보겠습니다. 2017년 문재인 대통령이 당선 직후 '공공기관 비정규직 제로'를 천명하자 학교 안에 존재하는 비정규직 노동자들이 고용 안정화를 위한 운동에 나섰습니다. 유치원 돌봄교실 강사, 방과후과정 강사가 무기계약직으로 전환되었습니다.

전국적으로 기간제 교사는 4만6천 명 정도 된다고 합니다. 교원자격증을 가진 사람은 많고, 임용고시를 통해 정규직 교사가 될 수 있는 인원은 적고, 학교는 다른 직장에 비해 비정규직에 대한 차별 대우가 상대적으로 적은 곳이라 오랜 기간 기간제로 근무하는 선생님들이 많습니다.

전국기간제교사연합은 기존의 임용고시 외에 기간제 교사의 정규직화 통로를 만들자고 주장했고, 이에 맞서 한국교원단체총연합회(이하 교총)는 기간제 교사 정규직화를 반대하는 서명운동을 했습니다. 전국기간제교사연합은 전교조에게 자신들의 제안에 동의해줄 것을 요청했으나, 전교조는 조직 내부 논의를 거쳐 기간제 교사의 처우 개선에는 동의하지만 일괄적 정규직 전환은 동의하기 어렵다고 했습니다. 전국기간제교사연합은 전교조의 결정에 대해 유감을 표명했지요.

그러자 언론은 '교총·전교조 반대로 기간제 교사 정규직 무산' 기사를 써댔습니다. 오랜 기간 기간제 교사에 대한 차별을 개선하기 위해 노력해온 전교조는 한순간에 정규직 이기주의 집단으로 매도되기도 했죠.

저는 이 과정을 지켜보면서 젊은 정규직 선생님들과 많은 이야기를 나눠봤습니다. 임용고시가 교사의 자질과 능력을 평가하는 진정한 척도가 아닌데 왜 기간제 교사의 정규직화를 반대하는가? 기간제 교사가 정규직이 된다고 해서 자신에게 손해가 되는 것도 아닌데 왜 반대하는가? 다른 직종에서는 비정규직을 정규직으로 전환하라는 대법원의 판결도 있는데 왜 반대하는가? 이런 주제로 이야기를 나누었지요.

젊은 선생님들의 생각을 요약하면 정부가 교사 정원을 대폭 늘려서 기간제 교사의 상당수를 정규 교사로 흡수한다면 반대할 이유는 없다, 그러나 기간제 교사 4만 6천 명을 다 정규 교사로 전환할 게 아니라면 선발 과정이 필요하지 않겠는가, 그렇다면 임용고시 외에 무슨 방도가 있는가, 이런 것이었습니다.

제가 다른 직종의 정규직화와 관련한 논란에 대해서는 속속들이 사정을 아는 게 아니라 말하기 조심스럽습니다만, 최근의 능력주의 담론을 보면서 걱정되는 점이 많습니다.

MZ 세대는 불평등은 참아도 불공정은 못 참는다는 '능력주의 세대론', 조선 시대부터 일제 강점기를 거쳐 현재까지 시험을 통해 관리를 선발해온 전통으로 능력주의가 체화되었다는 '시험 능력주의론', 1997년 외환위기 이후 살아남은 대기업 정규직 노동자들이 자본의 이데올로기에 포섭되면서 능력주의의 포로가 되었다는 '대기업 정규직 능력주의론' 등 다양한 능력주의 담론이 나왔습니다.

이런 능력주의 담론이 왜 문제냐면 사회의 구조적 문제를 개인 간의 이해 충돌 문제, 사람들의 의식 문제로 치환하기 때문입니다.

예를 하나 들어보겠습니다. 문재인 대통령은 후보 시절 최저임금 1만 원에 동의했고, 집권하자마자 2018년 최저임금을 16.4% 올렸습니다. 그러자 편의점 점주들이 난리가 났습니다. 점주들도 일하면서 알바를 고용해서 간신히 운영하고 있는데 남는 게 없다는 것이었죠. 언론은 최저임금 상승으로 오히려 일자리가 줄어든다고 문재인 정부를 공격했습니다.

문제는 무엇이었을까요? 편의점 점주와 프랜차이즈 본사 사이의 약탈적 계약 관

교육개혁은 없다 1

계, 건물주에게 지급해야 하는 막대한 임대료 문제를 해결하지 않고 최저임금만 인상하니 알바와 편의점 점주의 이익이 충돌하는 양상으로 번져간 것입니다. 구조적 문제를 해결하지 않고 방치하면 '갑'과 '을'의 문제가 '을'과 '을'의 문제로 전환됩니다.

2020년 전태일 열사에게 훈장이 수여되던 시기의 일입니다. 어느 젊은 선생님과 전태일 열사 이야기를 하다 "전태일 열사가 분신한 이유가 무엇인지 아냐?"고 물었습니다. 젊은 선생님 답변이 무엇이었을까요? "비정규직 철폐 아니었을까요?" 제가 그때는 비정규직이라는 용어 자체가 없었다고 하니 젊은 선생님이 깜짝 놀라더군요.

사람은 태어날 때 있었던 것은 원래부터 세상에 있던 것으로 받아들인다고 합니다. 지금 젊은 세대는 정규직과 비정규직의 차별이 원래부터 있었던 것처럼 생각하고, 정규직은 치열한 경쟁시험을 통해 쟁취해야 하는 것으로 생각하는 것 같습니다. 『우리는 차별에 찬성합니다』라는 책이 나온 것도 그런 세태의 반영일 것입니다.

외환위기 이전에는 정규직-비정규직 개념이 없었습니다. 비정규직이 있긴 했으나 임신이나 질병으로 발생한 노동 공백을 채우는 형태여서 '임시직'이라고 불렀지 한번 비정규직이면 영원히 굴레에서 벗어날 수 없는 직장 개념은 없었습니다. 비정규직은 1997년 외환위기가 만들어낸 적폐입니다.

IMF는 구제금융의 조건으로 '노동시장 유연화'를 내걸었습니다. 이에 따라 1998년 2월, 국회에서 '정리해고법'[37]과 '파견법'[38]이 통과됩니다. 정규직 직원을 마음

---

37) '정리해고법'이란 법률을 따로 제정한 게 아니고, 노동자에게 귀책 사유가 없더라도 '경영상 이유'를 들어 해고할 수 있도록 근로기준법을 개정한 것이다.

38) 정식 명칭은 '파견근로자보호등에관한법률'이다. 법률 이름은 파견 근로자를 보호하는 것인데, 사실은 기업체가 노동자를 직접 고용을 하지 않고 파견 업체를 통한 간접고용을 제도화한 것이다.

대로 해고할 수 있고, 하청·외주 업체를 통해 비정규직 직원으로 부려먹을 수 있게 된 것은 법을 그렇게 개정했기 때문입니다.

외환위기를 3년 만에 극복했으면 정리해고법과 파견법을 없애고 원상회복해야 마땅한데, 2006년에는 파견법을 개정하여 파견 허용 업종을 26개에서 32개로 확대했고, '기간제법'이 통과되면서 2년마다 비정규직으로 계약서를 반복해서 써야 하는 제도가 되었습니다.

정규직과 비정규직을 둘러싼 갈등의 책임은 정규직 노동자에게 있을까요? 정규직이 되면 이를 자신의 능력이라 생각하고 타인에 대한 차별을 정당화하는 능력주의가 문제일까요?

2014년 직장인들 사이에 열풍을 일으켰던 드라마 〈미생〉의 주인공 장그래는 "죽을 만큼 열심히 하면, 나도 가능한 겁니까?"라고 말합니다. 죽을 만큼 열심히 해서 되고 싶은 게 정규직인 나라, 청년들의 인생 목표가 정규직이 되도록 만든 한국 자본주의가 문제이지, 정규직이 되는 통로에 대한 갈등이 문제일까요?

비정규직이 한 명도 없는 직장이 있습니다. 서울 중랑구에 있는 녹색병원입니다. 550명 직원 모두 정규직입니다. 녹색병원은 코로나19가 기승을 부리던 2021년에 요양보호사, 조리사, 미화원을 모두 정규직으로 전환했습니다.

녹색병원은 1980~90년대 원진레이온 이황화탄소 중독 환자들의 직업병 인정투쟁의 성과로 2004년에 설립된 병원입니다. 환자를 차별하지 않는 병원에서 노동자를 차별해서는 안 된다는 생각으로 노사협의를 통해 외주를 주던 조리사, 미화원까지 모두 정규직으로 전환했습니다. 정규직 전환으로 병원의 운영 비용이 조금 늘더라도 노동자들의 행복한 직장생활을 보장해야 한다는 것이 병원의 운영 방침입니다.

인간을 소모품으로, 비용으로 취급하는 비정규직 제도를 폐지하고 모두가 정규직이 되는 방향으로 사회를 바꾸자고 하면 누가 반대할까요? 능력주의 담론은 거악을 외면하고 '을'들 사이의 갈등에 주목하면서 문제의 본질을 왜곡할 수 있습니다.

이제 능력주의에 대해 긴 이야기를 정리하면서, '한국은 능력주의 사회인가?'라는 질문에 대한 결론을 내볼까 합니다.

저는 능력주의라는 용어가 한국 사회를 설명하기에 적합하지 않다고 생각합니다. 능력주의 사회란 '개인의 능력에 따라 사회적 재화를 배분하는 사회'라고 정의하는데, 오랜 세월 동안 특권, 반칙, 연줄, 연공 서열 때문에 능력이 제대로 평가받지 못해온 우리 사회에서 능력주의라는 용어는 부정적 느낌이 아니라 긍정적 느낌을 줍니다.

2012년 박근혜 전 대통령이 대통령 후보로 출마하면서 '학벌 타파를 통한 능력주의 사회 구현'을 기치로 내걸었을 때 누구도 문제를 제기하지 않았습니다. 2019년 '조국 사태' 이후 능력주의에 대한 비판이 쏟아져 나왔지만 '능력주의는 나쁜 거야'라는 낙인이 찍힌 것 같지도 않습니다. 용어가 갖는 힘이죠. 예를 들어 '자율형 사립고' 하면 나쁘다는 느낌이 별로 들지 않습니다. 자율의 반대말은 타율인데, 타율보다 자율이 훨씬 좋은 느낌이죠.

능력주의라는 용어가 탄생한 영국에서도 능력주의는 긍정적 의미로 사용되었다고 합니다. 1958년에 출간된 『능력주의의 발흥』이 수십만 부 팔려나가면서 '능력주의'는 영어 사전에 등재되었다고 합니다. 그런데 능력주의는 마이클 영의 의도와 다르게 성취를 강조하는 긍정적 용어로, 소련의 평등주의와 비교되는 자본주의적 대안으로 사용되었다고 합니다.

토니 블레어는 1994년 노동당 당수로 선출되어 1997~2007년에 영국 총리를 역임했습니다. 토니 블레어는 "첫째도 교육, 둘째도 교육, 셋째도 교육"이라며 노동당의 교육정책을 매우 강조했는데, 2001년 "엘리트가 영국을 지배하던 시대는 끝났다. 새로운 영국은 능력주의로 완전히 탈바꿈하자"고 연설하자, 86세의 마이클 영이 '가디언'지에 〈능력주의를 타도하라〉는 글을 써서 토니 블레어를 비판한 것은 유명한 사건입니다.

저는 용어가 탄생한 영국에서조차 의미가 불명확하고, 미국처럼 능력자가 지배하는 사회도 아닌 한국 사회에서 능력주의라는 용어가 사회적으로 통용되는 것이 부적절하다고 생각합니다. 그러면 부잣집 자녀들이 명문대에 입학하여 부가 대물림되고 있는 현실은 어떻게 표현하면 좋을까요? 그냥 '학벌 세습사회'로 부르는 게 좋겠습니다.

아인슈타인은 "옆집 할머니가 알아듣게 설명하지 못하면 알고 있는 것이 아니다"라고 말했다고 하죠. 능력주의라는 용어는 옆집 할머니가 이해하기 어려운 용어입니다. 모두가 다 알고 있고, 모두가 느끼고 있는 용어로 한국 사회 교육의 모순을 설명하는 게 좋지 않겠습니까? 저는 그게 '학벌'이고 '세습'이라고 생각해서 '학벌 세습'으로 부르려 합니다.

한국교육개발원(KEDI)은 매년 교육 여론조사를 합니다. [도표35]와 [도표36]은 2022년에 발표한 자료입니다.

위 자료를 보면, 학벌주의가 심화되거나 거의 변화가 없을 것으로 생각하는 사람의 비율이 90%에 가깝습니다. 만약 능력주의라는 용어로 설문하면 어떻게 될까요? 각자가 이해하는 방식으로 답변하게 되어 원하는 결과를 얻지 못할 것입니다.

위 설문은 학벌주의와 대학 서열화의 전망을 묻고 있는데요, 조사 결과를 보면 '학벌주의'와 '대학 서열화'에 대한 생각이 비슷합니다. 즉 거의 같은 의미로 사용되고 있습니다. SKY 출신자에게 '저 사람은 학벌이 좋아'라고 표현하는 식이죠.

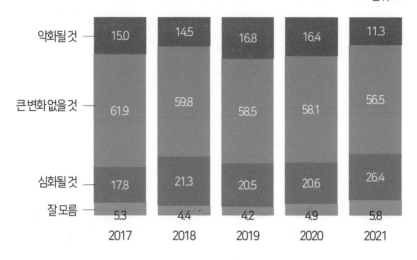

[도표35] 학벌주의 전망에 대한 설문조사

단위: %

	2017	2018	2019	2020	2021
악화될 것	15.0	14.5	16.8	16.4	11.3
큰 변화 없을 것	61.9	59.8	58.5	58.1	56.5
심화될 것	17.8	21.3	20.5	20.6	26.4
잘 모름	5.3	4.4	4.2	4.9	5.8

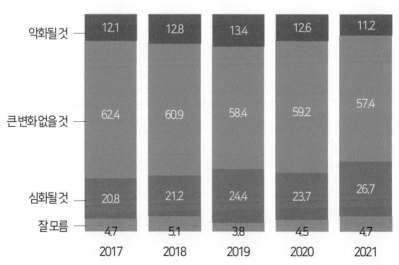

[도표36] 대학 서열화 전망에 대한 설문조사

단위: %

	2017	2018	2019	2020	2021
악화될 것	12.1	12.8	13.4	12.6	11.2
큰 변화 없을 것	62.4	60.9	58.4	59.2	57.4
심화될 것	20.8	21.2	24.4	23.7	26.7
잘 모름	4.7	5.1	3.8	4.5	4.7

그러나 엄밀히 말하면 대학에 서열이 있다는 것과 특정 대학 출신들이 배타적으로 이익을 추구하는 학벌주의는 다릅니다. 그래서 저는 대학 서열 문제와 학벌주의를 분리해서 살펴보고자 합니다. 다음 장에서 대학 서열 문제를 살펴보겠습니다.

치열한 교육 경쟁은 대학 서열화 때문인가?

[도표37]은 2022년 2월 6일 '매일경제'의 기사 〈우리 학교가 더 낫다…입시 철, 다시 불거진 대학가 서열 논쟁〉에 실린 대학 서열입니다. 기자가 직접 만들었을 것 같지는 않고, 입시 관련 커뮤니티에 떠도는 것을 가져왔겠지요.

명문대 또는 명문대 그룹은 여러 나라에 존재하지만, 대학을 한 줄로 세워놓은 나라는 대한민국밖에 없습니다. 그래서 많은 이들이 치열한 교육 경쟁의 원인으로 대학 서열화를 지목하고, 대학 서열화를 비판하며, 대학 서열을 완화하기 위한 정부 대책을 촉구해왔습니다.

대학 서열화가 학력 경쟁의 원인이라는 생각은 의문의 여지가 없는 상식에 가깝습니다. 저는 이에 대해 다른 각도에서 살펴보려고 합니다. 서열화된 대학 체제가 학력 경쟁의 중요한 원인이라는 것에 대해서는 동의하지만, 그것이 핵심 원인인가, 다른 요인은 없는가를 따져보자고 합니다.

학력주의와 학벌주의

논점을 명확히 하기 위해 학연, 학력, 학벌이라는 용어의 의미를 정리해보겠습니다.

'학연'이란 '출신학교로 연결된 인연'입니다. 보통 동문·동창이라고 부르는, 초등

[도표37] '매일경제'에 실린 '수능날만점시험지를휘날리자' 게시물

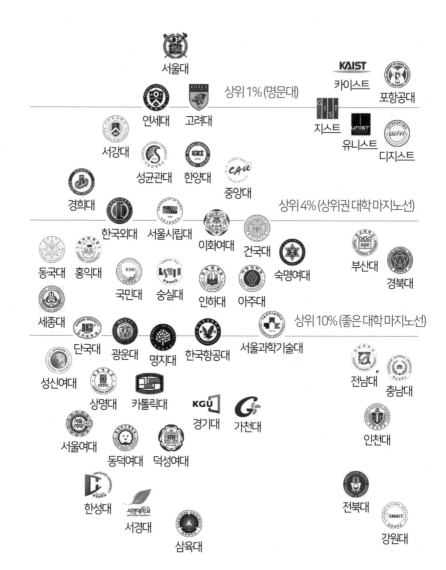

서울대

상위 1% (명문대)

KAIST
카이스트

포항공대

연세대 고려대

지스트

유니스트 디지스트

서강대

성균관대 한양대

중앙대

경희대

상위 4% (상위권 대학 마지노선)

한국외대 서울시립대

이화여대 건국대

부산대

동국대 홍익대

숙명여대

경북대

국민대 숭실대

인하대 아주대

세종대

상위 10% (좋은 대학 마지노선)

단국대 광운대 명지대 한국항공대 서울과학기술대

성신여대

전남대 충남대

상명대 카톨릭대

경기대 가천대

인천대

서울여대

동덕여대 덕성여대

한성대

서경대

삼육대

전북대

강원대

교육개혁은 없다 1

학교부터 대학교까지 모두 포괄하는 용어로서 사회적 지위가 포함되어 있지 않은 개념입니다.

'학력'은 한자로 쓰면 '學力'과 '學歷', 두 가지가 있습니다. 국립국어원 표준국어대사전에서 '學力'은 '교육을 통하여 얻은 지식이나 기술 따위의 능력'으로, '學歷'은 '학교를 다닌 경력'으로 정의합니다. 한자로 표기하는 게 번거로워서 '수직적 학력'과 '수평적 학력' 개념으로 구분해보겠습니다.

수직적 학력이란 고졸–전문대졸–대졸과 같은 교육 연수, 또는 학사–석사–박사와 같이 학위에 따른 능력을 말합니다.

수평적 학력은 같은 대졸이라도 다른 대학보다 서울대가, 같은 박사라도 국내 박사보다 미국 박사가 능력이 있다고 인정하는 것입니다.

'학벌'은 표준국어대사전에서 '학문을 닦아서 얻게 된 사회적 지위나 신분 또는 출신학교의 사회적 지위나 등급', '출신학교나 학파에 따라 이루어지는 파벌'이라고 정의합니다. 현실에서 일어나는 현상들을 설명하기에는 좀 무미건조하죠.

고등교육행정 분야의 석학인 이정규 박사는 '학벌'을 '제도 교육에 의한 출신학교를 바탕으로 이루어진 연고적(緣故的) 동류집단'으로, '학벌주의'란 '학연을 바탕에 두고 파벌을 이루어 정치적 파당이나 붕당, 사회·경제적 독과점, 문화적 편견과 갈등 및 소외를 야기하는 관행이나 경향'이라고 정의합니다.[39]

파벌, 파당, 붕당, 독과점, 편견, 갈등, 소외 등 굉장히 부정적 용어를 사용하여 학벌을 정의하고 있는데요, '벌(閥)'이 들어가는 용어들은 다 부정적입니다.

학벌(學閥), 족벌(族閥), 재벌(財閥) 등에 사용되는 '벌(閥)'은 '문門(문)'과 '칠伐

39) 이정규, 『한국사회의 학력, 학벌주의』, 집문당, 2003.

(벌)'을 합쳐서 만든 글자입니다. '門'은 가문을 뜻합니다. '閥'은 어떤 가문이 문 앞에서 다른 가문의 진입을 쳐서 막는 것을 뜻하죠. '閥'은 배타적으로 특권을 독점하는 것을 의미합니다. 학벌에는 비합리성, 배타성, 독점과 특권 등 사라져야 할 전근대적 속성이 내포되어 있습니다.

예를 들어보죠. [표30]은 2022년 4월 기준 대학별 모교 출신 교수 현황입니다.[40] 여기서 모교란 '학부'를 기준으로 합니다. 서울대가 유독 눈에 띄어서 그렇지 다른 대학들도 모교 출신 비율이 압도적입니다. 2000년에는 서울대 95.1%, 연세대 79.2%, 고려대 65.7%였는데 줄인다고 했는데도 압도적이네요.

[표30] 대학별 모교 출신 교수 현황

대학	모교 출신 교수 비율	대학	모교 출신 교수 비율
서울대	77.4%	경희대	38.7%
고려대	58.0%	전남대	38.2%
한양대	42.0%	부산대	38.0%
이화여대	42.0%	중앙대	36.3%
경북대	41.8%	한국외대	34.9%

다른 나라 대학교수는 어떨까요? 세계에서 대학 경쟁력이 가장 센 미국은 모교 출신 교수를 5~20% 정도로 규제합니다. 20세기 초반만 하더라도 하버드대 교수 중 하버드 출신이 70% 정도였다고 합니다. 미국은 교수 임용에서 순혈주의가 학문

---

40) 오마이뉴스, '우리 학교 출신 교수님은 얼마나 될까, 직접 알아보니' 2022. 8. 11.

교육개혁은 없다 1

발전에 해롭다는 인식 아래 오랜 시간에 걸쳐 개선해왔습니다.

한국 대학의 학벌주의는 교수 선발 과정에서 공정성 문제를 일으키고, 학문적 편향으로 사회 발전에 걸림돌이 됩니다. 서울대는 모교 출신 비율이 77.4%로 압도적인데요, 2005년 노무현 정부에서 '특정 대학 학부 출신이 채용의 2/3를 넘으면 안된다'는 교육공무원 임용령을 만들었는데 현실을 바꾸지는 못했습니다. 지키지 않아도 처벌조항이 없기 때문입니다.

학력주의[41]와 학벌주의는 어떤 차이가 있을까요? 학력주의는 일상생활에서 잘 사용하지 않는 용어이기도 하고, 사용되더라도 학벌주의와 구분 없이 사용되기도 하는데요, 저는 두 용어를 구분해서 사용하고자 합니다.

앞서 학력을 수직적 학력과 수평적 학력으로 나눠서 설명했는데요, 수직적 학력에 대한 차등 대우는 사회적으로 인정되는 것입니다. 고졸보다 대졸이, 학사보다 석사가, 석사보다 박사가 더 능력이 있다고 인정하는 것입니다.

예를 들어 교사로 임용되어 호봉을 책정할 때 석사 학위 소지자는 2호봉 높게 책정하여 월급을 받습니다. 거기까지는 누구나 인정하는데, 이후에 차별적 대우를 한다면 문제가 되겠죠. 대학교수의 경우, 채용 공고에서 자격조건으로 박사학위를 요구한다면 그것을 석사에 대한 차별이라고 할 수는 없겠죠. 누군가 이것을 차별이라고 주장한다면 "너도 대학교수 하고 싶으면 박사학위 받아라" 하는 대답을 듣겠죠.

수평적 학력의 경우, 기업에서 신입사원을 뽑을 때 서울대 출신을 선호하는 것은

---

41) 미국의 사회학자 랜달 콜린스(Randal Collins)는 학력이 사회경제적 지위와 자원을 획득하는 기준이 되는 사회라는 의미에서 미국을 학력주의 사회(credential society)라고 규정했다. 콜린스는 학력주의가 학력 과잉, 학력과 능력의 불일치를 일으키고 불평등을 정당화한다고 비판했다.

학력주의라고 할 수 있겠죠. 그런데 입사 후 서울대 선후배끼리 밀어주는 관계를 통해 승진시킨다면 그것은 학벌주의라고 규정할 수 있을 것입니다. 또는 서울대 학연을 이용하여 정부 관료와 친분을 맺고 사업을 따온다거나 거래처와 관계를 맺는 것도 학벌주의라고 할 수 있겠습니다.

학력의 경제적 가치와 학력주의

학력의 경제적 가치

학력주의란 수직적이건 수평적이건 학교 졸업장에 따라 사회적 재화를 배분하는 현상, 또는 이를 정당하다고 받아들이는 것입니다. 쉽게 말하면 '졸업장=돈'인 것이죠. 학력이 갖는 경제적 가치는 어느 정도일까요?

먼저 수직적 학력에 따른 차이를 살펴보겠습니다. [도표38]과 [도표39]는 고용노동부와 한국노동연구원이 2016~2018년 3년간 근로실태 조사를 바탕으로 작성하여 2020년 2월에 공개한 자료입니다.

[도표38] 사업체 규모와 학력에 따른 임금 분포

단위: 만 원, 중위값 기준

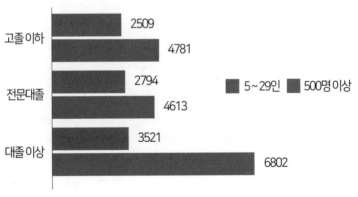

교육개혁은 없다 1

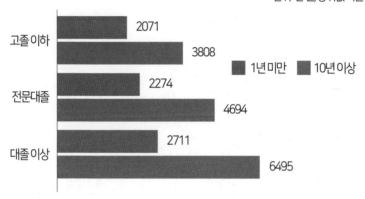

[도표39] 경력과 학력에 따른 임금 분포

단위: 만 원, 중위값 기준

고졸 이하: 2071 (1년 미만), 3808 (10년 이상)
전문대졸: 2274 (1년 미만), 4694 (10년 이상)
대졸 이상: 2711 (1년 미만), 6495 (10년 이상)

조사 결과에서 네 가지 정도를 알 수 있습니다.

- 임금에서 학력보다 기업의 규모가 더 중요합니다. 대기업의 고졸 이하 임금은 4,781만 원으로 소기업의 대졸 이상 임금 3,521만 원보다 1,260만 원이 더 많습니다.
- 소기업보다 대기업에서 학력에 따른 임금 격차가 더 큽니다. 소기업에서 고졸 이하와 대졸 이상의 임금 격차가 1,012만 원인데, 대기업에서는 2,021만 원입니다.
- 고졸 이하와 전문대졸의 격차보다 전문대졸과 대졸 이상의 격차가 더 큽니다.
- 입사 시기의 격차보다 10년 이상 경력자의 격차가 더 큽니다. 즉 경력이 쌓일수록 임금 격차가 더 벌어집니다.

수평적 학력(대학 서열)에 따른 임금 격차는 어떨까요? [도표40]는 한국개발연구원의 이지영 전문연구원과 고영선 선임연구위원이 2019년 발표한 「대학 서열과 생애 임금 격차」의 핵심 내용을 정리한 것입니다.

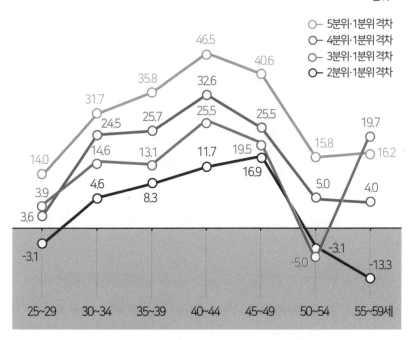

[도표40] 대학 서열에 따른 임금격차

단위: %

○─ 5분위·1분위 격차
○─ 4분위·1분위 격차
○─ 3분위·1분위 격차
●─ 2분위·1분위 격차

46.5
40.6
35.8
32.6
31.7
25.7 25.5 25.5
24.5
19.7
19.5
16.2
14.6
15.8
14.0
13.1
11.7
16.9
8.3
5.0
4.6
4.0
3.9
3.6
-3.1
-3.1
-5.0
-13.3

25~29   30~34   35~39   40~44   45~49   50~54   55~59세

　　두 연구위원은 148개 대학을 수능성적에 따라 5개 분위로 나누고, 대상자 1,428

명이 1998년부터 2017년까지 20년 동안 받은 임금을 조사했습니다.

　　1분위 하위대학은 53개, 2분위는 31개, 3분위는 25개, 4분위는 21개, 5분위 상위

대학은 18개 대학입니다.

　　취업 당시에는 5분위 대학 졸업자들이 1분위 대학 졸업자들보다 14% 더 많은

임금을 받습니다. 이 격차는 나이가 많아지면 점차 증가하여 40~44세에 최대치인

46.5%로 벌어지다가 그 이후에는 격차가 줄어듭니다. 이는 퇴직 평균 연령이 49.3

세라서 퇴직 후 직장 변동의 결과로 보입니다.

학력에 따른 경제적 격차는 과거와 달라졌습니다. 과거에 학력 차별은 주로 고졸자에 대한 차별이었습니다. 지금도 대졸자와 고졸자의 차별은 존재하지만, 대졸자 사이에서 대학 서열에 의한 경제적 격차가 대졸자와 고졸자의 격차만큼 커졌습니다.

10년 이상 경력자의 임금을 보면 고졸 이하가 대졸 이상의 58.9%로, 격차가 41.1%죠. 그런데 40~44세 연령대의 대졸자 중 1분위 대학과 5분위 대학 사이의 격차가 46.5%입니다.

학력주의에 대한 사회적 인식

위와 같은 현실은 사람들의 의식에 어떻게 영향을 미칠까요? 여론조사 기관 한국리서치가 2019년 만 18세 이상 남녀 1,000명을 대상으로 시행한 '교육인식조사' 결과를 보겠습니다. 2021년 조사 결과도 있는데 2019년 조사가 문항 수가 더 많고 2021년과 큰 차이가 없어서 2019년 결과를 인용하겠습니다. [표31]

[표31] 교육인식조사 (단위: %)

1.대학 진학 효과에 대한 인식			
항목	그렇다	그렇지 않다	모르겠다
대학 졸업장은 취직에 도움이 된다	76	22	2
대학 졸업장은 결혼에 도움이 된다	66	31	3
대학 졸업장은 승진에 도움이 된다	77	20	3
대학 졸업장은 사회에서 성공하는데 도움이 된다	61	36	3
자녀가 대학에 들어간다면 집안의 자랑이다	40	57	3

2. 명문대학 진학 효과에 대한 인식

항목	그렇다	그렇지않다	모르겠다
명문대학 졸업장은 취직에 도움이 된다	86	12	2
명문대학 졸업장은 결혼에 도움이 된다	77	21	2
명문대학 졸업장은 승진에 도움이 된다	81	17	2
명문대학 졸업장은 사회에서 성공하는데 도움이 된다	71	27	2
자녀가 명문대학에 들어간다면 집안의 자랑이다	75	23	2
명문대학을 졸업해도 사회적으로 성공한다는 보장이 없다	68	29	3

3. 학력에 대한 인식

항목	그렇다	그렇지않다	모르겠다
학력은 인격의 척도이다	14	83	3
학력은 능력의 척도이다	38	57	5
살아오면서 학력 때문에 소외감을 느껴본 적이 있다	43	53	4
살아오면서 학력 때문에 손해를 본 적이 있다	47	49	4
나보다 학력이 낮은 사람에게 우월감은 느껴본 적이 있다	30	67	3
나보다 학력이 높은 사람에게 열등감을 느껴본 적이 있다	47	51	2

조사 결과를 간략히 요약해보겠습니다.

대학 진학률이 70%에 이르러 대학 졸업장의 가치가 떨어졌음에도 불구하고 대학을 나오지 않는 것보다 취직, 결혼, 승진, 성공에 도움이 되기 때문에 대학 진학률이 높게 유지되고 있다고 볼 수 있습니다. 명문대학을 나오면 취직, 결혼, 승진, 성공에 도움이 된다고 생각하는 비율이 10% 정도 올라갑니다.

교육개혁은 없다 1

학력이 인격이나 능력의 척도라고 생각하지는 않지만, 절반 가까운 사람들은 학력 때문에 소외감, 손해, 열등감을 느껴본 적이 있습니다. 자녀가 명문대학을 들어가면 집안의 자랑이라고 생각하는 비율이 75%입니다. 자녀의 학력 경쟁을 독려하는 동력이 되겠죠.

전국의 대학이 한 줄로 촘촘하게 서열화된 이유

대학 교육의 보편화

미국의 교육학자 마틴 트로우(Martin Trow)는 해당 연령층의 대학 취학률[42]이 높아짐에 따라 대학 교육의 성격이 엘리트 단계(15% 이하), 대중화 단계(15%~50%), 보편화 단계(50% 이상)로 변화한다고 규정했습니다.

이를 한국에 적용하면 1980년대 초에 15%를 넘어 대중화 단계로, 90년대 중반에 50%를 넘어 보편화 단계로 넘어갔습니다. 지금은 보편화 정도가 아니라 원하기만 하면 누구나 대학에 갈 수 있습니다. 2020년부터 대학 정원보다 지원자 수가 더 적어졌기 때문이죠.

등록금 낼 형편만 되면 누구나 대학에 갈 수 있으니 대학 입학 경쟁은 약해졌을까요? 대학 졸업장은 기본값이 되고, 어느 대학에 가느냐를 놓고 경쟁이 더 치열해졌습니다. 일본도 그렇다고 합니다. 일본은 2005년에 대학 취학률이 50%를 넘어섰는데, 대학 입학 경쟁이 더 치열해지고 덩달아 고등학교 입학 경쟁도 더 강화되었다고

---

42) 대학진학률은 고등학교 졸업생 중 대학 진학자 비율이고, 대학취학률은 해당 연령층에서 대학생의 비율로 정의한다.

합니다.

다치바나키 토시아키(橘木俊詔) 교토대 명예교수는 과거 일본의 학력 문제가 고졸자와 대졸자 사이의 '양극화'(兩極化) 문제였다면 대학 취학률이 보편화 단계로 접어든 이후에는 '삼극화'(三極化) 문제라고 합니다. 명문대 졸업이냐, 보통 대학이냐 전문대 졸업이냐, 고등학교 졸업이냐로 구분된다는 것이죠.[43]

일본은 원래 대학입시 경쟁이 치열했던 나라니까 그렇다 치고, 입시 경쟁이 없다고 하는 독일은 어떨까요? 1999년 유럽 29개 국가가 이탈리아 볼로냐에서 단일한 대학 제도를 통해 모든 나라를 넘나들 수 있게 하자는 협약을 맺습니다. 이를 '볼로냐 협약'이라고 하는데요, 독일은 2000년에 대학 진학률이 33%로 유럽에서도 낮은 국가에 속했으나 볼로냐 협약 이후 대학 진학률이 꾸준히 늘어 2021년에는 56%에 이르렀습니다.

그 결과 이전에는 의학, 치의학, 약학, 심리학 등 인기 있는 몇몇 학과만 성적평가 결과로 진학 여부를 결정했고, 대부분은 본인이 희망하는 전공학과에 입학할 수 있었는데, 대학 진학률이 높아짐에 따라 과거의 전통이 깨지고 고등학교 졸업시험이자 대학입학 자격시험 역할을 하는 아비투어(Abitur) 성적에 따라 합격이 결정되고 있습니다. 그에 따라 고등학교에서 경쟁도 강화되었습니다.

돌아보면 제가 대학에 입학했던 1980년대 중반에는 지금처럼 촘촘하게 대학이 서열화되어 있지 않았습니다. 그때도 일류대, 이류대, 삼류대, 이런 표현은 있었지만, 대학을 한 줄로 줄 세우지는 않았습니다. 일류대, 이류대, 삼류대라는 표현이 있어도 어디까지가 일류대이고, 어디부터 삼류대인지 구분도 명확하지도 않았습니

---

43)   다치바나키 토시아키, 『일본의 교육 양극화』, 학지사, 2013.

다.

1980년대 중반은 대학교육이 엘리트 단계를 넘어 대중화 단계로 들어섰지만, 학력과 직업의 관계는 대졸—화이트칼라, 고졸—블루칼라, 이렇게 인식되었습니다. 대학을 나오면 기름밥은 먹지 않고 넥타이 매고 편한 직장에 근무한다는 정도였죠.

당시에는 집안에서 지원해줄 형편이 되면 재수를 해서라도 대학에 갔고, 형편이 안 되면 고졸자로서 적절한 직업을 찾아 성실하게 살면 됐습니다. 그러나 지금은 대학을 나와도 취업이 안 되고, 첫 직장이 대기업이냐 중소기업이냐, 정규직이냐 비정규직이냐에 따라 인생이 결정되니 상위권 대학을 향한 경쟁이 더 치열해졌습니다.

앞서 대학 서열에 따른 임금 격차를 살펴봤는데요, 대학 교육이 보편화 단계에 들어선 1990년대 중반 이후 임금 격차가 어떻게 벌어지는지 잘 보여주는 자료가 있어서 소개합니다.

[도표41]은 2011년 4월 노동경제논집 「1999~2008년 한국에서 대졸자 간 임금 격차의 변화」입니다. 고졸자의 임금을 100으로 했을 때 1999년에는 최상위 13개 대학 졸업자와 51위 이하 대학 졸업자 사이의 임금 격차가 10.7이었는데, 10년 후가 되면 30.1로 벌어집니다.

40여 년 동안 대학을 줄 세워온 학력고사와 수능

대학이 한 줄로 꼼꼼하게 서열화된 이유에는 국가가 주관하는 학력고사, 수능으로 대학입시를 치른 40여 년의 역사도 중요합니다.

1950년대에도 오늘날 수능시험처럼 국가가 주관하는 시험이 잠시 있었지만, 대체로 대학 단위의 단독시험제였습니다.

1969학년도 입시부터 국가에서 실시하는 '예비고사'가 시행되면서, 대학 단위 시

[도표41] 학력·학벌 따른 임금 격차

단위: %. 고졸 임금 대비

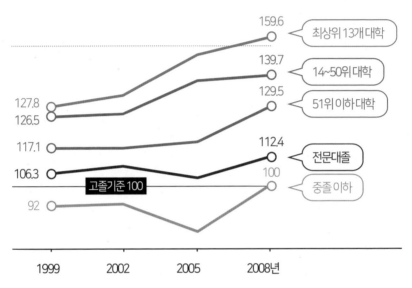

최상위 13개 대학: 159.6
14~50위 대학: 139.7
51위 이하 대학: 129.5
전문대졸: 112.4
중졸 이하: 100

고졸기준 100

127.8
126.5
117.1
106.3
92

1999   2002   2005   2008년

대학 순위는 대형 입시학원 배차표 등을 기준으로 구분

자료: <1999~2008년 한국에서 대졸자 간 임금격차의 변화>(2011년 4월 노동경제논집)

험은 '본고사'라고 불리게 되었습니다. 당시 예비고사는 본고사를 볼 수 있는 자격시험으로, 대학 총정원의 1.5배수 정도를 걸러내는 역할을 했기 때문에 중요한 시험이 아니었습니다.

1974학년도 입시부터 예비고사 점수가 대학별 본고사 시험 성적과 함께 반영되기 시작합니다. 1976학년도 입시부터 대부분 대학이 예비고사 반영률을 대폭 높이면서 예비고사 점수가 발표되면 전국 대학의 예상 합격선, 지원 가능 대학이 신문에 실리기 시작합니다. [표32]

교육개혁은 없다 1

<조선일보> 1981년도 학력고사 입시배치표

1981년도 입시부터 본고사가 폐지되고 예비고사라는 명칭을 '학력고사'로 바꾸면서 학력고사 점수가 발표되는 날에는 전국의 대학, 학과 예상 '커트라인'이 신문 1면 기사가 됩니다. 위 신문 사진은 1981년도 조선일보 기사입니다. 이런 일을 40년 넘게 해왔습니다. 그러니 대학이 일렬로 촘촘하게 서열화된 것입니다.

[표32] 주요대학 정시 합격선 전망

2022년 수능 정시 배치표

(단위: 점)

	2022 학년도	2023 학년도
서울대 의예	291	294
서울대 경영대학	286	288
서울대 화학생물공학부	274	280
연세대 의예	290	293
연세대 시스템반도체공학과	266	272
연세대 정치외교	276	279
고려대 의과대학	289	292
고려대 경영대학	280	281
고려대 경제학과	280	281
성균관대 의예	289	292
성균관대 글로벌경영	265	270
한양대 의예	284	289
한양대 정책	257	264
중앙대 의학부	284	289

대학 서열화 이외에 학력 경쟁을 부추기는 요인들

앞서 '한국 교육의 성찰 과제'에서 학력 간 임금 격차를 살펴보았는데, 좀 더 자세히 살펴보겠습니다. [표33]은 OECD가 2017년에 발표한 교육지표 중 고졸자의 임금을 100으로 했을 때 학력에 따른 상대적 임금 지수입니다.

[표33] 학력에 따른 상대적 임금 지수

	중학교 이하	전문대학	대학	대학원(석박사)
한국	72	115	145	190
OECD 평균	78	122	146	198
캐나다	87	118	147	189
핀란드	99	120	122	164
프랑스	80	131	138	205
독일	76	153	158	185
영국	76	124	151	181
미국	68	114	166	232

한국이 학력에 따른 임금 격차가 OECD 평균에 비춰 크게 나쁜 편은 아닙니다. 그러면 왜 한국은 학력 경쟁이 치열할까요? 이는 임금 격차가 아니라 다른 데서 찾아야 할 것입니다. [도표42]와 [도표43]을 보시죠.

그동안 우리 사회에서 통용되어 온 임금이란 '시장임금'을 의미합니다. 노동시장에서 받는 임금이라는 뜻이죠. '사회임금'이란 사회 구성원이면 누구나 받는 임금입니다.

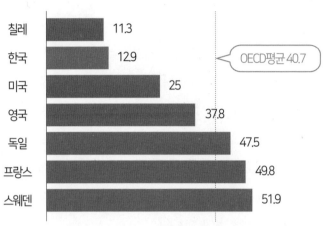

[도표42] OECD 주요 회원국 가처분 소득 대비 시회 임금 비중

단위: %

칠레	11.3
한국	12.9
미국	25
영국	37.8
독일	47.5
프랑스	49.8
스웨덴	51.9

OECD평균 40.7

OECD 통계는 검증 작업 등으로 나라마다 2~4년 늦게 공개돼 2011~2012년 자료를 이용함

자료: 민병도 새정치민주연합 의원, 내가 만드는 복지국가

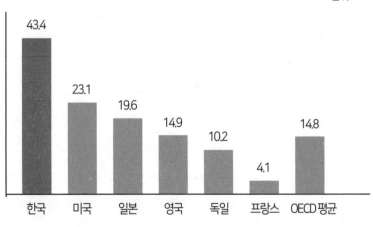

[도표43] OECD 주요국의 노인 빈곤율 비교해보니

단위: %

한국	43.4
미국	23.1
일본	19.6
영국	14.9
독일	10.2
프랑스	4.1
OECD평균	14.8

자료: 한국경제연구원

사회임금은 두 가지 형태가 있습니다. 국민연금, 기초노령연금, 기초생활급여, 실업급여는 현금으로 지급되는 사회임금입니다. 공공임대주택, 건강보험, 보육요양 서비스, 공공교통, 에너지는 서비스 형태로 지급되는 사회임금입니다.

[도표42]에서 보듯이 OECD 나라들의 가처분소득(임금에서 세금을 빼고 정부에서 제공하는 혜택을 더한 것) 대비 사회임금은 평균이 40.7%입니다. 스웨덴은 51.9%로 절반이 넘고, 세계에서 불평등이 가장 심각한 나라 중 하나인 미국도 25%입니다. 우리나라는 12.9%로 명함도 못 내밀 수준입니다.

게다가 우리는 OECD 국가 중 노인 빈곤율이 압도적으로 1위입니다. 노인 빈곤율이란 노인 인구 중 중위소득의 50% 이하인 사람의 비율을 말합니다. 대한민국은 65세 이상 노인 10명 중 4명이 빈곤층입니다.

이게 왜 중요할까요? 우리는 시장임금이 87.1%라서 임금 격차가 그대로 가처분소득 격차가 되지만, 다른 OECD 국가는 사회임금 40.7%를 모든 사람이 공평하게 국가에서 받고, 개인적 격차는 시장임금 59.3%에서 발생하는 것이죠. 따라서 실제 생활에서 느끼는 소득 격차가 우리보다 훨씬 적습니다.

그러면 국가는 무슨 돈이 있어서 사회임금을 줄까요? 세금입니다. 일단 세금을 많이 걷고, 소득이 많은 사람에게는 더 많이 걷어서 부를 재분배하는 것입니다. 다른 나라들은 세금을 얼마나 걷는지 실감 나게 예를 들어보겠습니다.

중앙대학교 독일유럽연구센터의 조성복 교수는 저서 『독일 사회, 우리의 대안』에서 2008년 독일경제연구소 자료와 2013년 한국 고용노동부의 임금 자료를 비교하여 한국과 독일에서 같은 월급을 받았을 때 세금을 얼마를 내고 실제 수령액이 얼마인지 비교합니다. 환율을 고려하여 독일에서 3,000유로(=450만 원)를 받는 노동자와 한국에서 450만 원을 받는 노동자의 세전, 세후 임금 비교표를 보겠습니다. [표34]

[표34] 450만 원을 받는 노동자의 세전, 세후 임금 비교표

	독일	한국
세전 총액	450만원	450만원
세금(소득세)	868,260원	294,580원
사회보험료	930,375원	349,550원
세후 수령액	2,701,365원	3,855,870원

월급으로 똑같이 450만 원을 받았는데 독일은 40%를 떼고 270만 원을 받습니다. 우리는 14%를 떼고 385만 원을 받습니다. 세금을 적게 떼니 좋습니까? 그래서 우리가 행복합니까? 세금 100만 원 더 내더라도 국가가 기본적인 생계를 책임져준다면, 그래서 근심 걱정 덜 하고 살 수 있는 사회가 된다면, 우리라고 자식에게 공부하라고 달달 볶겠습니까?

우리는 국가의 도움 없이 자기 능력으로 인생을 살아야 하고 돈이 없으면 늙어서 빈곤층이 되지만, 유럽의 국가들은 생존에 필요한 기본 경비를 국가의 지원으로 해결하니 학력에 따른 임금 격차에 대한 태도가 달라지고, 이것이 자녀의 학력 경쟁에 대한 태도의 차이를 가져온다고 볼 수 있습니다.

사회임금과 노인 빈곤율을 살펴본 이유는 한국 자본주의 성격이 학력 경쟁에 어떤 영향을 주는지 생각해보기 위한 것입니다.

우리나라의 학력 경쟁이 심각한 이유를 대학 서열화에서 찾는 사람들이 많이 있습니다. 우리나라가 다른 나라와 달리 대학이 서열화되어 있다는 것이 근본적 이유이겠지만, 대학 서열화가 부각된 이유를 두 가지로 볼 수 있습니다.

첫째는 1990년대 중반 이후 대학 교육이 보편화 단계에 들어서면서 대학 간 서열이 촘촘해진 것입니다. 둘째는 1997년 외환위기 이후 대기업과 중소기업, 정규직과 비정규직 등의 임금 격차가 심각해진 결과 고졸, 전문대졸, 대졸 사이의 임금 격차만큼이나 대학 서열에 따른 임금 격차가 뚜렷해졌습니다.

그러나 방금 살펴봤듯이 한국의 학력 간 임금 격차는 다른 OECD 국가보다 아주 심각한 것은 아닙니다. 우리나라의 학력 경쟁이 심각한 것은 국가가 개인의 삶을 돌보지 않는 '각자도생'의 사회이고, 헌법에 보장된 노동자들의 기본권이 부정되어 학력 경쟁에서 승리하는 것 이외에 자녀의 미래를 담보하기 어렵다고 생각하기 때문입니다.

대학 서열화 해소로 교육 경쟁을 완화할 수 있을까?

앞서 '한국 교육의 성찰 과제'에서 『기울어진 교육』을 소개했습니다. 세계 여러 나라의 양육에 대한 가치관과 행태를 그 나라의 경제 불평등으로 설명할 수 있다는 것이었습니다. 이를 다시 한번 생각해보겠습니다.

외환위기 이후 우리나라는 빈부격차가 매우 빠른 속도로 증가했습니다.

1995년 상위 10%의 소득집중도가 34.7%였는데, 20년이 지난 2015년에는 48.5%로 급증합니다. [도표44] 상위 10%의 소득이 전체 국민소득의 절반 가깝습니다. 달리 말하면 상위 10%의 소득과 나머지 90%의 소득이 거의 같다는 것이죠. 이와 같은 경제 불평등의 심화는 학력 경쟁을 더욱 강화하고 있습니다.

이를 가장 잘 보여주는 사례가 의대 쏠림 현상입니다. 현재 학력 경쟁에서 최정점에 있는 것은 서울대가 아닙니다. 의대죠. 전국의 40개 의대 신입생 정원 3천여 명을 다 채운 후에 서울공대 모집이 시작됩니다.

교육개혁은 없다 1

[도표44] 소득 상위 10% 소득집중도

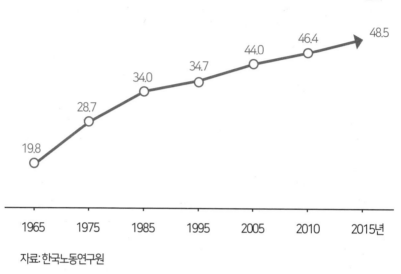

단위: %

자료: 한국노동연구원

2020년 기준으로 보건복지부 통계에 따르면 의사의 평균 연봉은 2억3천만 원입니다. 치과의사는 1억9천만 원, 한의사는 1억 원입니다, 노동자 평균 연봉은 3,924만 원입니다. 의사의 소득이 노동자 평균 소득의 5.9배입니다.

독일은 어떨까요? 2021년 기준으로 89,000유로(=1억2천만 원=월평균 1천만 원)인데, 세금 제하고 12달로 나누면 월평균 640만 원입니다. 2022년 기준으로 독일인 월평균 임금이 510만 원이니 큰 차이가 없습니다.

독일의 의과대학생들에게 의사가 되려는 이유를 조사해보면 아픈 사람을 도우려는 마음, 인체에 대한 관심, 사회적 명망과 돈 순서라고 합니다. 독일에서도 의사는 선망하는 직업이지만, 초등학교 5학년 때 학원에 의대 준비반을 만드는 일은 상상할 수 없겠죠.

치열한 학력 경쟁의 원인을 무엇으로 보느냐에 따라 해결 방도에 차이가 생깁니다. 대학 서열화에 주된 원인이 있다고 보는 사람은 대학 서열을 깨기 위한 인위적 노력, 예를 들어 '국공립대통합네트워크'나 '서울대 10개 만들기' 등을 통해 문제를 해결할 수 있다고 말합니다.

그러나 저는 학력 경쟁의 궁극적 목표가 대학이 아니라 대학 졸업 이후 사회에서 얻게 될 소득에 있고, 이후 사회임금을 통해 개인 간 불평등을 얼마나 완화하느냐 하는 국가의 성격이 중요하기 때문에, 사회가 바뀌지 않는 한 학력 경쟁이 완화되기 어렵다고 생각합니다. 우리나라는 개인의 삶에 대한 국가의 공공적 책무성을 강화하는 것이 핵심이고 우선적 과제입니다.

서울대는 학벌주의의 주범인가?

모든 대학을 한 줄로 세운 대학 서열화는 한국에만 존재하는 현상이지만, 치열한 학력 경쟁을 일으키는 핵심적 원인은 아니라는 것을 살펴봤습니다. 이제 학벌주의를 살펴보려고 합니다.

잠시 복습을 하자면, 학벌은 '제도 교육에 의한 출신학교를 바탕으로 이루어진 연고적(緣故的) 동류집단'으로 정의했습니다. 학벌주의는 '학연을 바탕에 두고 파벌을 이루어 정치적 파당이나 붕당, 사회·경제적 독과점, 문화적 편견과 갈등 및 소외를 야기하는 관행이나 경향'으로 정의했지요.

다른 나라에는 학벌주의가 있을까요? '학벌없는사회'를 만들고 주도적으로 활동했던 김동훈 국민대 교수는 학벌 사회에 관한 영문 원고를 청탁받고 '학벌'이라는 단어를 어떻게 번역할까 고민하다가 그냥 'hakbul'이라고 썼다고 합니다. 옥스퍼드 사전에 등록된 'chaebol'(재벌)처럼 한국 사회의 고유한 현상이라는 것이죠.

그러면 왜 다른 나라에는 학벌주의가 없을까요? 이는 학벌주의의 본질을 규명하고 해결 방도를 찾는 데서 중요한 문제입니다.

보통 학벌주의라고 하면 '서울대를 정점으로 서열화된 대학체제가 만든 불공정 사회 체제'로 규정하고, 해결 방도로 '대학 서열체제 타파'를 주장하기 때문에 다른 나라의 명문대학, 엘리트 배출 대학이 그 사회에서 어떻게 인식되는지 살펴볼 필요가 있습니다.

세 나라를 살펴보겠습니다. 신분제가 살아있고 능력주의의 발생지이며 옥스퍼드와 케임브리지 투톱 체제의 나라 영국, 능력주의의 상징인 아이비리그의 나라 미국, 대학 위의 대학 그랑제꼴이 지배하는 프랑스, 이렇게 세 나라를 통해 학벌주의의 본질로 한 걸음 더 들어가겠습니다.

'옥스브리지'의 나라 영국

영국은 학벌 문제를 연구하는 데서 가장 참고할 만한 나라입니다. 인도의 카스트 제도만큼 심각하지는 않지만, 국왕이 있고 공작, 후작, 백작, 자작, 남작이라 불리는 귀족이 800여 명 있습니다.

형식적이긴 하지만 국왕의 재가 없이는 법안이 발효되지 못하고, 국왕에게 귀족 작위를 받은 사람은 상원의원이 되고, 의원직은 자식에게 세습됩니다. 의원직 세습을 금지하는 법안이 통과된 게 1991년이니 이제 겨우 한 세대가 지났습니다. 2011년 왕세손 윌리엄이 평민인 케이트 미들턴과 결혼한 것은 영국 왕실 천년 역사상 최초의 사건이었다고 합니다.

1982년 무역상사 주재원으로 영국에 건너가 40년을 살아온 저널리스트 권석하 씨의 저서 『영국인 재발견』은 영국 사람들의 의식을 이해하는 데 큰 도움이 되는 책입니다. 신분제도와 계급의식에 대한 영국인들의 생각을 들어보겠습니다.

"영국인의 사회계급 의식은 상상을 초월한다. 심지어 성적 정체성보다 계급의식이 잠재의식 속에 더 깊이 존재한다고 한다. 영국에서 계급은 빈부, 직업, 교육, 예의, 심지어 언어에서도 드러난다. 계급에 따라 쓰는 언어도 다르고 발음, 악센트도 다르다. 영국인의 집은 대부분 단독주택인데 정원 디자인은 물론이고 집안에 놓인 화초와 장식물까지도 계급 코드 규칙을 따른다. 술집도 중산층이 들어가는 문에는 바(bar), 하류층이 들어가는 문에는 펍(pub)이라고 쓰여 있다.

영국의 상류층인 귀족들은 열심히 일하지 않는다. 그들의 피는 푸르고(blue blood) 은수저를 물고 태어나(born with silver spoon) 왕에게 하사받은 토지를 기반으로 시골에서 취미로 양이나 키우고 부동산 개발과 금융투자를 하면서 부유하게 산다. 귀족들의 리그는 워낙 배타적이어서 '남작' 작위를 받은 마가렛 대처 수상도 귀족들의 고급 사교클럽에 들어가기까지 오랜 시간이 걸렸다고 한다. 판사, 변호사, 의사, 교수 등 전문직, 자수성가한 부자, 고위 공무원과 정치인 등 열심히 일하고 영국을 움직이는 사람들은 귀족 밑의 중산층이다."

영국을 상징하는 대학은 옥스퍼드와 케임브리지입니다. 옥스퍼드는 1096년, 케임브리지는 1209년에 설립되었습니다. 역사와 전통이 깊을 뿐 아니라 세계 대학평가에서 매년 1, 2위를 다툽니다.

옥스퍼드는 대체로 문과 쪽에서, 케임브리지는 이과 쪽에서 사회 지도층을 배출해왔습니다. 2013년 기준으로 옥스퍼드는 총리를 28명, 노벨상 수상자를 59명을 배출했습니다. 케임브리지는 총리를 15명, 노벨상 수상자를 90명 배출했습니다.[44] 영국에서는 두 대학을 합쳐 '옥스브리지'(Oxbridge)라 부릅니다.[45]

영국의 저널리스트 월터 엘리스는 1994년에 출판한 『옥스브리지 음모』에서 영국

---

44) 통합유럽연구회, 『유럽을 만든 대학들』, 책과함께, 2015
45) '옥스브리지'가 옥스퍼드 영어사전에 등록된 게 1849년이다.

왕실은 군림할 뿐 통치하지 않는 대신 '옥스브리지 마피아'들이 끈끈한 동문애로 뭉쳐 정치, 경제, 사법, 언론 등 주요 분야의 정상을 장악하고 있으며, 옥스브리지의 자기도취와 우월감 때문에 영국이 유럽에서 2등 국가로 전락했다고 비판했습니다.[46]

영국 인구의 1%도 안 되는 옥스브리지 출신의 권력 독점은 서울대 못지않습니다. 2014년 기준으로 상석 판사의 75%, 당시 캐머런 내각의 59%, 사무차관(최고위 공무원)의 57%, 외교관의 50%, 칼럼니스트의 47%, 상원의 38%, 하원의 24%가 옥스브리지 출신입니다.

영국에는 옥스브리지 이외에도 오랜 역사를 지닌 명문대학들이 많습니다. 옥스브리지를 포함하여 24개의 명문대학을 '러셀그룹(Russell Group)[47]'이라고 부르는데, 임페리얼 칼리지, 런던정경대학, UCL(유니버시티 칼리지 런던)은 세계 대학평가에서 10위권에 포진합니다.

출신 대학에 따라 경제적 지위가 달라집니다. 미국의 컨설팅 회사인 보스턴컨설팅그룹의 조사 자료에 따르면, 대학졸업자들이 평생 버는 소득은 옥스브리지 출신은 180만 파운드(≒26억 4천만 원), 러셀그룹 대학 출신은 160만 파운드(≒23억 5천만 원), 비(非)러셀그룹 대학 출신은 139만 파운드(≒20억 4천만 원) 정도라고 합니다. 차이가 크다고 해야 할지 적다고 해야 할지는 독자의 판단에 맡기겠습니다.

---

46) 강준만, 『아이비리그의 빛과 그늘』, 인물과사상사, 2011

47) 1994년 호텔 러셀에서 17개의 대학 총장들이 모여 결성한 기관이다. 영국 내 총 150여개의 종합대학교 중 24개에 불과하지만 총 연구기금과 계약자금의 2/3를 차지한다. 옥스브리지를 포함하여 임페리얼 칼리지, 유니버시티 칼리지 런던, 맨체스터 대학교, 런던정경대학교, 에든버러 대학교, 킹스 칼리지 런던, 브리스톨 대학교 등 세계 대학 순위 상위권에 드는 쟁쟁한 대학들이 많다.

교육개혁은 없다 1

귀족이 현존하는 영국의 교육은 철저히 계급적입니다. 영국의 초중등학교는 공립학교가 94%이고, 사립학교가 6%입니다. 귀족과 부자들은 자녀를 사립학교에 보냅니다. 이튼, 윈체스터, 웨스트민스터, 럭비 등 역사가 오래된 사립중고등학교의 1년 등록금은 우리나라 특목고, 자사고와 비교가 안 됩니다. 우리나라에서도 유명한 '이튼'(Eton College)의 1년 등록금은 6천만 원 정도입니다.

영국의 사립중고등학교가 어느 정도 귀족학교냐면 그 사람의 말을 듣고 사립학교 출신인지 아닌지 구별할 수 있다고 합니다. 중고등학교 내내 집을 떠나 학교 기숙사에서 생활하기 때문에 자기 지역의 악센트가 아니라 학교에서 통용되는 악센트를 사용하게 된다는 것이죠. 악센트로 계급을 구분하고 차별하는 것을 'Accentism'이라고 한다는데, 영국 스파이를 다룬 영화 '킹스맨'에 그런 비슷한 이야기들이 나오지요.

사립학교 기숙사에서 맺어진 인적 네트워크는 옥스퍼드, 케임브리지 대학으로 이어집니다. 2017년 BBC 조사에 따르면 옥스퍼드의 45%, 케임브리지의 38%가 사립고등학교 출신 학생입니다. 2015년 입학 자료에 따르면 옥스브리지 입학생의 80%는 부모가 의사, 변호사, 고위 관리직 등 고소득층입니다. 최근에 영국 총리를 지낸 보리스 존슨과 데이빗 캐머런은 이튼 컬리지에 옥스퍼드대 출신입니다.

이쯤 되면 영국의 학력 경쟁은 우리나라 못지않아야 합니다. 그러나 2015년 기준으로 영국의 대학 진학률은 49%입니다. 영국 대학은 1998년까지 국내 학생들에게 학비를 받지 않았습니다. 스코틀랜드 대학생들은 지금도 학비가 없다고 합니다. 그런데도 대학 진학 경쟁이 치열하지 않습니다. 학력과 부의 편중에 대한 비판적 목소리는 있으나, 우리나라와 같은 학벌의 폐단은 나타나지 않습니다. 그 이유가 무엇일까요? 다시 『영국인 재발견』의 설명을 보겠습니다.

하류층 부모들은 자녀 교육에 무관심하다. 굳이 신경을 안 써도 국가가 보살펴준다는 생각 때문이다. 그냥 태어난 곳에서 자라고, 기본 학력만 갖추고 지방 기업에서 만만한 직업을 갖고, 고만고만한 배우자와 결혼해 자식 낳고, 어릴 때부터 같이 자란 친구들 사이에서 살다가 은퇴해서 연금 받고 살아간다. 단조롭고 무료한 삶 같아도 영국인들이 가장 꿈꾸는 '예측 가능한, 그리고 안정된 삶'이다.

영국인에게는 우리처럼 신분 유지가 가능하지 않게 되는 데서 오는 불안감이나 초조감, 잘 된 이웃을 볼 때 느끼는 상대적 박탈감으로 인한 고통은 별로 없는 것 같다. 세상을 움직이는 것은 지도층 일부면 족하고, 나머지는 자신의 일을 열심히 하면서 주어진 삶에 충실하면 된다고 생각하는 '체제 안의 계급에 충실한 삶'을 산다.

'예측 가능한, 그리고 안정된 삶', '체제 안의 계급에 충실한 삶'이란 표현 속에 답이 있는 것 같네요.

그러면 상류층 귀족들의 모습은 어떨까요? 그들은 손에 물 묻히지 않고 살아가는 대신 자신들이 가진 부와 시간, 영향력을 이용해 봉사활동 하는 것을 자신들의 임무라고 생각하고 살아갑니다.

영국의 상류층은 탈세하거나 꼼수로 재산을 상속하지 않는다고 합니다. 고율의 상속세를 먼저 내야하기 때문에 재산을 물려받기도 힘들거니와 능력 없는 자식이 관리도 못 할 바에야 사회단체에 기부해버리고 만다고 것이죠.

영국의 노블레스 오블리주를 말할 때 빠지지 않는 것이 옥스브리지 학생들의 참전입니다. 1차 세계대전 초기인 1914년 영국군에 복무한 25세 미만의 옥스브리지 대학생 중 1/4이 죽었습니다.

대학만 그런 게 아닙니다. 1440년에 헨리 6세가 설립하여 수상만 20명을 배출한 이튼 컬리지는 1차 대전에서 1,157명, 2차 대전에서 748명이 전사했다고 합니다. 학교 본부 벽면에는 전사한 학생들의 명단이 빼곡히 적혀 있는데, 전사자 이름 앞에는 '1919년 9월 15일 사망, 전장에서 숨져간 존을 기리며'와 같은 문구가 붙어 있다고 합니다.[48] 그런데 옥스퍼드나 케임브리지에는 이런 문구조차 없답니다. 대학생이 조국을 위해 싸우다 죽는 것은 당연하다고 생각하기 때문이라고 합니다

전쟁역사 학자인 마이클 풋 옥스퍼드대 교수에 따르면 1·2차 세계대전 당시 영국 고위층의 25%가 사망했다고 합니다. 2022년 세상을 떠난 엘리자베스 2세 여왕은 2차 대전 당시 수송부대에서 하사관으로 근무했고, 1982년 영국과 아르헨티나의 포클랜드 전쟁 때는 앤드류 왕자가 조종사로 참전했습니다.

이쯤 되면 국회에서 장관 청문회 할 때마다 늘 문제가 되는 한국 사회 지도층의 군 면제가 떠오르지 않을 수 없겠죠. 이명박 정권 때, 안보상의 문제가 있으면 대통령과 국무위원들이 청와대 지하 벙커로 모여드는데, 국방부 장관 외에 아무도 군대 갔다 온 사람이 없었다고 하죠.

입만 열면 안보를 부르짖는 대한민국 엘리트들은 자기 자식을 군대에 보내지 않기 위해 온갖 수단을 동원합니다. 우리나라 일반인의 군대 면제 비율은 6% 정도입니다. 30대 재벌기업 후계자들의 군대 면제 비율은 33.3%, 10대 재벌기업은 56%, 삼성 일가는 73%입니다. 국가대표 승마선수 출신인 이재용은 허리 디스크를 이유로 군대 면제됐습니다. 진단서를 떼어준 곳은 산부인과 전문병원이었습니다.[49]

권석하씨는 『영국인 재발견』에서 영국 하류층이 교육에 무관심한 이유가 국가가

---

48) 중앙일보, '573년 전통 영국 보딩스쿨 이튼', 2013.4.24.
49) KBS '시사기획 쌈: 파워엘리트, 병역을 말하다', 2006. 11. 27.

보살펴준다는 생각 때문이라고 합니다. 영국이 마가렛 대처 수상 이후 신자유주의로 망가져서 결국 '브렉시트'까지 가게 되었지만, 19세기 빅토리아 여왕 시대 이후 2차 세계대전까지 영국은 세계 최강국이었습니다.

'해가 지지 않는 나라' 영국은 2차 대전 이후 사회복지의 교과서라 불리는 '베버리지 보고서'[50]에 기초해 '요람에서 무덤까지' 복지 체제를 구축했습니다. 신자유주의로 복지 체제가 망가지면서 영국도 과거와 같지 않지만, 큰 욕심만 내지 않으면 먹고 사는 문제에서 근심 걱정이 없으니 굳이 어려운 공부 해가면서 경쟁에 뛰어들지 않는다는 것이죠.

'아이비리그'의 나라 미국

미국은 하버드, 예일, 프린스턴을 '빅 쓰리'(Big Three)라 부릅니다. 서울대, 고대, 연대의 첫 글자를 따서 'SKY'라 하듯이, 미국에서는 하버드, 예일, 프린스턴의 첫 글자를 따서 'HYP'라 불러왔습니다. '빅 쓰리'를 포함하여 '아이비리그'라 부르는 8개 대학이 오랜 기간 최고의 명문대학들로 자리매김해왔습니다.

미국 교육의 실태는 앞에서 충분히 살펴보았기 때문에 학벌과 관련해서만 알아보기로 하겠습니다. 미국도 '빅 쓰리'를 포함한 아이비리그 출신이 미국의 상류층을 형성하지만, 한국처럼 심각하지 않습니다.

2015년 1월 30일 워싱턴 포스트에 의하면 상원의원 100명 중 아이비리그 출신은

---

50) 1942년 영국의 경제학자 윌리엄 베버리지(William Beveridge)가 사회보장 제도의 확대를 위해 구상한 보고서

18명입니다. 반면 자신이 선출된 주 안에 설립된 대학을 졸업한 사람이 약 60%입니다. 우리나라로 치면 국회의원의 60%가 자기 지역의 지방대 출신인 셈입니다. 한국의 SKY 출신 국회의원 비율이 20대 국회는 47.3%, 21대 국회는 37.3%인 것과 비교하면, 미국 아이비리그 출신의 지배력은 훨씬 약합니다.

'2022 THE 세계 대학순위'에서 200위 안에 드는 대학 중 미국 대학이 60개라고 했는데, 20위 안에 든 최상위권 대학을 보면 캘리포니아 공대가 '빅 쓰리'를 제치고 2위를 차지했습니다. 아이비리그 소속 대학 중 다트머스대, 브라운대는 20위 안에 들지 못했습니다. 20위 안에 든 MIT(5위), 시카고대(9위), 존스홉킨스대(12위), UC 버클리대(13위), UCLA(17위), 듀크대(20위)는 아이비리그가 아닙니다.

미국은 하버드 원톱 체제, HYP 빅 쓰리 체제, 아이비리그 체제가 될 수 없는 게 경쟁력 있는 대학들이 즐비하기 때문입니다. 우리나라에서는 하버드가 미국 대학 중 최고인 줄 알고 있고, 미국 유학을 꿈꾸는 학생들은 아이비리그를 동경하지만, 정작 미국 본토에서는 그렇지 않습니다.

로버트 프랭크(Robert Frank)와 필립 쿡(Philip Cook)은 저서 『승자독식 사회』에서 다국적기업의 CEO, 월스트리트의 변호사 등 최상위 1% 승자가 어떻게 만들어지는지 설명하고, 왜 시장은 이들에게 천문학적인 보상을 주는지 문제를 제기했습니다.

그들은 1990년 1,000개 미국 기업의 전·현직 CEO 1,500명을 대상으로 한 조사 결과, 전직 CEO 중 아이비리그 출신이 14%인데 현직 CEO는 19%라며 승자독식 사회의 폐단으로 지적했습니다.

우리나라는 2022년 기준 1,000대 기업의 CEO 중 SKY 출신은 28.9%이니 미국보다 우리가 훨씬 더 '승자독식'의 사회임을 알 수 있습니다.

『승자독식 사회』는 1995년에 출판됐습니다. 최근에는 어떨까요? 2018년 미국의 경제전문지 〈포춘(Fortune)〉이 발표한 매출액 기준 미국 상위 20개 회사의 CEO 중 아이비리그 출신은 딱 한 명이었습니다.

미국은 양극화 현상이 심각하고 대학 졸업장을 통해 부가 세습되는 것도 문제이지만, 초중고 교육이 실패한 것, 특히 유색인종과 하층 계급의 교육열이 없는 것이 훨씬 더 심각한 문제입니다. 오바마 대통령이 대한민국의 교육열을 부러워한 것은 그런 이유입니다. 미국의 학력 경쟁은 중상류층의 문제이며, 자식을 아이비리그에 보낼 생각 자체를 하지 않는 중하류층은 학력 경쟁에 아예 뛰어들지 않습니다.

영국인들이 사회복지 시스템 속에서 예측 가능한 '소확행'을 추구하는 것이 학력 경쟁에 나서지 않는 이유라면, 미국은 공교육이 붕괴되어 학력 경쟁에 뛰어드는 사람 자체가 적은 것이 이유라고 할 수 있습니다.

'그랑제꼴'의 나라 프랑스

영국과 미국은 그렇다 치고, 우리나라에서 '대학 평준화'의 나라로 알려진 프랑스는 어떨까요? 프랑스의 평준화된 대학 체제는 일반 국립대학들이 그렇다는 것이고, 프랑스의 엘리트들은 '대학 위의 대학'이라 불리는 '그랑제꼴'(grandes écoles) 출신입니다. 나폴레옹 시대에 엘리트 양성을 목적으로 설립되기 시작한 그랑제꼴의 입학 경쟁은 매우 치열하며, 졸업 후에는 사회 각 분야에서 최고의 엘리트로 활동합니다.

프랑스는 68운동[51] 이후 평준화된 대학체제를 구축했습니다. 파리에 있는 13개 국공립대학을 파리 제1대학부터 제13대학으로 나눠 대학별로 특성화시켰습니다. 예를 들어 파리제1대학(팡테옹 소르본)은 법학, 역사학, 철학, 정치학으로, 파리제6

대학(피에르와 마리 퀴리 대학)은 이학, 공학, 의학으로 특성화되었습니다. 프랑스의 명문대학으로 널리 알려진 소르본 대학은 68운동 이후 파리 제6대학교가 되었다가 2018년 파리 제4대학과 통합하여 다시 소르본이 되었습니다. 68운동 이후 평준화된 대학체제 구축 과정에 대해서는 『교육개혁은 없다2』에서 자세히 알아보겠습니다.

프랑스의 대학은 위니베르씨떼(universite), 에꼴(ecole), 그랑제꼴(grandes écoles)로 나뉩니다.

위니베르씨떼는 이론 교육에 치중하는 4년제 대학입니다. 에꼴은 실무교육에 중점을 두는 경우가 많은데, 수업 연한이 국립 에꼴은 3~8년, 사립 에꼴은 2~3년이라서 우리나라의 대학-전문대학 식으로 구분하기는 곤란합니다. 그랑제꼴은 국가 고위 공무원이나 기업체의 최고경영자, 엔지니어를 배출하는 엘리트 교육기관입니다.

18세기 프랑스 혁명 전까지 대학은 가톨릭교회가 중심이 되어 운영되었습니다. 프랑스 혁명 이후 신분이 아닌 실력으로 선발하여 인재를 교육하는 그랑제꼴이 설립되었는데, 68운동 이후 대학 평준화가 시행될 때 그랑제꼴은 예외로 인정되었습니다.

그랑제꼴은 엘리트 교육기관이라서 일반 국립대학보다 더 많은 예산이 지원됩니다. 250여 개가 그랑제꼴로 인증되어 있고, 약 2만 명의 학생들이 재학하고 있습니다. 그랑제꼴 사이에도 서열이 존재하며, 최정상급 그랑제꼴 학생 수는 몇천 명이

---

51) 1968년 프랑스 드골 정부의 실정과 사회 모순에 저항한 운동이다. 68운동을 통해 종교, 애국주의, 권위에 대한 복종 등 보수적인 가치들을 대체하는 평등, 성 해방, 인권, 공동체주의, 생태주의 등 진보적 가치들이 프랑스 사회의 주된 가치로 자리매김하였다.

되지 않습니다.

우리가 알고 있는 유명한 프랑스인들은 대부분 그랑제꼴 출신입니다. 1958년 제5공화국 수립 이후 대통령 8명 중 육군사관학교를 졸업한 드골을 제외한 7명이 모두 그랑제꼴 출신입니다. 좌파든 우파든 정치지도자는 모두 그랑제꼴 출신이죠. 파스퇴르, 푸코, 사르트르, 라캉, 부르디외 등 유명한 학자들은 '에콜 노르말 쉬피리에르'(고등사범학교) 출신입니다.

프랑스 고등학생들은 바칼로레아[52]를 통과하면 학비가 없는 국공립대학에 진학할 수 있지만, 그랑제꼴은 바칼로레아 성적 상위 4%의 학생으로서 별도의 콩쿠르(시험)를 거쳐야 합니다.

콩쿠르를 준비하기 위해 2년 동안 프레파(prépa)에서 공부를 합니다. 프레파의 학습 강도는 매우 세다고 합니다. 학생들은 2년 내내 매주 40시간 이상의 수업, 4~6시간의 지필 고사, 2~4시간의 구두시험, 엄청난 양의 숙제를 견뎌내야 한다고 합니다.

고등학교를 졸업하고 프레파에서 그랑제꼴 입학을 위해 공부한다고 하니 입시학원 같은 게 아닌가 하는 생각이 들 수 있는데요, 국공립이라 수업료도 거의 없습니다.

그랑제꼴에 입학하면 인생에 꽃길이 열립니다. 그랑제꼴협의회(CGE) 통계에 따르면 그랑제꼴 졸업생의 89.4%는 6개월 이내에 직장을 구하며, 75%는 직장과 종신계약을 맺는다고 합니다. 그랑제꼴에 떨어지면 어떻게 될까요? 프레파에서 1년 더 공부하거나 일반 대학의 졸업반에 편입할 수 있습니다.

프랑스 매체들은 매년 바칼로레아 합격률 등을 바탕으로 전국 고교 순위를 발표

---

52) 고등학교 졸업 자격고사로 20점 만점에 평균 10점을 넘으면 공립대학에 지원 가능하다.

교육개혁은 없다 1

하며, 고등학교들은 프레파에 몇 명을 진학시켰는지, 프레파는 그랑제꼴에 몇 명을 합격시켰는지를 놓고 경쟁도 치열하다고 합니다.

서울대 출신들이 비판받는 것은 자기들끼리 다 해 먹는다는 것인데, 프랑스도 그랑제꼴 출신들이 다 해 먹습니다. 프랑스의 지도층 인사 중 80%는 그랑제꼴 출신입니다. 그랑제꼴이 나폴레옹 시대에 만들어졌으니 200년 가까이 해 먹었습니다.

당연히 문제가 있겠죠. 그랑제꼴 출신들이 사회 곳곳에서 촘촘한 네트워크를 구축해 서로 밀고 끌어주면서 권력을 독점한다는 비판이 있습니다. 게다가 학력이 세습됩니다. 프랑스 공공정책연구소(IPP)에 따르면 그랑제꼴 입학생 중 저소득층 자녀는 9%에 불과하고 기업 임원과 전문직 부모를 둔 학생이 약 70%라고 합니다.

그러면 그랑제꼴을 폐지하자는 여론이 빗발쳐야 하지 않을까요? 빗발치지는 않더라도 비판적 견해는 있습니다. 2018년에 유가 인상에 대한 불만으로 시작된 '노란 조끼 시위'에서 그랑제꼴을 폐지하라는 요구가 나오자 마크롱 대통령은 대표적 그랑제꼴인 국립행정학교 폐지를 약속했고, 2021년에 실제로 폐교했습니다.

프랑스 사람들은 그랑제꼴 출신들이 다 해 먹는 것을 어떻게 생각할까요? 2014년 9월 강연차 한국을 방문한 프랑스 저명한 학자에게 권태신 한국경제연구원장이 질문을 했다고 합니다. "당신네 나라는 평등을 중시하는 나라로 유명한데 그랑제꼴 같은 엘리트 교육과정을 운영해도 괜찮은가요?" 그는 의아하다는 표정으로 빤히 쳐다보면서 대답했답니다. "뭐가 문제인가요?"

그 학자는 누구였을까요? 『21세기 자본』의 저자 토마 피케티(Thomas Piketty)입니다.[53] 자본주의 사회의 불평등을 연구하여 세계적 명성을 얻은 피케티도 그랑

---

53) 권태신(한국경제연구원 원장), 매일경제, 〈棟梁之材〉, 2014.11.13.

제꼴인 고등사범학교 출신이죠.

2009년 프랑스로 건너가 프랑스 대기업의 전략개발실에서 근무하고 있는 곽원철 씨가 2017년 11월에 경향신문에 기고한 〈프랑스 학생에게 '엘리트 코스'는 하나의 선택일 뿐…굳이 목매지 않는다〉를 보면 엘리트에 대한 프랑스인들의 생각을 잘 알 수 있습니다.

그들은 엄청난 기억력과 놀라울 정도로 빠른 판단력을 갖고 있어. 듣고 보는 모든 걸 기억하고 재빠르게 분석해내지. 우리와는 비교할 수 없을 정도로 '큰 머리'를 가진 사람들이야. (프랑스에서는 똑똑한 사람을 '머리가 크다'고 표현한다고 함)

그들은 나보다 돈도 많이 벌고, 더 많은 성장 기회와 대우를 받지. 하지만 그에 상응하는 대가를 치러야 하잖아. 가족과 보내는 시간이라든지, 업무 시간 외에 취미에 몰두할 수 있는 여유라든지 하는 것들. 나는 그런 것이 더 소중하기 때문에 그들처럼 살고 싶지는 않지만, 누군가는 그렇게 해서라도 조직을 이끌고 성과를 내야만 하겠지. 마침 그들이 그 어려운 짐을 떠맡겠다고 하니 고맙지 뭐야.

동아일보 파리 특파원 김윤종 기자도 프랑스 사람들은 그랑제꼴 출신들이 죽도록 공부하고 치열하게 사는 것은 '계층'이 아닌 '선택'의 문제라고 생각해서 신경 쓰지 않으며, 평범한 시민들은 치열한 삶 대신 취미, 가족과의 시간 등을 중시한다고 합니다.[54]

프랑스인들은 왜 학력 경쟁에 뛰어들지 않을까요?

---

54) 동아일보, "금수저 대학 없애 평등 실현" vs "인재양성 포기 땐 국력 약화", 2021.4.17.

앞서 영국인들이 학력 경쟁에 뛰어들지 않는 이유로 국가가 개인의 삶을 보살펴 줄 것이라는 믿음을 들었는데 프랑스도 마찬가지입니다. 프랑스의 사회복지 예산은 GDP의 30% 정도로 북유럽 국가와 비슷한 수준입니다.

프랑스는 초등학교부터 대학교까지 무상교육입니다. 학비만 무상인 것이 아니라 학용품비까지 수당으로 지급합니다. 프랑스에서 좌파와 우파의 차이를 보자면 학부모의 경제력과 무관하게 학용품비를 똑같이 지급하자는 것은 우파, 가난한 집 자녀에게 더 많이 지급해야 한다고 주장하는 것은 좌파입니다.

프랑스인들의 교육관을 이해하는데 있어서 사회 복지 체제만으로는 부족합니다. 프랑스인들을 지배하는 정신, '공화주의'를 이해해야 합니다. 프랑스는 1793년 루이 16세의 목을 단두대에서 베어버린 혁명의 나라, 신분과 특권을 폐지하고 자유·평등·박애의 깃발을 내건 '공화국'입니다.

우리나라도 헌법 제1조가 '대한민국은 민주공화국이다'인데, 프랑스의 '공화주의'란 무엇일까요? 프랑스의 역사학자 필리프 다리월라는 공화주의를 다섯 가지로 정리했다고 합니다.[55] ① 보통선거를 통한 국민주권, ② 기본적 자유의 존중, ③ 사회적 문제에 대한 끊임없는 관심, ④ 국가와 종교의 분리, ⑤ 애국주의입니다.

공화주의에 '애국주의'가 있는 것이 눈에 띄네요. 애국주의는 프랑스의 엘리트들에게 어떻게 적용되었을까요? 프랑스는 1940년부터 4년 동안 나치의 지배를 받았습니다. 이때 나치에 협력했던 자들은 1944년 프랑스가 해방된 후 심판받게 됩니다. 우리로 치면 친일파 청산인데요, 프랑스는 나치 부역자들을 단호히 처단했습니다.

특히 지식인, 언론인, 출판인, 예술가 등 국민의 의식에 큰 영향을 주는 사람들은

---

55) 홍세화, 『악역을 맡은 자의 슬픔』, 한겨레신문사, 2002

매우 엄격히 처단했습니다. 900여 개 신문 잡지 가운데 나치에 순종한 649개가 폐간되거나 재산을 몰수당했습니다. 프랑스를 대표하는 신문 '르 몽드'는 나치에 부역했던 '르 탕'를 폐간한 뒤 사옥을 넘겨받은 후 나치 치하에서 해직된 기자들과 레지스탕스 출신 지식인들이 만든 신문입니다. 일제 강점기에 '천황 폐하 만세'를 외쳤던 조선일보, 동아일보가 지금도 민족 정론지라고 주장하는 한국과 너무 대비됩니다.

프랑스는 민족의 혼과 정신을 팔아먹은 반역자는 프랑스 말을 할 자격이 없는 외국인이나 마찬가지라고 규정했습니다. 나치 부역자 청산을 주도했던 드골 대통령은 "프랑스가 다시 외세의 지배를 받을지라도 또다시 민족반역자가 나오는 일은 없을 것이다"라는 말을 남겼습니다. 그런 사회이기에 그랑제꼴 출신의 엘리트들을 인정합니다.

프랑스의 공화주의에 큰 영향을 준 루소는 "공화주의에 걸맞은 나라에서는 누구도 자신을 팔아야 할 정도로 가난해서는 안 되며, 누구도 남을 살 수 있을 정도로 부유해서도 안 된다"고 말했습니다. 루소의 정신은 공화주의를 평등주의로 인도합니다. 프랑스는 노동자들의 노동기본권이 철저히 존중되는 사회입니다.

프랑스는 노동조합 조직률이 10% 정도지만 단체협약 적용률은 90%가 넘습니다. 흥미로운 점은 우리나라에서 전혀 노동조합을 할 것 같지 않은 직업들이 프랑스에서는 다 노동조합을 하고 있다는 것입니다.

프랑스는 의사들이 다 노동조합에 가입해있습니다. '프랑스의사노조총연맹'은 1928년에 설립됐습니다. 그 산하에 '전문의 노동조합', '일반의 노동조합', '대학병원 인턴 노동조합' 등 의사가 노동조합에 가입하는 것은 상식입니다.

판사, 검사, 변호사도 대부분 노조에 가입해있습니다. 프랑스의 사법관(판·검사)들은 노동조합을 통해 독립성을 지킵니다. 사법관 8천여 명이 대부분 '사법관노동조합'과 '사법관노동조합연합'에 가입하여 법관을 징계하거나 임명할 때 불공정한 부분은 없는지 감시하며, 판사들이 재판하면서 느끼는 사회적 부조리나 사법 행정의 문제점에 대해 논의하고, 사회적 목소리를 내는 창구 구실도 노조가 맡고 있습니다.[56)]

우리나라에서는 정권에 반대하는 투쟁을 하려면 일을 마치고 광장에 모여 촛불을 들지만, 프랑스에서는 총파업을 합니다. 프랑스에서 파업은 모든 국민이 누리는 기본권입니다. 2023년에도 의회의 동의 없이 연금법 개정을 밀어붙인 마크롱 정부에 항의하여 총파업이 벌어졌으며, 수백만 명이 거리로 나와 시위를 벌였습니다.

우리나라는 주5일 근무(40시간)가 부족하다고 52시간까지 연장근로를 하고, 윤석열 정부는 그것도 부족하다고 69시간 노동을 추진했는데, 프랑스는 주당 35시간 노동제입니다. 그것마저 많다고 주4일 근무를 논의하고 있답니다.

프랑스 노동자들이 주5일 근무를 쟁취한 것이 1936년, 200만 노동자들의 '총파업' 투쟁을 통해서였습니다. 주5일 근무와 함께 2주간의 유급휴가를 쟁취함으로써 부르주아들만 누리던 '해변에서 바캉스'를 모든 노동자가 누릴 수 있게 되었습니다. 지금으로부터 87년 전인 1936년 일입니다. 노동자가 존중되는 사회에서 왜 학력 경쟁에 모두 뛰어들겠습니까.

정리하면 프랑스는 북유럽 국가에 버금가는 사회복지 체제, 공화주의에 입각한 사회정의 실현, 노동존중 사회 체제를 바탕으로 하기에 그랑제꼴 출신이 다 해먹는 엘리트 체제가 사회적으로 수용된다고 볼 수 있습니다.

이제 영국, 미국, 프랑스의 엘리트 배출 대학들을 통해 학벌주의에 대해 정리해보

---

56) 한겨레신문, 〈사법개혁, 길을 묻다〉, 2019. 11. 15.

겠습니다. 미국은 오랜 전통을 자랑하는 '빅 쓰리'와 아이비리그가 있지만, 워낙 세계적 대학이 많아서 대학 서열 자체가 의미가 없으니 논외로 하겠습니다.

국왕과 귀족 신분이 존재하고, 신분 의식이 일상생활에 녹아 있는 영국에서 옥스브리지 출신들은 수백 년 동안 영국 사회를 주도했습니다. 왕의 목을 베어버린 혁명의 나라 프랑스는 200년 동안 그랑제꼴 출신들이 주도했습니다.

그런데 영국에서 옥스브리지, 프랑스에서 그랑제꼴 출신에 대한 사회적 평가는 한국의 서울대 출신에 대한 평가와 완전히 다릅니다. 영국 엘리트들의 노블레스 오블리주, 프랑스의 공화주의는 엘리트에 대한 신뢰를 형성합니다. 그리고 평범한 사람들은 국가가 보장해주는 자기들의 삶에 소박하게 충실합니다.

그동안 우리 사회에서 학벌주의를 비판할 때, 서울대 출신들이 다 해 먹는다는 게 가장 중요한 비판 내용이었습니다. 스무 살에 들어간 대학 딱지가 평생 따라다니면서 사람의 능력을 표현할 수 없다는 점에서 옳은 비판입니다.

그런데 왜 한국의 서울대보다 훨씬 오랜 기간 다 해 먹어온 옥스브리지, 그랑제꼴이 영국과 프랑스에서 우리처럼 교육 문제를 일으키지 않는지도 따져봐야 합니다. 그동안 우리 사회에서 학벌주의 비판이 놓치고 온 문제입니다.

대한민국은 서울대의 나라인가?

학벌주의 공론화의 시발점, 『서울대의 나라』

한국 사회가 학벌 때문에 고통을 겪어온 시간에 비해 학벌에 대한 사회적 논의가 시작된 것은 오래되지 않았습니다. 학벌 폐지 운동을 벌여온 전남대 철학과 김상봉 교수는 1996년 전북대 강준만 교수가 쓴 『서울대의 나라』가 학벌 문제를 사회적 공론의 장으로 끌어낸 사건이라고 평가합니다.[57]

강준만 교수는 『서울대의 나라』에서 대통령 후보, 장·차관, 국회의원, 고위공무원, 판검사, 대기업 임원, 언론사 간부 중 서울대 출신이 몇 퍼센트를 차지하는지 다양한 자료와 통계수치를 제시하며 대한민국을 '서울대의 식민지'라고 규정했습니다. 또한 '학벌'을 '학력' 문제와 구별하여 계급적 불평등 문제로 제기하고 서울대 패권주의, 학연주의, 학벌주의 타파를 주장했습니다.

『서울대의 나라』에 인용된 1990년대 중반의 통계 자료들을 보겠습니다. [표35]

강준만 교수는 학벌 문제를 공론화하기 위해 사회 지도층에서 서울대가 차지하는 비율을 집중적으로 드러냈습니다.

---

57) 김상봉, 『학벌사회』, 한길사, 2004.

[표35] 사회 지도층에서 서울대가 차지하는 비율

분야	서울대 출신 비율
김영삼 정부 3년간 임명된 장관 81명	66%
김영삼 정부에서 비서실장을 포함한 청와대 수석 26명	73%
1996년 15대 총선 국회의원 당선자 299명	37.5%
외무고시 출신 외교관 730명	60%
사법연수원 1~26기 연수생 5,067명	53.1%
검찰에서 검사장급 이상 간부	87.5%
한국개발연구원(KDI) 박사급 연구원	90%
1992년 매출액 상위 40대 기업 임원	41.9%
1992년 주요 일간지 이사 이상 간부	66%

『서울대의 나라』가 나온 지 27년이 지났습니다. 그동안 우리 사회의 변화가 있었을까요? 거의 없었습니다. 서울대뿐 아니라 연·고대를 포함하여 몇 개 분야를 살펴보도록 하죠. [표36]

서울대 출신은 입법부, 행정부, 사법부, 경제계 등 사회 거의 모든 분야에서 압도적으로 일등입니다. 서울대는 포스텍(포항공대), 카이스트처럼 이공계로 특화된 대학을 제외하면 모든 학과가 일등인 종합대학입니다.

강준만 교수는 책 제목을 『서울대의 나라』라고 붙인 이유가 서울대만 없어지면 문제가 해결된다고 생각했기 때문은 아니라고 합니다. 강준만 교수는 2009년 출간한 『입시전쟁 잔혹사』에서 이렇게 말합니다.

[표36] 사회 지도층에서 SKY대가 차지하는 비율

	신규 임용 법관 (2016~2020년)	고위 공무원 (2016년)	국회의원 (21대, 2020년)	1,000대 기업 CEO(2022년)
전체	455명	1,411명	300명	1,350명
서울대	239명(51.5%)	435명(33.7%)	78명(26%)	188명(13.9%)
고려대	79명(20.5%)	134명(9.5%)	26명(8.7%)	102명(7.6%)
연세대	50명(7.9%)	170명(12.0%)	24명(8%)	100명(7.4%)
SKY합계	79.9%	52.4%	42.7%	28.9%

그 책의 주장을 '서울대 폐교론'으로 오해한 이들이 너무 많았다. 오해의 책임도 어느 정도는 필자에게 있다고 본다면, 나는 스스로 부메랑을 던진 건지도 모르겠다. 지금 내 주장을 실현하는 데에 가장 먼저 넘어야 할 장애는 '서울대 폐교'라거나 그에 준하는 근본주의적 대안 이외엔 그 어떤 타협도 하지 않으려는 '진보적 근본주의자들'이다.

서울대는 1946년 미군정 시기에 '공룡'으로 탄생했습니다. 미군정은 일제 강점기의 연희전문, 보성전문, 이화여전 등 '전문학교'를 연세대, 고려대, 이화여대 등 '4년제 대학'으로 승격시켰습니다. 1946년 당시 연세대의 규모는 단과대학 4개, 학과 11개였습니다. 고려대는 단과대학 3개 규모였습니다. 반면 서울대는 일제 강점기의 경성제대를 모태로 10개의 전문학교를 통합하여 종합대학으로 설립되었습니다.[58]

---

58) 경성제대+경성경제전문학교, 경성의학전문학교, 경성약학전문학교, 경성법학전문학교, 경성광산전문학교, 경성사범학교, 경성공업전문학교, 경성여자사범학교, 수원농림전문학교, 경성치과의학전문학교(사립)

지금은 도마다 큰 국립대학이 있지만, 당시에는 서울대 딱 하나였습니다. 미군정은 서울대에 교육원조금 대부분을 투자했고, 재정이 열악한 사립대학은 등록금을 높게 받을 수밖에 없게 되면서, 서울대 입학 경쟁률은 하늘 높이 치솟게 되었습니다. 서울대 원톱 체제는 미군정기에 형성되었습니다.

서울대 원톱 체제가 자리잡자 다른 대학들도 '서울대 따라하기'에 나서게 됩니다. 특화된 분야에서 자기 색깔을 가진 강한 대학이 아니라 단과대학을 계속 확대하여 백화점식 종합대학으로 발전하려고 발버둥쳤습니다. 그 결과 모든 학과에서 서울대가 일등인 원톱 체제를 더욱 강화하는 결과를 낳았습니다.

대한민국은 서울대의 나라인가?

『서울대의 나라』는 군부독재가 끝나고 문민정부가 등장한 지 3년 후인 1996년에 출판되었습니다. 문민정부가 등장하기까지 대한민국은 누구의 나라였을까요?

[표37]은 1997년 최초의 '수평적 정권교체'가 이뤄지기까지 55년간 역대 정권에서 장관의 경력입니다.[59] 장관의 주요 경력은 관료(33.3%)〉교수(16.9%)≒군인(16.8%) 순서인데, 55년 중 군부독재 기간 30년만 따지면 군인 출신 장관이 25.2%로 교수보다 압도적으로 많습니다.

더 중요한 것은 숫자가 아니라 실세가 누구였냐는 것입니다. 군인들이 국방부장관만 한 것이 아니라 핵심 부처의 장관을 다 했습니다.

---

58) 박동서, 함성득, 정광호, 『장관론』, 나남출판, 2003
『장관론』에서 (5.16군사 쿠데타 이후)과도 정부, 박정희 정부(유신 전, 유신 후), 최규하 정부, 이렇게 4개로 나뉘어 있는 것을 필자가 박정희 정부 하나로 합쳐서 정리했다.

교육개혁은 없다 1

[표37] 역대 정권의 장관 경력

	이승만	장면	박정희	전두환	노태우	김영삼	김대중	합계(%)
관료	32	8	65	35	37	44	37	258 (33.3%)
교수	18	3	34	18	19	22	17	131 (16.9%)
군인	9	2	70	20	17	5	7	130 (16.8%)
정치인	23	20	12	8	6	9	12	90 (11.6%)
법조인	13	6	22	7	8	9	10	75 (9.7%)
언론인	5	3	7	8	8	10	2	43 (5.5%)
금융인	5	1	11	3			1	21 (2.7%)
기업인	1	2		1	3		6	13 (1.7%)
기타	4		1	3	1	1	4	14 (1.8%)
전체	110	45	222	103	99	100	96	775 (100%)

행정부는 정치군인의 시녀, 국회는 청와대의 거수기였죠. 지금은 검찰이 무소불위의 권력을 휘두르지만, 군부독재 시절에 검찰과 사법부는 중앙정보부, 안기부의 지휘를 받는 하급 조직에 불과했습니다. 정치적 사안들은 정보기관에서 써주는 대로 수사하고 재판했습니다. 영화 〈남산의 부장들〉에도 나오듯이 쌍용그룹의 창업자이자 3선 의원으로 집권당인 공화당의 핵심 멤버였던 김성곤 같은 사람도 박정희에게 대들었다는 이유로 중앙정보부에 끌려가 콧수염을 뽑히던 시절이었습니다.

[표38]은 역대 정권의 장관들을 출신학교별로 정리한 것입니다.[60]

---

60) 박동서, 함성득, 정광호, 『장관론』, 나남출판, 2003

[표38] 역대 정권 장관들의 출신 학교

	이승만	장면	박정희	전두환	노태우	김영삼	김대중	합계(%)
서울대	14	13	47	53	58	67	44	296 (37.8%)
외국대	67	25	91	13	2	4	3	205 (26.1%)
사관학교	1		38	20	14	6	8	87 (9.9%)
고려대	4	3	12	7	9	8	13	56 (7.1%)
연세대	10	1	5	1	2	3	8	30 (3.8%)
서울소재	1	1	13	2	8	8	12	45 (5.7%)
지방대		1	13	4	6	4	5	33 (4.2%)
고졸	5	1	6	1			2	15 (1.9%)
기타	8		6	2			1	17 (2.2%)
전체	110	45	231	103	99	100	96	784 (100%)

1946년에 설립된 서울대를 졸업해서 권력의 중심부에 들어가기까지는 20~30년의 시간이 필요합니다. 이승만 정권부터 박정희 정권까지 장관은 '외국대' 출신이 압도적입니다. '외국대'란 주로 일본, 미국 유학 출신을 말합니다.

뒤에서 다시 살펴보겠지만 서울대의 전신인 경성제대는 1926년에 세워져 해방될 때까지 한국인 졸업생을 627명 배출했습니다. 그 시기에 경성제대보다 격이 높은 동경제대를 비롯해 일본 본토의 제국대학을 졸업한 사람이 784명이나 됩니다. 일제 강점기에 미국 유학생 출신도 650~800명으로 추산됩니다. 대한민국 초대 대통령이 미국 프린스턴대 박사 출신이죠. 박정희 시대 마지막 국무총리이자 12. 12. 군사반란 이후 잠시 대통령을 지낸 최규하는 동경고등사범학교, 만주 국립대동학원 출신입니다.

1970년대 박정희 정권까지는 경성제대 출신을 포함하여 식민지 시대의 일본, 미국 유학생 출신들이 군부독재를 떠받치는 중심에 있었고, 서울대 출신들이 권력의 중심부에 들어간 것은 1980년대 전두환 정권 이후부터입니다.

박정희, 전두환, 노태우 정권에서 서울대 출신 장관은 158명, 사관학교 출신(주로 육사 출신)은 72명입니다. 서울대 입학 정원과 육사 입학 정원이 10배 가까이 차이가 나니, 육사 출신이 서울대 출신보다 5배나 더 많았다고 할 수 있습니다.

전두환 정권 시기 집권 여당인 민정당을 '육법당'이라 불렀습니다. '육'사와 서울 '법'대의 정당이라는 뜻이죠. 그러면 육사와 서울법대가 동급이었을까요? 물론 아닙니다. 권력은 육사 출신이 잡고 서울대 출신은 군부독재를 합리화하는 브레인 역할을 했습니다.

역대 정권 장관들의 출신 직업과 대학을 살펴봤는데, 최상층만 군인들이 장악했을까요? 당시 군인들의 위세를 알 수 있는 제도로 '유신 사무관' 제도가 있습니다. 1970년대 후반부터 육군 내부에서 인사 적체가 발생하자, 1977년에 박정희 정권은 육사를 졸업하고 대위로 전역한 사람을 5급 사무관으로 채용하는 제도를 만들었습니다. 5급 사무관이면 사법고시에 합격한 사법연수생 직급입니다. 서울대 출신도 들어가기 어려운 자리, 9급 공무원으로 시작하면 정년 퇴임할 때쯤 올라가는 자리에 육사 출신은 대위로 전역하면 갈 수 있게 되었습니다.

'낙하산 인사'라는 용어가 여기서 유래했습니다. 유신 사무관 제도가 처음 시행된 1977년에 행정고시 21회 선발인원이 134명이었는데, 유신 사무관으로 임용된 사람이 106명이었습니다. 서울대를 비롯하여 많은 명문대 출신들이 134명인데, 입학 정원 300명도 안 되는 육사 출신은 무려 106명이 사무관으로 임용되었습니다.

쉽게 말하면 육사 출신은 잘 되면 '별'을 달고, 안돼도 5급 사무관이 되었다는 것이
죠. 육사 출신들은 이런 특권을 누리고 살았습니다. 1988년에 유신 사무관 제도가
폐지될 때까지 임용된 사람이 무려 736명이며, 유신 사무관으로 들어온 공무원이
마지막으로 정년 퇴임한 게 2017년입니다.

'낙하산 인사'하면 빠지지 않는 것이 정부투자기관 임원입니다. [표39]는 군부독
재에서 문민정부로 넘어가던 시기 정부투자기관 임원의 주요 경력입니다.[61]

[표39] 정부투자기관 임원의 주요 경력

주요 경력	전두환 정권	노태우 정권	김영삼 정권
직업 군인	46 (48.5%)	38 (38%)	11
관료	27 (28.5%)	44 (44%)	43 (48.3%)
정치인	4	7	19 (21.3%)
기업인	5	3	3
법조인	1	1	1
내부 승진	6	5	5
전문가	6	2	6
합계	95명	100명	88명

전두환 정권에서는 직업 군인이 절반 정도였다가, 노태우 정권에서 약간 줄고, 김
영삼 정권에 와서는 시대의 변화를 반영하여 줄어듭니다.

---

61) 이명석, 〈정부투자기관 임원의 충원에 대한 연구〉, 한국행정학보 1997년 가을호

교육개혁은 없다 1

군부독재 시기 대한민국의 주인이 육사 출신이었다면, 문민정부 이후 대한민국의 주인은 누구일까요?

2005년 7월 5일 노무현 대통령은 '대·중소기업 상생협력대책회의'에 참석하여 "이미 권력은 시장으로 넘어간 것 같으며, 우리 사회를 움직이는 힘의 원천은 시장에서 비롯되고 있다"고 말했습니다. 청와대의 주인은 대통령이지만, 대한민국의 실질 권력은 시장에 있다는 것이죠. '시장'이 무엇을 의미할까요? 재벌입니다. 그럼 재벌의 진짜 주인은 누구일까요? 월가의 투기자본입니다. 삼성전자, 현대자동차를 비롯하여 한국의 주요 대기업의 최대 주주는 월가의 자본입니다. 경제의 명맥을 움켜쥔 시중은행도 우리은행을 제외하면 외국자본 점유율이 70%에 가깝습니다.

재벌은 1960~70년대 군부독재 정권이 주도하는 5년 단위의 '경제개발 계획'에 협력하고 정권에 정치자금을 제공하면서 성장했습니다. 앞서 재벌은 총수 일가가 평균 3.5%의 지분으로 그룹 전체를 지배한다고 했는데, 이런 특혜는 군부독재 정권의 비호가 없었으면 불가능했습니다.

1987년 6월 항쟁 이후 군부독재가 청산되자 재벌과 정부의 역관계에 변화가 오게 됩니다. 1997년 외환위기를 겪으면서 살아남은 재벌들은 몸집을 더 키웠고, 2000년대에 들면서 대한민국은 재벌의 왕국이 되었습니다.

막강한 경제력을 바탕으로 재벌은 대한민국을 어떻게 움직일까요?

소위 '떡값'이라 부르는 뇌물로 정치권 인사, 정부 관료와 유착합니다. 장차관을 비롯한 고위관료, 판검사 출신 법조인을 영입해 국가 정책에 개입하기도 하죠.[62]

---

62) 예를 들어 삼성은 '삼성특검' 조준형 검사를 삼성전자 부사장으로 영입했다. 현대차는 오세빈 전 서울고법원장을, LG는 김대환 노동부장관과 김상희 법무부차관을, 두산은 송광수 검찰총장을 사외이사로 선임했다.

삼성경제연구소, 현대경제연구원과 같은 연구소를 운영하며 친재벌 자료를 정부, 정치권, 언론에 제공합니다. 이렇게 해서 재벌에 유리한 법률을 제정하고 국가 정책을 뒤에서 조정합니다.

노무현 대통령이 왜 권력은 시장에 넘어갔다고 했을까요? 삼성의 비리를 폭로했다가 고초를 겪은 김용철 변호사의 저서 『삼성을 생각한다』에 흥미 있는 대목들이 있습니다.

아주 시시콜콜한 정부 방침까지 (삼성)구조조정본부 팀장 회의에 올라오곤 했다. 대표적인 게 '참여정부'라는 명칭이다. 노무현 전 대통령 취임 전 열린 팀장 회의에서 노무현 정부의 명칭에 관한 안건이 올라왔다. 당시 회의에서 '참여정부'가 좋겠다고 의견이 모아졌는데, 실제로 노무현 정부의 공식명칭이 됐다. 노무현 정부와 삼성 사이의 관계를 잘 보여주는 사례다. 노무현 정부 정책 가운데 삼성에 불리한 것은 거의 없었다. 대신 삼성경제연구소에서 제안한 정책을 노무현 정부가 채택한 사례는 아주 흔했다. 심지어 삼성경제연구소는 아예 정부 부처별 목표와 과제를 정해주기도 했다.

이제 처음 질문으로 돌아가겠습니다. 대한민국은 서울대의 나라입니까?

『서울대의 나라』가 출판될 당시는 군부독재가 청산되고 문민정부 시대가 열리면서 서울대 출신이 사회 각 분야의 최상층에서 다수를 점하기 시작했습니다.

서울대 출신은 군부독재 시절이나 지금이나 공고한 지배체제에 편입해 들어가 그 체제를 합리화하는 역할을 하면서 일신의 영달을 도모했습니다. 출신학교에 국한해서 보면 서울대가 톱이고, 서울대가 문제고, 서울대를 폐지하면 문제가 해결될 것도 같지만, 이는 나무만 보고 숲은 보지 못하는 것입니다.

교육개혁은 없다 1

사회 각 분야의 최상층 인사 중 서울대 출신이 몇 퍼센트냐를 따져서 사회의 주인이 누구냐를 정할 수 없습니다. 서울대 출신이 권력층의 몇 퍼센트를 차지하는 것이 법률과 제도로 형성되었다면 대한민국을 서울대의 나라라고 할 수 있겠지만, 서울대 출신의 사회적 영향력은 그들이 시험에 능해서 상층으로 진출했거나 부정적 관행에 의해 형성된 것입니다.

식민지 사회의 주인은 제국주의 침략자이고, 자본주의 사회의 주인은 자본가입니다. 일제 강점기에 친일파들이 조선의 주인일 수 없듯이, 경성제대 출신이 조선의 주인이 될 수 없었듯이, 서울대 출신이 대한민국의 주인이 될 수 없습니다.

지주와 소작인이 있던 시대에 지주들은 마름을 두어 소작인들을 관리했습니다. 마름은 소작료 징수, 소작권 박탈, 작황, 소작인 평가에서 영향력을 행사했습니다. 소작인들에게는 지주보다 눈앞에서 횡포를 부리는 마름이 더 밉기도 했습니다. 그래서 소작쟁의가 일어나면 마름들이 크게 화를 입기도 했죠. 서울대 출신, 그들은 한국 자본주의 사회에서 재벌의 마름과 같은 역할을 하고 있습니다. 눈앞에 서울대 출신들이 설친다고 대한민국이 서울대의 나라인 것은 아니죠.

학벌주의란 무엇인가?

학교 담장 안에서 바라보는 학벌주의

교사 되기가 쉽지 않은 세상입니다. 임용고시를 통과한 신규교사들을 보면 좋은 대학 나온 사람들이 많습니다. 외고 출신도 많습니다. 그러나 교직 사회에는 학벌주의가 없습니다. 어느 대학 출신임을 내세워서 볼 수 있는 이득이 없기 때문입니다. 이득이 없다는 것은 승진을 통해 얻을 수 있는 것이 매력적이지 않다는 뜻입니다.

학교는 비교적 평등한 사회입니다. 1년 차 신규교사나 정년 퇴임하는 교사나 똑같은 교사입니다. 정년 퇴임하는 날까지 똑같이 수업합니다. 호봉에 따른 임금 격차는 있지만, 누구나 매년 1호봉씩 올라가서 시간이 흐르면 공평하게 채워지는 것이니 '차별'이라고 말하기 어렵겠죠. 학교 밖에 있는 사람들은 교무부장이나 학생부장을 일반 회사의 '부장님'으로 오해하는데, 수당 7만 원 더 받고 행정 업무를 하는 것에 불과합니다. 그래서 잘 안 하려고 합니다.

과거에는 교장·교감이 되려는 분위기가 강했습니다. 2012년에 한국고용정보원이 발표한 직무만족도 조사 결과에서 초등학교 교장이 759개 직업 중 1위를 차지해서 화제가 된 적이 있습니다. 교장은 수업도 안 하고, 일은 교직원들이 하고, 책임질 일은 별로 없는, 군대 은어로 '망고 보직'입니다.

교장이 되려면 먼저 교감이 되어야 하고, 교감이 되려면 장학사 시험을 보든지 아니면 교감 밑에서 부장을 하며 근무평정 점수를 잘 받아야 합니다. 그 과정에서 출신 대학이 작용합니다. 장학사 시험 칠 때 동문 선배가 끌어준다거나, 교장·교감의 동문 후배가 교무부장, 연구부장을 맡아 견마지로를 다하며 근무평정 점수를 관리했죠. 지금도 그런 일이 사라진 것은 아니지만 과거와 같지 않습니다. '그렇게 살고 싶은 사람은 그렇게 살아라, 나는 평교사로 정년까지 하겠다'는 교사들이 훨씬 많아졌습니다.

교장·교감이 돼서 좋은 점이 수업 안 하는 것, 직책 수당 조금 더 받는 것, 주변 사람들로부터 평판이 좋아진다는 것인데, 학생과 만나며 인생의 보람을 찾겠다고 교사가 된 사람이 학생과 멀어지는 행정관리직을 할 '특별한' 이유를 못 찾는 것이죠.

그래서 그런지 예전에는 학교에도 'ㅇㅇ대 사대' 동문 모임이 있었지만, 요즘은 그런 모임을 하는 경우도 거의 없고, 교사들끼리 서로 어느 대학 나왔는지 물어보지도 않으며, 저도 친하게 지내는 선생님이 어느 대학 나왔는지 모릅니다.

중고등학교에 서울대 사대 출신 교사들이 많을 텐데 그들은 서울대 출신으로서 이득을 누리는 게 없다는 것인가요? 그렇습니다. 서울사대를 나오든 다른 대학 사대를 나오든 임용고시 붙어서 교사가 되는 순간 출신 대학은 의미가 없습니다.

그러나 서울사대 출신들이 모여서 영향력을 발휘하는 곳이 있습니다. '교피아'라는 말을 들어보셨나요? '교육계 마피아'의 줄임말인데요, 교육부와 교육부 산하 국책연구기관인 한국교육개발원, 한국교육과정평가원을 서울사대 출신들이 꽉 잡고 그들만의 리그를 만들어 한국 교육을 쥐락펴락해서 생긴 용어입니다.

행정고시를 패스하여 교육부에 근무하는 서울사대 출신들이 많겠죠. 좀 오래전 자료이긴 하지만 2005년 교육인적자원부의 장·차관, 실장, 국장 16명 중 서울대 출신이 10명, 그중 4명이 서울사대 출신이었다고 합니다. 지금도 크게 다르지 않을 것입니다.

1972년에 설립되어 교육제도, 입시제도, 대학평가, 학생·학부모 정책 등을 연구하는 교육계의 싱크 탱크 한국교육개발원은 50년 동안 2명을 제외하고 모두 서울사대 출신이 원장을 했습니다. 연구원도 서울사대 출신 박사들이 압도적으로 많죠.

그러면 서울사대 출신들은 어떻게 한국 교육을 움직일까요? 교육부 관료들은 각종 국책 사업을 기획하고 사업비를 분배합니다. 이 과정에서 각 대학의 서울대 출신 교수들과 '짬짜미'합니다. 2000년대 들어 대학들을 뒤흔들어 놓았던 'BK21'[63] 사업이 대표적이죠. 교육부가 주관하는 대학평가도 대학 관계자들과 관계를 맺기 위한 중요한 통제 수단입니다. 교육부 관료들은 현직에 있을 때 피감기관인 대학과 연계를 맺고 퇴직하면서 대학으로 자리를 옮겨갑니다.

2019년 10월 2일 KBS가 보도한 〈'교피아' 실태 단독 입수⋯113명 사립대 재취업해 53억 챙겨〉 기사를 보면 실태를 잘 알 수 있습니다.

극동대학교 부총장으로 재직 중인 A씨, 2012년 교육부 서기관에서 퇴직한 뒤 바로 다음 날 이 학교 부총장으로 임용됐습니다. 역시 교육부 서기관 출신인 B씨도 2017년 교수로 임용됐고, 지금은 대외업무를 총괄하는 부총장을 맡고 있습니다. 부총장 2명이 모두 교육부 출신인 겁니다.

이처럼 현재 사립대에 재직 중인 교육부 퇴직 공무원들은 전국 80여 학교에 걸쳐 모두 113

---

63) 1999~2005년에 1조4천억 원을 들여 대학원생 장학금, 신진연구인력 지원비, 국제행사, 사업운영 경비 등을 지원한 사업이다.

명, 대부분 4급 이상의 고위공무원이지만, 7급과 8급, 9급 기능직까지 다양한 직급의 퇴직자들이 사립대에 재취업한 것으로 드러났습니다. 해당 대학들이 지난해 이들에게 지급한 급여는 모두 53억여 원으로, 수당 등을 포함하면 실제 액수는 이보다 많을 것으로 추정됩니다. 교육부가 지난 11년 동안 사립대 감사를 통해 적발한 횡령이나 회계부정 등 위법, 부당행위는 4천 건이 넘지만, 관련된 비위 당사자의 90% 이상은 징계가 아닌 '경고'나 '주의'에 그쳤습니다. 교육부 국정감사에서도 퇴직 후 사립대에 재취업한 이른바 '교피아'들이 사학비리 처벌에 장애가 된다는 지적이 나왔습니다.

서울사대 출신들은 미국에서 교육학 박사를 따고 돌아와 교수 자리가 없으면 한국교육개발원에 들어가 교육부가 요청하는 정책을 생산해주다가 대학에 교수 자리가 나면 옮겨가는 징검다리로 활용합니다.

학교 현장 경험이 거의 없는 미국 교육학 박사들은 미국의 교육제도를 수입하는 역할을 합니다. 수학능력시험, 자율형 사립고, 수행평가, 입학사정관 제도 등이 다 그렇게 도입된 것입니다. 한국교육개발원에서 생산한 '탁상머리' 교육정책 중 성공한 정책은 거의 없습니다.

한국교육개발원과 함께 양대 국책기관인 교육과정평가원은 어떨까요? 교육과정평가원이 하는 가장 중요한 일은 수능시험을 주관하는 것입니다. 1993년 수능시험이 시작된 이후 2014년까지 역대 출제위원장 23명 중 22명이 서울대 출신입니다.

수능 출제위원장을 서울대가 독점했으니 출제위원도 그렇겠죠? 2004년 감사원은 수능 출제위원 156명 중 41.7%(65명)가 서울사대 동문이라며 비율을 줄일 것을 권고했다고 합니다.

2021년도 수능에서 생명과학Ⅱ 20번 문항이 재판까지 간 끝에 출제 오류로 인정된 일이 있었습니다. 수능 30년 역사에서 9건의 출제 오류가 있었는데요, 문제 하나에 당락이 좌우되는 치열한 입시에서 이것은 작은 사건이 아닙니다. 서울사대 출신들이 주도하는 수능에서 왜 오류가 자주 생길까요? 대학교수와 현직 교사로 구성된 400명의 출제위원과 검토위원이 40일 동안 외부와 격리된 장소에서 합숙하면서 만들어내는데 왜 오류를 찾아내지 못했을까요?

2014년에는 출제 문항 중 2문제가 오류로 판명되어 출제를 주관한 교육과정평가원장이 사퇴하고, 국회에서도 긴급 토론회가 열렸는데요, 토론회는 서울대 학벌주의에 대한 성토의 장이 되었다고 합니다. 수능 출제위원 간 검토부터 영역 간 교차검토까지 총 6차례 검토를 거쳐도 출제위원과 검토위원들이 서울사대 학연으로 얽혀 있어 제대로 말을 못 하는 분위기 때문이라는 거죠. 서울사대 학연이 민폐네요.

학벌주의 사회의 물질적 실체, 'ㅇ피아'

교피아에 대해 자세히 알아봤는데요, 교육계만 그럴까요? 교육학자 김부태 박사는 2022년 출간한 『한국 학력·학벌 사회론』에서 "학력·학벌 기반 연줄 사회는 객관적으로 존재하며 'ㅇ피아'는 그 상징"이라고 지적합니다. 아래 뉴스 제목들을 보시죠.

'군피아'의 전관예우 로비 실태가 담긴 문건 공개돼(중앙일보, 2017.6.25.)

국민 안전 담보로…'원전 마피아' 질긴 공생(한국일보, 2019.1.19.)

'칼피아' 비판받고도 구태 못 버린 국토부(경향신문, 2019.4.30.)

'정피아·관피아' 전성시대…금융 관련 단체장 싹쓸이(동아일보, 2020.12.21.)

라임 사태[64)]에 금값 된 '금피아'…금융사·로펌 35명 재취업(중앙일보, 2021.3.09.)

교육개혁은 없다 1

'철피아'의 완벽한 부활…문재인 정부의 완벽한 실패(프레시안, 2021.12.28.)

세월호 잊었나…되살아나고 있는 '해피아'(CBS 노컷뉴스, 2022.04.16.)

[표40]은 김부태 박사가 『한국 학력·학벌 사회론』에서 정리한 'ㅇ피아'를 제가 편집한 것입니다.

[표40] 『한국 학력·학벌 사회론』에서 정리한 'ㅇ피아' 편집표

구분	대상	주요 내용과 문제 현상
모피아	기획재정부	산하 기관과 경제계를 장악하고 퇴임 후 정계, 금융권 진출
정피아	정치인	정치인 출신이 공공기관, 공기업 수장으로 낙하산 인사
교피아	교육부	교육부 공무원이 퇴직 후 대학, 공공기관, 관련기관 재취업
해피아	해양수산부	해양수산부 퇴직 후 관련 공공기관에 낙하산 인사 채용
칼피아	KAL	국토부 항공안전감독관의 다수가 대한항공 출신, 유착 관계
철피아	철도공사	철도고, 철도대학 학맥이 핵심 보직 독점, 납품업체 유착
군피아	군인	방위산업체와 인맥으로 비리, 전역 후 방위산업체 재취업
원피아	원자력발전	원전 마피아. 원전 납품업체와 유착하여 입찰
법피아 감피아 국피아 산피아 금피아 …	법무부 감사원 국토교통부 산업통상부 금융감독원 …	관련 공무원들이 퇴직 후 과거의 인맥과 직책을 이용하여 산하 관련 기관의 요직에 재취업하거나 민관 유착으로 이권과 관련된 각종 비리와 부정에 개입하는 현상

64) 라임은 2019년 상반기에 자본금 5조 원으로 급성장한 국내 최대 사모 헤지펀드 운용사

2부 한국 교육 성찰

위 용어 중 '모피아'란 재무부(MOF, Ministry of Finance)와 마피아(Mafia)의 합성어입니다. 'ㅇ피아'가 없는 영역이 없죠. 사회 전 분야에서 'ㅇ피아'가 노른자위를 차지하고 사회를 움직이고 있습니다. 'ㅇ피아'의 상징적 인물은 윤석열 정부의 초대 국무총리 한덕수입니다. 한덕수 총리는 2017년 12월부터 2022년 4월 총리 후보자로 지명되기 직전까지 4년 4개월 동안 법률사무소 '김앤장'에서 고문으로 재직하며 고문료로 18억 원을 받았다고 합니다.

한덕수 총리는 판검사 출신이 아닙니다. 서울대 경제학과를 나와 행정고시를 패스하고 경제기획원, 상공부, 외교통상부를 거쳐 노무현 정부의 마지막 국무총리를 역임했던 사람이 법률사무소에서 무슨 자문을 했길래 그 많은 돈을 받았을까요? 한덕수 총리 후보가 국회에 제출한 자료에 따르면 활동 내역은 투자 유치와 기업인 간 담회 참석 단 4건뿐이라고 합니다.

당당히 밝히지 못할 '어떤 일'을 한 것인데, 그게 뭘까요? 공직에 있는 동안 획득한 지식과 정보, 인적 네트워크를 이용하여 '김앤장'에 의뢰된 사건들을 도운 것이겠죠. 김앤장에서 18억 원을 받았다고 하니 그보다 훨씬 많은 이익을 가져다줘야 할 텐데, 퇴직한 관료가 어떻게 이익을 창출할 수 있을까요?

그 답은 '전관예우'에 있습니다. 전관예우(前官禮遇)란 '전직 관리에 대한 예우'를 뜻합니다. 전관예우는 법조계에서 시작됐습니다. 판검사가 퇴직해서 변호사로 개업하면 그가 맡은 사건에 대해서 검찰은 유리하게 기소하고, 판사는 유리하게 판결하는 법조계의 관행적 특혜입니다. 정확히 표현하면 전관예우가 아니라 '전관비리'죠. 판검사는 현역에 있을 때 권력과 명예를 누리고, 퇴직하면 변호사가 되어 돈을 법니다.

2019년 12월 대한변호사협회와 한국형사정책연구원이 '전관예우 실태와 대책

교육개혁은 없다 1

방안 마련 심포지엄'을 공동 개최했습니다. 이날 황지태 한국형사정책연구원 연구위원이 발표한 바에 따르면 판검사 출신이 아닌 일반 변호사의 수임료는 평균 521만 원, 판검사 출신 변호사는 평균 923만 원, 퇴임 1년 이내의 부장검사·부장판사는 1,340만 원, 퇴임 1년 이내의 검사장·법원장 출신 변호사는 1,409만 원을 받는다고 합니다. 변호사라고 다 같은 변호사가 아니죠.

법조계에서 시작된 전관예우는 행정부로 확산되어 전직 장관에 대한 예우로 되고, 예우의 범위가 점점 확대되었으며, 공무원 사회를 넘어 공공기관 전반으로 확산됐습니다. 바로 이 부패한 관행에 학벌주의가 뿌리를 내립니다.

교직 사회에는 학벌주의가 없다고 했는데요, 9급에서 시작하는 일반직 공무원도 비슷할 것입니다. 9급에서 시작하면 대부분 6급, 열심히 하면 5급, 아주 열심히 하면 4급으로 퇴직하는데, 그 정도 직급으로는 퇴직 후 전관예우 받을 수 있는 위치가 안 됩니다. 7급으로 들어온 공무원도 9급 공무원과 크게 다르지 않습니다.

전관예우를 생각할 수 있는 자리는 최소한 3급 이상의 고위 공무원입니다. 그러니 행정고시 합격해서 5급 공무원으로 임용된 것은 '고생 끝, 행복 시작'이 아닙니다. 본격적인 레이스의 시작입니다. 5급에서 시작해서 어디까지 올라가냐를 놓고 치열한 경쟁이 시작됩니다. 피라미드형 관료 조직에서 남들보다 빨리 높은 직급으로 올라가고 '꿀 보직'을 차지해야 합니다. 그래야 퇴직 후 더 좋은 자리로 갈 수 있습니다.

교육부를 예로 들면 퇴직 후 4년제 대학 총장으로 가냐, 전문대 총장으로 가냐, 재단 이사로 가냐, 그냥 교수로 가냐, 이게 승진한 높이에 따라 결정됩니다. 거기서 끝나는 게 아닙니다. 한덕수 총리처럼 정치권과 관계를 잘 유지하면 '회전문 인사'로 다시 정부 관료로 돌아올 수도 있습니다.

여기에 동문 선후배 사이에서 밀어주고 끌어주는 '은밀한 정치'가 작동합니다. 승진을 위해 필요하고, 현직에 있을 때 관련 기관이나 업체와 관계 맺기를 위해 필요하고, 퇴직 후 현직 관료에게 로비를 위해 필요합니다. 대학 다닐 때 형성된 우월 의식이 권력과 결합하여 함께 사익을 도모하는 범죄 공동체, 이것이 학벌주의입니다.

'O피아'들이 둥지를 틀 수 있는 공공기관이 얼마나 있을까요? [표41]은 2023년 기준 347개의 공공기관 명단입니다. 347개를 다 쓸 수 없어서 좀 들어본 기관만 정리했습니다.

한국 사회의 부패는 뿌리가 깊습니다. 해방 직후 미군정 시기에 적산불하[65]에서

[표41] 공공기관 명단

구분	기관명
시장형 공기업	한국가스공사, 한국석유공사, 한국수력원자력㈜, 한국전력공사, 한국지역난방공사, ㈜강원랜드, 인천국제공항공사 등 13개
준시장형 공기업	한국조폐공사, 한국마사회, 한국수자원공사, 한국도로공사, 한국철도공사, 한국토지주택공사, 한국방송광고진흥공사 등 19개
기금관리형 준정부기관	국민체육진흥공단, 국민연금공단, 근로복지공단, 예금보험공사, 중소벤처기업진흥공단, 신용보증기금, 공무원연금공단 등 11개
위탁집행형 준정부기관	한국장학재단, 한국관광공사, 건강보험심사평가원, 국립공원공단, 국민건강보험공단, 한국교통안전공단, 도로교통공단 등 44개
기타 공공기관	국토연구원, 한국개발연구원, 한국교육개발원, 한국교육과정평가원, 한국수출입은행, 서울대학교병원, 전쟁기념사업회, 한국국방연구원, 대한체육회, 예술의전당, 국립중앙의료원, 부산항만공사, 대한적십자사, 서민금융진흥원, 중소기업은행, 한국산업은행 등 260개

시작하여 관료주도의 경제개발 과정에서 '정경유착'이 독재정권을 유지하는 물질적 기반이 됐습니다. 독재정권은 재벌에게 정치자금을 받고, 재벌은 정권에서 특혜를 받으며 공생했죠. 그 과정에서 학벌주의가 발생하고 뿌리내렸습니다. 자세한 과정은 제3부 '학벌 세습 사회의 형성 과정'에서 알아보기로 하죠.

한국 사회의 부패는 어느 정도일까요? '국제투명성기구'는 반부패운동을 내건 NGO입니다. [도표45]는 한국의 부패인식지수입니다. 국제투명성기구는 매년 국가별 '부패인식지수'를 발표합니다.

[도표45] 국제투명성기구가 발표한 한국 부패인식지수 추이

0~10점: 점수가 낮을수록 부패 심각, 자료: 한국투명성기구

---

65) 일본이 쫓겨나면서 주인이 사라진 공장, 기업을 친일 지주와 기업인에게 나눠주는 것

2부 한국 교육 성찰

부패인식지수는 '공공부문'의 부패에 대한 전문가와 기업인의 인식을 반영해 100점 만점으로 환산합니다. (2012년 이전에는 10점 만점) 부패인식지수 70점대 이상은 사회가 전반적으로 투명한 상태, 50점 이하는 '절대 부패' 상태로 봅니다. 전 세계 국가의 2/3는 50점 이하, 절대 부패 상태입니다.

한국의 부패인식지수는 1990년대까지 '절대 부패' 상태였습니다. 김대중 정부에서 부패인식지수가 상승하기 시작하여 노무현 정부 때 '절대 부패'를 벗어났으나, '비지니스 프렌들리'를 천명한 이명박 정권 이후 10년 동안 정체되었다가, 문재인 정부 이후 많이 개선되어 2022년에는 63점으로 세계 순위 31위를 기록했습니다.

[도표46]

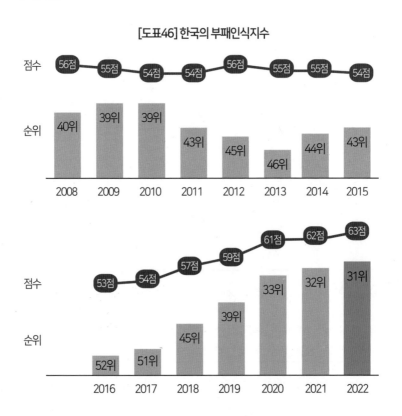

[도표46] 한국의 부패인식지수

2014년 홍콩의 정치경제리스크 컨설턴시(PERC)는 "선진국인 한국은 개발도상국의 부패 수준이 남아 있는 유일한 국가로, 세계 10위 수준의 경제력에도 불구하고 여전히 정·관·재계에 부패 문화가 심각한 지체 현상을 나타내고 있다"고 평가했습니다.[66]

부패와 관련하여 세계적 연구자인 미국의 마이클 존스턴 콜게이트대 정치학 교수는 부패에 4가지 유형이 있다고 합니다. 독재형(중국, 인도네시아), 족벌형(러시아, 필리핀), 시장로비형(미국, 영국, 캐나다, 일본), 엘리트 카르텔형(한국, 이탈리아)으로 분류합니다.

마이클 존스턴 교수는 한국에서 부패는 관료, 정치인, 청와대, 군, 같은 지역 출신, 같은 학교 출신 엘리트들이 모여서 부패 카르텔을 형성하고 있다고 분석합니다. 이것이 제3자가 보는 부패와 학벌주의의 실체입니다.

우리 사회 모든 분야에 부패가 만연해있지만, 교육계의 부패를 살펴보겠습니다.

2023년 6월 김승환 전 전북교육감은 12년의 임기를 모두 마치고 책을 한 권 냈습니다. 제목이 『나의 이데올로기는 오직 아이들』인데요, 자신이 임기 중 겪었던 충격적인 이야기들이 담겨있습니다.

김승환 교육감이 2010년 첫 교육감 임기를 시작할 때, 잘 알고 지내던 검사 출신 변호사가 그러더랍니다. 4년 임기 동안 100억을 챙기면 점잖은 거라고. 두고 보시면 알 거라고. 10억도 아니고 100억이요? 뇌물을 어떻게 주는지 궁금하죠? 책에 나오는 대화 내용을 보겠습니다.

---

66) 정부태, 『한국의 학력·학벌 사회론』, 경북대학교출판사, 2022

교육감: 내가 참 궁금한 게 있거든요.

직원: 네. 교육감님, 말씀하십시오.

교육감: 내가 만일 이 자리(집무실)에서 뇌물을 받는 경우, 내일 아침에 어떻게 그 직원의 얼굴을 볼 수 있지요?

직원: 아~그거요? 교육감님이 모르셔서 그러시는데요. 뇌물을 받는 순간, 교육감님과 그 직원 사이에는 신뢰 관계가 생기는 것입니다.

교육감: 신뢰 관계라고요?

직원: 예. 그 직원은 '교육감님이 나를 믿어주시는구나'라고 생각하는 것이지요.

교육감: 또 하나, 뇌물은 뭘로 주는 거죠?

직원: 예에. 원화나 달러를 드리는 것이지요. 지폐요.

교육감: 달러는 유에스(US) 달러이고요?

직원: 예. 미국 달러입니다. 단 원화든 미화든 신권이 아니라 구권으로 줘야 합니다.

교육감: 신권은 일련번호로 나가니까 그런가요?

직원: 예. 그렇습니다. 하나 더 있습니다.

교육감: 뭔데요?

직원: 금으로 주기도 합니다. 그리고 더 중요한 것이 있습니다. 뇌물을 드리기 위해 이 방으로 들어오면 단 한마디도 말을 해서는 안 됩니다. 목례만 간단히 하고, (저의 책상 왼쪽 위를 가리키며) 저 위에 조용히 놓고 나가면 됩니다.

교육감: 얼마인지 세지 않고 그냥 나가는 거예요?

직원: 예 일단 그대로 나갑니다. 나간 뒤에 얼마인지 확인해 보겠지요. 금액이 맘에 들지 않으면 비서실 직원이 조용히 연락해서 가져가라고 합니다.

교육감: 그 다음에는요?

교육개혁은 없다 1

직원: 그 직원은 그게 무슨 뜻인지 알지요. 다시 더 채워서 가지고 오는 겁니다. '죄송합니다.

제가 결례를 저질렀습니다'라는 표정을 지으면서 조용히 책상에 두고 갑니다.

교육감: 그렇게 하는 것이군요. 알았어요. 설명해줘서 고마워요. 가서 일 보세요.

이게 대한민국에서 학교를 지도 감독하는 교육청의 최고 책임자인 교육감과 직원 사이에 오간 대화입니다. 김승환 교육감은 12년 내내 교육청 직원들에게 "이전에는 저희 모두 돈을 주고 이 자리에 왔습니다"라는 말을 반복적으로 들었다고 합니다. 그러면 돈을 준 교육청 직원은 어떻게 돈을 마련했을까요? 자기들이 관리하는 업체와 학교에서 마련했다고 합니다.

책에는 국회의원과 지역 언론사 간부들의 각종 청탁, 교육청의 금품 수수 관행, 청탁을 거부하자 보복성 기사를 지속한 어떤 언론사, 학교 식재료 납품 비리 등 전북교육청의 비리 사례들이 생생히 묘사되어 있습니다.

학벌주의란 대학을 입학하거나 졸업해서 발생하는 게 아닙니다. 즉 교육계 내부에서 발생한 현상이 아닙니다. 서울사대를 나와서 학생들 가르치며 살아가는 교사에게 학벌은 써먹을 때가 없지만, 서울사대를 나와서 교수가 되거나 행정고시를 보고 관료가 된 사람에게는 학벌이 '돈'이고 학벌이 '직장'이고 학벌이 '지위'입니다.

학벌주의의 가장 큰 수혜자는 서울대지만, 연고대는 서울대를 욕하며 자기들끼리, 또 다른 대학 출신은 SKY를 욕하며 서로서로 밀고 끌어줍니다. 특정 대학 출신만 그런 게 아닙니다. 철도고, 철도대학 출신들은 한국철도공사를 둥지로 '철피아'를 만들고, 대한항공 출신은 국토교통부를 둥지로 '칼피아'를 구성하고, 육사 출신은 국방부를 둥지로 '군피아'를 만듭니다. 같은 대학 출신들끼리만 그렇습니까? 10여 년 전 2조 5천억 원의 회계 비리로 세상을 떠들썩하게 했던 부산저축은행 사건은 광주제일고 동문끼리 뭉쳐 저지른 사건입니다.

공무원일 때뿐 아니라 퇴직 후에는 관련 공공기관에 둥지를 틉니다. 앞에서 본 347개의 공공기관과 연계된 사기업들은 얼마나 많습니까. 한국토지주택공사(LH)는 직원이 1만 명 정도지만 나라 전체의 신도시를 개발하고 주택을 건설하고 각종 주거 복지 사업을 총괄하는 거대 기업입니다. 2021년에 직원들이 회사 내부 정보를 이용해 땅 투기를 했다는 게 드러나 온 국민의 분노를 자아냈는데요, 그런 정보에 이해관계가 걸린 건설사, 부동산 관련 회사들이 얼마나 많습니까.

고위직 공무원부터 공공기관과 대기업으로, 대기업에서 중소기업으로 물이 흐르듯이 전 사회적으로 확산되고, 학벌의 혜택을 본 사람은 그 달콤한 맛에, 학벌에서 소외된 사람은 그 억울함을 자녀에게 물려주지 않기 위해 온 사회가 학벌주의에 물들어 왔습니다.

김부태 박사는 『한국 학력·학벌 사회론』에서 학력·학벌이 작동하는 방식에 대해 이익집단의 네트워크로 존재하고, 힘의 논리가 지배적으로 작용하며, 폐쇄적 경로를 통해 유지되고 있다고 설명합니다. 이에 따라 엘리트는 사회적 책무성이 결여되고, 중산층은 목전의 현실에 몰두하며, 일반 대중은 현실에 묵묵히 순응하는 방식으로 살아간다고 지적합니다. 이런 특성은 권력과 기회를 독점하는 집단적 이기주의, 힘에 의존하여 안주하려는 기회주의, 공정성을 상실한 패거리 문화를 번성하게 하여 사회 전반에 정신적 지체를 낳았고, 한국 사회는 진보의 동력이 결핍된 보수적 사회가 되었다고 결론 내립니다.

교육개혁은 없다 1

학벌주의의 정신적 폐해

2013년 부산의 부전초등학교 1학년 박채연 양이 쓴 〈여덟 살의 꿈〉이라는 시가 화제가 된 적이 있습니다. SNS에서 퍼지다가 2014년 11월 jtbc 뉴스룸에서 손석희 앵커가 직접 소개하여 전 국민이 알게 되었죠. 박채연 양이 쓴 8줄짜리 시를 읽어보 겠습니다.

여덟 살의 꿈

나는 사립초등학교를 나와서
국제중학교를 나와서
민사고를 나와서
하버드대를 갈 거다
그래 그래서 나는
내가 하고 싶은
정말 하고 싶은
미용사가 될 거다

박채연 양은 어머니가 공부하라고 잔소리를 하자 이 글을 써서 방에 붙여놓았다 고 합니다. 어른이 썼으면 풍자시라고 하겠는데, 8살 어린이가 풍자시를 썼다고 할 수도 없고, 이 시로 노래도 만들었다는데 그걸 '동요'라고 해야 할지 참 난감합니다.

프랑스의 정신분석학자 자크 라캉(Jacques Lacan)은 "인간은 타자(他者)의 욕망을 욕망한다"고 설파했습니다. 인간은 사회 속에서 생존하고 발전하는 사회적 존재입니다. 욕망도 당연히 사회적입니다.

인간이 최초로 직면하는 '타자'는 부모입니다. 갓난아기가 기어서 다니는 편안함과 결별하고 두 발로 서게 되는 이유는 아기가 설 때마다 환호하는 부모에게 인정받고자 함이랍니다. 아기는 장기간 부모의 도움 없이 생존과 발전이 불가능하기 때문에 부모의 욕망을 자신의 욕망으로 수용합니다.

학벌주의 사회에서 성장한 사람은 학벌주의를 내재화합니다. 부모가 노골적으로 요구하는 경우는 물론이고 그렇지 않더라도 학교 다니고, 드라마 보고, 또래 집단과 대화를 나누면서 사회적으로 인정되는 것들을 자신의 욕망으로 내재화합니다.

자본주의(資本主義)를 글자 그대로 풀이하면 자(資)가 본(本)인 사회, 즉 돈이 근본인 사회라는 뜻입니다. 자본주의는 돈을 가장 귀중한 가치로 여기고 돈이면 무엇이든 할 수 있다는 생각, 황금만능주의를 낳습니다.

황금만능주의는 인간의 가치를 돈으로 환산합니다. 롯데캐슬은 "당신이 사는 곳이 당신을 말해줍니다"라고 속삭입니다. 현대자동차는 "요즘 어떻게 지내냐는 친구의 말에 그랜저로 대답했습니다"라고 알려줍니다. 황금만능주의 사회에서 '나'는 '내가 가진 것'이며, '내가 소비하는 것'입니다.

학력주의는 졸업장과 학위를 능력으로 인정하고, 그에 따른 차별을 정당화합니다. 학벌주의는 학력주의에 학연을 더하여 패거리를 짓고 서열을 만듭니다. 서열 높은 대학에 입학하는 것은 우월한 인간이 되는 것이며, 자신보다 낮은 서열의 대학에 입학한 타인을 업신여기는 가치관을 형성합니다. 그런 가치관이 낳은 정신적 폐해를 살펴보겠습니다.

스무 살에 멈춰 선 정신적 발달

학벌주의가 학력주의와 다른 점이 무엇일까요? 학벌주의의 정체를 살펴보기 위해 경북대 법학전문대학원의 김두식 교수가 쓴 『욕망해도 괜찮아』의 한 대목을 인용합니다. 김두식 교수가 미국에서 유학하던 시절의 이야기라고 합니다.

유학생 동네에 새로운 유학생이 오면 선배 유학생이 공항으로 마중 나가 숙소까지 태우고 간다. 숙소로 가는 차 안에서 선배 유학생이 가장 먼저 묻고 싶은 것은 무엇일까? 출신대학이다. 체면 차리고 망설이다가 묻지 못하면 몇 달을 만나고 사귀어도 그의 '정체'를 파악하지 못했다는 찝찝한 느낌을 갖는다. 그러다 그의 출신대학을 알게 되는 순간 눈앞에 '마법처럼 대학입시 배치표가 쫙 펼쳐지고', 그 대학 출신인 고교 동창생의 얼굴과 함께 '그 친구를 이해하게 되었다'는 느낌이 파도처럼 밀려오면서, '내가 내려다봐야 하는 사람인지 올려다봐야 하는 사람인지가 때로는 통쾌하게 때로는 아프게 정리'된다. (글 중간의 작은따옴표는 필자가 한 것)

김두식 교수의 고백이 학벌의 정체입니다.

- 학벌은 한 인간을 종합적으로 규정할 수 있는 '정체'입니다.
- 학벌은 대학 졸업장이 아니라 스무 살 때 대학입시 배치표입니다.
- 학벌은 타인과 나의 우열을 판단해주는 잣대입니다.

학력주의가 대학 졸업장을 능력으로 인정하는 것이라면, 학벌주의는 스무 살 대학 입학 때 대학입시 배치표 상에 있는 자신의 위치입니다.

'스누라이프'(SNULife)라고 서울대 재학생, 졸업생들이 모여 있는 인터넷 커뮤니티가 있답니다. 'SNU'는 'Seoul National University'(국립서울대학교)의 머리글자입니다. 2014년 '스누라이프(SNULife)'에 "다른 대학 출신은 다 나가라. 서울대 학부 출신에게만 회원 자격을 주자"는 주장이 나와 논쟁이 벌어졌다고 합니다.

논쟁은 다른 대학교 학부를 나와 서울대 대학원을 졸업한 사람을 서울대 동문으로 인정할 수 있느냐는 것입니다. 어떤 학생은 "타 대학을 졸업한 뒤 출신 학부는 숨기고 서울대 나왔다고 말하는 이들은 부끄러움을 느낄 것"이라 했답니다. 이 주장에 따르면 '서울대 출신'으로 인정받는 길은 서울대에서 석사를 하거나 박사를 하는 게 아니라 수능을 다시 봐서 서울대 학부에 입학하는 것입니다.

서울대 대학원에 함께 다녀도 학부가 서울대 아니면 동문으로 인정하지 못하겠다는 것은 '순혈주의'라고 할 수 있는데요, 이게 조선 시대에 적자와 서자를 나눠 '아버지를 아버지라 부르지 못하는' 홍길동 이야기와 무엇이 다를까요.

서울대만 그럴까요? 연세대에도 '세연넷'이라는 커뮤니티가 있답니다. '세연넷'에는 입학 형태에 따라 학생들을 계급화한 표현이 '버전'을 달리하며 꾸준히 업데이트된다고 합니다.[67]

성골=정세(정시합격생), 수세(수시합격생), 정재세(재수 정시합격생)

진골=정삼세(삼수 정시합격생), 정장세(장수 정시합격생), 수재세(재수 수시합격생)

6두품=교세(교환학생으로 온 외국인), 송세(연세대 국제캠퍼스생), 특세(특별전형)

5두품=편세(편입생), 군세(군인전형), 농세(농어촌전형)

---

67) 한겨레신문, 〈"감히 연세대 동문 동문 거리는 놈들…"〉, 2014.1.1.

교육개혁은 없다 1

중학교 때 공부를 못했어도 고등학교에 가서 잘하면 됩니다. 고등학교 때 공부를 못했어도 대학 가서 잘하면 됩니다. 학부 때 두각을 나타내지 못했어도 대학원에서 잘하면 됩니다. 한번 패자는 영원한 패자, 한번 승자는 영원한 승자, 이런 법칙은 없습니다. 그러나 학벌주의는 패자부활전을 거부합니다.

자본가가 사업을 하다가 망하면 노동자가 될 수 있고, 노동자도 재산을 축적하면 자본가로 변신할 수 있지만, 스무 살에 결정된 학벌은 바꿀 수 없다는 것이죠. 그래서 계급보다 더 무서운 게 학벌이라고 합니다.

김두식 교수가 학벌의 본질을 고백했다면, 사회학자 오찬호 교수가 쓴『우리는 차별에 찬성합니다』(부제: 괴물이 된 이십대의 자화상)에 등장하는 서강대 경영학과 학생 지연이의 일상생활은 학벌주의가 만들어낸 정신적 지체가 얼마나 심각한지 잘 보여줍니다.

지연이는 버스나 지하철에서 서강대와 같은 이니셜인 'S'로 시작하는 학교 야구잠바를 입은 사람을 보면 슬쩍 그 뒤로 가서 어느 학교인지 확인한다. 이때 'S'가 서울대면 지연이는 왠지 주눅이 들고 숙명여대, 상명대, 서경대 정도면 묘한 쾌감을 느낀다.

이뿐만이 아니다. '연세대'라고 써진 책과 노트를 들고 다니는 사람을 보면 지연이는 어떻게든 그 학과가 어디인지를 확인하려고 눈을 번뜩인다. 만약 인문계열이라면 지연이는 피식 웃으면서 속으로 생각한다. '점수 맞춰서 학교 타이틀 보고 지원한 주제에…그랬으면 나도 연대 다녔다'라고.

사실 지연이가 내게 늘 강조하는 말은 "제가요, 연세대 낮은 학과에는 충분히 갈 수 있었어요. 그래도 요즘 세상에 학교 이름만 보고 가는 건 웃긴다고 생각했죠. 그래서 서강대 경영학과에 온 거예요"였다.

이쯤이면 지연이가 그렇게 수능시험 망쳤다고 말하고 다니는 이유를 어렴풋이 짐작할 수 있다. 지연이는 상대방의 대학에 따라 우월감과 열등감 사이를 시시때때 넘나드는 것이다. 그리고 그 넘나들이의 '기준'에는 수능점수라는 성과가 존재했다.

학벌 덕을 봐서 기분이 좋았다거나 학벌 때문에 억울한 일을 당해서 분했다는 것이 아니라, 알지도 못하는 사람의 대학과 학과를 확인하고, 대입 배치 점수표를 기준으로 끊임없이 우월감과 열등감을 넘나드는 생활, 이 정도면 거의 강박적 정신질환으로 볼 수 있습니다.

그런데 이런 정신 상태가 지연이 한 명인가요? 연고대생은 서울대생을 보며, 인서울 대학생은 연고대생을 보며, 지방대생은 인서울 학생을 보며, 전문대생은 4년제대 학생을 보며, 고졸은 대졸을 보며 정신질환을 앓고 있습니다.

서울대생이라고 예외겠습니까? 같은 대학, 같은 학과에서도 분화가 됩니다. 정시로 들어왔냐, 수시로 들어왔냐에 따라 친구를 분류하고, 지역 균형 선발로 들어온 학생을 '지균충', 사회적 배려로 들어온 학생을 '사배충'이라 한답니다.

대학 친구를 성골, 진골, 6두품, 5두품으로 구분한 것도 부족해서 이제는 벌레 '충(蟲)'을 써서 표현하는 지경에 이르렀으니 학벌주의가 인성을 파괴하고 이성을 마비시키는 심각한 사회적 현상이라고 할 수 있겠습니다.

오만과 모멸이 구조화된 사회적 심리

한국 사회 지배세력의 추악함을 고발한 영화 〈내부자들〉에 유명한 대사가 있습니다. "어차피 대중들은 개·돼지입니다. 뭐 하러 개·돼지들한테 신경을 쓰시고 그러십니까? 적당히 짖어대다가 알아서 조용해질 겁니다."

그 대사가 현실에서 발생해 충격을 준 사건이 있었습니다. 2016년 7월 교육부 정책기획관 나향욱은 기자들과 저녁 식사 자리에서 "민중은 개·돼지"라고 말했다가 발언이 너무 심각하다고 생각한 기자들이 기사화하면서 사회에 알려져 충격을 주었습니다.

연세대 교육학과를 졸업하고 행정고시를 거쳐 2급 공무원이 된 나향욱은 한국 엘리트들의 사고방식을 보여줍니다. 나향욱이 기자들에게 한 이야기를 들어보죠.

구의역에서 컵라면도 못 먹고 죽은 아이, 그게 어떻게 내 자식 일처럼 생각되나? 그렇게 말하는 건 위선이다. 나는 신분제를 공고화시켜야 한다고 생각한다. 어차피 다 평등할 수는 없으니 현실을 인정해야 한다. 상하 간의 격차가 어느 정도 존재하는 사회가 어찌 보면 합리적인 사회 아니냐?

노동자를 천시하는 대한민국에는 나향욱 같은 엘리트가 한두 명이 아닙니다. 나향욱은 외계에서 온 괴물이 아니라 대한민국 정부가 키워낸 전형적인 인물입니다.

2010년 11월 민주노총은 경찰의 수배 전단을 비판하는 보도자료를 내고 경찰에 항의 공문을 보냈습니다. 부산 진경찰서가 강도사건 용의자를 공개 수배하면서 인상착의를 '신장 180㎝가

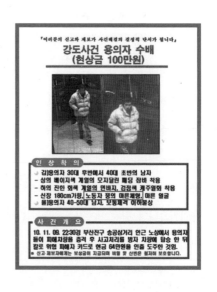

량, 노동자풍의 마른 체형, 마른 얼굴'이라고 표현한 것을 문제 삼은 것입니다.

민주노총은 경찰이 그런 적이 한두 번이 아니라고 비판했습니다. 이전에도 '노동자풍으로 얼굴이 길고 퉁퉁함', '노동자풍 조선족 말투' 등 노동자를 하찮은 존재, 남루한 이미지, 사회적 낙오자, 잠재적 범죄자 등 부정적으로 규정하고 폄훼했다는 것이죠.

경찰은 국민이 위임한 권한을 행사하여 공공의 안녕과 질서를 책임지는 정부 조직입니다. 그런데 국민의 70%를 차지하는 노동자를 깔보고 범죄자로 취급합니다. 노동자들이 낸 세금으로 먹고 살아가는 경찰이 노동자를 범죄자 취급하는 게 말이 됩니까? 경찰은 민주노총의 항의 공문을 받고 향후 그런 표현을 쓰지 않겠다고 약속했는데요, 이게 불과 13년 전 일입니다.

김우창 고려대 명예교수는 한국 사회가 '오만과 모멸의 구조'로 되어있다고 지적합니다. 오만과 모멸의 구조는 사람의 값어치를 권력과 부와 지위로 평가하는 구조입니다.[68]

성공회대 교양학부 김찬호 교수는 '오만과 모멸의 구조'란 자기보다 못하다고 여겨지는 사람을 아무렇지 않게 멸시하고 조롱하는 심성이 사회적 관성으로 고착된 것으로 설명합니다.[69]

2020년 코로나가 창궐하자 정부는 부족한 의료인을 확충하기 위해 '공공의대' 설립을 발표합니다. 전공의들은 진료를 거부하고, 의대생들은 국가고시를 거부하며 항의했습니다. 당시 화제가 되었던 대한의사협회 산하 의료정책연구소의 홍보물이

---

68) 김우창, 『정치와 삶의 세계』, 삼인, 2000
69) 김찬호, 『모멸감』, 문학과지성사, 2014

교육개혁은 없다 1

있습니다. 의료정책연구소가 2020년 9월 1일 페이스북에 게시했다 삭제한 홍보물입니다.

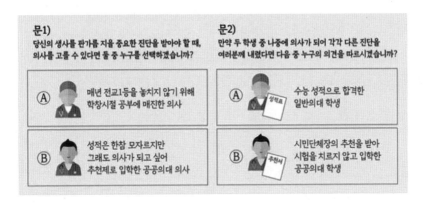

정부의 공공의대 설립에 반대할 수 있습니다. 그래도 그렇지 '매년 전교 1등을 놓치지 않기 위해 학창 시절 공부에 매진한 의사'와 '성적은 한참 모자라지만 그래도 의사가 되고 싶어 추천제로 입학한 공공의대 의사'를 비교하는 사고방식에 혀를 내두르게 됩니다. 속마음이 그렇더라도 개인 낙서장도 아니고 명색이 의료정책연구소의 홍보물 아닙니까? 전교 1등을 놓치지 않았다는 것이 개인적 자부심을 넘어 집단적 오만으로 뭉친 것을 확인한 듯하여 씁쓸합니다.

학벌주의는 한국판 카스트

오만과 모멸의 구조를 만드는 대표적 정신 현상이 학벌주의입니다. 그래서 성공회대 사회학과 김동춘 교수는 학벌을 '현대판 신분 제도'라고 규정합니다.

국민대 법학과 김동훈 교수는 저서 『한국의 학벌, 또 하나의 카스트인가』에서 학벌은 교육에 국한된 문제가 아니라 정치, 경제, 사회, 문화 모든 영역에서 작동하는 메커니즘이라고 규정합니다. '학벌주의 사회'란 변형된 신분제적 가치와 원리가 지배하는 사회이며, 학벌이라는 집단적 편견이 인간관계, 결혼, 취업, 자긍심 등 일상의 모든 영역에 파고드는 갈등 사회라는 의미입니다.

학벌주의를 카스트로 규정하는 것은 학벌주의의 부정성을 강하게 비판하기 위한 비유적 표현일까요, 아니면 정말 카스트일까요? '카스트' 하면 인도의 신분제라고 생각하는데, 카스트에 대한 개념을 새롭게 정립할 수 있는 책이 있어서 소개합니다.

저널리스트로서 퓰리처상을 받은 최초의 아프리카계 미국 여성인 이저벨 윌커슨(Isabel Wilkerson)이 2020년에 쓴 『카스트』입니다. 미국의 인종 차별을 카스트라는 관점에서 비판한 책입니다.

윌커슨은 인류 역사에서 카스트 체제는 3개가 있다고 합니다. 나치 독일의 카스트, 인도의 카스트, 미국의 카스트, 이 체제의 공통점은 특정 부류에 열등한 족속이라는 낙인을 찍어 서열의 밑바닥에 묶어둔 채 비인간적 행위를 정당화하는 것입니다. 윌커슨의 이야기를 좀 더 들어보죠.

"아프리카인들은 흑인이 아닙니다. 아프리카에는 흑인이 없습니다." 윌커슨이 들었던 가장 인상 깊은 말이라고 합니다. 아프리카인들은 이그보우이고 요루바이고 에웨이고 아칸이고 은데벨레이며[70], 그냥 그 땅에 사는 사람들이었는데 미국과 영국에 가서 흑인이 되었다는 것이죠. 그렇게 유럽인들은 백인이 되고, 아프리카인들은 흑인이 되고, 그 밖의 사람들이 노랗고 빨갛고 가무잡잡한 인간이 된 것은 신대륙을 형성하는 과정에서 이루어진 일이라는 것입니다.

---

70) 이그보우, 요루바, 에웨, 아칸, 은데벨레는 아프리카 부족 이름이다

노벨 경제학상을 받은 스웨덴의 경제학자 군나르 뮈르달(Gunnar Myrdal)은 1938년 미국의 흑인 문제에 대해 제3자의 눈으로 공정하게 판단해달라는 요청을 받고 1944년에 『미국의 딜레마: 흑인 문제와 현대의 민주주의』를 썼습니다. 뮈르달은 "우리는 미국에서 인종 문제를 말하지만, 사실 그것의 실체는 카스트 체제다. 인종 문제는 그 카스트 체제가 미국에서 만들어낸 현상이다"라고 말합니다.

1959년 미국의 흑인 인권운동 지도자 마틴 루터 킹(Martin Luther King) 목사는 인도 네루 총리의 초청으로 인도를 방문합니다. 어느 날 킹 목사가 불가촉천민 출신의 고등학생들을 만나는 자리에서 교장은 킹 목사를 "여러분, 미국에서 온 불가촉천민 친구를 소개합니다"라고 말했답니다. 킹 목사는 큰 충격을 받았다는데요, 자신이 살아온 '자유의 땅'이 인도의 카스트와 다를 바 없는 체제를 강요했음을 깨달았다고 합니다.

카스트(Caste)의 어원은 인도가 아니라 16세기에 인도를 여행했던 포르투갈인들이 족속, 혈통을 뜻하는 카스타(Casta)를 사용한 것입니다. 이후 영국이 인도를 식민 지배하면서 카스트로 불렸습니다.

인도의 카스트 제도를 외국인들은 이해하기 어렵다고 합니다. 우리는 인도의 카스트가 브라만(사제), 크샤트리아(왕족, 무사), 바이샤(평민), 수드라(노예), 이렇게 4개의 계급으로 구성되어 있다고 알고 있는데, 이는 현실에서 존재하는 게 아니라고 합니다.

우리가 카스트라고 알고 있는 것을 인도 사람들은 '자티'(Jati)라고 합니다. 자티는 출생을 통해 얻게 되는 성(姓)씨와 연관된 직업 개념입니다. 빨래하는 자티, 차를 끓이는 자티, 농사짓는 자티 등 자티의 개수는 직업의 개수만큼 많습니다. 제가 인도에 살았으면 '박씨 성을 가진 가르치는 자티'입니다.

우리는 직업 선택의 자유를 천부적 인권으로 생각하지만, 인류가 직업 선택의 자유를 가진 것은 오래되지 않았습니다. 대부분 부모의 직업을 물려받아 살았죠. 인도의 카스트란 그런 개념입니다.

그러면 카스트로 인한 차별은 어느 정도일까요? 2014년부터 10년째 총리를 역임하고 있는 나렌드라 모디(Narendra Modi)는 네루 이후 가장 사랑받는 정치인으로 꼽히는데요, 그는 차를 끓이는 자티 출신이라고 합니다. 인도의 총리가 하층 카스트 출신이라니 놀랍죠?

인도는 1990년대에 하층 카스트에게 대학 입학과 공무원 선발에서 할당제를 도입하여 현재는 할당 비율이 50%에 이릅니다. 취업난이 심해지면서 중간층 카스트들이 자신들을 하층에 포함시켜달라는 요구하는 일도 일어납니다. 2016년에는 인도 북부 지역에서 중간층으로 분류되는 자트(Jat) 카스트 집단이 자기들을 하층으로 분류해 달라고 폭동을 일으켜 19명이 사망한 사건도 있었습니다.

전통적인 카스트 제도에서는 금기 사항이 두 가지 있는데, 하나는 상위 카스트는 하위 카스트가 주는 음식을 먹으면 안 되고, 또 하나는 하위 카스트 출신과 결혼을 불허하는 것입니다. 그런데 식당에서 밥을 먹을 때 요리사가 자기보다 하위 카스트인지 상위 카스트인지 어떻게 알겠습니까? 그래서 도시에서는 카스트가 영향력이 별로 없고, 농촌 지역 정도에서 아직도 영향력이 있다고 합니다.

미국의 조사연구 단체 퓨리서치센터(Pew Research Center)가 2021년 6월 인도 사람들을 대상으로 조사한 바에 따르면 '지난 12개월 동안 당신의 카스트로 인해 차별받은 경험이 있느냐?'는 질문에 대해 '그렇다'고 대답한 비율이 15% 정도였습니다. 우리가 상상하는 것보다 카스트가 일상생활에 미치는 영향이 큰 것 같지는 않습니다.

평상시에 영향력을 발휘하지 못하던 카스트가 결혼할 때는 문제가 된다고 합니다. 대부분 같은 카스트끼리 결혼하고, 다른 카스트 사이에 결혼하는 비율은 5% 정도라고 합니다. 심지어 다른 카스트 사이에 결혼했다가 집안의 반대에 부닥쳐 살인 사건이 일어나기도 합니다.

2021년 9월 tvN 채널의 〈유퀴즈온더블럭〉 123회에 청년 도배사 배윤슬 씨가 나와 화제가 되었습니다. 배윤슬 씨는 연세대 사회복지학과를 졸업하고 노인복지관에서 2년간 일하다가 이직을 고민하면서 자신의 자질에 맞는 직업으로 도배사를 선택했다고 합니다. 배윤슬 씨는 2년 동안 도배사로 일한 경험을 모아서 2021년 7월 『청년 도배사 이야기』라는 책을 내기도 했습니다. 배윤슬 씨의 선택에 대해 부모님의 주변 사람들은 이렇게 말했다고 합니다.

"걔가 그런 일을 왜 한대?"
"그런 일을 하기에 걔 좀 아깝지 않아?"
"걔 그런 일 하다 그런 일 하는 사람이랑 눈 맞아서 결혼하면 어떡할 거냐?"

'건설 노동자'가 아니라 '노가다'라는 속어로 불리는 한국 사회에서 연세대를 나온 배윤슬 씨가 왜 도배사를 하냐는 질문은 이해가 됩니다. 그런데 '그런 일 하는 사람이랑 눈 맞아서 결혼하면 어떡할 거냐'는 말은 어떻게 이해해야 할까요? 다른 카스트 사이에 결혼을 금지한 인도와 한국이 무엇이 다를까요?

[표42]는 어느 결혼 정보회사가 100점 만점으로 매긴 신랑·신부 감 점수 기준입니다. 직업, 학벌, 외모, 집안, 재산을 기준으로 하는데요, 남자는 직업-학벌순이고, 여자는 외모-집안-직업-학벌순입니다. 결혼 정보회사는 이런 기준으로 점수를 매겨

[표42] 신랑·신부 감 점수 기준

男

점수배분(총 100점)

직업: 30점 | 학벌: 25점 | 집안: 20점
재산: 20점 | 외모: 5점

직업		학벌	
30	판/검사, 기업 사장급	25	서울대
25	변호사, 의사	20	연/고대
20	변리사, 회계사 등 전문직	15	포항공대, 카이스트
15	대기업 재직	10	지방국립대, 서울소재대학
10	교직 종사자, 공무원	5	지방4년제 사립대
5	중소기업 재직		

女

점수배분(총 100점)

외모: 40점 | 집안: 20점 | 직업: 20점
학벌: 10점 | 재산: 10점

직업		학벌	
20	연봉 4,000만 이상 전문직	10	서울대, 이대
15	연봉 3,000만 이상 대기업	8	연/고대, 포항공대, 카이스트
10	연봉 3,000만 미만 중소기업	6	지방국립대, 서울소재대학
		3	지방4년제 사립대

같은 카스트끼리 결혼을 주선하겠죠.

21세기 지구촌 193개 나라 중 왕이 존재하는 나라는 44개국, 무려 23%나 됩니다. 영국은 앞서 살펴보았고, 복지국가를 건설한 북유럽의 덴마크, 스웨덴, 노르웨이도 국왕이 있습니다. 유럽의 국왕이 상징적 존재라면 중동 지역의 사우디아라비아, 쿠웨이트, 요르단, 예멘, 아랍에미레이트 국왕은 실질적 권한을 행사하는 나라입니다.

일본에는 천황이 있을 뿐 아니라 '부라쿠민'(部落民)이라는 천민 집단의 후손들이 아직도 차별을 받습니다. 메이지 유신 이후 제도적으로는 없어졌지만, 부라쿠민에 대한 차별은 지금도 남아서 취직과 결혼에서 기피 대상이라고 합니다.

한국은 신분제가 없습니다. 1894년 갑오개혁으로 신분제는 폐지되었습니다. 그러나 신분 개념이 곧바로 사라진 것은 아니었습니다. 조선의 지배세력은 신분제 타파를 내세운 동학농민혁명에 밀려 신분제 폐지를 선언하기는 했지만, 양반 내부의 불합리한 관습, 양반과 평민 사이의 차별을 없애는 것에 중심을 두었고 천민층에 대한 차별은 심각한 문제로 다루지 않았습니다.

그래서 1923년 경남 진주에서 백정의 신분 해방을 내세운 형평사(衡平社)라는 조직이 등장합니다. 형평사는 계급을 타파하고, 백정에 대한 모욕적인 칭호를 폐지하며, 교육을 장려하여 백정도 참다운 인간으로 인정받도록 하고자 1930년대까지 활동하였습니다. 당시는 일제 강점기였죠. 지주 소작제가 존재했던 일제 강점기의 문학 작품들을 보면 양반 상놈을 따지는 의식이 보입니다.

양반 상놈을 따지는 의식은 한국 전쟁을 거치면서 거의 사라지게 됩니다. 전쟁으로 인한 사회적 대이동, 농촌의 해체와 대도시의 익명성 등으로 출신 성분을 따지는 것이 무의해졌습니다. 그러나 인간에 대한 차별의식은 다른 형태로 존재하게 되었으며, 학벌주의는 그 자리를 차지한 대표적 현상이라고 할 수 있습니다.

월커슨은 카스트를 '특정 부류에 열등한 족속이라는 낙인을 찍어 서열의 밑바닥에 묶어둔 채 비인간적 행위를 정당화하는 것'이라고 정의했습니다. 그 정의에 비춰볼 때 학벌주의를 카스트라고 표현하는 것이 너무 과도한가요?

태어날 때부터는 아니지만 스무 살에 입학한 대학에 따라 서울대부터 지방의 전문대까지를 한 줄로 세워놓고 사람을 구분하고 차별하는 게 카스트의 정의와 얼마나 다를까요? 결혼할 때 학벌을 따지는 건 인도와 얼마나 다를까요?

한국 사회에서 성장한 사람은 누구나 스무 살에 학벌 카스트를 얻어 평생 족쇄를 차고 살아갑니다. 학벌 경쟁에서 승리했다고 자유를 얻고 패배했다고 얽매이는 것이 아닙니다. 오만과 모멸의 구조 속에서 끊임없이 비교하며, 오만하게 살거나 모멸감을 느끼며 살아갑니다.

부유층이건 빈곤층이건, 고학력자건 저학력자건, 보수적인 사람이건 진보적인 사람이건 그 누구도 학벌주의에서 벗어나 자유롭게 살 수 없습니다. 그래서 'B급 좌파'를 자처하는 출판인 김규항 씨는 학벌과 관련하여 유명한 말을 남겼습니다.

"보수적인 부모는 자녀가 단지 일류대생이 되길 원하고, 진보적인 부모는 자녀가 '의식 있는' 일류대생이 되기를 바란다."

학벌주의, 무엇을 규명해야 하는가?

학벌주의의 뿌리를 조선시대에서 찾는 게 타당한가?

한국이 학벌주의 사회가 된 이유를 조선시대까지 거슬러 올라가 설명하는 학자들이 적지 않습니다. 그 논거는 5가지 정도로 볼 수 있습니다.

- 조선시대에 과거(科擧)를 통해 관직에 나가려는 경쟁이 매우 치열했다.
- 조선시대에는 성균관-대과(大科), 일제 강점기에는 경성제대-고등문관 시험, 해방 이후에는 서울대-고등고시, 이렇게 특정 교육기관이 시험을 통해 엘리트를 독점하면서 현재 서울대를 정점으로 하는 학벌 체제가 형성되었다.
- 조선시대에 특정 가문이 관직을 독점하는 문벌(門閥)이 있었으며, 붕당(朋黨)을 형성하여 권력 투쟁을 하던 역사는 폐쇄적 학벌주의 문화의 뿌리가 되었다.
- 서원을 중심으로 형성된 학파의 형성은 학연을 중시하는 문화로 이어졌다.
- 장유유서(長幼有序)를 강조하는 유교 문화는 '기수(期數)'를 중요시하는 문화로 이어졌다.

위의 5가지 논거에는 사실도 있고, 아닌 것도 있습니다. 사실이라 하더라도 어떻게 해석할 것인지, 학벌주의를 형성하는 데 어떤 영향을 끼쳤는지 따져봐야 할 것입니다.

과거제는 고려 시대 광종 때 도입되었으나, 고려 시대에는 지방 호족들의 힘이 강하고 중앙집권적 왕권이 약해서 과거를 통한 관료 선발의 의미가 크지 않았습니다. 조선은 왕권을 강화함과 동시에 성리학을 통치이념으로 내세우고 '사대부의 나라'를 천명했습니다. 강력한 왕권을 뒷받침하는 수단으로 과거제가 정착되었습니다.

조선시대 인구를 정확히 알 수는 없지만, 숙종실록을 보면 숙종 42년(1717년) 인구가 684만 명이라고 합니다. 그중 10%를 양반 사대부로 본다면 대략 70만 명, 여자와 16세 이하를 빼고 평균 수명을 고려하면 많이 잡아도 20만 명 정도가 과거를 통해 관직에 나가려는 사람입니다. 잡직, 무관을 빼고 권력의 핵심인 문관 자리가 350개 정도였으니 경쟁은 치열할 수밖에 없겠죠. 재수 삼수는 축에도 끼지 못했고, 나이 40세, 50세가 되어도 과거 시험에 응했으며, 거듭되는 낙방에 자살하는 사람도 있었다고 합니다.

조선시대 교육기관은 관학(官學)으로 성균관, 사부학당, 종학, 잡학, 향교가 있었고, 사학(私學)으로는 서원, 서당, 가숙이 있었습니다. 그중 한양에 있는 국립대학인 성균관, 지방의 공립학교인 향교, 사립학교인 서원이 중요한 교육기관이었습니다. 1700년대에 서원이 600개가 좀 넘었다고 하는데, 서원의 학생 수는 최대 30명을 넘지 않았다고 합니다. 교육 기관 중 으뜸은 성균관입니다. 정원이 200명 정도인 성균관에 들어가면 관직은 '따 놓은 당상'이었기에 성균관에 들어가기 위한 경쟁이 치열했습니다.

조선 후기로 가면서 과거를 남발하게 됩니다. 과거 급제자에게 줄 관직이 부족해지자 일부 유력 양반 집안에서 관직을 독점하면서 문벌이 형성되었습니다.

1392~1863년에 과거 급제자 12,878명 중 90%는 전주 이씨, 안동 권씨, 파평 윤씨 등 10대 집안이 독점했습니다.

사대부들은 동인과 서인, 노론과 소론, 남인과 북인 등 붕당을 만들어 권력 투쟁을 했습니다. 붕당이란 특정한 지역적, 학문적, 정치적 입장을 공유하는 양반들이 모여 구성한 정치 집단입니다. 특히 조선 중기 이후 지방의 서원에서 형성된 사림 세력들이 붕당 형성에 중요한 역할을 했습니다.

'조선은 당파싸움 때문에 망했다'는 이야기를 들어본 적이 있을 텐데요, 이는 조선에 대한 식민지 통치를 정당화하고 조선인들에게 민족 허무주의를 퍼뜨리기 위해 일본인들이 만든 것입니다. 역사 연구자이자 대하 역사 소설가인 신봉승 선생은 230년 동안 조선의 정치인들이 이룩한 것은 논리 정연한 이론과 지식이 뒷받침된 수준 높은 토론이었으며, 당쟁(黨爭)이 아니라 정쟁(政爭)이라 불러야 마땅하다고 말합니다.[71]

과거는 능력주의 원칙에 입각한 합리적 제도였으나, 교육이 인격도야보다 과거 합격을 위한 수단으로 변질되고, 추구하는 학문의 성격에 따라 붕당과 파벌을 형성하는 부정적 현상도 나타났습니다.

한국의 학벌을 설명하는데 이런 요소들을 무시하면 안 되겠지만 그 영향을 확대 해석해서도 안 될 것입니다. 조선에서 과거가 관직에 나가는 중요한 절차였지만, 그 것은 양반 내부의 일이었고 양반이 계급적 지배를 유지한 것은 과거를 통해서가 아니라 토지를 독점적으로 소유했기 때문입니다. 평생 뼈 빠지게 일하며 서당 근처에 도 가보지 못했던 평민들이 과거 시험에 무슨 영향을 받았겠습니까.

---

71) 신봉승, 『조선 정치의 꽃 정쟁』, 청아출판사, 2009

학연과 기수에 대해서도 잘못 알려진 것들이 많습니다. 학벌주의는 학연과 기수 문화에 기초합니다. 앞서 붕당 정치를 설명하면서 서원을 중심으로 형성된 학연이 중요한 요소였다는 것은 말씀드렸고, 이제 우리 사회에 만연한 기수 문화가 조선시대의 유물인지 생각해보겠습니다.

기수는 다른 나라에는 존재하지 않는 한국의 고유 현상입니다. 흔히 서열을 중시하는 문화가 '장유유서'(長幼有序)를 강조한 조선시대 유교 문화의 영향으로 오해하는데, 조선시대에는 지금처럼 나이나 기수를 따지는 서열 문화는 없었습니다. 나이가 아니라 신분이 서열을 결정했으니까요. 양반은 나이가 어려도 '상놈'에게 하대했고, '상놈'은 나이가 많아도 양반에게 존대했습니다.

그러면 같은 신분끼리는 어땠을까요? 조선시대 서당 교재였던 『동몽선습』에서는 "나이가 많은 것이 배가 되면 어버이처럼 섬기고, 10년이 많으면 형처럼 섬기고, 5년이 많으면 어깨를 나란히 하고 따라가라"고 가르쳤습니다.

나이의 많고 적음에 관계없이 교제하는 친구를 망년지우(忘年之友)라고 했는데, '상팔하팔'(上八下八), 즉 위로 여덟 살, 아래로 여덟 살까지 친구로 지냈습니다. 조선시대 유명한 친구 '오성과 한음'은 5살 차이였고, 이순신과 류성룡도 3살 차이였지만 어릴 때부터 친구로 지냈습니다.

그러면 조선시대에 없던 기수 문화는 언제 발생해서 전 사회적으로 확산되었을까요? 기수 문화의 근원은 일제 강점기의 폭력적 학교 교육에 있습니다. 폭력적 학교 문화는 군부독재 시기에 군대의 폭력적 기수 문화와 결합하여 전 사회로 확산됐습니다. 이는 제3부 '학벌 세습 사회의 형성 과정'에서 자세히 알아보도록 하겠습니다.

학벌주의가 외국에서 수입된 것이 아니니 우리 민족의 역사를 연구하는 것은 당연하지만, 조선시대에 학벌주의의 씨앗이 있었다고 볼 수는 없습니다. 문과 급제자의 평균 연령이 36.4세였다고 하는데, 조선시대 왕들의 평균 수명이 47세였고 서민들의 평균 수명은 30세 전후였다고 하는데, 36.4세까지 공부에 매진할 수 있는 사람이 얼마나 됐겠습니까?

학벌주의가 전 사회적 현상이 되려면 학교 교육이 대중화되어야 하고 학교 교육을 통해 사회적 지위가 상승할 수 있어야 합니다. 동시에 교육의 성격이 사회 발전에 부정적 역할을 하면서 특정 학교 출신들이 권력을 독점하는 과정이 고착되어야 합니다.

그런 점에서 학벌주의의 형성 과정은 신분제가 폐지된 갑오개혁을 기점으로 하고, 근대적 학교 교육이 시작된 일제 강점기부터 살펴보는 게 타당할 것입니다. 일제 강점기에 학벌주의가 시작되었다는 뜻이 아니라 일제 강점기 교육부터 살펴봐야 현재의 교육을 이해할 수 있다는 뜻에서 그렇습니다.

왜 모두가 학벌 전쟁에 뛰어드나?

프랑스의 〈르 몽드〉는 "한국 학생들은 세계에서 가장 불행한 학생들"이라고 안타까워했습니다. 오바마 대통령은 "한국에서는 몹시 가난한 집 부모들도 자녀들이 최고의 교육을 받기를 원한다"며 한국 교육을 본받자고 했습니다.

한국 학생들이 스스로 불행을 택했을 리 없고, 부모들도 자녀가 불행해지기를 바라지 않았을 텐데, 왜 우리는 불행한 교육에 모두 뛰어들어 살고 있을까요?

이 책의 연구 주제를 『한국은 왜 학벌 전쟁 사회가 되었나?』라고 정한 것은 왜 모든 사람이 학벌 전쟁 속에서 허우적거리고 있는가를 해명하기 위함입니다.

앞서 영국, 프랑스, 미국의 명문대학 입학 경쟁 상황과 엘리트에 대한 그 나라 국민의 생각을 살펴본 바 있습니다. 세 나라의 공통점은 대학 입학 경쟁은 치열하나, 경쟁에 뛰어드는 집단은 상위 계층이고, 대다수 국민은 경쟁에 뛰어들지 않는다는 것입니다. 대다수 국민이 경쟁에 뛰어들지 않는 이유는 나라마다 조금씩 달랐습니다.

영국 국민 대다수는 '예측이 가능하고 안정된, 체제 안의 계급에 충실한 삶'을 살기 때문입니다. 프랑스인들은 죽도록 공부하고 치열하게 사는 엘리트의 삶을 '선택'의 문제라고 생각하기 때문입니다. 미국은 인종 차별과 극심한 빈부격차로 인해 고등학교 교육이 망가져서 대학 진학에 대한 의욕이 없는 사람들이 많기 때문입니다.

2010년 공익광고협의회가 제작한 '부모와 학부모'라는 제목의 광고가 있습니다. 오래전 광고라서 기억나지 않을 텐데, 유튜브에서 검색하면 볼 수 있습니다. 이런 내용입니다.

부모는 멀리 보라하고
학부모는 앞만 보라합니다
부모는 함께 가라하고
학부모는 앞서 가라합니다
부모는 꿈을 꾸라하고
학부모는 꿈꿀 시간을 주지 않습니다
당신은 부모입니까? 학부모입니까?
부모의 모습으로 돌아가는 길, 참된 교육의 시작입니다.

'학부모'가 되지 말고 '부모'가 되라는 게 '공익광고'랍니다. 잘 만든 광고인지 어처구니없는 광고인지 잘 모르겠는데요, 이 광고를 다른 나라 말로 번역할 수 있을까요? '학부모'와 '부모'의 차이를 'ChatGPT'에게 물어보니 모르겠다네요.

왜 한국에서는 자녀가 학교에 입학하면 다른 정체성을 지닌 사람이 될까요? 왜 한국은 모든 국민이 교육 전쟁 속으로 자식을 밀어 넣을까요? 이에 대해 명쾌하게 답변하는 학자들은 별로 없는데요, 두 학자의 이야기에서부터 문제를 풀어보고자 합니다.

한신대 사회학과 김종엽 교수는 한국 사회의 과도한 경쟁적 교육열은 분단체제가 만든 '저위 경쟁적 평등주의'에서 기인한다고 설명합니다.

한국은 해방 이후 분단과 전쟁으로 모든 게 뿌리 뽑힌 평준화 사회가 되었고, 사회를 지탱하는 연대감이 상실된 상태에서 새로 시작하게 되었습니다. 분단이 고착되면서 한국 사회는 우경화되었고, 여기에 '연대 없는 평등주의'가 결합하면서 개인적으로 지위 향상을 추구하게 된 것이 교육 경쟁의 근원이라고 설명합니다.[72]

김종엽 교수가 높은 교육열의 기원을 분단과 전쟁 체제 속에서 형성된 개인주의로 설명했다면, 성공회대 김동춘 교수는 그 동력이 가족 단위로 형성된 이유를 설명합니다. 영화 〈국제시장〉의 덕수네 가족처럼 한국 전쟁을 겪으면서 사람들은 공포, 불안, 배고픔, 이별의 고통에 휩싸이게 되었고, 국가가 개인의 삶을 지켜주지 못한다는 것을 몸소 체득하면서 가족의 안전과 복리를 추구하는 '신가족주의'가 형성되었다는 것입니다.[73]

---

72) 김종엽, 『분단체제와 87년체제』, 창비, 2017
73) 김동춘, 『독립된 지성은 존재하는가』, 삼인, 2001

'신가족주의'란 가족 단위의 공동체주의가 아니라 가족 단위의 이기주의이며, 교육이 가족의 안전을 지켜주는 체제라는 것이죠. 김동춘 교수는 가족 외부의 삶이 팍팍할수록 가족의 가치는 증가하며, 오늘날 한국 사회에서 가족은 가장 강력한 종교가 되었다고 설명합니다.

두 교수 모두 한국 교육이 전쟁이 된 이유를 해방과 분단, 전쟁에서 뿌리를 찾고 있습니다. 선뜻 다가오지 않을 수 있겠는데요, 두 가지 측면에서 해방과 분단, 전쟁에 대한 이해가 필요합니다.

첫째, 한국 교육이 극심한 경쟁으로 돌입한 시기가 1960년대입니다. 1945년 일제 강점에서 해방되었을 당시 한국인의 문맹률은 78%였습니다. 그로부터 20년 사이에 도대체 무슨 일이 있었기에 교육이 극심한 경쟁 체제가 되었을까요? 이를 이해하기 위해서입니다.

둘째, 교육 분야뿐 아니라 한국 사회 전 분야의 작동 방식을 이해하려면 분단과 전쟁이 어떻게 현재의 사회 체제에 영향을 미치는지 알아야 합니다. 한국 사회의 비밀을 푸는 열쇠라고 할 수 있습니다.

1945년부터 1948년까지 3년의 미군정 시기에 한국 사회의 지배 세력이 결정됩니다. 이는 1950년부터 3년에 걸친 전쟁으로 확고하게 굳어집니다. 그리고 우리는 지금도 정전 체제에 살고 있습니다. 우리가 정전 체제에 살고 있다는 것을 못 느끼는 분들이 많을 것입니다. 한 가지 예를 들어보겠습니다.

[표43]은 국제노총(ITUC)이 발표한 '2022 글로벌 권리 지수(Global Rights Index)'입니다. 국제노총(ITUC)은 151개국 노동조합 305개, 1억7,500만 명이 가입한 세계 최대 규모 노동조합 단체로 2014년부터 매년 글로벌 노동권 지수를 발표해 왔습니다. 한국을 찾아보시죠.

[표43] 2022년 국제노총 글로벌 노동권 지수 현황

등급	국가
1등급 (9개국)	오스트리아, 덴마크, 핀란드, 독일, 아이슬란드, 아일랜드, 이탈리아, 노르웨이, 스웨덴
2등급 (27개국)	바베이도스, 콩고, 코스타리카, 크로아티아, 체코, 도미니카, 에스토니아, 프랑스, 가나, 이스라엘, 일본, 라트비아, 리투아니아, 말라위, 몰도바, 몬테네그로, 나미비아, 네덜란드, 뉴질랜드, 포르투갈, 싱가포르, 슬로바키아, 스페인, 스위스, 대만, 토고, 우루과이
3등급 (29개국)	알바니아, 아르헨티나, 아르메니아, 바하마, 벨기에, 벨리즈, 볼리비아, 보스니아헤르체코비나, 불가리아, 캐나다, 엘살바도르, 가봉, 조지아, 자메이카, 라이베리아, 마다가스카르, 모리셔스, 멕시코, 모로코, 모잠비크, 네팔, 나제르, 북마케도니아, 파나마, 파라과이, 폴란드, 르완다, 남아프리카공화국, 영국
4등급 (39개국)	앙골라, 호주, 베냉, 보츠와나, 부르키나파소, 카메룬, 차드, 칠레, 콩고민주공화국, 코트디부아르, 지부티, 에티오피아, 피지, 그리스, 기니, 헝가리, 케냐, 키르기스스탄, 레바논, 레소토, 말리, 모리타니아, 나이지리아, 오만, 페루, 카타르, 루마니아, 사우디아라비아, 세네갈, 세르비아, 시에라리온, 스리랑카, 탄자니아, 트리니다드토바고, 우간다, 미국, 베네수엘라, 베트남, 잠비아
5등급 (34개국)	알제리, 바레인, 방글라데시, 벨라루스, 브라질, 캄보디아, 중국, 콜롬비아, 에콰도르, 이집트, 에리트레아, 에스와티니, 과테말라, 아이티, 온두라스, 홍콩, 인디아, 인도네시아, 이란, 이라크, 요르단, 카자흐스탄, 대한민국, 쿠웨이트, 라오스, 말레이시아, 파키스탄, 필리핀, 수단, 태국, 튀니지, 튀르키예, 아랍에미리트, 짐바브웨
5등급+ (10개국)	아프가니스탄, 부룬디, 중앙아프리카공화국, 리비아, 미얀마, 팔레스타인, 소말리아, 남수단, 시리아, 예멘

한국을 찾으셨나요? 놀랍게도 5등급이죠? 각 등급의 의미는 아래와 같습니다.

- 1등급: 노동권이 간헐적으로(sporadic) 침해되는 나라
- 2등급: 노동권이 반복적으로(repeated) 침해되는 나라
- 3등급: 노동권이 정기적으로(regular) 침해되는 나라
- 4등급: 노동권이 체계적으로(systematic) 침해되는 나라
- 5등급: 법·제도에서 노동권이 아예 존재하지 않는 나라
- 5+등급: 정부 기능이 마비되어 평가 자체가 무의미한 나라

'5+등급'에 있는 나라들의 공통점은 전쟁 중이거나 내란 상태인 나라입니다. '노동권'이란 노동자의 권리라는 뜻이지만, 일하는 사람의 70%가 노동자인 한국에서 노동자의 권리는 모든 국민의 권리입니다. 한국은 전쟁, 내전 중이어서 평가 자체가 무의미한 나라 바로 위의 등급입니다.

우리는 지금 머리 위로 포탄이 떨어지는 나라는 아니지만 1950년부터 1953년까지 전쟁하다 70년 동안 전쟁을 멈춘 상태의 나라입니다. 전쟁이 끝난 게 아니라 잠시 멈추자고 해놓고 70년 동안 유지되고 있는 나라, 인류 역사에서 가장 오랫동안 정전 상태인 나라입니다. 정전 상태의 국가가 인간의 얼굴을 한 사회 체제를 유지할 수 있을까요?

노동권이란 노동자가 자기 삶을 바꿔나갈 수 있는 권리입니다. 그런 가능성을 원천적으로 봉쇄당하고 있을 때, 자기 자식을 위해 할 수 있는 일이 교육 전쟁에서 승자가 되도록 하는 것 외에 무엇이 있을까요?

이제 한국 교육이 왜 전쟁이 되었는지를 본격적으로 이야기하고자 합니다. 일제

교육개혁은 없다 1

강점기부터 현재에 이르기까지 학벌 전쟁 사회가 어떻게 형성되었는지 제3부에서 살펴보겠습니다.

3부

학벌 전쟁 사회의
형성 과정

일제 강점기의 교육
(1910~1945)

이명박, 박근혜 정권 때 '식민지 근대화론'을 주장한 '뉴라이트' 세력들의 목소리가 높았습니다. 그들은 일제 강점기에 도로와 철도가 부설되고 공장이 세워진 것이 조선의 자본주의적 산업화와 근대화에 기여했다고 주장했습니다. 일제 강점기를 나쁘게만 생각하지 말고, 친일파에 대해서도 비난만 하지 말라는 주장이죠. 그 생각을 청소년들에게 전파하기 위해 한국사를 국정교과서로 만들려고 했습니다.

일제가 조선에 근대를 이식하려 한 것은 식민지 지배를 위해서입니다. 식민지 지배를 위해서라면 근대가 아니라 봉건적, 전통적 요소도 적극적으로 활용했습니다.

1930년대 초 농촌진흥 운동의 핵심 이데올로그 역할을 하던 야마자키 노부요시는 조선 농촌을 진흥하는데 가장 필요한 것이 장유유서(長幼有序), 상하유별(上下有別)과 같은 전통적 유교 윤리라고 강조했습니다. 동경제대 출신 엘리트로서 함경북도 지사를 지낸 도미나가 후미이치도 1930년대에 조선의 전통 향약을 일본식 국가주의로 재해석한 '관북향약'을 만들어 함경북도에 보급하려 했습니다.[74]

유럽의 파시즘과 비교해서 일본 파시즘의 특징은 일왕에 대한 맹목적인 충효의 윤리를 강조하는 것입니다. 지금은 일본이 일왕을 국민 통합의 상징으로 규정하고

---

74) 이준식, 『일제강점기 사회와 문화』, 역사비평사, 2014

있지만, 식민지 강점 시기에는 "대일본제국은 만세일계(萬世一系)의 '천황'이 통치한다"라고 규정하고 있었습니다. 일왕은 '살아있는 신'으로서 신성불가침의 존재였으며, 국가의 모든 작용을 총괄하는 권한을 가졌습니다.

전근대에서 근대로 전환은 단순히 자본주의적 생산 양식의 확대를 의미하는 것이 아닙니다. 시민적 권리의 확대에 기초한 새로운 사회 원리가 확립되는 것입니다. 일본은 메이지 유신 이후 산업화의 길을 걸었지만, 정치적으로는 유럽과 같은 시민 민주주의를 외면했습니다.

일제 강점기에 근대적 학교가 늘어났습니다. 상급학교 진학 경쟁도 있었습니다. 1924년에는 서울대의 전신인 경성제국대학이 세워졌습니다. 그렇다면 일제 강점기는 한국 교육이 근대화되는 과정이었을까요? 그리고 이 과정에서 오늘날 학벌주의의 뿌리가 형성되었을까요? 이 문제를 살펴보겠습니다.

일제는 조선인을 공부시키려고 학교를 세웠을까?

조선 말 터져 나온 대규모 농민봉기들은 신분제에 기초한 봉건적 질서가 유지될 수 없는 지경에 이르렀음을 보여줍니다. 박지원의 『양반전』에 나오듯이 돈으로 양반 신분을 사고팔면서 구한말에 양반의 수는 전체 인구의 70%에 이르게 되었고, 과거 제도도 부정부패가 넘쳐 새로운 관리 등용 체계가 필요하게 되었습니다.

조선의 낡은 질서를 해체하는 결정적 사건은 동학농민혁명입니다. 부패하고 무능한 조선 왕조에 대항하여 '척양척왜 보국안민'(斥洋斥倭 輔國安民)의 기치를 들고 봉기한 농민군에 놀란 지배세력은 농민군이 내세운 폐정개혁안[75]을 수용하여 개혁을 단행하게 됩니다. 이를 갑오개혁이라 하죠. 갑오개혁의 골자는 신분제 폐지,

교육개혁은 없다 1

연좌제 폐지, 조혼 금지, 청상과부 재가 허용, 노비제도 폐지, 인신매매 금지 등이었습니다. 아버지를 아버지라 부르지 못했던 홍길동의 세기적 염원이 실현된 것이죠.

신분제 폐지로 교육이 대중화되는 조건이 마련되었습니다. '충군애국(忠君愛國)하는 근대적 인재 양성'을 목표로 교육 관련 법령들이 마련되고, 보통학과 전문학을 가르치는 교육 기관이 단계적으로 설립되었습니다. 1895년에 한성사범학교, 1899년에 경성의학교, 1900년에 관립중학교, 1904년에 농상공학교, 1908년에 한성고등학교 등 관립학교가 문을 열었습니다.

구한 말 개화파 세력들과 기독교 선교사들을 통해 배재학당, 이화학당, 경신학교, 정신여학교 등 신식학교가 세워지고 갑오개혁으로 근대 교육제도가 시작되었지만, 변화는 크지 않았습니다. 1910년 일제에 의한 강제합병 이전까지 소학교는 전국에 40개 정도였고 양반 출신 자제들은 서당에서 교육을 받는 경우가 많았습니다. 한문과 유학을 가르치는 서당이 3천 개 정도였으니 근대적 학교 교육이 시작되었을 뿐 대중화되기엔 한참 먼 시절이었습니다.

학교가 폭발적으로 증가한 것은 1905년 을사늑약 이후입니다. 사실상 식민지로 전락해버린 나라를 살리기 위해 민족운동가 양성, 민족의식 고양, 교육을 통한 항일운동을 목표로 사립학교 설립 운동이 확산됐습니다.

1908년 통감부 통계에 의하면 전국의 학교 수는 5천여 개, 학생 수는 20만 명에

---

75) 탐관오리 처벌, 횡포한 부호 엄징, 불량한 유림과 양반 징벌, 노비문서 소각, 천인 차별 개선, 청상과부 개가 허용, 무명 잡세 폐지, 지벌 타파 인재 등용, 왜와 통한 자 엄징, 공사채 무효, 토지 평균 분배 등 폐정개혁 12개조는 동학농민혁명이 반외세·반봉건 민주주의 혁명이었음을 보여준다.

이르렀습니다. 깜짝 놀란 일제는 1908년 배후에서 통감부를 통해 '사립학교령'를 내려 탄압했습니다. 이로 인해 1910년에 사립학교 수가 총 2천여 개로 감소합니다.

1910년 조선은 식민지가 되었습니다. 강제합병 직후 일제는 헌병 경찰을 창설하고 무자비한 통치에 돌입합니다. 언론·집회·출판·결사의 자유를 박탈했고, 헌병이 행정까지 담당했습니다.

1912년부터 '토지조사 사업'을 통해 토지를 강탈하여 동양척식주식회사가 소유하거나 일본인들에게 헐값으로 넘겨주었습니다. 일제는 지주들의 소유권은 인정해주면서 농민들의 토지는 빼앗습니다. 토지를 잃은 농민들은 소작농이 되거나 만주로 떠났습니다. 일제는 토지조사사업을 통해 조선의 지배계급이었던 지주를 식민지 통치의 계급적 기반으로 만들었습니다.

토지에 대한 수탈뿐 아니라 민족자본의 성장을 저지하기 위해 총독의 허가를 받고 회사를 설립하게 하는 '회사령'(1910년), 농민들의 삼림 이용을 단속하기 위한 '삼림령'(1911년), 일본인의 어업 독점권 확보를 위한 '어업령'(1911년), 일본인의 광산 개발권 독점을 위한 '광업령'(1915년) 등을 통해 대부분 산업을 독점하였고, 조선은 일본의 원료 공급지, 상품 판매지로 전락했습니다.

교육 분야도 철저히 탄압했습니다. 1911년 '조선교육령'과 '사립학교규칙'을 제정하여 대한제국 시기에 조선인이 저술한 교과서를 비롯해 민족 출판물 20여만 권을 몰수해 불태워버리고 일본인이 쓴 교과서로 대체했습니다.

대한제국 시기에 설립된 고등교육 기관들을 비롯하여 수많은 서당의 등록을 취소하고 학교 설치와 교육내용을 총독부가 통제했습니다. 조선총독부의 자료에 따르면 1911년 초등학교 수는 1,773개에 학생은 9만여 명, 중등학교 수는 63개에 학생은 3,200여 명으로 이전보다 급감했습니다.

1차 조선교육령은 '우민화'를 기조로 한 정책입니다. '일상생활에 필수적인 사항을 습득하고, 유교 도덕, 규율, 절제, 청결, 공덕 등의 덕목을 배우며 정치와 교육의 혼동을 경계하고 근면하게 자기 일에 종사하는 것'을 교육의 목표로 삼았습니다.

조선인에 대해서는 고등교육을 억제하고, 국민성 함양을 위한 보통교육에 집중하며, 인문교육이 아닌 실용기술을 교육하여 조선인의 교육열을 억압했습니다. 1915년 이후에는 고등교육 억압 정책 중 일부를 수정하여 기독교 계통의 사립학교를 허용하면서 적절하게 식민지 교육체제로 포섭하려 했습니다.

1910년대에 보통학교 취학률은 5% 미만이었습니다. 학교 자체도 많지 않았지만, 많은 조선인이 일제의 식민지 교육을 거부한 탓도 컸다고 합니다. 1919년 서당 학생이 30만 명 가까웠는데, 보통학교 학생은 10만 명을 넘지 못했습니다. 보통학교 취학률도 남자는 7.4%, 여자는 1.2%로 여성은 사실상 교육에서 배제된 상태였습니다.

그런데 1920년에 들어서면서 학교 수가 급격히 증가합니다. [도표47]은 일제 강점기의 공립보통학교(지금의 초등학교) 숫자와 학생 수입니다. 1910년대에 보통학교는 아주 완만히 증가하다가 1920년을 지나면서 급격히 증가합니다. 그 시기에 무슨 일이 있었을까요? 짐작하듯이 일제의 식민지 통치를 뒤흔든 3.1 독립운동입니다.

3.1독립운동은 1919년 3월 1일 하루의 사건이 아닙니다. 박은식의 『한국독립운동지혈사』에는 1920년까지 전국적으로 확산된 독립 만세 운동에 연인원 200여만 명이 참여했고, 사망자가 7,509명, 부상자가 15,850명, 체포된 사람이 45,306명으로 기록되어 있습니다. 참여 인원을 축소했을 것으로 보이는 조선총독부의 공식 기록에도 3.1독립운동 참여자가 106만 명이나 됩니다. 당시 조선 인구가 1,700만 명 정도였으니 식민지 통치가 뒤흔들린 것이죠.

3.1 독립운동으로 일제는 통치 방식을 바꾸게 됩니다. 야만성과 폭력성을 은폐하

[도표47] 공립보통학교

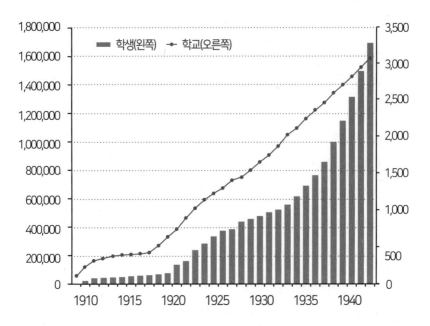

는 방식, 이른바 '무단통치'에서 '문화통치'로 전환합니다. 경찰의 허가를 전제로 집회·결사의 자유, 엄격한 검열을 전제로 언론·출판의 자유를 허용하는 방식입니다.

1919~1927년에 조선 총독을 지낸 사이토 마코토가 세운 '조선 민족운동에 대한 대책'은 다음과 같습니다.

- 핵심적 친일 인물을 골라 조선 지도층에 침투하여 친일 단체를 조직하게 한다.
- 각종 종교 단체도 최고 지도자에 친일파를 앉히고 고문을 붙여 어용화한다.
- 수재(秀才) 교육의 이름 아래 많은 친일 지식인을 긴 안목으로 키운다.
- 조선인 부호 자본가에 대해 일·선 자본가 연계를 추진한다.

교육개혁은 없다 1

일제는 무단통치에서 문화통치로 전환하면서 교육정책 기조를 바꿉니다.

1922년 발표한 '2차 조선교육령'에서 정책 기조를 '우민화'에서 '동화주의'로 변경합니다. '내지준거주의(內地準據主義)'[76]에 따라 일본의 학제와 조선의 학제를 일치시키기로 합니다. [표44]에서 보듯이 3.1 독립운동 이전까지 일제는 조선인에게는 일본인과 다른 학제를 적용하였으나, 이를 일본과 같은 방식으로 통일시켰습니다.

[표44] 내지준거주의에 따른 일본과 조선의 학제

	초등교육	중등교육	고등교육
일본인	소학교 6년	중학교 5년	전문학교 4년 대학교 6년
조선인	보통학교 4년	고등보통학교 4년 실업학교 2~3년	전문학교 3~4년

동화주의 기조에 따라 일본어 수업시수를 늘이고 일본어 교육을 강화합니다.

[표45]는 소학교의 6년 교육과정입니다. 착각하지 말아야 할 것은 '국어'란 일본어이고, '조선어'가 우리 말입니다. 일본어는 9시간, 조선어는 2시간입니다. 일제가 3.1 독립운동에 떠밀려 학교를 확대한 목적이 무엇인지 명확하죠. 전체 수업 시수의 1/3 이상이 일본어입니다. 인문 과목인 국사, 지리, 이과는 고학년에 잠시 들어있고, 도화 시간에는 식민통치를 옹호하는 포스터를 그리고, 창가 시간에는 일본의 국가나 전통음악을 배웠습니다.

---

76)   내지(內地)는 일본을 말한다. 내지준거주의란 일본을 기준으로 조선을 맞춘다는 것이다.

[표45] 소학교 6년 교육과정

과목	1학년	2학년	3학년	4학년	5학년	6학년
수신	1	1	1	1	1	1
국어	10	12	12	12	9	9
조선어	5	5	3	3	2	2
산수	5	5	6	6	4	4
국사					2	2
지리					2	2
이과				2	2	2
직업				2(1)	3(1)	3(1)
도화	1/2	1/2	1	1	2(1)	2(1)
창가	2/1	2/1	1	1	1	1
체조			3	3(2)	3(2)	3(2)
가사				(2)	(4)	(4)
전체	24	26	27	31	31	31

2차 조선교육령 이후 보통학교 수가 급증했습니다. 3.1운동에 대한 민심 수습 책으로 내놓은 '3면1교주의'(3面1教主義: 3개의 면에 보통학교 1개를 세움)로 1920~1925년에 매년 100개씩 보통학교를 설립했고, 1928년부터는 '1면1교주의'로 학교 수는 더 빨리 팽창했습니다. 1920년에 10만여 명에 불과했던 보통학교 학생 수(취학률 4%)가 1940년에는 137만여 명(취학률 41%)에 이르게 됩니다.

조선 사람에게 학교 교육은 어디까지 가능했을까?

일제 강점기 교육은 철저한 민족 차별 교육입니다. '일본 제국주의'하면 천황, 이토오 히로부미, 조선 총독 등이 떠오르지만, 조선 땅에서 백성들이 피부로 느끼는 억압은 조선에 들어와 살던 일본인들에 의해 자행되었습니다.

1876년 강화도 조약 당시 54명에 불과했던 조선 내 일본인은 1900년 이후 적극적인 이민정책으로 1905년 4만, 1910년 12만, 1920년 35만, 1930년 53만, 1940년에는 70만 명을 넘어서게 됩니다. 1910년 강제합병 당시 조선 인구가 1,300만, 1945년 해방 당시 2,500만이었으니, 해방 당시 기준으로 조선 사람의 3% 정도였습니다.

일본인들은 조선에 와서 무엇을 했을까요? [표46]과 [표47]은 재(在)조선 일본인과 조선인의 직업 분포입니다.[77] 공무자유업이란 총독부 관리, 금융조합 등 공공기관 종사자, 경찰, 교원 등을 말합니다. 일본인은 10명당 3~4명이 공무자유업 종사자입니다.

[표46] 재조선 일본인의 직업 구성   단위:%

연도	공무자유업	상업 교통업	공업	농업	기타
1920	29.3	33.7	17.2	12.5	7.3
1930	35.2	29.4	14.4	8.4	12.6
1940	37.4	27.7	17.8	4.8	12.3

77) 송규진 외, 『통계로 본 한국 근현대사』, 아연출판부, 2004

[표47] 조선인의 직업별 인구 구성   단위: %

연도	공무자유업	상업교통업	공업	농업	기타
1920	1.7	5.6	1.9	87.2	3.6
1930	2.7	6.4	2.3	80.5	8.1
1940	3.1	7.9	3.1	72.9	13

일제의 식민지 통치는 일본에서 일본인을 데려와 직접 지배하는 방식을 기본으로 하고, 현지 하수인들을 협조자로 고용하는 방식이었습니다. 일본에서는 하층민이었던 자들이 조선에 와서 식민지 통치기관에 복무하면서 조선인들을 가혹하게 탄압하거나 총독부의 권력을 등에 업고 재산을 축적했습니다. 이런 자들이 재조선 일본인의 3/4이었습니다.

반면 조선인은 80%가 농민이었습니다. 농민들은 생산물의 60~70%를 소작료로 지주에게 빼앗기며 극심한 빈곤에 시달렸습니다. 가난에 시달리던 많은 농민이 조국을 등지고 만주, 연해주, 일본으로 떠나갔죠.

일제의 통치가 문화통치로 전환하면서 초등교육은 양적으로 확대되었지만, 중등교육(중고등학교)과 고등교육(전문학교, 대학교)은 아니었습니다. 조선인에 대한 교육은 딱 초등교육까지였습니다.

1910년 고등보통학교(지금의 중·고등학교)는 5개였습니다. 1919년에 18개, 1925년 33개, 1930년 40개, 1935년 45개(공립 24, 사립 21) 정도였습니다. 여기에 1935년 당시 65개였던 실업학교와 4개의 사범학교를 합쳐도 보통학교 졸업생이 진학할 수 있는 중등학교는 턱없이 부족했습니다.

교육개혁은 없다 1

1930년 기준으로 보통학교 졸업생 중 중등학교 진학자는 10% 수준이었고, 입학 연령 기준으로 보면 1.9%에 불과했습니다. 그것도 남자 2.9%, 여자 0.9%로 그 연령 대 여성 100당 중등학생은 1명 정도입니다.

식민지 차별 교육은 중등학교 교육을 보면 명확합니다. 조선 인구의 3%도 안 되는 일본인의 중등학교 재학생 수가 조선인 학생의 절반이 넘습니다. 인구 1만 명당 학생 수를 비교해보면 일본인 학생은 조선인 학생보다 1920년에는 42.3배, 1930년 에는 24.9배, 1940년에는 16배 많습니다. [표48]

[표48] 조선인과 일본인의 초·중등학교 재학생 수

(괄호 안은 인구 1만 명당 학생 수)

연도	초등교육		중등교육	
	조선인	일본인	조선인	일본인
1920	107,365 (64)	44,007 (1,265)	6,507 (4)	5,862 (169)
1925	407,541 (220)	56,105 (1,321)	20,427 (11)	13,949 (328)
1930	492,513 (250)	68,254 (1,360)	30,341 (15)	18,708 (373)
1935	720,757 (339)	84,395 (1,446)	39,238 (18)	23,300 (399)
1940	1,385,944 (604)	97,794 (1,417)	68,281 (30)	33,075 (480)

고등교육은 말할 것도 없겠죠. 고등교육 기관은 고급 기술을 교육하는 전문학교, 중등학교 교원을 양성하는 고등사범학교가 있었는데, 관립학교(경성법학전문학교, 경성의학전문학교 등)와 사립학교(연희전문학교, 보성전문학교, 이화전문학교 등) 는 1919년 6개(관립 4개, 사립 2개)에서 1943년에 20개(관립 9개, 사립 11개)로 증가

했을 뿐입니다.[78]

고등교육은 조선인 학생 수와 일본인 학생 수가 비슷합니다. 조선인이 일본인보다 40배가 많으니, 인구 1만 명당 고등교육을 받는 학생 수를 비교하면 조선인은 1.7명, 일본인은 40.1명입니다. 고등교육은 재조선 일본인을 위한 것이었고, 조선인에게 고등교육은 그림의 떡이었습니다. [표49]

[표49] 조선인과 일본인의 고등교육 재학생 수

(괄호 안은 인구 1만 명당 학생 수)

연도	고등교육	
	조선인	일본인
1920	454 (0.3)	250 (7.2)
1925	1,144 (0.6)	921 (21.7)
1930	1,710 (0.9)	1,767 (35.2)
1935	3,044 (1.4)	2,441 (41.8)
1940	3,865 (1.7)	2,766 (40.1)

일제가 식민지 조선에 경성제국대학을 세운 이유는?

고등교육과 관련하여 중요한 사건은 1924년 경성제국대학(이하 경성제대) 설립입니다. 일본은 1886년부터 1939년까지 본토에 7개, 식민지(조선, 대만)에 2개, 총 9

---

78)   오천석, 『한국교육사』, 1964

개의 제국대학을 설립하였습니다.[79] 경성제대는 일본이 6번째로 세운 제국대학입니다.

일본 안에서도 제국대학의 위상은 대단했습니다. 1918년 전까지 게이오대, 와세다대 등 사립대학은 '대학'이라는 명칭은 썼어도 교육 제도상 '전문학교'였습니다. 오직 제국대학 졸업자만 '학사'라는 칭호가 인정되었습니다. 그런 제국대학을 조선에 설치한 것은 문화통치의 기조 속에서 식민지 조선을 일본과 다름없이 취급하겠다는 정치적 조치였습니다.

경성제대 설립을 조선 민립대학 설립 운동[80]에 대한 무마책으로 평가하는 견해도 있는데, 2차 조선교육령 발표 시기를 고려할 때 명확한 근거는 부족하다고 봅니다.

경성제대는 바로 학부에 입학하는 것이 아니라 예과에서 2년(1934년부터는 3년) 동안 외국어를 비롯한 기초교양을 쌓고 학부로 진학했습니다. 1924년에 예과가, 1926년에 법문학부와 의학부가, 1938년에 이공학부가 개설되었습니다.

경성제대는 조선인을 잘 교육하기 위해 세운 학교가 아닙니다. 조선총독부 자료에 따르면 1924~1942년에 경성제대 예과에 입학한 학생은 일본인이 2,083명, 조선인이 1,042명으로 2/3가 일본인입니다.

경성제대는 재조선 일본인을 위한 학교이지만, 조선인이 절반 넘지 않는 선에서 입학을 허락하는 내규를 갖고 있었다고 합니다. 단, 조선인이 입학할 때는 3.1독립운

---

79) 도쿄제국대학(1886년), 교토제국대학(1897년), 도호쿠제국대학(1907년), 규슈제국대학(1911년), 홋카이도제국대학(1918년), 경성제국대학(1924년), 다이호쿠제국대학(현 대만대학교, 1928년), 오사카제국대학(1931년), 나고야제국대학(1939년)

80) 1920년대 초 일제의 문화통치를 배경으로 국내 민족주의자들이 조선인의 손으로 대학을 설립하고자 하는 실력양성운동

동과의 관계 여부, 본인과 가정의 사상 성향, 심지어 재산까지 조사받아야 했습니다.

그러면 그 당시 누가 경성제대에 입학했을까요? 경성제대 의학부 1회 입학생 구로다가 쓴 경성제대 입학식 풍경을 보죠.

평소 한촌이나 다름없던 동대문 밖 청량리는 이날 요인, 학부형, 외국인 등 수백 명이 몰려들어 교정은 자동차로 메워졌다. 당시 서울 장안에 있던 승용차는 모두 몰린 것 같았다.

1924년에 교정이 자동차로 메워졌다니 충분히 짐작 가능할 것입니다.

이렇게 입학해서 졸업한 조선인은 무엇을 했을까요?

1929~1941년 법문학부를 졸업한 조선인 323명의 진로를 보면 관공서 108명, 학교 71명, 은행·회사 44명으로, 세 분야가 69%를 차지합니다. 법문학부를 졸업한 일본인 졸업생의 진로는 '학교〉은행·회사〉관공서' 순서인데, 조선인 졸업생의 진로는 '관공서〉학교〉은행·회사' 순서입니다. 경성제대의 조선인 졸업생들이 가장 선호한 직업은 조선총독부 고위 관리와 판·검사였습니다.

1930~1941년 의학부를 졸업한 조선인 194명의 진로를 보면 학교 85명, 개업 67명, 관공립·사립 병원 28명, 관공서 10명입니다.[81]

1924~1941년 경성제대 예과를 졸업한 조선인 325명의 해방 이후 사회 진출 상황을 보면 대학교수가 134명으로 가장 많고, 고급공무원 46명, 회사 중역 33명, 법관 31명, 각료 22명, 국회의원 18명, 교장 15명 순입니다.[82]

---

81) 『경성제국대학일람』, 1941
82) 이충우, 『경성제국대학』, 다락원, 1980

교육개혁은 없다 1

경성제대를 원톱으로 대학 서열화가 시작되었을까?

지금 시각으로 생각하면 서울대의 전신인 경성제대, 연세대의 전신인 연희전문, 고려대의 전신인 보성전문 사이에 오늘날과 같은 서열이 있었을 것 같지만, 경성제대는 연희전문, 보성전문과는 '급'이 다른 학교였습니다. 해방 이후 경성제대 출신들 사이에 서울대를 모교로 인정할 것인가를 놓고 논쟁을 했을 정도였다고 합니다.

비교적 민족주의 성향이 강했던 잡지 〈개벽〉의 1924년 7월호 기사 '경성제국대학 예과 입학식을 보고서'를 보면 당시 경성제대의 위상을 알 수 있습니다.

"서양식 교육이 수입된 지 30여 년에 아직것 최고학부를 가지지 못하야 중학이나 전문학교를 졸업한 사람이 외국에 유학을 가지 않으면 그 이상 연구를 하기 어렵던 조선에서 대학을 가지게 된 것은 문화상은 물론이어니와 기타 각 방면으로 보아 대단히 반갑고 깃분 날이다."

경성제대 입학생 수에 따라 중학교 서열화 현상이 나타났다는 견해도 있습니다. 2006년 서울대 사회학과 정진성 교수가 「경성제국대학의 입학 및 졸업 기회의 차등적 배분」이라는 논문을 발표했는데, 당시 어떤 언론사는 "일제시대에도 대학 입시 전쟁 치렀다. 대입 명문 경성중—용산중—경성제일고보 순"이라는 제목으로 기사를 썼답니다.

경성제대 입학생을 많이 낸 경성중(현 서울고. 연평균 30명), 용산중(현 용산고. 연평균 18명)은 일본인들이 다니는 학교였고, 경성제일고보(현 경기고. 연평균 13명)는 조선인 학교였습니다. 일본인이 압도적이었던 경성제대 입학생 수를 놓고 일제 강점기에도 '학교 서열화'가 있었다고 하는 것은 무리한 결론입니다.

경성제대를 원톱으로 대학 서열화가 형성되었는지를 알아보기 위해서는 해외 유학생을 살펴볼 필요가 있습니다. 일제가 조선인의 대학교육을 억제했기 때문에 해외 유학생이 매우 많았습니다. 당연히 일본 유학생이 압도적이었겠죠.

대한민국의 사법·행정·경제계를 장악한 엘리트의 뿌리를 추적해온 인하대 한국어문학과 정종현 교수는 일제 강점기에 일본 제국대학을 졸업한 유학생들을 조사하여 2019년 『제국대학의 조센징』을 출간했습니다.

일본의 제국대학을 졸업한 조선인은 784명, 중도에 학업을 중단한 경우까지 합치면 1,000명이 넘는다고 합니다. 이들은 1942년까지 총 629명이었던 경성제대 조선인 졸업생 규모를 훨씬 상회하는 최고의 엘리트 집단이었습니다. [표50]

제국대학뿐 아니라 사립대학을 다닌 유학생들도 매우 많습니다. 최남선, 송진우, 김성수, 장덕수, 장택상 등 유명한 친일파 인사들은 와세다대 출신입니다.

[표51]은 연대별로 일본 제국대학에 입학한 조선 학생 수입니다.

1924년 경성제대가 설립되었는데도 1930년대에 제국대학 유학생은 더 증가했습니다. 이유가 무엇이었을까요?

[표50] 제국대학 졸업한 조선인 수

제국대학	조선인 졸업생수(명)
도쿄제대	163
교토제대	236
도호쿠제대	106
규슈제대	162
홋카이도제대	62
오사카제대	34
나고야제대	21
총계	784

[표51] 제국대학 입학한 조선인 수

연도	일본 제국대학 입학생 수
1910~1920	31명
1921~1930	250명
1931~1940	376명
1941~1943	106명

교육개혁은 없다 1

첫째, 일본 본토의 제국대학이 교육과 시설에서 수준이 높았기 때문입니다. 경성제대는 1941년이 되어서야 이공학부를 추가하여 단과대학이 3개인 소규모 종합대학 수준이었습니다.

둘째, 관료주의 사회인 일본에서 일본인과 경쟁할 수 있는 기반을 얻기 위해서입니다. 본토 제국대학 출신은 경성제대보다 더 대접을 받았습니다.

셋째, 식민지 본국의 제국대학이 경성제대보다 사상 검열이 약했다고 합니다.

당시 제국대학의 수업료는 연 120엔, 월평균 학비는 47엔, 1년에 평균 684엔이 필요했다고 합니다. 1930년대 초 조선인 자작농의 1년 평균 수입이 544엔이었고, 소득수준이 높았던 평양시민의 1년 소득이 1천 엔 정도였으니 제국대학 유학생이 어떤 집안의 자식들이었는지는 충분히 짐작할 수 있을 것입니다.

제국대학을 졸업한 대다수 조선인은 식민지 총독부의 관료로 돌아와 '나리'로 대접받으며 일했습니다. 도쿄제대 졸업생 163명의 1/3인 64명이 조선총독부, 만주국, 일본 본토에서 관료로 복무한 행적이 확인되었다고 합니다. 행적을 확인하기 어려운 41명을 제외하면 대략 50% 정도가 관료가 되었습니다.

교토제대 졸업생 236명도 확인이 어려운 55명을 제외하고 졸업생의 55% 정도가 관료가 된 것으로 추산합니다. 관료 다음으로 큰 비율은 관공립·사립학교 교원입니다. 일본, 조선, 만주, 남북한에서 교수직을 거친 사람의 출신 대학은 도쿄제대 53명, 교토제대 46명 등 대략 40% 정도 됩니다.

일제 강점기에 미국 유학생들도 살펴볼 필요가 있습니다.

1882년 조미수호통상조약이 맺어지고, 선교사들에 의해 미국에 대한 호의적 관점이 유포되면서, 1910년 경술국치 이전에도 60~70명 정도가 미국으로 유학을 떠났다고 합니다.

일제 강점기에 총독부는 일본 본토 유학과 달리 유럽, 미국 유학을 통제했습니다. 일본과 달리 지리적으로 멀고 언어의 장벽이 크며 막대한 학비를 감당하기 어려웠기에 미국 유학생 수는 그리 많지 않았습니다. 그런데도 일제 강점기 미국 유학생의 수는 650~800명 정도로 추산된다고 합니다.[83]

대한민국 초대 대통령 이승만을 비롯하여 윤치영, 임영신, 박마리아, 백낙준, 김활란 등 친일매국노로 이름을 날린 사람들도 1920년대에 미국에서 유학한 사람들입니다. 이들은 일제 말기에는 친일매국노로, 해방 이후 미군정기에는 영어 실력을 밑천으로 권력의 중심부에 서게 됩니다.

일제 강점기의 관료 직급은 [표52]와 같습니다.

[표52] 일제 강점기의 관료 직급

친임관	칙임관 중 총독, 정무총감 딱 2명
칙임관	1~2등관
주임관	3~9등관. 고등문관시험 합격자는 군수, 도청의 과장급부터 시작
판임관	순사, 간수 등 문관보통시험 합격자

오늘날 최고의 엘리트를 선발하는 사법고시, 행정고시에 해당하는 시험이 고등문관시험입니다. 수십 년을 판임관으로 떠돌다 운이 좋으면 50세가 넘어서야 군수로 특채되었는데, 고등문관시험에 합격하면 군수부터 시작했습니다.

일제 강점기에 고등문관시험 합격자는 행정과에 135명, 사법과에 272명입니다.

---

83) 홍선표, 국사관논총 제96집 「일제하 미국 유학 연구」, 2001

교육개혁은 없다 1

이 중 경성제대와 일본 제국대학 졸업자는 [표53]과 같습니다.

[표53] 경성제대와 일본 제국대학 졸업자

고등문관 시험 합격자	경성제대	도쿄제대	교토제대	도호쿠제대	규슈제대
행정과 135명	45	18	17	6	9
사법과 272명	50	12	16	5	5

단일 대학으로는 경성제대가 가장 많지만, 일본 제국대학 출신을 합치면 행정과는 경성제대보다 많고, 사법과는 약간 못 미칩니다.

제국대학이 전문학교와는 격이 다른 학교라는 점에서 조선 땅에서는 경성제대가 다른 전문대학보다 우월한 지위에 있지만, 일제에 부역한 엘리트 그룹에서는 경성제대 원톱 체제가 아닙니다.

1930년부터 졸업생을 배출하기 시작한 경성제대 출신들은 일제 강점기에는 친일파의 지도적 인물로 성장할 수 없었고, 해방 이후 한국 사회의 엘리트 집단을 형성하게 됩니다. 서울대가 경성제대를 모태로 설립되었다는 이유로 일제 강점기 경성제대에서 학벌주의의 뿌리를 찾는 것은 타당하지 않습니다.

학벌주의가 태동할 교육 환경이 형성되었을까?

학벌에 대한 기존 연구들은 일제 강점기를 학벌 형성의 '태동기'로 규정합니다. 근거는 근대적 교육기관인 학교가 확대된 점, 교육열이 높아서 상급학교 진학 경쟁이 있었던 점[84], 서울대의 전신인 경성제대가 설립되어 최고의 엘리트 교육 기관이 된

점 등입니다.

학벌주의가 사회적 현상으로 등장하려면 학교 교육이 대중화되고, 학교 교육을 통해 사회적 지위가 상승할 수 있어야 하는데, 조선인에게 주어진 기회는 매우 제한적이었습니다. 일제는 총독부를 통해 직접 통치했으며, 고위관리는 일본인이었고, 조선인은 통치기관의 하급 관리로 일했습니다. 학교 교육도 철저한 민족차별 교육이었습니다. 과연 일제 강점기를 학벌 형성의 태동기라 할 수 있을까요?

1894년 신분제가 폐지되었지만, 사회적 의식이 변하는 데는 오랜 시간이 걸리기 마련입니다. 1914년 조선총독부 관보에 의하면 당시 관립학교 입학생 중 양반 출신이 45.2%, 상민 출신이 54.8%였다고 합니다. 신분제가 폐지된 지 20년이 지난 시점에서도 그런 조사를 했던 모양입니다.

신분제는 폐지되었어도 양반 계급의 물적 토대인 토지 소유권은 지속되었습니다. 인구의 3%에 불과한 지주는 소작제도를 통해 소작농, 자작 겸 소작농 등 전체 농민의 80%를 지배했고, 일제는 지주를 비호했습니다. 지주를 식민통치의 핵심적 지지 기반으로 삼고자 했기 때문입니다.

1923년 기준으로 농민들의 계급 분포를 보면 지주 17,842호, 부농(富農) 88,820호, 중농(中農) 491,111호, 빈농(貧農) 969,039호, 고농(雇農: 농업노동자) 162,209

---

84) 이경숙, 〈1920·30년대 "시험지옥"의 사회적 담론과 실체〉 중 '학교급별 입학 경쟁률'

연도	초등학교	중등학교	전문·대학교
1927년	1.2:1	3.2:1	4.4:1
1930년	1.3:1	3.0:1	4.0:1
1937년	1.9:1	4.4:1	5.6:1

호로 추정됩니다. 전체 농가의 2/3가 빈농, 고농이었습니다.[85]

농민들은 대부분 고리대를 이용했습니다. 소작료, 당겨 쓴 각종 비용, 봄에 빌려 먹은 식량 등을 지주에게 갚고 나면 농민의 수중에는 남는 것이 거의 없었습니다.

일제 강점 초기만 해도 대부분의 농가가 적든 많든 한 해 농사를 지은 뒤 일정한 정도의 수익을 남길 수 있었습니다. 1918년 조선총독부에서 조사한 농가 경제 상황에 따르면 전국적으로 부농은 1,061원, 중농은 101원, 빈농은 5원의 흑자를 기록했습니다.

그런데 1930년, 1932년에 조선총독부의 관변단체인 '조선농회'가 조사한 자료에 의하면 소작농은 평균 소득 339원, 지출 371원으로 32원 적자를 기록했습니다. 소작농의 75%가 평균 65원의 부채를 지고 있었으며, 부채는 개인 고리대였습니다. 개인 고리대는 연이자가 30~40%에 이르렀습니다.

일제 강점기에 농민들은 계속 가난해졌습니다. 일제가 태평양전쟁을 일으킨 후 식량 문제 해결을 위해 배급제를 실시하면서 농민들의 형편은 더욱 나빠져서 1940년대에는 도토리, 식용약초 등 초근목피(草根木皮)로 연명해야 했습니다.

일제 강점기에 학교 다니는데 필요한 경제적 형편은 어느 정도였을까요?

초등교육은 의무교육이 아니었습니다. 보통학교의 사친회비(등록금)를 감당할 수 없는 집은 자녀를 서당에 보냈습니다. 1923년까지는 서당에 다니는 학생이 보통학교 학생보다 많았고, 일제가 패망할 때까지 서당이 3천 개 정도가 남아있었고, 학생 수는 15만 명 정도였습니다.

중등학교는 부모의 경제력이 중요했습니다. 도시 상층 노동자의 월수입이 30원

---

85) 이준식, 『일제강점기 사회와 문화』, 역사비평사, 2014

정도였을 때 중등학교 입학 일시금이 100원 내외였기 때문에 부모의 재산이 학생 선발의 중요 기준이 되기도 했습니다. 일제 강점기에 학교 교육이 확대되었다고 하나 초등교육조차 누구에게나 열려있는 것이 아니었고, 중등교육은 중농 이상, 고등 교육은 지주 집 자식들이 받았습니다.

일제 강점기에 상급학교 진학 경쟁이 있었던 것은 일제가 학교를 많이 세우지 않았기 때문입니다. 인구가 1만 명 내외인 한 개 면에 한 개의 보통학교를 세운다고 해 봐야 면적이 넓은 농촌에서는 보통학교 다니기도 쉽지 않았습니다. 그러니 도시에 나가야 있는 고등보통학교 입학 경쟁률은 높을 수밖에 없었겠죠.

1920년 4%에 불과했던 초등교육 취학률이 1943년에 60%까지 증가했지만, 의무교육이 아니었습니다. 1940년 기준으로 중등학교 학생은 1만 명당 30명, 고등교육 학생 수는 1만 명당 1.7명입니다. 일제의 우민화 정책으로 1945년 해방 당시 문맹률은 78%, 여성의 문맹률은 92%나 되었습니다.

이런 상황에서 학력을 통해 신분 상승을 이루려는 경쟁이 사회적 현상이 될 수 있었을까요? 일제 강점기를 학벌 사회의 태동기로 보는 것은 타당하지 않습니다. 이를 좀 더 자세히 살펴보기로 하죠.

식민지 백성들은 학력 상승을 통한 엘리트를 꿈꿨을까?

3.1독립운동으로 타격을 받은 일제가 일시적으로 '문화통치'라는 가면을 썼지만, 오래 가지 않았습니다. 1931년 만주사변으로 대륙 침략의 서막이 올랐고, 조선은 후방 병참기지가 되었습니다. 1937년 중일전쟁은 일제가 문화통치 가면을 벗어던지고 '민족 말살 통치'로 전환하는 결정적 계기가 됩니다.

일제는 식민지 조선을 전시 동원체제로 전환했습니다. 산미증식계획에 이어 미곡공출제가 시행되어 농촌은 극심한 가난에 시달렸습니다. 1941년까지 약 160만 명의 조선인이 징용되어 일본의 공장, 탄광, 건설장으로 끌려갔습니다. 조선인 대학생의 70%인 4,300여명이 '학도병'이란 이름으로 전쟁터에 끌려갔습니다. 수만 명의 여성이 종군위안부로 끌려갔습니다.[86)

1940년 한글 신문은 폐간되고, 집회·결사는 허가제로 바뀌었으며, 독립운동가를 아무 때나 구금할 수 있는 '사상범 예방 구금령'이 제정되었고, 조선어학회 회원들은 치안유지법 위반으로 구속되었습니다.

대학생까지 전쟁터로 끌려가야 했던 시기에 학교 교육은 '내선일체'의 기치 아래 오로지 일제에 충성하는 인간을 키워내는 것을 목표로 했습니다. 1930년대가 되면서 신사참배를 안 해도 양해해주었던 기독교계 사립학교까지 신사참배를 하지 않으면 학교 문을 닫도록 했습니다. 숭실전문학교는 신사참배를 거부하고 폐교를 선택했는데 극히 드문 사례입니다.

1938년 발표된 제3차 조선교육령은 학교 수업에서 조선어, 조선사 과목을 사실상 폐지했습니다. 1941년에는 '소학교'라는 명칭도 '황국신민의 학교'라는 뜻인 '국민학교'로 개정되었습니다. '국민학교'라는 이름을 '초등학교'로 바꾼 게 1996년이니 참으로 부끄러운 일입니다.

창씨개명을 하지 않으면 국민학교에 갈 수 없고, 관공서 취직도 되지 않았습니다. 아침마다 일왕이 있는 도쿄를 향해 절을 하도록 강요하는 '궁성요배'를 해야 했고, 학교에서는 조회시간마다 "우리는 대일본제국의 신민입니다. 우리는 마음을 합하

---

86) 요시미 요시아키 쥬오대 교수는 그 숫자가 20만 명에 이를 것으로 추산한다.

여 천황폐하에게 충성을 다하겠습니다. 우리는 인고단련(忍苦鍛鍊)하여 훌륭하고 강한 국민이 되겠습니다"라는 '황국신민서사'를 외쳐야 했습니다.

이렇게 살아야 했던 식민지의 백성들이 교육을 통한 사회적 지위 상승을 꿈꿨을까요? 사회적 지위가 상승한다는 것은 일제에 협력하여 돈을 벌거나 식민통치 체제에 들어가 협력하는 것입니다. 3.1독립운동 이후 10년 정도는 독립운동가들의 활동 공간이 있었지만, 1931년 만주사변 이후 국내에서는 독립운동을 할 수 있는 공간이 없었습니다.

1937년 중일전쟁이 터지고 세계의 중심인 줄 알았던 중국이 일제의 침략에 힘없이 무너지는 것을 목격한 조선인들은 엄청난 충격을 받게 됩니다. 독립운동에 참여했던 사람들도 좌절하여 은둔하거나 친일로 돌아서게 됩니다. 친일파들이 본격적으로 매국노의 길을 걸어가기 시작한 것이 이 시기입니다.

영화 〈암살〉의 마지막 장면에서 안옥윤(전지현 분)이 "왜 동지를 팔았나?"고 묻자 염석진(이정재 분)이 "몰랐으니까. 해방이 될 줄 몰랐으니까. 해방될 걸 알았으면 그랬겠나!"고 답합니다. 해방 후 반민특위에 끌려와 재판받은 친일파들이 다 그렇게 답했습니다.

그 시기에 치열한 경쟁을 뚫고 경성제대를 졸업한 사람의 이야기를 직접 들어보기로 하죠.

이항녕(李恒寧, 1915~2008)은 친일부역 행위를 공개적으로 반성한 거의 유일한 사람입니다. 그는 1915년에 태어나 1934년 경성제이고등보통학교, 1940년 경성제대 법문학부를 졸업했습니다. 고등문관시험에 합격하여 총독부 학무과에 잠시 근무하다 경상남도 하동군수를 거쳐 창녕군수를 지내던 중 해방을 맞았습니다. 학생 시절에 그는 어떤 생각을 했을까요?

반일사상을 가지고 일본에 저항해야 한다고 생각하는 이도 있었고, 또 일부는 일본이 저렇게 강국이 되었는데 어지간해서는 망할 것 같지 않으니까 그저 거기 붙어사는 것이 안전하다고 안일한 생각을 가진 학생도 있었어요. 저는 후자 쪽이었죠. 민족이다, 우리나라의 장래다, 이런 것보다는 개인의 신상이 편한 쪽을 택한 거예요. 그러니까 부끄럽죠. 지금 생각하면 후회가 돼요.[87]

이항녕은 고등관, 즉 군수급 이상은 모두 친일파로 규정합니다. 일제 말기 군수는 공출(供出)[88], 정신대 차출 등을 맡은 일선 행정의 최고 책임자였는데, 군수가 그런 일을 하는 것을 뻔히 알고도 군수가 되기를 희망해 군수가 되었다면 친일파로 보는 것이 마땅하다고 말한 바 있습니다.

그는 해방 이후 대학교수, 신문사 논설위원, 변호사 등으로 활동하다 1972~1980년 홍익대학교 총장을 지냈는데, 홍익대 재단의 총장 연임 요청을 거절하면서 〈나를 손가락질해다오〉라는 유명한 글을 남겼습니다.[89]

생각해보면 희극이요, 만화입니다. 첫째 내가 학자랍시고 강단에서 행세했다는 것이 희극입니다. 내가 소위 사회의 지도층에 속한다고 하는 것도 만화요, 웃기는 일입니다. 나는 한 끼의 점심값으로 수천 원을 쓰고도 하루 종일 뼈아프도록 일하고 겨우 천원도 못 되는 삯을 받는

---

87) 연합뉴스, 〈40명의 민초들이 써내려간 해방 전후 역사〉, 2005년 8월 10일

88) 자유로운 식량 유통을 통제하고 농민들이 할당받은 농산물을 정부에 의무적으로 팔도록 한 제도. 1939년 대흉작으로 식량 사정이 악화되자 군량미를 확보하기 위하여 1940년부터 강제로 시행했다.

89) 조선일보, 1980년 1월 26일

청소부 아주머니를 동정해 본 일이 없습니다. 이런 내가 무슨 지도층에 속한단 말입니까.

나는 일제시대에 그들에게 아부한 사람들이 잘살았고, 그 자손들이 좋은 교육을 받아 지금까지도 영화를 누리고 있는 사실을 잘 알고 있습니다. 나 자신이 바로 그 한 사람입니다. 나는 4·19 이후 그때까지의 비교육적인 처신을 일시 후회했습니다. 다시는 역사와 민족 앞에 부끄럽지 않은 사람이 되겠다고 맹세하기도 했습니다. 그러나 오래지 않아 나는 다시 곡학아세의 길을 걸었습니다.

오늘의 우리나라에 진정한 학문이 없고 진정한 교육이 없는 것은 모두 나와 같은 파렴치한 때문입니다. 나는 이것을 깊이 참회하고 있습니다. 동료들은 나를 꾸짖어 주시고 제자들은 나를 손가락질해 주기를 바랍니다.

뜻있는 사람들은 국내에서 비밀리에 항일조직을 만들거나, 만주로 건너가 무장투쟁을 하거나, 중국으로 건너가 임시정부에 들어가거나, 재산을 처분해서 독립자금을 냈습니다.

드라마 '미스터 선샤인'의 여주인공 고애신(김태리 분)의 집안은 안동의 대지주로 임시정부 초대 국무령을 지낸 이상룡 선생 일가를 모델로 했다고 합니다.

식민지 조선에서 '노블레스 오블리주'의 상징인 이회영 선생 일가는 경술국치 직후 전 재산을 처분하여 오늘날로 치면 600억 원 정도의 광복자금을 들고 만주로 떠나 신흥무관학교를 세웁니다. 이상룡, 이회영 선생처럼 양반 지주 출신이지만 기득권을 다 버리고 독립운동에 몸 바친 선열들도 많습니다.

그런 시대에 친일파로 변절한 자들은 혹세무민의 글과 강연으로 징용, 징병, 정신대를 독려했습니다. 열심히 공부해서 학력을 쌓는 것은 자기 민족을 배신하는 길로 가기 십상이었습니다. 국민학교도 10명 중 3~4명 가던 시대, 중등·고등교육은 있는 집 자식들 외에는 허락되지 않던 시대의 식민지 백성들이 교육을 통한 신분 상승을 꿈꾸며 학력 상승 경쟁을 벌였을까요?

일제 강점기에 근대적 학교 제도가 수립된 것은 맞지만, 그 목적은 일본의 식민지 통치를 위한 것이었지 조선을 근대화하기 위함이 아닙니다. 그러나 아직도 대한민국 엘리트 중에는 '식민지 근대화론'을 떠드는 자들이 많습니다. 윤석열 정부 들어서는 '식민지 근대화론' 정도가 아니라 아예 일본 사람이 아닌가 싶은 사람들이 활개를 치고 있습니다. 해방된 지 80년이 다 되어가는데도 대한민국 엘리트들의 정신은 해방되지 않았습니다.

해방 당시 문맹률이 78%였고, 초등학교 취학률도 43%에 불과했고, 지주집 자식들이나 전문학교까지 갔던 시절에, 그것도 1만 명당 1.7명이 갔던 시절에 경성제대를 정점으로 대학이 서열화되어 오늘날에 이르렀다는 주장은 근거가 없습니다.

미군정~이승만 정권 시기의 교육
(1945~1960)

1945년 8월 15일 일제가 항복했습니다. 꿈에도 그리던 해방이 왔습니다. 그러나 일제 식민통치보다 더 큰 시련과 고통이 기다리고 있었습니다.

우리 민족의 의사와 무관하게 38선이 그어지고 국토가 두 동강이 났습니다. 독일은 전범국이라서 동독과 서독으로 분단되는 벌을 받았습니다. 그런데 기막히게도 전범국인 일본이 아니라 식민지였던 조선이 분단되었습니다. 모든 불행은 여기서 시작되었고, 지금도 지속되고 있습니다.

35년간 빼앗겼던 주권을 회복하고 자주독립 국가를 건설해야 할 에너지가 분단을 반대하고 통일 정부를 수립하는 운동으로 전환되어야 했습니다. 김구, 여운형 선생을 비롯하여 수많은 애국자들이 단독정부 수립 반대에 나섰으나 실패했습니다. 1948년 남과 북에 각각 정부가 들어선 후 3년간 전쟁의 참화 속에서 온 겨레가 고통을 겪었습니다.

한국전쟁은 20세기에 가장 파괴적인 전쟁 중 하나입니다. 지구 반대편에 사는 피카소는 〈한국에서의 학살〉을 그렸고, 영국 수상을 지낸 윈스턴 처칠은 "그토록 유혈 참극이 벌어진 전쟁은 보지 못했다"고 말했습니다.[90]

---

90) 강준만, 『한국 현대사 산책 1950년대편 2권』, 인물과사상, 2004

한국전쟁에서 사망한 한국인은 300만 명 이상으로 추산합니다. 당시 남북 인구 3천만 명의 10% 이상입니다. 제2차 세계대전 사망자를 보면 일본인은 인구의 4%, 중국인은 3%, 영국인은 1.3%, 프랑스인은 1%입니다. 한국전쟁은 사망자 300만 명 이상에 1천만 이산가족, 500만 난민이 발생했습니다.[91]

제2차 세계대전 사망자 중 중 민간인 비율이 60%였는데, 한국전쟁은 80%에 이릅니다. 일본이 일으킨 태평양전쟁보다 더 많은 폭탄이 한반도에 떨어졌습니다. 태평양전쟁 때 그 넓은 지역에 투하된 폭탄이 50만 톤이었는데, 한반도에 떨어진 폭탄이 63만 톤입니다.

폭격은 북한 땅에 집중되었습니다. 미 공군은 북한의 22개 도시에 네이팜탄을 떨어뜨렸는데 흥남 85%, 원산 80%, 신의주 60%, 사리원의 95%가 파괴됐으며, 평양은 초토화돼 전쟁이 끝났을 때 단 2개의 건물만 남아있었다고 합니다.

미군의 분석에 따르면 폭격으로 북한의 공업 및 주거 시설의 2/3 정도가 파괴되었다고 합니다. 미국의 존슨 행정부에서 법무장관을 지낸 램지 클라크는 한국전쟁의 본질이 나치의 유대인 대학살처럼 인종 말살 정책이었다고 고백한 바 있습니다.

한국전쟁은 1953년에 끝나지 않았습니다. 1953년 7월 27일 조선민주주의인민공화국, 미합중국, 중화인민공화국이 판문점에서 맺은 것은 전쟁을 완전히 끝내는 '종전협정'이 아니라 잠시 멈추는 '정전협정'입니다. 즉 지금 당장 선전포고 없이 전쟁을 재개해도 국제법상 문제가 없는 상태라는 뜻입니다. 2018년 김정은 위원장과 트럼프 대통령이 만난 이유는 아직도 끝나지 않은 한국전쟁을 끝내자는 협상을 하기 위해서였습니다. 인류 역사상 전쟁을 3년 하고 70년간 정전 상태인 사례는 없습니다.

---

91) 윌리엄 스톡, 『한국전쟁의 국제사』, 푸른역사, 2001

한국전쟁은 우리 민족이 경험한 전쟁 중 가장 큰 피해와 상처를 남긴 전쟁입니다. 우리가 잘 아는 전쟁을 살펴보죠. 임진왜란(1592년), 정유재란(1597년) 당시 피해를 보면 관군 7만 명, 민간인 15만 명 정도가 사망했고, 포로가 5만 명 정도였다고 합니다. 병자호란(1636년) 당시 사망자는 10만 명 정도, 청나라에 끌려간 민간인이 10만 정도였다고 합니다. 1600년 당시 조선 인구가 500만 명 정도였다고 하니 사망자 비율이 2~4% 정도입니다. 그런데 한국전쟁 사망자는 무려 전체 인구의 10%가 넘습니다. 그러니 한국 사회의 가치관과 문화가 송두리째 바뀔 수밖에 없었겠죠.

성공회대 김동춘 교수는 저서 『전쟁과 사회』에서 한국전쟁 이후 한국 사회를 '전쟁이 운영 원리로 정착된 사회'라고 규정합니다.

한국전쟁 이후 한국의 정치와 사회는 전쟁의 내재화, 즉 전쟁이 정치와 사회의 운영 원리로 정착된 것으로 볼 수 있다. '빨갱이는 죽여도 좋다'는 원리는 한국의 경제, 법, 사회 질서에 내재화되어 재생산되어 왔으며, 파시즘의 인종청소 논리와 본질적으로 다르지 않다.
전쟁은 비상사태이며, 그것의 정치적 표현은 비상사태 체제이다. 대다수 국민들은 국가가 국민의 생명과 재산을 보호해주지 못하며, 또 책임져주지 않는다는 것을 알게 되었다. 민중들은 국가를 지지하고 지원하기보다 오직 자신의 살길만을 찾게 되었다. 당장 내일 무슨 일이 일어날지 모르는 상황에서 자신과 가족의 안위만을 단속하는 존재가 되었다. 염치와 도덕이 없으며, 내일을 생각하는 마음, 이웃과 공동체를 생각하는 마음이 메말랐다. 말 그대로 전쟁상황, 피난 상황의 연장이다.

지난 70년 동안 우리는 전시체제에서 살아왔습니다. 그 세월이 너무 길어져 불감증에 걸려있을 뿐입니다. 전쟁 중인 나라에 자유, 평등, 인권, 복지와 같은 인류 보편

교육개혁은 없다 1

적 가치가 있을 리 없습니다. 인간이라면 당연히 누려야 할 모든 권리가 '호시탐탐 남침을 노리는' 북한을 이유로 박탈되었습니다.

전시체제의 국가에 정상적 가치관, 정상적 교육관이 들어서지 못한 것은 어찌 보면 너무나 당연합니다. 30년의 군부독재가 가능했던 이유, 군부독재가 끝나고도 사회가 정상화되지 않은 이유, 모두 분단과 전쟁이 남긴 상처들입니다. 이제 그 출발점이 되었던 미군정기의 역사부터 살펴보고자 합니다.

일장기가 내려가고 성조기가 올라가다

1945년 해방 당시 일제에 복무하던 조선인 관리는 고등문관 400여 명을 포함하여 4만5천 명 정도였습니다. 이들은 8월 15일 이후 숨어 지내며 출근도 하지 않았습니다. 징용, 징병, 창씨개명, 위안부 동원으로 원성을 듣던 하급 관리들은 주민들에게 얻어맞기도 했습니다.

해방을 예견하고 미리 준비한 사람이 있었습니다. 여운형 선생은 1944년 8월에 비밀 독립운동 단체인 '건국동맹'을 결성했고, 해방이 되자마자 '건국동맹'을 모체로 신속히 '건국준비위원회'를 발족합니다.

일제 강점기에 민족적 지조를 지켰던 독립운동가들을 중심으로 1945년 8월 말까지 140개 지역에 건국준비위원회 지부를 건설하고, 이를 모아 9월 6일 '조선인민공화국[92]'을 선포합니다. 8월 15일 이후 불과 20일 만에 조선인민공화국 선포가 가능했던 것은 민중의 절절한 독립 열망과 이를 모아낼 독립운동가들이 있었기 때문입

---

92) 북한의 국호로 착각하는 경우가 있는데, 북한의 국호는 '조선민주주의인민공화국'이다.

니다.

독립운동가들뿐 아니라 새로운 나라에 대한 민중의 열망도 뜨거웠습니다. 노동자들은 1945년 11월 노동조합 1,194개, 조합원 55만 명으로 '조선노동조합전국평의회'(전평)를 건설했습니다.

농민들도 13개 도에 도연맹, 188개 군 단위에 지부, 1,745개 면 단위까지 조직을 만들어 조합원 약 330만 명으로 구성된 '전국농민조합총연맹'(전농)을 건설합니다. 일제의 탄압 아래 숨죽이고 있는 엄청난 에너지가 해방과 동시에 터져 나왔습니다.

그러나 독립운동가들과 민중의 염원은 실현되지 못했습니다. 9월 9일 일장기가 내려진 중앙청에 성조기가 올라갑니다. 조선에 진주한 미군 총사령관 맥아더 명의로 9월 7일 6개 항의 포고령이 뿌려집니다. 핵심 내용은 아래와 같습니다.

제1조: 북위 38도 이남 정부의 모든 권한은 맥아더의 관할을 받는다.

제2조: 정부의 기존 직원은 종래의 기능을 계속하고 재산을 보존 보호해야 한다.

제3조: 점령부대(미군)에 대한 반항 행위는 엄중히 처벌한다.

제5조: 공식 언어는 영어다.

미군은 점령군이며, 조선 땅에서 일제 식민지 통치기관은 유지되며, 조선인민공화국과 상해임시정부를 모두 인정하지 않겠다는 뜻입니다. 이날부터 숨어있던 친일파들이 다시 얼굴을 들고 거리로 나옵니다.

1945년 9월 8일 존 하지 중장이 이끄는 미24군단 소속 제7보병사단이 들어와 군정을 시작했습니다. 하지 중장은 웨스트포인트(미국 육군사관학교)에서 정규교육을 받지 못한 군인이었고, 한국에 대해서 아무것도 몰랐던 사람입니다.

교육개혁은 없다 1

미군정의 최고 행정을 담당한 자들은 하급 장교로서, 과장은 중위, 국장은 대위나 소령 정도였습니다. 대부분 정규 사관학교나 대학 출신이 아니었고 전시에 긴급히 임명된 자들입니다. 이들이 해방된 조선의 새로운 통치자가 되었습니다.

이 시기를 상징하는 유행어가 '통역정치'입니다. 일제 강점기 때 해외 유학을 했거나 국내에서 고등교육을 받은 사람들이 미군정과 관계하면서 해방 정국을 움직였습니다. 일제 강점기에 고등교육을 받은 친일파들은 영어를 무기로 친미파로 변신합니다.

미군정은 일제 총독부에 복무하던 관료들의 자리를 그대로 유지시켰습니다. 1946년 10월까지 임명된 서울시내 10개 경찰서장 중 9명이 일제 고등경찰 출신이었습니다. 독립운동가를 체포하고 고문하던 일제의 앞잡이들이 뻔뻔스럽게도 자신들이 '빨갱이'를 때려잡은 '반공 투사'라고 우겨댔습니다.

친일파들이 거리를 활보하게 된 결정적 계기는 모스크바 삼상회의에서 거론된 '신탁통치' 문제였습니다. 원래 신탁통치를 거론한 것은 미국이었습니다. 루스벨트는 조선에 대해 20~30년간 신탁통치가 필요하다고 했고, 스탈린은 기간이 짧을수록 좋다는 의견을 냈을 뿐 뚜렷한 합의는 없었습니다. 최종적으로 미·소공동위원회 설치, 통일임시민주정부 수립, 미·소·영·중 4국의 신탁협정 작성을 내용으로 하는 신탁통치안이 확정되었습니다.[93]

그런데 1945년 12월 27일 동아일보가 "소련은 신탁통치 주장, 미국은 즉시 독립 주장, 소련의 구실은 38선 분할점령"이라고 왜곡 보도를 낸 후 정국은 '찬탁' 대 '반탁'으로 전환됩니다. 친일파들은 반탁을 명분으로 집결하고, 모스크바 삼상회의의

---

93) 강만길, 『고쳐 쓴 한국현대사』, 창작과비평사, 1994

본질을 정확히 인식하지 못한 대중들은 휘둘리게 됩니다.[94]

1946년 3월 북한에서 '무상몰수 무상분배'의 원칙으로 토지개혁을 단행합니다. 자기 땅이 없어 가난을 면치 못했던 농민들에게 토지개혁은 너무나 절박한 요구였습니다. 땅을 잃은 친일지주들은 남한으로 내려와 '반공'의 선두에 서게 됩니다. 그들은 '서북청년단'이라는 반공 극우 단체를 결성하여 테러 행위를 일삼았습니다.

미군정은 적산(敵産: 일본이 남기고 간 재산)을 미군정 소유로 전환한 후 헐값에 불하(拂下: 팔아넘김)했습니다. 일본은 동산, 부동산, 공장 등 우리나라 경제의 85% 가량을 독점하고 있었습니다. 일제가 강탈해간 조선의 재산은 해방 이후 조선 정부의 것이 되고 국민의 복지를 위해 사용되어야 마땅합니다. 그러나 미군정에서 시작된 적산불하의 혜택은 친일지주, 친일자본가들에게 돌아갔습니다.

예를 들어 조선방직 대구공장은 1947년 당시 시가가 30억 환이었는데, 불하할 때는 7억 환으로 값이 매겨졌고, 실제로는 3억 6천만 환에 불하되었습니다. 그것도 대금을 15년 동안 나눠서 갚도록 했습니다. 이렇게 미군정, 이승만 정권과 유착하여 헐값에 매입한 적산은 삼성, 현대, 한화, 두산, SK 등 오늘날 재벌의 뿌리가 되었습니다.

친일파들은 '반공'을 이념으로 살아남는데 성공했고, 친일 지주들은 친미 자본가로 변신했으며, 한민당으로 결집하여 권력을 차지하게 됩니다.

반면 국민들의 삶은 일제 강점기보다 더 어려워졌습니다. 미군정이 재정상의 필요를 충당하기 위해 조선은행권을 남발하면서 인플레이션이 극심해지고 노동자의 실질임금이 폭락했습니다. 노동자들의 실질임금은 1936년을 100으로 했을 때

---

94) 강만길, 『고쳐 쓴 한국현대사』, 창작과비평사, 1994

교육개혁은 없다 1

1946년 7월 54.6으로, 1947년 12월에는 29.3으로 급락했습니다.[95]

미군정의 식량정책 실패로 쌀값이 폭등하고 식량 부족으로 굶주리는 사람이 급증하면서 1946년 10월항쟁이 일어납니다. 1948년에는 단독정부 수립을 반대하는 2.7구국투쟁, 제주 4.3항쟁, 여순항쟁이 일어났고 무자비하게 탄압받았습니다. 일제에 맞서 싸웠던 독립투사들은 다시 감옥으로 가게 됩니다.

김구 선생은 상해임시정부 주석의 자격이 아니라 개인 자격으로 초라하게 입국하여 단독정부 수립 반대 운동을 하다 1949년에 암살당했습니다. 건국준비위원회를 세운 여운형 선생도 1947년에 암살당했습니다. 식민지에서 독립운동을 하면서도 살아남았던 애국자들이 해방된 나라에서 암살당하다니 기막힌 일입니다.

사회정의의 씨앗도 뿌려보지 못한 친일파 청산 실패

2017년 8월 14일, 문재인 대통령은 청와대 영빈관으로 독립유공자와 유족들을 초청한 자리에서 "독립운동하면 3대가 망하고, 친일하면 3대가 흥한다는 말이 사라지게 하겠습니다. 독립유공자 3대까지 합당한 예우를 받도록 하겠습니다."라고 말했습니다.

애국자가 천대받고 매국노가 우대받은 나라에서 사회정의를 말하는 것은 산에서 물고기를 잡겠다는 것만큼이나 어리석은 일입니다. 친일파 청산 실패가 얼마나 심각한 문제인지는 프랑스와 비교해보면 명확합니다.

1940년 독일은 프랑스와 전쟁에서 승리하여 북부지방은 직접 점령하고 남부지방

---

95) 이원보, 『한국노동운동사』, 한국노동사회연구소, 2005

에 비시(Vichy) 정부[96]를 세웁니다. 비시 정부는 마지못해서가 아니라 적극적으로 나치에 협력했습니다. 1944년 8월 독일이 항복하고 '자유프랑스 망명정부'를 이끌던 드골이 파리에 돌아옵니다.

드골은 프랑스의 패배를 악용한 투항주의자들, 프랑스 국민을 악의 길로 이끈 비시 정부의 고위 공직자와 추종자들, 나치의 승리를 위해 물심양면으로 협력한 프랑스인들을 '민족반역자'로 규정하고, 철저한 청산 작업에 돌입합니다. 나치 잔재 청산에 대해 드골의 입장은 단호했습니다.

> 국가가 애국적 국민에게는 상을 주고 민족배반자나 범죄자에게는 벌을 주어야만 비로소 국민을 단결시킬 수 있다.
> 나치 협력자들의 엄청난 범죄와 악행을 방치하는 것은 국가 전체에 전염하는 흉악한 종양들을 그대로 두는 것과 같다.

나치 협력 혐의자 35만 명 중 12만 명 이상이 재판에 회부되었습니다. 그중 3만8천 명이 징역과 금고형을 받았고, 6천여 명이 사형을 선고받았습니다. 정규 법정 밖에서 약식 처형된 사람이 9천 명, 합법적으로 처형된 사람은 1,500명이었다고 합니다. 5만여 명은 공민권이 박탈되었습니다. 앞서 제2장에서 언급했듯이 국민에게 가장 미움을 받았던 작가, 언론인들은 모두 중형을 받았습니다.[97]

---

96) 비시(Vichy)는 프랑스 중부의 휴양도시다. 1차 대전에서 세운 공으로 한때 '프랑스의 국부'로 칭송받던 페탱이 총리가 되어 운영했던 정부를 지역 명칭을 따서 비시 정부라 부른다.
97) 이용우, 『프랑스의 과거사 청산』, 역사비평사, 2008

당시 프랑스에도 철저한 나치 청산을 우려하며 관용과 용서를 주장하는 목소리가 있었습니다. 이에 대해 문학가 알베르 카뮈는 "어제의 범죄를 벌하지 않으면 내일의 범죄에 용기를 주게 된다. 정의로운 프랑스는 관용으로 건설되지 않는다"라고 일축했습니다.

우리나라에서 이승만처럼 극단적 평가를 받는 인물도 드물 것입니다. 부패무능한 자유당 정권을 이끌다 4.19 혁명으로 쫓겨난 이승만을 '대한민국 국부'로 칭송하는 사람들도 있습니다만, 독립운동가이자 역사가인 신채호 선생은 "이승만은 이완용보다 더 큰 역적이다. 이완용은 있는 나라를 팔아먹었지만, 이승만은 아직 나라를 찾기도 전에 팔아먹은 놈이다"라고 평가했습니다. 상해임시정부 당시 이승만이 미국의 대통령 윌슨에게 조선에 대한 위임통치를 청원했기 때문입니다. 임시정부 초대 대통령을 지낸 이승만은 국제연맹에 의한 위임통치를 주장하다 임시정부에서 탄핵당하게 됩니다. 이승만은 미국인보다 더 친미적인, '검은 머리 미국인'으로 평가됩니다.

해방 직후 다른 정치가들이 친일파 청산을 우선 해결해야 할 과제로 꼽은 반면, 이승만은 정부 수립 이후로 미루자고 주장했습니다. 이승만은 해외 생활을 오래 했기 때문에 임시정부 주석 김구, 건국준비위원회를 조직한 여운형, 조선공산당의 박헌영 등에 비해 국내 정치 기반이 없어서 친일파와 손잡고 정치적 기반을 마련했습니다.

이승만은 "친일파 문제를 먼저 제기하는 것은 민심만 혼란하게 하는 것이고 정부를 수립한 후 조치하는 것이 순서"라며 일단 독립 정부 수립을 위해 무조건 뭉쳐야 한다고 했습니다.

결국 1948년 대한민국 정부가 수립된 후에야 제헌국회에 '반민족행위특별조사위원회'(이하 반민특위)가 설치되었으나 1949년 국회프락치 사건[98]을 이유로 1년 만에 해산되고 맙니다.

반민특위가 취급한 사건은 모두 682건이었습니다. 전체 조사 대상 7천여 건 가운데 10%도 되지 않았죠. 408건의 영장이 발부되었는데, 그중 221건만이 기소되었습니다. 재판이 종결된 것은 불과 38건으로, 징역형 12건(무기징역 1건, 사형 1건 포함), 공민권 정지 18건, 무죄 6건, 형 면제 2건이 선고되었습니다. 후대에 얼굴을 들 수 없는 부끄러운 결말이었습니다. 징역형을 받은 12인 또한 보석이나 형집행정지로 1950년 한국전쟁 직전 모두 석방됩니다. 친일파 중 단 한 명도 제대로 처벌받지 않았습니다.

나치에 협력한 4년의 기간을 철저히 청산한 프랑스, 35년 식민지 지배를 당하고도 친일파가 집권세력이 된 대한민국. 모든 불행은 여기서 시작되었고, 지금도 지속되고 있습니다.

친일파는 말 그대로 '친일'파입니다. 그들은 일제 강점기에 지배세력이 아니었습니다. 지배세력은 일본 제국주의였고, 친일파는 그에 부역하면서 부귀영화를 누린 일제의 꼭두각시였습니다. 이제 친일파는 미군정 시대를 맞아 당당히 집권세력이 됩니다. 그런 나라에 정의가 있을 리 없겠죠.

우리 사회의 모든 불행한 현상들을 역사적으로 추적하면 결국 친일파 청산 실패 문제로 귀결됩니다. 교육이 사회 공동체 발전을 위한 것이 아니라 오로지 개인의 입신양명을 위한 것이 되고, 교육을 통해 만들어낸 인간이 정의롭지 않은 이유는 민족

---

98) 친일파를 적발하고 체포하는 활동을 한 국회의원을 남로당과 접촉하고 공산당에 협조한 혐의로 구속한 사건

교육개혁은 없다 1

반역자들이 집권한 나라이기 때문입니다.

사회정의는 찾지마라, 공부라고 다를까

독립 국가의 기틀을 잡았어야 할 시기, 국민들은 가치관이 물구나무서는 것을 목격했습니다. 일제의 앞잡이가 되어 "미·영 제국주의 타도"를 외쳤던 친일파들이 하루아침에 친미파로 변신하여 지배세력이 되었습니다.

그게 얼마나 기막힌 일인지 한국을 대표하는 서정시인 서정주가 일제가 패망하기 8개월 전에 쓴 시를 보겠습니다. 1944년 12월 9일 조선총독부 기관지 〈매일신보〉에 실린 「송정오장송가(松井伍長頌歌)」입니다. 시에 등장하는 '松井(마쓰이 히데오)'은 인재웅의 창씨개명한 이름이며, '伍長'(오장)은 가미가제 특공대로 나가 사망한 그의 군인 계급입니다.

마쓰이 히데오!

그대는 우리의 오장 우리의 자랑.

그대는 조선 경기도 개성사람.

인씨(印氏)의 둘째아들. 스물한살 먹은 사내.

마쓰이 히데오!

그대는 우리의 가미카제(神風) 특별공격대원.

정국대원(靖國隊員)

우리의 동포들이 밤과 낮으로

정성껏 만들어 보낸 비행기 한 채에

그대, 몸을 실어 날았다가 내리는 곳

소리 있시 내리는 고운 꽃처럼

오히려 기쁜 몸짓하며 내리는 곳

쪼각쪼각 부서지는 산더미 같은 미국 군함!

수백 척의 비행기와

대포와 폭발탄과

머리털이 샛노란 벌레 같은 병정을 싣고

우리의 땅과 목숨을 뺏으러 온

원수 영미의 항공모함을

그대

몸뚱이로 내려쳐서 깨었는가?

깨뜨리며 깨뜨리며 자네도 깨졌는가

   3.1독립운동 당시 민족대표 33인 중 한 명이었으나 변절하여 총독부 중추원 참의, 매일신보 사장, 조선임전보국단 단장을 역임한 대표적 친일파 최린은 이렇게 말했습니다.

   루스벨트여! 귀가 있으면 들어보라. 내가 윌슨의 자결주의에 속아 천황의 역적 노릇을 하였다. 이 절치부심할 원수야! 이제는 속지 않는다. 나는 과거를 청산하고 훌륭한 황국신민이 되었다는 것을 알아라!

1944년까지 친일파들에게 미국은 '머리털이 샛노란 벌레'였고, '우리 땅과 목숨을 뺏으러 온 나라'였고, '몸뚱이로 내려쳐서 깨뜨려야 할 원수'였지만, 1945년에는 갑자기 '해방의 은인'이 됩니다.

일제의 선전 구호로 '귀축영미'(鬼畜英米)라는 말이 있습니다. 귀신과 가축 같은 영국과 미국이라는 뜻입니다. 일제 말기에 국민학교를 다녔던 제 아버지는 세상에서 제일 나쁜 놈이 루스벨트와 처칠이라고 배웠다고 합니다. 그 아들인 저는 루스벨트와 처칠의 위인전을 읽으며 국민학교를 다녔습니다. 이것은 희극일까요, 비극일까요?

저는 전두환 군부독재 시기에 대학에 입학했습니다. 전두환 독재를 반대하는 학생운동에 참여하고 있는 것을 안 아버지는 "네 마음 안다. 잘못된 세상인 것도 안다. 그러나 나서지 마라. 혹시 데모를 하더라도 중간쯤에만 서라. 너보다 훨씬 똑똑하고 잘났던 사람들, 동네에서 천재 소리 듣고 일본까지 유학 갔다 온 사람들도 다 죽었다"라고 저를 설득했습니다.

일제 말기에 태어나 청소년기에 해방정국을 보내고, 전쟁과 군부독재 시대를 살아온 아버지가 본 대한민국은 그런 사회였습니다. 사회정의에 눈뜬다는 것은 목숨을 걸어야 하는 문제였습니다.

정의가 사라진 국가의 반쪽짜리 세계관

정의로운 자주독립 국가 건설은 실패했고, 친미반공이 국가 통치이념이 되었습니다. 진보적인 생각은 북한에 동조하는 것으로 취급되어 철저히 탄압받았습니다.

그 법률이 지금도 맹위를 떨치고 있는 국가보안법입니다. 국가보안법은 일제 강점기 독립운동가를 탄압하던 '치안유지법'을 그대로 베껴서 1948년에 제정되어 지금까지 헌법 위의 법률로 군림해왔습니다.

국가보안법은 '조선민주주의인민공화국'을 한반도 북쪽을 불법적으로 점유하고 대한민국 정부를 참칭한 '반국가단체'로 규정하는 것에서 출발합니다. 국가보안법에 의하면 북한 인민들은 모두 반국가단체 구성원들이며 처형 대상입니다. 그러나 현실적으로 그럴 수 없기 때문에 국가보안법은 남한 내부에서만 작동합니다.

정부에 비판적인 발언은 북한에 대한 '고무 찬양'으로, 정부에 비판적인 문서를 갖고 있으면 '이적표현물 소지'로, 단체를 조직하는 것은 '이적단체 구성'으로 처벌합니다. 인간의 기본권인 사상과 양심의 자유를 인정하지 않기 때문에 UN에서 수차례 폐지를 권고받았고, 국가인권위원회도 폐지를 권고했으며, 노무현 대통령은 국가보안법을 "칼집에 넣어 박물관에 보관하자"고 했으나 당시 야당인 한나라당의 결사반대로 실현되지 못했습니다.

일제 강점기와 해방 정국에서 사람들은 사회주의, 공산주의에 대해 어떻게 생각했을까요? 당시 대표적 지식인으로 대한민국 정부의 초대 감찰위원장을 지낸 정인보 선생은 "한국 사회에서 공산주의가 독립운동의 한 방략으로 수용되었고, 일제 강점기만 해도 대부분의 민중들이 공산주의자들을 폭넓게 지지했다"고 말합니다.[99] 신간회 초대 회장을 지낸 기독교 민족주의자 이상재 선생은 "민족주의는 사회주의의 근원이며, 사회주의는 민족주의의 본류"라고 말했습니다.

---

99) 정인보 선생이 1947년 8월 24일 미국 트루먼 대통령의 특사로 남한을 방문하는 웨더마이어 장군에게 보낸 '미국에 보내는 진정서'(Appeal to the United States)

국경을 맞댄 러시아에서 1917년에 혁명이 일어나 노동자 농민의 나라를 세운 것이 식민지 조선에 영향을 주지 않았다면 이상한 것이겠죠. 러시아 혁명의 영향을 받은 일본 유학생들은 조선으로 돌아와 맑스 레닌주의를 보급 전파했고, 1925년 조선공산당을 설립했습니다. 여운형 선생도 1922년 모스크바에서 열린 극동피압박민족대회에 참석하여 레닌을 직접 만나 조선 독립운동에 대한 의견을 듣기도 했습니다.

미군정을 거치면서 친일파는 지배세력이 되고, 한국전쟁을 거치면서 '사회주의'는 금기어가 되었습니다. 국사 교과서에 사회주의 계열의 독립운동을 기술할 수 없으니 1930년대 이후 독립운동은 가르치지 않았고, 국어 시간에는 친일파들이 쓴 시를 배웠습니다. 사회주의 사상이나 이론을 소개하는 서적은 모두 금서가 되었습니다.

정부를 비판하는 일체의 목소리는 다 북한을 이롭게 하는 '빨갱이'로 처벌받았습니다. 이승만의 북진통일에 반대하고 평화통일을 주장했다는 이유로 진보당의 조봉암 선생은 형장의 이슬로 사라졌습니다. 가난한 농민, 도시 노동자의 이익을 대변하는 목소리, 사회개혁 주장은 설 자리가 없게 되었습니다.

한국 지식인의 표상 리영희 선생은 1994년 저서 『새는 좌우의 날개로 난다』에서 한국 사회의 극단적인 이념적 편향을 일갈했습니다.

하늘을 나는 저 새를 보시오 저 새가 오른쪽 날개로만 날고 있소? 왼쪽 날개가 있고, 그것이 오른쪽 날개만큼 크기 때문에 저렇게 멋있게 날 수 있는 것이오…(중략)… 8.15 이후 근 반세기 동안 이 나라는 오른쪽은 신성하고 왼쪽은 악하다는 위대한 착각 속에 살아왔다. 이제는 생각이 조금은 진보할 때가 되지 않았을까? 그러지 않고서야 어찌 새보다 낫다고 할 수 있겠는가?

천만 관객 영화 '암살', 750만 관객 영화 '밀정', 두 영화에 모두 등장하는 독립운동가가 있습니다. 약산 김원봉, 그는 의열단장, 한국광복군 부사령관, 대한민국임시정부 국무위원 등 평생을 독립운동에 바치다가 남북 분단 이후 북한에 남아 초대 국가검열상을 지냈습니다.

'암살', '밀정'으로 김원봉에 대한 국민적 관심이 높아지면서 2019년 피우진 국가보훈처장이 김원봉에게 독립운동 훈장을 수여할 가능성을 언급하자 자유한국당 원내대표 나경원 의원은 "이 나라 자유민주주의 정체성의 뿌리를 뽑아 버리고 좌파독재 이념의 뿌리를 심겠다는, 말 그대로 셀프 적화(赤化)"라고 강력히 반발했습니다. 결국 김원봉 선생에 대한 훈장 추서는 추진되지 못했습니다. 이것이 3.1운동이 일어난 지 한 세기가 흐른 대한민국의 현주소입니다.

'공부해서 남 주냐'는 가치관의 정립

전쟁을 거치면서 국민들은 국가가 개인의 삶을 절대로 보호해주지 않는다는 것을 깨달았습니다.

1950년 6월 25일 전쟁이 터졌습니다. 6월 28일 서울을 미리 빠져나간 이승만은 "서울 시민 여러분, 안심하고 서울을 지키십시오. 적은 패주하고 있습니다. 정부는 여러분과 함께 서울에 머물 것입니다. 국군의 총반격으로 적은 퇴각 중입니다"라는 방송을 내보내고 한강 인도교(현재의 한강대교)를 폭파했습니다. 인도교를 건너던 피난민이 800명 넘게 사망했습니다.

한강 다리가 끊어졌으니 서울시민 대부분은 피난을 갈 수 없었습니다. 그러나 어처구니없게도 이승만 정권은 9월 28일 서울 수복 이후 서울시민들을 빨갱이 부역자

로 간주하여 555,915명을 검거하고 867
명을 사형에 처했습니다. 한강 인도교 폭
파와 서울 수복 후 빨갱이 부역자 처형은
대한민국이라는 국가의 본질을 보여주
는 상징적 사건입니다.

한강 인도교 폭파 장면 ⓒ미 국립항공우주박물관

　일제는 전향한 사회주의자들을 관리
하기 위해 '시국대응전선 사상보국연맹'
이라는 조직을 만들었습니다. 이승만 정권은 이를 본떠 '좌익사상에 물든 사람들을
사상 전향시켜 보호하고 인도한다'는 취지로 1949년 '국민보도연맹'을 만듭니다.

　그러나 지역마다 할당된 숫자를 채우기 위해서 무리하게 가입시켰기 때문에 전
향한 좌익 인사뿐 아니라 영문도 모르고 가입한 사람들이 많아서 인원은 30만 명에
이르렀습니다. 국민보도연맹에 가입된 사람들은 국가의 보호를 받은 게 아니라 소
집 당해 체벌과 극단적 반공교육을 받았습니다.

　1950년 전쟁이 나자 이승만 정권은 보도연맹 가입자들이 인민군에 협조할 것을
우려하여 잡아 가뒀고, 전세가 불리해지자 후퇴하면서 이들을 집단학살했습니다.
희생자는 23만~45만 명 정도로 추정됩니다. 4.19혁명 직후 국민보도연맹 사건 희
생자 유족들이 국민보도연맹 사건에 대한 진상규명을 요구했으나, 5.16쿠데타 후
진상규명을 요구하던 유족회 회장과 간부들을 군사법정에 세워 용공분자로 몰아
사형을 선고하고, 유족들이 발굴한 유해와 수집한 자료들을 불태워 버렸습니다.

　1990년대까지 역대 정부는 보도연맹 사건으로 사망한 사람의 가족과 친척들을
요시찰 대상으로 분류해 감시했고, 요시찰인 명부를 작성해 취업에 불이익을 주면
서 연좌제를 적용했습니다. 2007년 '진실·화해를 위한 과거사 정리위원회'가 공식

적으로 양민 학살을 조사했고, 2008년 노무현 대통령에 이르러서 대한민국 정부가 유족들에게 사과했습니다.

서울시민 부역자 혐의 학살, 국민보도연맹 학살, 제주 4.3사건 학살 등 수많은 학살을 겪은 국민들은 입을 닫았습니다. 진실을 알아도 말하지 않았고, 아는 척도 하지 않았습니다.

성공회대 김동춘 교수는 2005년에 설치되어 4년 넘게 운영되었던 '진실·화해를 위한 과거사 정리위원회'의 상임위원으로 활동했습니다. 그는 현대사의 '불편한 진실'에 대해 아래와 같이 말합니다.

> 내가 위원회 조사를 지휘하면서 확실히 얻을 수 있었던 결론은 한국전쟁기 국군, 경찰, 우익 세력에 의한 학살 규모가 인민군 혹은 지방좌익에 의한 학살 규모보다 훨씬 컸다는 점이다. 지금까지 대한민국의 터부가 된 논리, 즉 전쟁기 '빨갱이'의 잔혹성은 어느 한쪽의 사실과 기억만 과장한 것이다. 대한민국 군경은 매우 잔혹했고 실제로 인민군보다 죄 없는 민간인을 더 많이 죽였다. 우리 국가가 인정하고 싶지 않은 '불편한 진실'이지만 부인할 수 없는 사실이다.[100]

정의는 사라지고, 국가는 국민을 보호하지 않으니 개인의 인생은 각자 알아서 개척해야 했습니다. 안전망도 없는 사회에서 생존을 보장해주는 것은 공부해서 더 높은 학력을 쌓고 힘을 키우는 것입니다.

패망한 일본이 떠난 자리를 채운 것은 친일파였습니다. 일제 강점기에 독립운동

---

100) 김동춘, 『이것은 기억과의 전쟁이다』, 사계절, 2013

교육개혁은 없다 1

가의 자식들은 학교 교육을 받을 수 없었지만 친일파와 그 자식들은 학력을 쌓았습니다. 그 학력을 무기로 친일 행위에 대한 면죄부를 받는 것을 보면서 '교육이 출세의 지름길'이며, '억울하면 출세'하고, 사회정의건 나발이건 '공부해서 남주냐'는 정신으로 공부하는 사회가 되었습니다.

미군정기의 교육 재편

켄터기주에서 2년 정도 교사생활을 했던 락카드 대위는 미군정 학무국장으로 한국 교육을 총괄했습니다. 락카드는 한국 교육에 문외한이었기 때문에 미국 유학파 출신인 오천석[101]에게 모든 것을 의지했습니다.

오천석은 미국 유학파인 김활란, 백낙준 등을 끌어들여 10개 부문을 대표하는 10명으로 '조선교육위원회'를 구성합니다. 그 10명은 김성달(초등교육), 현상윤(중등교육), 유억겸(전문교육), 백낙준(교육전반), 김활란(여자교육), 김성수(고등교육), 최규동(일반교육), 윤일선(의학교육), 조백현(농업교육), 정인보(학계대표)입니다.

윤일선, 조백현, 정인보를 제외하면 모두 친일 경력이 화려한 인물들입니다. 이들은 조선교육위원회에 이어 100여 명으로 구성된 '조선교육심의회'에서 주도적인 역할을 했습니다.

조선교육위원회와 조선교육심의회에서 결정된 것들은 오늘까지 이어지고 있습니다.

---

101) 컬럼비아대 철학박사. 일제강점기에 보성전문 교수. 1960년 대한민국 제8대 문교부장관

- 교사가 부족하다는 이유로 친일파 교사들을 다시 학교에 복귀시키고, 읍·면 단위의 교장·교감 임명권까지 갖는 강력한 관료체제를 구축했습니다.
- 고조선의 건국 신화에 나오는 '홍익인간'을 교육이념으로 선택했습니다.
- 중학교 과정에 영어를 제1외국어로 지정하고 국어와 비슷한 수업시수를 배정하여 '국영수' 시대가 열렸습니다.
- 초등학교 6년-중학교 3년-고등학교 3년-대학교 4년의 미국식 단선형 학제를 도입했습니다. 사지선다형 객관식 문제도 이때 도입되었습니다.

미군정이 남긴 중요한 변화는 미국 유학입니다. 일제 강점기에 일본 유학이 출세의 기본이었듯이, 미국 유학이 출세의 지름길이 되었습니다. 1950년대 전체 유학생 중 미국 유학생의 비율이 89%입니다. 교육학은 박사학위 취득자의 95%가 미국 박사입니다.

이렇게 한 세대가 흘러 1985년이 되면 '교육학과' 교수의 경우 서울대는 19명 중 17명, 연대는 8명 중 7명, 고대는 9명 중 6명, 이대는 20명 전원이 미국 박사 학위 취득자가 되었습니다.

미군정은 1946년 경성대학과 9개의 관립 전문학교, 경성치과의학전문학교(사립)를 통합하여 종합대학교를 만드는 '국립서울대학교 설립안'(이하 국대안)을 발표합니다.

국대안은 학생과 교직원들의 격렬한 반대에 부딪쳤습니다. 학생 수용 능력 부족, 교수 부족, 경비 절감에 대한 의문, 학원 자치 및 학문의 자유 침해, 이·공계통의 고등교육 경시, 친일 교수 배제 등이 쟁점이었습니다.

1946년 9월 학생들은 친일 교수 배격, 경찰의 학원 간섭 정지, 국립대 행정권 일

교육개혁은 없다 1

체를 조선인에게 이양할 것, 미국인 총장을 한국인으로 대체할 것을 요구하며 등록을 거부하고 동맹휴학으로 맞서게 됩니다. 결국 교수 380명이 해직되고, 학생 4,956명이 퇴학당하는 큰 상처를 남기고 1947년 6월 국립서울대학교가 출발합니다.

교육 경쟁의 경제적 토대, 토지개혁

학벌주의 사회가 되려면 학력을 통한 지위 상승 경쟁에 대다수 국민이 참여할 수 있는 조건이 되어야 합니다. 일제 강점기에 평범한 백성에게는 그런 기회가 주어지지 않았습니다.

식민지 조선 백성의 80%는 농민이었고, 농민의 70%는 소작농, 20%는 소작 겸 자작농이었고, 지주에게 뜯기는 소작료는 70%에 이르렀습니다. 무슨 돈이 있어서 자식 교육을 했겠습니까?

해방 이후 농민들의 지위에 변화가 오고 교육열이 높아진 것은 토지개혁에서 시작됩니다. 농민들에게 '해방'이란 지긋지긋한 일본놈들 안 보고, 지주에게 뺏기지 않는 세상이라고 할 수 있겠죠. 쌀밥에 고깃국을 먹으며 기와집에 사는 세기적 열망은 지주·소작 관계의 폐지 없이는 불가능했죠.

1946년 3월 단행된 북한의 토지개혁은 남한 국민에게 큰 충격을 주었습니다. 그 결과 1948년 7월 17일, 제헌헌법 제86조에 '농지는 농민에게 분배하며, 그 분배의 방법, 소유의 한도, 소유권의 내용과 한계는 법률로 정한다'는 조항이 명시됩니다.

당시 헌법 초안을 작성하던 유진오 박사는 지주 출신 의원들이 많았던 제헌국회에서 토지개혁을 명시하기가 쉽지 않아서 지주 출신으로 가장 많은 땅을 가지고 있던 김성수 의원에게 "농지개혁만이 공산당을 막는 최량의 길"이라고 설득했고, 김성

수는 "그도 그렇겠다"며 토지개혁에 찬성했다고 합니다.102)

　한국전쟁이 끝난 후 산업시설이 파괴되고 너나 할 것 없이 빈궁해진 상태에서 농민들은 토지개혁으로 자기 땅을 갖게 되었습니다.

　남한의 토지개혁은 '무상몰수 무상분배'를 한 북한과 달리 '유상매입 유상분배'로 진행되었습니다. 농가 1호당 3정보(=9,030평)의 땅이 분배되었습니다. 토지개혁이 적용된 지주에게는 적산공장 불하와 같은 특혜가 주어져 지주들은 산업자본가로 전환했습니다.

　충남대 경제학과 허수열 교수의 논문 「1945년 해방과 대한민국의 경제발전」에 따르면 한국전쟁 직후 본격화된 토지개혁이 일단락되는 1955년부터 20년 동안 농업 생산량은 가파르게 증가하면서 '보릿고개'라는 말이 자취를 감췄다고 합니다.

　대구가톨릭대학교 경제통상학부 전강수 교수는 한국의 토지개혁이 지주제 해체와 자작농 체제 성립이라는 측면에서는 성공적이었다고 평가합니다.103)

　토지개혁 이전에 35% 수준이었던 자작농이 토지개혁 이후 96%까지 상승하면서 계급으로서 지주는 사실상 소멸되었습니다. 토지개혁으로 형성된 자작농들이 소작료 부담에서 벗어나 자녀들을 교육할 수 있는 경제력이 형성되었습니다.

　1960년 한국의 토지분배 지니계수는 0.3 수준으로 토지분배에서는 평등한 나라 중 하나가 되었고, 한국, 대만, 일본 등 토지분배가 평등했던 나라들이 2000년까지 가장 높은 경제성장을 이루었습니다.

　자기 땅이 생긴 농민들은 더 열심히 일했고, 늘어난 소득을 자식 교육에 쓸 수 있

---

102)　한홍구, 『역사와 책임』, 한겨레출판, 2015
103)　전강수, 『부동산 공화국 경제사』, 여문책, 2019

교육개혁은 없다 1

게 되었습니다. 지배계급이었던 지주가 청산되면서 양반·상놈이라는 낡은 관념도 청산되었습니다. 이제 사회적 지위 상승에 중요한 요소는 높은 학력을 갖는 것이 되었습니다. 농민들이 가장 소중한 재산인 소를 팔아서라도 자식을 대학에 보낸다고 해서 만들어진 '우골탑'이라는 유행어가 탄생했고, 그렇게 교육받은 자식들이 1960년대 이후 경제발전을 이끌었습니다.

교육을 방치한 국가가 만들어낸 사립학교 체제

이승만 정권의 물적 토대는 미국의 원조였습니다. 한국은 단일 국가로는 미국의 원조를 가장 많이 받는 국가였습니다. 1950년대 미국의 원조 중 국방비에 지출되는 재정이 20~44%를 차지했습니다. 국방비를 제외하고 나면 국민의 복리를 위해 쓸 수 있는 돈은 많지 않았습니다.

1950년 시행 예정이었던 초등학교 의무교육은 한국전쟁 발발로 유예되어 1952년에 시행됩니다. 1952년 4월 '교육법 시행령' 공포 이후 '의무교육 완성 6개년 계획'이 수립되어 초등학교 취학률이 96.4%에 이른 1959년에 무상교육이 되었습니다. 이 계획의 추진을 위해 이승만 정부는 교육 예산의 80% 정도를 사용했습니다. 그러나 딱 거기까지, 국가는 초등교육까지만 책임졌습니다. 중·고등학교, 대학교육은 민간으로 넘겼습니다.

미군정은 초기부터 토지개혁을 기정사실화하여 지주들로 하여금 재산과 지위를 지키기 위한 방안을 찾게 했습니다. 지주들은 꾸준히 지연 작전을 폈고, 자신들에게 유리한 쪽으로 정책 전환을 꾀했습니다. 그 방법 중 하나가 학교소유 전담 및 문교재단의 자산인 농지를 토지개혁에서 제외하는 것입니다. 사립학교는 친일 지주의 재산 은닉 수단이 되어 우후죽순으로 설립되었습니다.

군사쿠데타로 집권한 박정희 정권은 경제건설만 추진했고 교육은 도외시했기 때문에 공교육을 사학 자본이 담당하는 기형적 교육 체제가 정착되었습니다. 1960년대 중반이 되면 중학교는 사립이 공립에 육박했고, 고등학교는 공립보다 많아졌으며, 대학은 사립이 압도적으로 많아지게 되었습니다.

2017년 기준 전국 중학교의 20%, 고등학교의 40%, 전문대학의 94%, 4년제 대학의 80%가 사립입니다. 세계 그 어느 나라에서도 볼 수 없는 기형적 교육체제입니다. 다른 나라의 사립학교 비율은 어떨까요?

OECD 국가의 중고등학교 중 사립학교 비율을 보면 스웨덴이 2%로 가장 낮고, 이탈리아는 5%, 캐나다는 6%, 독일은 7%, 영국·스위스는 8%, 미국도 10% 정도이며, 사립학교 비율이 높다고 하는 일본이 16%, 프랑스가 20%입니다.

대학은 어떨까요? [도표48]은 2016년 기준 OECD 국가의 국공립 대학생 비율입니다. 역으로 보면 사립대학생 비율이 되겠죠. 사립대학이 많다는 미국도 국공립대학생이 73%입니다. 유럽은 대부분 국공립 대학생이 90%입니다. 일본과 우리나라만 사립대학생이 80%입니다.

그러면 사립학교가 정말 사립일까요? 학교운영비에서 학생등록금과 국가보조금이 대부분이고, 재단이 책임져야 할 전입금은 중고등학교와 전문대학은 2% 내외, 4년제 대학들은 4% 내외입니다. 재단이 책임져야 할 것은 회피하고, 재단 이사장이 제왕적으로 군림하면서 부정부패를 양산해온 것이 한국 사립학교의 슬픈 역사입니다.

미국에서 원조받아 경제를 운영하고 초등학교만 겨우 의무교육으로 했던 시기에 형성된 사립학교 체제를 지금까지 유지하고 있다는 것은 심각한 문제입니다. 지금

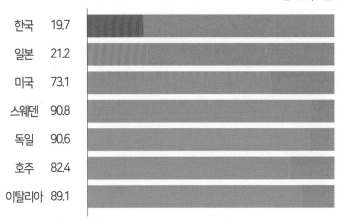

[도표48] 주요국 고등교육 국공립 학생 비율

단위: %, 기준: 2016년

한국	19.7
일본	21.2
미국	73.1
스웨덴	90.8
독일	90.6
호주	82.4
이탈리아	89.1

자료: 2018년 OECD 교육지표 데이터베이스

당장은 사회적으로 공론화되기 어렵겠지만, 사립학교의 국·공립화 문제는 한국 교육이 반드시 넘어서야 할 과제입니다.

미군정~이승만 정권 시기의 교육을 정리해보겠습니다. 미군정~이승만 정권 시기는 한국 교육의 정체성이 형성된 시기입니다.

모든 불행은 분단에서 시작되었습니다. 전범국 일본이 아니라 우리 민족이 분단되었습니다. 일본이 물러간 자리에 미군이 들어왔습니다. 미군정은 대한민국 임시정부를 인정하지 않고 친일파를 등용하여 3년간 군정을 펼쳤습니다. 심판받고 청산되었어야 할 친일파들은 미군정을 등에 업고 집권 세력이 되었습니다. 사회정의가 실종됐고, 공부의 목적은 철저히 이기적으로 되었습니다. '공부해서 남주냐'는 가치관이 이 시기에 형성되었습니다.

한국전쟁은 우리 민족이 겪은 가장 참혹한 전쟁입니다. 3년의 전쟁을 거치면서 국민들은 국가가 개인의 삶을 보호해주지 못한다는 것을 알게 되었고, 극단적인 반공 체제에서 진보적 사상과 조직은 씨가 말라버렸습니다. 사회에 보호망이 없고, 삶을 개선할 수단이 사라진 조건에서 토지개혁으로 자기 땅을 갖게 되자 가족 단위 생존 전략으로 교육 경쟁이 시작되었습니다. 다른 나라처럼 경제적 불평등이 교육 경쟁을 부추긴 게 아니라 전쟁으로 폐허가 된 사회에서 생존 전략으로서 교육열이 불타올랐습니다. 그래서 1960년대 학벌 경쟁 사회로 돌입합니다. 이는 다음 장에서 살펴보겠습니다.

군부독재 시기의 교육
(1961~1992)

반공이 국시(國是)가 된 암흑의 30년

1960년 4.19 혁명으로 이승만이 대통령에서 쫓겨났습니다. 부정선거에 대한 항의에서 시작한 항쟁은 정권교체를 넘어 친미반공주의에 억눌렸던 대중의 요구를 폭발시키며 혁명적 성격을 강화해갔습니다.

한국전쟁 당시 국군에 의해 자행된 무고한 학살의 진실을 폭로하며 '전국양민피학살유족회'가 건설되었습니다. 사회대중당, 한국사회당, 사회혁신당 등 혁신정당들이 다시 등장했습니다. 노동자들의 요구를 왜곡하던 어용노조 타도 운동이 벌어지고 노동조합이 급증했습니다. '학생들 피에 보답하라'며 설립한 교원노조가 순식간에 전국 8만 교원의 절반인 4만 명을 조직하기도 했습니다. 대학생들은 "가자 북으로, 오라 남으로, 만나자 판문점에서!"를 외치며 통일운동에 나섰습니다.

푸른 하늘을 본 기간은 잠시, 4. 19는 '미완의 혁명'으로 끝났습니다. 1961년 5월 16일 새벽 정치군인들이 탱크를 몰고 나와 한강대교를 건너 정권을 찬탈했습니다. 박정희가 쿠데타에 성공한 후 가장 먼저 한 일은 혁신정당, 사회단체, 노동조합을 해산하고 조직 간부들을 '용공(容共)분자'로 몰아 2천 명을 체포하고 구금한 것입니다.

박정희는 어떤 사람일까요? 대한민국이 이만큼 살게 된 것이 박정희 대통령의 경제개발 덕분이라며 보수의 아버지처럼 생각하는 사람들도 있습니다만, 그게 다일까요?

5.16 쿠데타 이후 반세기가 흐른 2012년 12월, 대통령 선거 텔레비전 토론에 나온 통합진보당 이정희 후보는 "외교의 기본은 주권을 지키는 것이다. 충성 혈서를 써서 일본군 장교가 된 '다카키 마사오', 누군지 알 거다. 한국 이름 박정희. 군사쿠데타하고 굴욕적인 한일협정 밀어붙인 장본인이다"라고 말해 한국 사회에 충격을 주었습니다.

오른쪽 사진이 박정희의 만주군 혈서 지원 기사가 실린 1939년 3월 31일 자 〈만주신문〉 기사인데요, 어쩌면 충격을 주었다는 것 자체가 충격입니다. 박정희가 살아있을 때는 물론 죽은 지 33년이 지났어도 그가 어떤 사람인지 대다수 국민이 몰랐다는 것이 더 충격 아닐까요?

이승만 독재를 밑받침하던 물리력은 경찰이었습니다. 4.19 혁명 당시 발포로 수많은 희생자를 냈던 것은 경찰이었죠.

〈만주신문〉 1939년 3월 31일자

5.16 군사쿠데타로 한국 사회를 지배하는 물리력이 경찰에서 군대로 바뀌었습니다. 이승만 시대의 경찰 수뇌부는 독립투사들을 잡으러 다니던 일제의 앞잡이들이었습니다.

군대는 달랐을까요? 해방 이전에 군인 경력자 중 대한민국 군대에서 장군까지 승

교육개혁은 없다 1

진한 사람은 일본군과 만주군 출신이 270명, 독립군 출신은 32명입니다.

2020년 대한민국 군대 최초의 '대장'이자 육군 참모총장을 지낸 백선엽이 사망했을 때 국립현충원 안장 논란이 일어났습니다. 백선엽이 독립운동가를 토벌하던 간도특설대 출신이기 때문입니다.

박정희는 4.19 혁명 이후의 사회상을 '혼란'이라 규정하고 "반공(反共)을 국시(國是)의 제일의(第一義)로 삼고 지금까지 형식적이고 구호에만 그친 반공 태세를 재정비 강화한다"는 '군사혁명공약'을 발표합니다.

'국시'란 국가 정책의 기본 방향입니다. 이승만 정권도 반공 정권이었습니다. 그러나 이를 '국시'라고까지 부르지는 않았죠. 공산주의를 반대할 수 있습니다. 공산주의를 반대하는 사람들이 대한민국에만 있는 건 아니죠. 그러나 무엇을 반대하는 것을 국가운영의 기본 원칙으로 삼았던 사례는 대한민국의 군부독재 정권 외에 없습니다.

반공이 국시가 된다는 게 어떤 뜻일까요? 제가 초등학교에 들어갔을 때 과목 명칭을 '국산사자음미반', 이렇게 불렀습니다. 국어, 산수, 사회, 자연, 음악, 미술, '반공도덕'의 첫 글자입니다. 당시 '반공도덕'이라는 과목을 전국의 학교가 월요일 1교시에 일제히 배워야 했습니다.

1986년 전두환 독재 시절에 당시 야당이었던 신한민주당 유성환 의원이 국회 연설에서 "우리나라의 국시는 반공보다 통일이 되어야 한다"고 발언했다가 국가보안법 위반 혐의로 즉각 구속되었습니다.

군부독재 30년 동안 읽을만한 책들은 모두 '금서'로 지정되었습니다. 전 세계에서 성경 이후로 가장 큰 영향을 주었다는 맑스의 『자본론』을 대한민국에서는 읽을 수 없었다는 것은 충분히 상상할 수 있겠죠. 그런데 막스 베버(Max Weber)의 『프로

테스탄티즘의 윤리와 자본주의 정신』도 '금서'가 되었습니다. 이유는 '막스'(Max)가 '맑스'(Marx)와 이름이 비슷하다는 거였죠.[104] 세계적 코미디입니다.

박정희 정권은 반공을 핑계로 권력에 대한 일체의 비판을 금지합니다. 박정희 집권 18년 중 군대를 동원한 계엄령 3번, 위수령 3번, 긴급조치 발동 9번, 재임 기간의 거의 절반이 비정상적인 상태였습니다. 긴급조치가 발동된 후에는 긴급조치를 비판하는 것이 긴급조치 위반인 세상이 되었습니다.

박정희 이후의 군부독재가 어떻게 펼쳐질지는 1962년 개헌을 보면 알 수 있었습니다. 박정희는 1962년 12월 의원내각제에서 대통령제로 헌법을 개정하면서 1948년에 제정된 제헌헌법을 마음대로 뜯어고쳤습니다.

- '모든 국민은 균등하게 교육을 받을 권리가 있다.'(16조 ①항)는 '능력에 따라' 균등하게 교육을 받을 권리로 바꿨습니다.
- '모든 교육기관은 국가의 감독을 받으며 교육제도는 법률로 정한다.'(16조 ②항)는 없애버렸습니다.
- '영리를 목적으로 하는 사기업에 있어서는 근로자는 법률이 정하는 바에 의하여 이익의 분배에 균점할 권리가 있다.'(18조 ②항)도 없앴습니다.
- '중요한 운수, 통신, 금융, 보험, 전기, 수리, 수도, 가스 및 공공성을 가진 기업은 국영 또는 공영으로 한다.'(87조) 역시 없앴습니다.

헌법은 국가운영의 원칙을 담은 최고의 규범입니다. 헌법에 한 조항이 들어가고

---

104) 중앙일보, '권장도서에서 금서된 사연은? 엄마에겐 교양, 아들에겐 이적?', 2012.6.16.

교육개혁은 없다 1

빠지는 것은 현실에서 엄청난 차이를 가져옵니다.

'균등하게' 교육받을 권리를 '능력에 따라' 교육받을 권리로 바꾸는 것은 교육 운영 원리에서 큰 차이입니다. 교육을 국민의 권리로 보고 보편적 무상교육을 지향하지 않겠다는 뜻입니다. 유럽의 대부분 나라들이 대학까지 교육을 무상으로 하는 반면, 한국은 세계 10위권의 경제력에도 불구하고 국가가 책임지지 않는 이유가 헌법에서부터 차이가 나는 것입니다.

"모든 교육기관은 국가의 감독을 받으며 교육제도는 법률로 정한다"를 삭제해버린 것은 사립학교 비중이 압도적인 대한민국에서 학교를 재단 이사장 마음대로 운영해도 좋다는 허가증을 준 것이나 마찬가지입니다.

"중요한 운수, 통신, 금융, 보험, 전기, 수리, 수도, 가스 및 공공성을 가진 기업은 국영 또는 공영으로 한다"는 1940년 임시정부가 건국강령에서 제시하여 제헌헌법까지 유지된 것입니다. 천황에게 충성 혈서를 썼던 만주군 장교답게 임시정부의 건국강령을 부정하고 국가 주요 시설을 재벌 기업들에게 넘기겠다는 뜻입니다.

"영리를 목적으로 하는 사기업에 있어서는 근로자는 법률의 정하는 바에 의하여 이익의 분배에 균점할 권리가 있다"는 조항이 제헌헌법에 있었다는 것은 놀라운 일이죠. 이를 '이익 분배 균점권'이라 부르는데, 노동3권(단결권, 단체교섭권, 단체행동권)에 더해서 '노동4권'이라 불리는 조항입니다.

이게 어떻게 제헌헌법에 들어갔을까요? 1948년 통일 정부 수립을 포기하고 남한만의 단독정부를 수립하려는 5.10 선거를 남한의 좌파와 중도세력은 모두 거부하고 불참했습니다. 김구, 김규식, 여운형 선생은 38선을 넘어 평양에서 남북통일정부 구성을 위한 협상에 참여했습니다.

그 결과 제헌헌법은 친일파와 우파 정치세력끼리 모여서 만들게 되었는데, '이익

분배 균점권'은 이승만의 정치적 기반이었던 대한노총계(현재의 한국노총) 인사들이 요구하여 헌법에 들어갔다고 합니다.

제헌헌법이 좌파적으로 느껴집니까? 급진적인 진보정당이나 주장할 내용으로 보입니까? 그렇다면 지금 우리의 생각이 75년 전 친일파와 우파들이 헌법에 넣어야 한다고 생각했던 것조차 금지되어 있다는 것입니다.

박정희는 이렇게 헌법을 뜯어고친 후 군복을 벗고 대통령이 되었습니다. 이후 30년은 한국 정치, 사회, 문화에서 암흑의 시대였습니다.

3선으로도 모자라 박정희의 종신 집권을 선포한 유신 시대에는 막걸리 한 잔 마시면서 박정희를 욕했다고 국가보안법으로 감옥에 갔습니다. 그래서 생긴 유행어가 '막걸리 보안법'입니다.

정치적 의사 표현은 말할 것도 없고, 경찰이 30cm 자를 들고 다니며 여성의 치마 길이와 청년들의 머리카락 길이를 재던 시절이 있었다면 요즘 젊은이들은 믿을 수 있을까요? 2016년 광화문 광장 촛불 집회에서 늘 울려 퍼졌던, 한국 국민이 가장 사랑하는 노래 '아침이슬'과 '상록수'가 유신 시대에는 모두 금지곡이었습니다.

금지곡과 관련하여 '웃픈' 이야기를 해보죠. 1970년대를 대표하는 포크 가수로 이장희 씨가 있습니다. 그는 '금지곡의 아버지'라는 별명이 붙었는데요, 그 이유를 볼까요? 그의 대표적 히트곡 〈그건 너〉는 남 탓을 조장한다는 이유로, 〈한 잔의 추억〉은 음주를 조장한다는 이유로 금지곡이 되었답니다. 그런 게 유신체제였습니다.

국가가 국민의 머릿속까지 다 들여다보고 관리하겠다는 체제, 모든 국민이 반공을 국시로 총력안보를 이뤄야 하는 체제, 히틀러의 야만적 통치와 다를 바 없는 파시즘 체제가 군부독재 30년이었습니다.

박정희의 반대편에서 군부독재 시대를 상징하는 또 하나의 인물이 있습니다. 청계천의 재단사 전태일입니다. 1970년 11월 13일, "근로기준법을 준수하라! 우리는 기계가 아니다! 일요일은 쉬게 하라! 노동자들을 혹사하지 말라!"며 자기 몸에 불을 질렀습니다. 그리고 "내 죽음을 헛되이 말라"며 22년 짧은 생을 마감했습니다. 지금도 노동자들은 전태일 열사의 뜻을 기려 11월 13일 즈음에 전국노동자대회를 개최합니다.

22살 청년이 단체행동권도 아니고, 단체교섭권도 아니고, 단지 "근로기준법을 준수하라"라며 자기 몸을 불살라야 했던 시대가 군부독재 시대입니다. 그 시대의 교육은 어떻게 변화해갔을까요?

친일파의 집권으로 가치관은 전도되었고, 한국전쟁을 거치면서 개인의 삶은 가족을 단위로 각자도생하게 되었습니다. 한편 토지개혁으로 자녀 교육에 쏟을 수 있는 경제력이 형성되었습니다.

군인들이 총칼로 지배하고, 노동자들은 노동기본권 없이 장시간 노동에, 농민들은 생산비도 안 나오는 저곡가 정책에, 민주주의가 질식된 사회에서 살아남는 길은 공부밖에 없었습니다. 그래서 이 시기에 죽기 살기로 학력 경쟁이 시작됩니다. 1960년대는 한국 사회가 학벌주의 사회로 진입하는 시기입니다.

폭발하는 교육열, 학벌주의 사회로 진입하다

폭발하는 교육열

한국의 높은 교육열은 어떻게 생겨났을까요? 서울교대 오성철 교수는 『대한민국 교육 70년』에 수록된 논문 「한국인의 교육열과 국가」에서 한국의 교육열이 발흥한 이유를 6가지 원인으로 설명합니다. 이 중 주목할 만한 내용 세 가지를 소개합니다.

첫째, 사회 계층 구조의 급격한 재편입니다.

1945년 해방 당시 해외에 거주하던 동포는 일본에 210만 명, 만주에 160만 명 등 400만 명에 이르렀습니다. 국내 거주 인원의 1/6에 해당합니다. 해방 이후 재일동포 150만 명, 재만 동포 60만 명 등 절반 이상이 국내로 들어왔고 대부분 남한에 정착합니다. 북한에서 토지개혁, 친일파 청산을 피해 월남한 사람들도 20만 명 정도 되었습니다. 이들은 대부분 서울, 부산 등 대도시로 몰려들었습니다.

대도시는 실낱같은 희망을 걸고 찾아드는 불안한 안식처였습니다. 단기간에 전개된 급격한 사회적 재편은 다른 국가에서는 찾아보기 힘든 현상이었습니다. 이런 상태에서 전쟁이 터졌고, 비교적 유사한 조건을 가진 사람들 사이에 새로운 지위를 획득하기 위한 경쟁이 시작되었습니다.

둘째, 가족의 생존 전략입니다.

한국전쟁의 참화는 국가 권력 앞에서 개인이 얼마나 허약한 존재인지 절감하게 했습니다. 국가와 사회 제도가 국민의 안전과 권리를 보장하지 못하는 조건에서 가족이 중요한 생존 전략 단위가 되었습니다.

사람들은 교육과 학력이 가장 신뢰할 만한 생존 수단이 될 수 있다는 것을 인식했습니다. 집을 떠나 어느 곳으로 피난 가더라도 학력은 효력을 발휘했습니다. 게다가 전쟁 시기에 대학생들은 징집을 보류 받았습니다.

전쟁 이후 굳어진 극우적 반공 체제에서 노동운동이나 사회운동이 극도로 억압됨으로써 생존을 위한 집단적 연대의 가능성이 위축되었습니다. 자녀 교육이 그나마 믿을 수 있는 안전망이 되었습니다.

셋째, 새로운 학력 엘리트의 출현과 학력의 신망 효과입니다.

신분제는 1894년 갑오개혁으로 없어졌지만, 일제 강점기에도 양반·상놈 의식은 사라지지 않았습니다. 학력을 사회적 위신과 차별의 준거로 받아들이는 한국인의 심성은 해방 이후에도 쉽게 사라지지 않았습니다. '공돌이', '공순이'라는 차별적 명칭이 등장하여 사회적으로 유행했습니다. 하인과 비슷한 개념으로 작동한 것이죠. 학력은 인간의 사회적 가치를 차등화하는 상징적 효과를 발휘했습니다.

서구의 경우 엘리트와 일반 대중을 구분하는 중요한 차이는 엘리트들이 '인간 형성에 필요한 보편적 교양'을 구현하고 있다는 것입니다. 그 교양의 중핵을 이루는 것은 그리스·라틴어로 이루어진 고전적 학문 지식과 문화입니다.

조선의 양반층은 중국의 고전으로 구성된 한학을 '교양'으로 삼았고, 그것이 엘리트적 영향력을 발휘했습니다. 그러나 일제 강점기를 거치면서 유교적 교양은 권위를 상실했습니다. 학력 경쟁의 출발선은 문화적으로 비교적 균질해졌습니다.

따라서 일반 국민이 학력 엘리트를 바라보는 시선은 '나와는 다른 세계에 속하는, 출신 자체가 다른 존재'라기보다, '나도 노력해서 우수한 실력을 쌓고 좋은 학교에 입학하여 졸업장을 취득하면 얼마든지 될 수 있는 존재'로 변화되었습니다. '개천에서 용 나기', '형설지공'(螢雪之功)[105]의 꿈이 확산되고 교육열이 높아졌습니다.

학벌 경쟁 사회로 진입 과정

위와 같은 이유로 형성된 높은 교육열을 바탕으로 1960년대에 학벌 경쟁 사회로 진입하게 됩니다. 이 과정을 살펴보겠습니다.

1945년 해방 당시 초등학교 취학률은 45%, 문맹률은 78% 정도였습니다. 문맹률

---

105) 반딧불과 눈빛으로 이룬 공. 가난한 환경 속에서도 반딧불의 불빛과 달빛이 하얀 눈에 반사되는 빛으로 공부하여 성공했다는 뜻.

은 1950년대 전국적인 문맹 퇴치 운동으로 1966년에 8.9%까지 줄어듭니다. 초등교육은 1952년에 의무교육으로 되었고, 취학률이 96%에 이른 1959년에 무상교육이 되었습니다. 이후 상급학교 진학률을 보면 아래와 같습니다.

[표54]는 1960년 이후 10년 단위로 상급학교 진학률입니다. 괄호 안 숫자는 초등학교 졸업자를 100으로 했을 때, 고등학교까지 졸업한 사람, 대학까지 졸업한 사람의 비율을 표시한 것입니다. 예를 들어 1960년을 보면 초등학교 졸업자의 45%가 중학교에 진학하고, 중학교 졸업자의 50%가 고등학교에 진학하며, 고등학교 졸업자의 25%가 대학에 진학합니다. 그러니 초등학교 졸업자를 100으로 했을 때 고등학교 졸업자는 22.5%, 대학 졸업자는 5.6%입니다. 1990년 이후로는 중·고등학교 진학률이 100%에 가까워서 괄호 안 숫자를 생략했습니다.

[표54] 상급학교 진학률

	초등학교→중학교	중학교→고등학교	고등학교→대학교
1960년	45%	50% (22.5%)	25% (5.6%)
1970년	66%	70% (46.2%)	27% (12.4%)
1980년	96%	85% (81.6%)	27% (22%)
1990년	99.8%	95.7%	33.2%

1960년대에 들어서면 초등교육은 의무교육으로 정착되고, 중·고등학교와 대학교가 급속히 증가합니다. 1980년이 되면 중학교, 고등학교 진학은 보편적 현상이 되었고, 대학진학률도 30% 가까이 높아집니다. 이 시기에 치열한 경쟁 속에서 학벌주의가 형성되었습니다.

교육개혁은 없다 1

1960년에는 초등학교를 졸업한 100명 중 45명이 중학교까지, 23명이 고등학교까지, 5명이 대학까지 갔습니다. 대학생은 지식인 대우를 받았고, 고등학교만 나와도 많이 배운 사람 취급을 받았습니다. 4.19 혁명 당시 중·고등학생이 앞장선 것은 1987년 6월 항쟁에 대학생들이 앞장선 것과 비슷하다고 볼 수 있습니다.

학력 경쟁이 먼저 불붙기 시작한 것은 서울을 비롯한 대도시의 중학교 입시입니다. 이 점이 중요합니다. 교육 경쟁의 궁극적 목적은 대학교지만, 당시에는 폭발하는 수요에 비해 중학교 숫자가 적었고 '명문중→명문고→명문대' 트랙이 형성되면서 명문중학교 입시 경쟁이 치열했습니다. 경기중, 서울중, 경복중 등 명문중학교에 들어가기 위해 초등학교 5~6학년 학생들이 아침 6시에 등교하여 저녁 7시나 되어야 하교했고, '입시 지옥'이라는 신조어가 1960년대 후반에 등장했습니다.

입시 경쟁은 입시 사교육을 낳았습니다. 1950년대에 사교육은 미용, 양재, 요리, 자동차, 타자, 경리, 속기, 간호 등 취직을 위한 학원이 주종이었습니다. 1960년대 들어서면서 입시를 위한 사교육이 등장합니다. 중학교 입시가 얼마나 치열했는지 초등학교 4~5학년의 60%가, 6학년의 90%가 사교육을 받았다고 합니다.[106]

당시 사교육은 개인과외가 주류였으며, 교사들이 직접 과외를 했습니다. 지금은 교사들의 과외가 법으로 금지되어 있지만, 당시에는 가능했습니다. 교사들의 개인과외는 고액이었기 때문에 서민층 자녀들은 상대적으로 저렴한 학원을 이용했습니다. 1960년대 초반에는 단과학원이 주를 이루었고, 1960년대 후반부터 종합학원이 등장합니다.

중학교 입시가 얼마나 치열했는지를 보여주는 유명한 사건이 있습니다. '엿 먹어

---

106) 중앙일보 1966.7.21.

라'는 유행어를 남긴 '무즙' 사건입니다. 지금은 대학 입학시험만 정부가 주관하지만, 1960년대에는 중학교 입시, 고등학교 입시 모두 정부가 주관하여 치렀습니다.

1964년 12월 서울시 중학교 입시 문제에 "밥으로 엿을 만들려고 하는데 엿기름이 없다면 대신 넣을 수 있는 것이 무엇인가?"라는 문제가 나왔습니다.

보기로 ① 디아스타제 ② 무즙 ③ 꿀 ④ 녹말이 나왔는데, 정답은 '① 디아스타제'였습니다. 그런데 당시 초등학교 자연 교과서에 "침이나 무즙에도 디아스타제 성분이 들어있다"는 내용이 있어서 논란이 되었습니다. 서울시교육청의 정답에 불복한 학부모들은 재판까지 갔고, 재판부가 무즙을 정답으로 인정하지 않자, 학부모들은 기어코 무즙으로 엿을 만들어내서 판결을 뒤집었습니다. 이 사건으로 "엿 먹어라"는 말이 대중적 유행어가 되었다고 합니다.

이런 사회적 분위기에서 '중학교 무시험' 제도가 나왔습니다. 박정희 정권은 아동의 정상적 발달 촉진, 초등학교 교육 정상화, 과열 과외공부 해소, 극단적인 학교 간 격차 해소, 과도한 학부모 부담 경감 등을 이유로 1968년 7월 15일 중학교 무시험 진학제도를 발표했습니다. 이를 '7. 15 어린이 해방의 날'이라 했다고 합니다.

1970년이 되면 초등학교를 졸업한 100명 중 66명이 중학교까지, 46명이 고등학교까지, 12명이 대학까지 갔습니다. 대학은 그때까지도 소수의 전유물이었고, 대학 입시 경쟁도 치열했지만, 중학교 과열 입시가 해소된 조건에서 고등학교 입시가 가장 심각한 사회적 문제로 부각되었습니다.

경기고, 서울고, 경복고, 경기여고, 경남고, 부산고, 경북고, 광주일고, 전주고, 대전고 등 소위 전국 10대 명문고가 서울대 입학생의 절반 가까이 차지했습니다. 일단 명문고를 들어가면 명문대 입학은 '따 놓은 당상'이라 명문고에 들어가기 위한 경쟁이 극심했습니다. 10대 명문고 중 최고였던 경기고를 나와 서울대에 입학하는 것을

'KS마크'라고 부르는 유행어가 생긴 게 그 시대였습니다.

이런 상황에서 1973년 '고교 평준화'가 발표되고, 1974년 서울, 부산을 시작으로 1980년 지방 소도시까지 점진적으로 평준화가 완료되었습니다.

1970년대에 중·고등학교 진학률은 꾸준히 상승하여 1980년대가 되면 중·고등학교 교육은 보편성을 띠게 되고 입시 경쟁은 대학으로 집중되었습니다.

1970년대 대학입시는 예비고사와 대학별 본고사로 구성되어 있었는데, 예비고사는 본고사를 보기 위한 자격시험 같은 것이어서 본고사가 결정적이었습니다. 본고사는 너무 어렵게 출제되어 학원과 과외를 하지 않고서는 준비하기 어려웠습니다. 명문대를 목표로 하는 학생들은 고등학교 1~2학년 때 진도를 다 끝내놓고 3학년 때는 도쿄대 입시 기출 문제를 1년 내내 풀어야 했습니다.

유신독재 시절, 사회가 준전시 체제였다면 고등학교는 대학입시를 향해 달려가는 연병장이었습니다. 0교시, 8교시, 심지어 '-1교시'도 있었습니다. 우열반 편성도 일반적 현상이었습니다. 수업은 본고사 과목인 국영수 중심이었고, 음악 미술 체육 시간에 국영수 수업을 하는 것이 이상하지 않던 시절이었습니다. '사당오락'(4시간 자면 대학에 붙고 5시간 자면 떨어진다)이니 '삼당사락'이니 하는 말을 들으며 학교를 다녀야했고, "선생님, 집에 다녀오겠습니다"라고 인사를 하며 학교 문을 나섰습니다.

학교는 입시 전쟁터였고 과외는 폭증했습니다. 1980년 과외비 지출 규모는 한해 5천억 원 정도로 당시 GDP 22조 원의 2.5%였습니다. 교육부와 통계청이 발표한 2021년 초중고 사교육비는 23조 4천억 원으로 GDP 2,057조의 1.1% 정도이니, 비율만 보면 그때가 더 심각했다고 볼 수 있을 것입니다. 당시 '과외 망국병'이라는 말이 유행했습니다.

1980년 7월 30일 전두환이 이끌던 국가보위비상대책위원회가 '교육 정상화 및 과열 과외 해소 방안'을 발표합니다. 12. 12. 쿠데타로 권력을 찬탈하고 광주에서 학살을 저지른 전두환이 민심을 회유해보려는 의도로 대학별 본고사 폐지, 학력고사로 일원화, 대학 입학 정원 30% 확대와 졸업정원제 도입, 과외 금지를 밀어붙였습니다.

7.30 조치는 현직 교사들의 과외를 금지했습니다. 학원은 재수생에게만 허용되었고, 재학생이 학원에 가면 퇴학, 학부모와 교사는 과외를 하면 해직, 이렇게 엄벌에 처했습니다.

1983년 7월 29일 '사회정화위원회'는 "지난 3년 동안 불법 과외 관련자 1,290명(학생 623명, 교습자 117명, 학부모 550명)을 적발, 이중 교습자 69명을 입건하고 교사 4명과 학부모 58명 등 62명을 면직 조치했다"고 발표했습니다. 1986년에는 제주시장이 자녀에게 영어 비밀과외를 시키다 발각되어 해직되기도 했습니다.

당시에도 몰래 변칙적 방법으로 과외를 하는 사람들도 있었지만, 위험부담이 워낙 컸기 때문에 대다수 사람들은 불법 과외가 있는지조차 몰랐습니다. 1989년 대학생의 과외 교습이 전면 허용되고, 방학 때 중·고교 학생의 학원 수강이 허용되면서 과외·학원 금지 혜택을 본 세대는 끝났습니다.

과외 금지 조치는 1989년 대학생 과외 허용부터 차근차근 풀리다가 2000년 헌법재판소가 위헌으로 판결하면서 대한민국은 다시 과외 열풍에 휩싸이게 됩니다.

1960~80년대는 군부독재가 주도하는 경제개발 계획으로 경제가 고도성장하던 시기였습니다. 이 시기에 폭발적인 교육열, 상급학교 진학을 향한 치열한 경쟁으로 학벌 사회의 모습이 형성되었습니다.

교육열이 얼마나 뜨겁고 경쟁이 치열했으면 군부독재자들이 중학교 무시험제,

고교평준화, 과외 금지와 같은 경쟁 완화 정책을 내놨겠습니까. 요즘도 "박정희가 잘한 것은 의료보험 제도와 고교평준화"다, "전두환이 그래도 과외 금지 조치 하나는 잘했다", 이런 평가를 받을 정도니 말입니다.

학벌주의 탄생의 핵심, 엘리트 관료주의

박정희는 1961년 5.16 쿠데타, 전두환 노태우는 1979년 12.12 쿠데타, 1980년 5.18 광주학살로 정권을 찬탈했습니다. 정당성이 없는 집권이지만 권력을 유지하기 위해서는 체육관 선거라도 치러야 했고, 국회에서 거수기가 되어줄 정당을 운영해야 했습니다. 민심이 정권을 외면하니 돈으로 정치를 했고, 정치 자금은 부정한 방법으로 마련했습니다. 그 자금줄은 재벌에서 나왔습니다. 미군정, 이승만 정권에서 적산불하로 시작된 정경유착은 군부독재에서는 더욱 강화되었습니다.

정치군인들이 직접 장·차관을 차지하고 국회의원이 되어 정치를 했지만, 군인만으로 정치를 할 수는 없었겠지요. 권력을 지속할 수 있는 인적 기반이 필요했습니다. 그래서 나타난 현상이 권력과 학문, 권력과 언론의 유착입니다.

미군정과 이승만 정권에서 적산불하로 토대를 닦은 재벌은 박정희 정권에서는 차관을 통해 성장했습니다. 차관이란 나라 사이에 돈을 빌려주는 것입니다. 1950년대에 경제 불황에 빠진 미국은 1960년대 들어 무상원조를 줄이고 차관으로 한국 경제를 통제하기 시작합니다.

1950년대를 '원조경제' 시대, 1960~70년대를 '차관경제' 시대라고 합니다. 차관 자본의 이자율은 당시 은행 금리나 사채 이자보다 훨씬 낮아서 차관을 받아 은행에 넣어놓기만 해도 이익이 엄청났습니다. 차관을 받아서 한 사업이 잘되지 않더라도 국가가 보증을 섰기 때문에 갚을 걱정도 없었습니다. 차관을 받느냐 못 받느냐가 기업의 성패를 결정하던 시절이니 권력에 줄을 대느냐 못 대느냐는 사활적 과제였겠지요.

지금은 한국 사회에서 재벌의 힘이 가장 막강하지만, 군부독재 시절에는 권력 밑에서 박박 기었습니다. 권력은 차관을 통해 재벌을 키우고, 재벌은 권력에 정치자금과 뇌물을 바쳤습니다. 권력은 어느 기업을 죽일 수도 살릴 수도 있었습니다.

대표적 사건이 국제그룹 사건입니다. 1985년 전두환은 재계 서열 7위인 국제그룹을 하루아침에 공중분해시켰습니다. 국제그룹의 양정모 회장은 "자고 일어나니 기업이 해체되어 있었다"고 회고했습니다. 표면적 이유는 무리한 기업 확장과 해외 공사 부실이었지만, 전두환에게 정치자금을 적게 내서 밉보였다는 게 정설입니다.

권력과 재벌의 관계를 가장 잘 보여주는 것이 소위 '통치 비자금'입니다. 1995년 노태우는 대국민 사과문에서 대통령 재임 동안 모은 비자금 총액이 5천억 원이라고 밝혔습니다. '5.18 특별수사본부장'을 맡아 전두환 비자금 수사를 총괄했던 최환 변호사는 전두환의 비자금은 9,500억 원을 상회한다고 밝힌 바 있습니다. 영화 〈남산의 부장들〉에 등장하는 박정희의 비자금 액수는 아직도 밝혀지지 않았지만, 스위스 은행 비밀 계좌에 상상을 초월하는 거액이 있다는 의혹은 오랫동안 제기되어 왔습니다.

재벌의 명줄을 쥐고 있는 정부의 고위관료는 일본의 제국대학 출신, 고등고시를 통과하거나 미국 유학을 마치고 돌아온 서울대 출신들이 독점했습니다.

권력에 줄을 대기 위해서는 재벌도 관료들과 인연이 있는 자들을 전진 배치했습니다. 누가 청와대 수석이 되었다, 누가 장관 차관이 되었다고 하면 재벌기업의 이사도 그에 맞춰 인사이동을 했습니다. 특정 대학이, 특정 고등학교가, 특정 지역 출신이 권력을 향해 움직였습니다.

1980년 전두환이 언론 통폐합을 하면서 언론도 권력의 하수인이 되었습니다.

국제그룹이 하루아침에 공중분해 되었듯이 1970년대 KBS, MBC와 함께 공중파를 주름잡던 동양방송(TBC)도 하루아침에 사라졌습니다. 1980년 전두환은 삼성 소유였던 TBC를 빼앗아 'KBS2'로 만들었습니다. 그로부터 31년 후인 2011년 종편이 설립되면서 삼성(중앙일보)이 다시 만든 것이 현재의 'JTBC'입니다.

박정희 정권에서도 언론은 권력의 나팔수였지만, 굴지의 TBC가 하루아침에 날아가는 것을 목격한 언론은 전두환 정권에서 더 철저하게 권력과 밀착했습니다. 조선일보 사장 방우영은 자신을 '밤의 대통령'이라 칭했습니다.

1970년대까지 늘 '2등 신문'이었던 조선일보는 어떻게 '1등 신문'이 되었을까요? 1980년에 전두환을 '위대한 영도자'로 찬양하면서 '일등 신문'으로 급성장했

〈조선일보〉 1980년 8월 23일자

습니다. 권력이 원하는 기사와 논설을 써주고, 권력기관에서 고급 정보를 제공받는 관계로 밀착한 것이 일등 신문으로 성장한 비결이었습니다. 권력을 감시해야 할 언론이 권력의 하수인, 더 나아가 권력기관의 한 부분이 되는 사례는 세계적으로 찾아보기 어렵습니다.

이렇게 부패한 군부 독재자들이 재벌, 학자, 언론과 유착하면서 정상적이고 합리적 관계가 아니라 전근대적 학연이 매개 수단으로 작동했고, 학벌주의가 심화되었

습니다.

공부 잘해서 서울대 갔으니 고시에 붙어 고위 관료가 된 자와 미국 박사 중에 서울대 출신이 많은 것은 당연할 수 있습니다. 문제는 서울대가 차지하는 비율이 아니라 그들이 어떤 식으로 부귀영화를 누렸으며, '그들만의 리그'로 쌓아 올린 성이 우리 사회를 어떻게 변질시켰느냐는 것입니다.

서울대 출신들이 대학에 입학할 때부터 패거리를 지어 사익을 추구하겠다는 생각을 가졌을까요? 그렇지 않았을 것입니다. 유학하고 고시 붙어 높은 자리에 올라갔더니 권력 구조가 그렇게 짜여 있고, 그에 편입되어 살아가는 과정에서 생각이 변하고 자신도 그 구조를 재생산하게 되었을 것입니다.

앞서 "민중은 개·돼지"라고 말해 물의를 빚었던 나향욱 이야기를 했었는데, 다시 한번 소환하겠습니다. 1987년 연세대 교육학과에 입학한 나향욱은 1992년 23세의 나이로 행정고시 교육행정직에 합격합니다. 공무원으로 근무하면서 미국 아이오와 주립대학교에 파견되어 국비로 박사과정도 수료합니다. SKY 출신 엘리트들이 걸어간 전형적 코스죠.

이한열 열사가 최루탄에 쓰러지던 1987년 연세대에 입학한 나향욱이 시대를 외면하고 행정고시 공부에 몰두했다고 하더라도 23세의 나이에 민중을 개·돼지라고 생각하지는 않았을 것입니다. 연세대 교육학과 교수들이 그렇게 가르치지도 않았을 것입니다. 그의 세계관은 교육부에서 20년 넘게 근무하면서 선배 관료들에게 배우고 체득한 것입니다.

민중을 개·돼지로 보는 나향욱의 생각이 "이기적이고 나약한 겁쟁이인 조선 민중은 엘리트 집단에 복종하고 봉사해야 한다"며 '민족개조론'을 주장한 친일파 이광수와 무엇이 다를까요.

교육개혁은 없다 1

"구의역에서 안타깝게 사망한 김군을 내 자식처럼 생각하는 것은 위선"이라는 나향욱의 생각이 남의 집 자식들을 징용, 징병, 정신대에 나가라고 내몰던 일제 말기 친일파들과 무엇이 다를까요. 나향욱은 하늘에서 뚝 떨어진 인물이 아니라 친일파가 승승장구하며 이끌어온 대한민국 정부가 만들어낸 지극히 평범한 괴물입니다.

부정부패를 이어주는 연줄로 작동하는 학벌주의

앞서 한덕수 총리가 전관예우로 4년 4개월 동안 김앤장에서 18억 원의 자문료를 받았다는 이야기를 했습니다. 한덕수 총리는 국회 청문회에서 야당이 제기한 비판을 뭉개고 총리가 됐지만, 스스로 물러난 공직자 후보들도 있습니다.

2014년 국무총리 후보로 지명된 안대희는 대법관 퇴임 후 변호사 개업 6개월 만에 16억 원을 벌었다는 게 알려져 후보 지명 6일 만에 자진사퇴 했습니다. 2011년 감사원장 후보가 된 정동기는 대검차장에서 물러난 뒤 7개월 동안 7억7천만 원을 번 것이 문제가 돼 12일 만에 사퇴했습니다.

안대희, 정동기는 판사를 마치고 로펌에서 돈을 번 후 다시 공직에 들어오려다 문제가 된 것이고, 만약 로펌에서 계속 근무했다면 어떻게 되었을까요? 법조계의 전관예우 폐해를 드러내 전국적으로 유명해진 홍만표 변호사는 2011년 검사를 그만둘 당시에 신고한 재산이 13억 원이었는데, 변호사 개업 후 2년 만에 100억 원이 넘는 재산을 신고해서 화제가 되었습니다.

판검사는 월급 보고 하는 게 아닙니다. 퇴임 후 변호사로 개업하거나 로펌에 취직해서 사건을 수임하면 현직 판검사에게 전화 한 통화로도 문제를 해결할 수 있는 관행, '전관예우'(前官禮遇)를 보고 합니다.

대형 법무법인의 전관예우는 상상을 초월합니다. 검사장이나 고등법원 부장판사 출신 변호사의 연봉은 6억~12억 원, 법원장 출신 변호사라면 1~2년 동안 평생 먹고 살 것을 법니다. 현직에 있을 때는 명예를 얻고 퇴임 후에는 돈을 얻습니다.

2018년 대법원 산하 '국민과 함께하는 사법발전위원회'가 발표한 「전관예우 실태조사 및 근절방안 마련을 위한 연구조사」 결과를 보면 검사의 42.9%, 변호사의 75.8%가 전관예우가 있음을 인정했다고 합니다. 100% 다 알고 있으면서 인정을 안 한 것 같은데, 모든 국민이 알고 있는 것을 검사, 변호사가 모를 리 있을까요?

대법관 출신 전관이 대법원 상고심 사건에 이름만 올려주는 대가로 받는 '도장값'이 3천만 원, 담당 판·검사에게 전화 한 통 넣어주는 '전화 변론'은 5천만 원이 공식 가격이라고 합니다.[107] 이런 말도 안 되는 일에 왜 현직 판검사들이 협조할까요? 자신들도 언젠가는 퇴직해서 변호사가 되기 때문입니다.

『삼성을 생각한다』에서 김용철 변호사는 판사, 검사, 변호사들의 관계에 대해 이렇게 설명합니다.

검사는 시시한 혐의로 사람을 잡아들인다. 그리고 검사와 친한 변호사가 사건을 맡는다. 변호사는 두둑한 수임료를 챙긴다. 검사, 변호사와 친한 판사는 피의자를 풀어준다. 한 몫 챙긴 변호사는 술자리에서 판검사에게 접대한다.

전화 한 통화면 기소될 것이 불기소되고, 구속기소가 불구속기소로 되고, 구속되어도 보석으로 나오고, 실형 살 게 집행유예가 되고, 5년 형이 3년 형이 되고, 이러니

---

107) 한국경제, 〈"돈 들어도 전관변호사 써라"…판·검사도 실토한 '전관예우'〉 2018.10.24

교육개혁은 없다 1

돈 있으면 누가 전관예우 변호사를 쓰지 않겠습니까? 그래서 나온 말이 '유전무죄 무전유죄(有錢無罪 無錢有罪)'입니다.[108]

2017년 1월 동아일보와 엠브레인이 성인 1천 명을 대상으로 한 조사에서 "한국은 '유전무죄 무전유죄'가 얼마나 적용되는 사회라고 생각하는가?"라는 질문에 '매우 그렇다' 71.4%, '그렇다' 19.6%, 총 91%가 동의했습니다.

돈 있으면 죄를 덜고 돈 없으면 벌 받게 만드는 게 어떻게 전관에 대한 예우입니까? 범죄입니다. 중세 시대 교회가 발행하던 면죄부가 한국에서 전관예우로 변신한 것이죠. 이런 범죄가 어떻게 고위 공무원 사회에서 관행이 되었을까요? 모두 범죄에 함께 뛰어들면 됩니다. 그때 작동하는 게 학벌과 기수(期數)입니다.

언론에 판검사 변호사가 나오면 프로필에 꼭 '사법연수원 ○○기'가 붙습니다. 새로운 검찰총장이 사법연수원 몇 기가 되었다면, 그 위 기수들은 옷을 벗는 것이 검찰 문화입니다.

교사들은 사범대·교대 후배가 교장·교감을 한다고 교사를 그만두지 않습니다. 교장·교감으로 갈 사람은 그 길로 가고, 그게 싫은 사람은 정년까지 평교사로 근무하다 퇴임합니다. 판검사들의 기수 문화는 대한민국 엘리트 집단의 내부 질서가 철저히 수직적·봉건적 체제라는 것을 보여줍니다.

사법연수원 선배가 판검사 옷을 벗고 변호사가 되어 부탁하는데 들어주지 않을

---

108) 1988년 교도소를 탈출한 지강헌이 인질극을 벌이면서 남긴 이야기. 지강헌은 560만원을 훔친 것 때문에 징역과 보호감호로 17년을 선고받자 호송차를 탈출했는데, 당시 수백억 원의 횡령, 탈세, 뇌물수수를 범한 전경환(전두환의 동생)이 겨우 7년의 징역형을 선고받은 것을 비교하며 생방송으로 중계된 인질극에서 '유전무죄 무전유죄'를 언급했다. 지강헌의 인질극은 2006년 〈홀리데이〉라는 영화로 만들어졌다.

수 없는 문화, 게다가 서울법대 선배라서 거부할 수 없는 문화, 이게 판검사들의 문화입니다. 그래서 현직에 있을 때 서울법대끼리 끈끈한 정을 만들고, 서로 끌어주고 밀어줍니다. 판검사 사회는 서울법대가 기본이니까 어느 고등학교 출신인가도 중요합니다. 과거에는 경기고-서울법대가 최고의 엘리트였다면, 지금은 대원외고-서울법대라죠?

판검사만 그런 게 아니죠. 앞서 한덕수 총리와 'ㅇ피아' 현상에서 살펴봤듯이, 모든 정부 부처 관료들은 퇴직 후 관련 업체에 취직해서 자기가 현직에 있을 때 부하로 데리고 있던 사람을 로비의 대상으로 삼습니다. 로비가 통하지 않을 리 없죠. 정책이 바뀌고 이권과 뒷돈이 오갑니다. 이를 위해 작동하는 배타적 공동체성, 그들만의 리그가 학벌주의입니다.

학벌주의는 부정부패의 산물입니다. 2017년 개봉한 영화 〈더 킹〉은 학벌주의의 본질이 무엇인지 적나라하게 보여줍니다.

'빽' 없는 가난한 집 아들 박태수(조인성 역)는 서울법대 졸업, 사법고시 합격 후 검사가 되어 지방에 발령받습니다. 어느 날 안면도 없는 서울법대 2년 선배 양동철(배성우 역)이 찾아와 박태수가 맡은 성폭행 사건을 적당히 처리해주면 검찰 내의 출세 코스인 전략부로 끌어주겠다는 제안을 합니다. 고민하던 박태수는 술자리에서 한강식 부장검사(정우성 역)를 만나게 됩니다. 자괴감으로 마음을 정하지 못하고 있는 박태수를 본 한강식은 박태수의 뺨을 후려치면서 이렇게 말합니다.

"어디서 '가오' 잡고 있어? 사시 넘고 검찰 넘고 하니 세상이 다 네 것 같아?

소신? 우리 자존심이나 정의, 촌스럽게 그딴 것 좀 버리자!

너 얼마나 고생했어? 집도 별 볼 일 없던데. 민주화운동, 그거 해서 그래?

교육개혁은 없다 1

여기 어떻게 왔는데 지방으로 뺑뺑이 돌 거야? 변호사 간판 내고 이혼 소송 할래? 법률서비스, 그딴 거 할 거야? 서비스업 하려고 고생했어?

역사적으로 흘러가듯 가! 내가 또 역사 강의해야돼?

그냥 권력 옆에 있어! 자존심 버려 잡으라고! 그거 놓치고 나서 누구 잘된 사람 없어. 우리나라 역사에 그런 사람 없어. 누가 있어? 이름 대봐!

친일파며 그딴 놈들, 어때? 재벌이고 장·차관하고 다 우리나라 최고야.

독립군들, 한 달 60만 원 연금 없으면 밥 굶고 살아.

아우, 촌스러운 새끼, 진짜. 아니 요즘도 저런 철없는 새끼가 다 있냐?

요즘 애들은 왜 역사 공부를 안 하니? 배워야지 역사를!"

한강식의 일장 연설을 들은 박태수는 마음을 바꿉니다.

"x같았다. 그의 말이 x같은 게 아니라 구구절절 맞다는 게 x같았다. 그래, 여기가 내가 원하던 검사 자리다. 타겟을 잡고 기획할 첩보를 잡고 이렇게 눈에 띄는 일을 해야 검찰총장까지 간다. 연봉 40억 대기업, 더 깊숙이는 민정수석까지. 이렇게 후배 선배들 만나 용돈 주고 온갖 권력 다 갖고 걱정 없이 사는 것이다."

이런 대화가 벌어지는 곳은 전망 좋은 22층 빌딩 꼭대기, 성매매가 이루어지는 최고급 술집입니다. 술집에는 기업인, 검사, 변호사, 기자들이 꽉 차 있습니다. 박태수는 이날 고등학교 친구였던 최두일(류준열 역)을 만나게 되는데, 최두일은 한강식과 동업관계인 목포 들개파 두목 밑에서 일하는 2인자입니다. 검사 박태수와 조폭 최두일은 이날 이후 서로 도우면서 살아갑니다.

영화 〈더 킹〉의 장면들은 영화적 상상력일까요? 민중을 개·돼지라 부르는 영화 〈내부자들〉의 대사가 현실에서 드러났듯이, 최고급 술집에서 성매매를 일삼는 검사들의 행태 역시 현실입니다.

10여 년 동안 대형 로펌에서 억대 연봉을 받으며 변호사 생활을 하다 유학 생활을 계기로 공익과 인권의 문제를 깨닫게 되어 참여연대에서 복지노동팀 팀장으로 근무하던 김남희 변호사가 2013년에 쓴 『젊은 변호사의 고백』 중 일부를 보겠습니다.

사법연수원에서 매년 초에 대학교별로 동문회가 열리는데, 1차로 다 같이 식사한 후 남자 연수생들은 전부 변태적 유흥업소에 갔다고 한다. 이런 과정을 통해 남자 법조인들은 도덕적 윤리적 타락에 일찍부터 둔감해지기 시작한다. 법조계에 만연한 집단 성 접대 문화에 대해 여러 경로로 보고 들은 사례는 셀 수 없이 많다. 주로 대학 동문회, 고교 동문회 등의 모임을 중심으로 떼 지어 유흥업소를 방문하고, …(중략)…

소위 '색검', '떡검' 등 검사들에 대한 성 접대 사건은 전혀 놀라울 것도 없는 일이다. 많은 국민들이 "정말 썩었구나, 어떻게 저럴 수 있지?"라고 생각하는데, 법조인들의 반응은 "운이 없구나, 어쩌다 걸렸을까?"일 경우가 많다. 법조인들은 서로 '한 가족'이라고 생각하기 때문에 죄를 죄로 보지 못하고, 죄를 저질러도 무척이나 관대하다. …(중략)… 그 원인 중의 하나는 바로 사법연수원, 법무관 등 법조계로 진입하는 초기 단계부터 집단으로 성 접대 문화를 경험하면서 공범 의식을 형성하기 때문이라고 생각한다. 그렇게 '우리는 모두 하나'라는 의식은 더 공고해지는 것이다.

영화 〈더 킹〉에 나온 검사와 조폭의 결합 역시 현실에서 벌어지는 일입니다. 1990년 대전 패밀리관광호텔 룸살롱 사건을 보겠습니다.

교육개혁은 없다 1

대전지역 양대 폭력조직인 '진술파', '찬조파' 두목이 각각 평소 알고 지내던 조직 폭력 수사 전담 부장검사와 현직 국회의원, 부장판사, 보안부대 간부 등과 술자리를 함께하다 시비 끝에 칼부림 보복극을 벌인 사건입니다.

칼부림은 당시 '찬조파' 두목 김○○이 대전지검 김○○ 부장검사, 민자당 김○○의원, 대전지구 보안부대 간부와 함께 술을 마시다가, 옆방에서 수원지법 강△△ 부장검사, 대전지검 김△△ 검사와 술을 마시던 '진술파'의 대부 현△△에게 "판검사와 술만 마시면 다냐?"고 시비를 걸고 폭행한 데서 비롯되었습니다.

왜 이런 사건들은 룸살롱에서 벌어질까요?

영화나 드라마를 보면 꼭 룸살롱에서 술을 마시는 집단이 있습니다. 재벌 3세, 대기업 임원, 판검사, 변호사, 정치인, 고위 공무원, 조폭입니다. 재벌 3세야 돈이 많아서 그렇다 치고, 월급쟁이인 검사나 고위 공무원은 하룻밤에 수백만 원씩 한다는 룸살롱에서 어떻게 놀 수 있을까요? 왜 그들은 꼭 칸막이를 친 곳 안에 들어가서 놀고자 할까요?

강준만 교수는 룸살롱을 봐야 한국 사회가 보인다고 합니다. 강준만 교수가 쓴 『룸살롱 공화국』에서 주목할 만한 부분을 살펴보겠습니다. 2009년 미국발 금융위기로 기업들이 허리띠를 졸라매는 와중에도 접대비는 늘어났다고 합니다. 한국은행 집계에 따르면 당시 기업들의 접대비는 6조5천억 원으로, 룸살롱 고객의 70%가 대기업이라고 합니다. 자기 돈 내고 룸살롱 가는 게 아니란 얘기죠. 룸살롱에서 접대는 회사 카드로 결재하는 업무의 연장입니다. 룸살롱은 은밀한 곳이긴 하나 공식적 기업 활동 공간입니다.

살롱의 원조인 프랑스에는 룸살롱이 없습니다. 룸살롱은 은밀한 접대를 위해 '칸막이'를 치고 허물없이 노는 곳입니다.

왜 은밀한 접대가 필요할까요? 부패한 거래를 해야 하기 때문이겠죠. 청와대의 정책 방향을 알고 개입하고자, 정부가 어느 그린벨트를 풀어서 택지 개발을 하려는지 알고자, 자기 기업에 유리한 법을 국회에서 만들고자, 검찰이 수사 중인 사건에 청탁을 하고자,….

부패한 거래를 합리화하려면 칸막이를 치고 한 패거리가 되어 허물없이 놀아야 합니다. 호칭은 '선배님', '후배님', '형님', '아우님'이 되어야 합니다. 소개는 "형님, 저 ○○대 ××학번입니다", "형님, 저 연수원 △△기입니다"로 되어야겠지요.

학벌은 패거리 문화에서 최고의 경쟁력을 발휘하는 인적자본이 됩니다. 그래서 권력의 최상층과 어울려 놀아날 수 있는 학벌의 소유자들이 먼저 승진하고, 자기들끼리 끌어주고 밀어주는 배타성이 형성되며, 그 리그에 들어갈 수 없는 사람들의 서러움은 한이 되어 쌓이고, 내 자식만큼은 서러움 당하지 않게 공부시켜야 하며, 가족이 해체되는 기러기 아빠조차 감내하게 됩니다.

군부독재가 전 사회적으로 확산시킨 기수 서열 문화

학벌주의는 '기수'(期數)라는 서열 문화를 통해 뒷받침됩니다.

기수는 어느 대학 몇 학번, 사법연수원 몇 기, 회사 입사 몇 기와 같은 것을 말합니다. 자신보다 먼저 대학에 입학했거나, 사법시험에 붙었거나, 회사에 입사한 사람을 존중하는 것 자체는 자연스러운 현상으로 볼 수 있습니다.

문제는 존중이 아니라 서열을 만드는 것입니다. 한참 차이 나는 기수가 아니라 단한 기수 차이에도 깍듯한 서열이 작용합니다. 이런 서열 문화는 대학 학번, 입사 기수뿐 아니라 사회 전 영역에 퍼져있습니다. 새로운 사람을 만나면 가장 알고자 하는 것이 나이이고, '민증'을 까서라도 형인지 동생인지 서열을 정합니다.

연세대 언어연구교육원 유현경 원장이 45개국 출신 외국인 유학생 400여 명을 대상으로 설문 조사한 결과에 따르면 '가장 적응하기 어려운 한국 문화'로 32.8%가 '나이 및 서열 문화'를 들었다고 합니다.[109]

기수는 다른 나라에는 존재하지 않는 한국의 고유 현상입니다. 그래서 영국의 옥스퍼드 사전에 기수는 'kisu'라고 등재되어 있습니다. 어느 대학 몇 학번, 사법연수원 몇 기, 어느 회사 입사 몇 기로 동질감을 형성하고 상하 기수 사이에 수직적 관계를 만드는 문화는 언제 생겨나서 사회를 지배하게 되었을까요?

서울교대 오성철 교수는 기수 문화의 근원이 일제 강점기 교육이라고 지적합니다.[110] 일본은 메이지 유신 이후 초대 문부대신을 지낸 모리 아리노리(森有禮)가 학교를 천황에 충성을 다하는 신민을 기르는 기관으로 만들고자 '사범학교령'을 발표하여 군대식 제도를 학교에 이식합니다.

황국신민이 되기 위해서는 개인의 자유를 최대한 억제하고 교사의 명령, 상급생의 명령에 절대적으로 복종하는 '사범형 인간'이 되어야 했습니다. 이런 문화가 일제 강점 시기에 조선 학교에 그대로 이식되었습니다.

일제 강점 시기 학교는 군대를 그대로 빼다 박았습니다. 학교의 외형부터 그렇습니다. 연병장=운동장, 사열대=구령대, 막사=건물, 내무반=교실, 군대식 건물 구조입니다. 아침점호=조회, 저녁점호=종례, 상관 훈시=선생님 훈화, 내무반장=반장, 당직 사병=주번, 선생님께 차렷 경례, 모두 군대식 질서입니다. 군복 닮은 교복, 군

---

109) 2016년 7월 국회에서 열린 '한국어교육기관대표자협의회' 창립 10주년 워크숍 발표자료
110) 오성철, 『근대 동아시아의 학생 문화』, 2018, 서해문집

모 닮은 교모, 계급장 닮은 교표, 군인처럼 짧은 스포츠형 머리, 외모조차 군대의 복사판입니다.

일제 강점기 교육에서 살펴보았듯이 학교가 늘어난 것은 3.1 독립운동 이후 일제가 취한 문화통치의 일환이었습니다. 일본인 교사가 순사처럼 칼을 차고 들어와 조선 학생들을 가르쳤습니다. 장차 독립운동의 뜻을 품을지도 모르는, 불순해질 가능성이 있는 조선의 학생들을 무시하고 멸시하며 두들겨 패면서 가르쳤습니다. 학교의 폭력적 권위주의적 문화는 모두 식민지 잔재라고 보면 됩니다.

일제 강점기에 군대를 그대로 복사해 만든 권위주의적 학교 문화는 1960년 4.19 혁명 이후 학도호국단이 폐지되고 학생회가 자치활동을 하면서 느슨해져 갔습니다. 그러다 1968년 국민교육헌장이 발표되고 1975년 학도호국단이 부활하면서 다시 일제 강점기 교육으로 돌아갔습니다.

수직적이고 권위주의적 학생 문화를 만드는 데서 '선도부 선배'들의 역할이 컸습니다. 선도부는 일제 강점기 일본의 '풍기위원'을 그대로 모방한 것입니다. 같은 학생인데도 선도부원이 되면 학교의 공식 등교 시간보다 30분 일찍 나와 교문에 줄지어 서서 교복 명찰을 제대로 달았는지, 양말이나 운동화는 색깔 규정에 맞는지, 머리카락 길이는 선을 넘지 않는지 검사했습니다. 선도부 선배에게 적발당하면 이름이 적혀 학생부로 넘어갑니다. 점심시간에 선도부 선배들이 일제히 교실에 들어와 소지품을 검사해 만화책, 잡지, 군것질거리를 소지한 학생을 적발하기도 했습니다. 요즘 학생들이 듣는다면 기절초풍할 일이죠.

학교가 불합리한 질서와 복종을 내면화시키는 기관이었다면, 기수 서열 문화를 전 사회적 영역으로 확산시킨 것은 군대였습니다.

군부독재 시절의 군대는 '국민정신 계도' 기관이었습니다. 나라를 지키러 군대에

교육개혁은 없다 1

가는 것이 아니라 고참에게 맞으러 갔습니다. 이유도 없이 실컷 맞고 나면 "이게 다 저 김일성 빨갱이 새끼들 때문이다", "후방에서 데모하는 새끼들은 다 때려죽여야 한다"는 식의 일장 훈시를 들었습니다. 그런 정신을 내면화시키는 곳이 대한민국 군대였습니다.

애국심이요? 군대에서 사병들이 가장 많이 하는 말이 "미쳤다고 충성하냐"입니다. '물구나무서도 국방부 시계는 돌아간다'는 신념 하나로 몸 상하지 않게 제대하는 것을 최고의 목표로 여기며 살았습니다.

군대에서 가장 두려운 것은 장교나 하사관이 아닙니다. 바로 윗고참입니다. 사병들은 월 단위로 기수를 정합니다. 소위 '군번'이죠. 저는 1986년 3월에 입대했기 때문에 '3월 군번'이었습니다. 이 3월 군번의 군기를 잡는 것은 1월, 2월 군번입니다.

"몇 시까지 몇 월 군번 어디로 모여" 하면 일렬로 쭉 늘어섭니다. 대체로 남들 눈에 띄지 않는 건물 뒤편이죠. 겨우 한 달, 두 달 먼저 입대했다는 이유로 말도 안 되는 소리를 늘어놓으며 '고참은 하느님과 동기동창'이고, '한번 고참이면 영원한 고참'이고, 고참이 '까라면 까야' 했습니다.

'쫄병'일 때는 맞는 게 억울해서 내가 고참이 되면 절대로 그러지 말아야지 하던 사람도 고참이 되면 '본전' 생각이 나서 폭력을 반복합니다. 이렇게 폭력성이 내면화된 상태로 제대한 사람들이 대학교에서, 직장에서 군대 문화를 확산했습니다.

'짬밥', '빵빵이', '말년', '쫄따구' 등 군대 은어가 대중적으로 사용되는 것은 군대가 우리 사회에 미친 영향을 보여줍니다. 대한민국의 절반인 남성들이 군대에 다녀오면서 오랜 기간 축적된 기수 서열 문화가 대한민국의 고유한 문화로 확산되고 고착되었습니다.

대한민국 군대는 왜 폭력적 기수 문화를 갖게 되었을까요?

한국전쟁 이후 베트남전 파병 사망자 5천 명을 제외하고, 군대에서 비전투 사망자 수가 6만 명에 이른다고 합니다. 특히 박정희 집권 18년 동안 34,000여 명, 그 중 유신 시대에만 11,000명 이상이 죽었습니다.

성공회대 한홍구 교수는 수십 년 동안 군대에서 엄청난 사망자가 발생한 이유가 초기 한국군 상층부가 대부분 일본 황군과 황군이 육성한 괴뢰 만주군 출신으로 구성되었기 때문이라고 합니다.[111] 한홍구 교수가 지적한 한국 군대의 폭력적 성격의 기원을 살펴보죠.

메이지 유신 이후 급속한 산업화와 군사화를 추진한 일본은 단체생활의 조직적 규율과 근대식 시간개념과는 무관하게 살아온 전근대적인 농촌 청년들을 하루빨리 근대화된 군인으로 만들어야 했다.

단체생활의 경험이 없고, 시계를 볼 줄 몰라 근대적인 시간개념이 아예 없고, 기계를 다뤄본 적이 전혀 없고, 문맹인 농촌 청년을 당장 전투에 투입할 수 있는 군인으로 만드는 작업은 폭력을 수반했다.

일본군 내에서의 고질적인 구타와 가혹행위는 상부에서 단순한 묵인을 넘어 조장되었다고까지 할 수 있다. 총력전의 시기에 후발 제국주의 국가로서 열악한 경제력을 만회하기 위해 일본군은 일찌감치 '화력주의'를 포기하고 정신력을 내세웠다. '육탄 3용사' 등 몸으로 때우면서 '하면 된다', '까라면 까라'의 전통은 이렇게 만들어져 갔다.

일본 청년들조차 두들겨 패서 황군을 만들었는데, 하물며 총을 거꾸로 들지도 모를 식민지 청년들은 몇 배 더 두들겨 패야 했다. 일본인들 밑에서 장교로 출세하고 싶었던 조선 청년들

---

111) '유신과 오늘 〈31〉 조국 군대화의 그늘(하)', 한겨레신문 2013. 3. 8.

교육개혁은 없다 1

은 식민지 출신이라는 '콤플렉스'를 이기기 위해서라도 조선인 사병들에게 폭력을 더 휘둘러야했다.

신생 한국군의 주역이 된 일본군, 만주군 출신들은 황군의 군사문화를 고스란히 한국군에 이식했다. 한국군의 겉모습, 전술 교리와 편제와 무기는 미군을 닮았지만, 한국군의 의식구조와 작동 방식은 일본군의 악습을 이어받은 것이다.

기수 문화는 조선 시대의 유교적 장유유서 문화에서 온 것이 아닙니다. 일제 강점과 군부독재가 남긴 비정상적 현상입니다.

일제 강점기 폭력적 황국신민 교육이 뿌리입니다. 황군과 만주 괴뢰군 장교로 복무했던 자들이 해방 후 장악한 군대에서 폭력성이 온존되었으며, 이것이 징병제와 결합하여 폭력적 기수 문화가 전 사회로 확산하고 정착되었습니다.

이런 전근대적 기수 문화가 학벌과 만나서 '그들만의 리그'를 형성하고 사회 발전을 좀먹는 역할을 하게 된 것입니다.

이제 1961년 5.16 군사쿠데타 이후 30년 동안 군부독재 시기의 교육을 정리해보겠습니다. 1960년대 들어 교육열이 폭발하면서 극심한 교육 경쟁이 시작되었습니다. 교육 경쟁은 중학교 입시, 고등학교 입시, 대학 입시 순으로 과열되었으며, 사교육이 번성했습니다. 군부독재 정권이 중학교 무시험제, 고교 평준화, 과외 금지 조치를 내놓아야 할 정도였습니다. 또한 군부독재 시기는 학벌주의라는 독특한 체제의 사회가 형성된 시기입니다. 1960년대에 원조경제에서 차관경제로 전환되면서 엘리트 관료들이 주도한 경제 체제가 형성되고, 군부독재와 재벌기업, 학문, 언론이 결탁하면서 만들어낸 체제입니다. 학벌주의 사회는 전관예우를 비롯하여 연줄로 부정부패를 구조화한 한국 사회 지배 엘리트들이 만든 체제입니다.

문민정부~현재의 교육
(1993~2023)

1993년 군부독재와 싸우던 정치인이 대통령에 취임했습니다. 김영삼 대통령은 그 이전의 군인정권과 차별화하기 위해 문민정부라 칭했습니다. 군부독재 잔재 청산은 시대적 과제가 되었습니다. 1995년 전두환, 노태우는 군사반란과 내란 죄목으로 감옥에 가고 전두환은 무기징역, 노태우는 징역 17년을 선고받았습니다.

그러나 해방 이후 친일파 청산이 실패했던 것처럼 군부독재 잔재 청산 역시 실패했습니다. 전두환, 노태우는 2년 만에 석방됐습니다. 친일파들이 해방 후 친미파로 변신했듯이 군부독재 시절 부귀영화를 누리던 자들은 세상이 변했다며 새로운 이념과 논리를 들고 나왔습니다. 늑대 피하려다 호랑이 만난다고, 한국 사회 앞에는 새로운 시련이 기다리고 있었습니다.

시련은 세계사적 변화에서 왔습니다. 1991년 소련이 해체되고 동구 사회주의가 무너지면서 미국 유일 패권 시대가 열렸습니다. 군부독재 부역자들은 '세계화'와 '신자유주의'를 들고 나왔고, 한국 사회를 미국식으로 개조하려 했습니다. 그 와중에 1997년 외환위기가 터졌습니다. 외환위기는 한국 사회 구조를 근본적으로 바꿔놓았습니다.

교육계에서는 군부독재 잔재를 청산하고 세계화 시대에 부응한다며 새로운 교육 개혁 담론이 등장했습니다. 교육계 밖 사람들은 잘 모르는 일인데요, 1995년 김영삼 정부가 청사진을 마련하여 현재까지 이어져 온 '5.31 교육개혁'입니다. 김대중, 노무현, 이명박, 박근혜, 문재인, 윤석열, 이렇게 정권이 6번 바뀌는 동안 5.31 교육개혁에서 제시한 교육 기조는 한 번도 바뀌지 않고 한 세대를 지배했습니다.

1997년 외환위기와 1995년 마련된 5.31 교육개혁 안이 결합하여 만들어낸 한국 교육 현실은 제2부 한국 교육의 성찰에서 충분히 살펴봤습니다. 군부독재에서 형성되고 고착된 학벌주의는 불평등 사회 체제와 결합하여 더욱 굳건하게 한국 사회에 뿌리내렸습니다. 이 과정을 살펴보겠습니다.

대한민국을 헬조선으로 바꿔놓은 외환위기 사태

1997년 외환위기 사태는 한국전쟁 이후 가장 고통스러운 사건입니다. 2017년 한국개발연구원(KDI)이 외환위기 발생 20년을 맞아 의식 조사를 진행했는데, 지난 50년간 한국 경제의 가장 어려웠던 시기가 언제였느냐는 질문에 57.4%가 1997년 외환위기를 지목했고, 59.7%는 본인의 삶에도 부정적인 영향을 미쳤다고 응답했습니다.

[도표49]는 당시 조사에서 외환위기가 한국에 미친 경제적 영향에 대한 인식입니다. 압도적 다수가 비정규직 증가, 안정적 직업 선호, 소득 격차, 취업난, 기업 편향적 정책 등에 동의하고 있으며, 절반 가까이 삶의 질이 저하됐다고 답하고 있습니다.

외환위기의 발생 원인

1990년대 초 소련·동구 사회주의가 무너지면서 냉전 체제는 해체되고 미·소 양극 체제는 미국 중심의 일극 체제로 변화합니다. 1990년대 초반 미국 정치 경제의

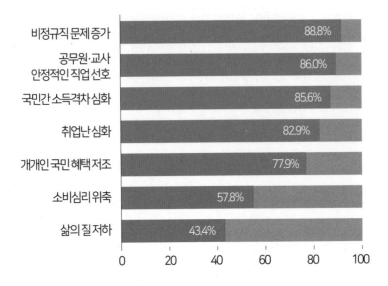

[도표49] IMF 외환위기가 현재 우리나라에 미친 영향

2017년 10월 23~26일, 만 19세 이상 성인 남녀 1,000명 상대조사

항목	비율
비정규직 문제 증가	88.8%
공무원·교사 안정적인 직업 선호	86.0%
국민간 소득격차 심화	85.6%
취업난 심화	82.9%
개개인 국민 혜택 저조	77.9%
소비심리 위축	57.8%
삶의 질 저하	43.4%

중심지인 워싱턴에서는 자본주의 진영을 재편할 21세기 세계 지배 전략을 세웁니다. 전략을 세운 이들은 국제통화기금(IMF), 세계은행(IBRD), 국제경제연구소(IIE) 등을 주도하던 신자유주의자들입니다.

그들은 정부 예산 삭감, 자본시장 자유화, 외환시장 개방, 관세 인하, 국가 기간산업 민영화, 외국자본의 우량 기업 인수·합병 허용, 정부 규제 축소, 외국자본 재산권 보호 등을 핵심 내용으로 개발도상국, 제3세계 국가들의 경제 구조조정 계획을 수립합니다. 이를 '워싱턴 컨센서스'(Washington Consensus, 워싱턴 합의)라 부릅니다. 명칭에 워싱턴이 들어간 이유는 국제통화기금, 세계은행, 국제경제연구소 본부가 워싱턴에 있었기 때문이라는데요, '워싱턴 컨센서스'라는 용어는 생소해도 주요 정책들은 많이 들어본 것일 겁니다.

미국의 새로운 세계 전략에 호응하여 김영삼 정부는 1994년 '세계화' 구호를 내걸고, 1996년 OECD에 가입하면서 자본시장 자유화를 비롯한 신자유주의 조치들을 시행해왔고, 그 흐름 속에서 노동법 개악을 추진합니다. 1987년 노동자 대투쟁, 1995년 민주노총 창립으로 성장하던 노동자들의 힘을 약화하려 한 것입니다.

1996년 2월 김영삼 정부는 노동법 개정을 발표하고, 12월 26일 새벽 노동계의 반발을 무시한 채 노동법과 안기부법을 국회에서 날치기로 통과시켰습니다. 당시 노동법 개정 사항은 변형근로제, 정리해고제, 파견근로제, 파업 기간 중 무노동·무임금 적용, 노조의 정치 활동 금지, 동일사업장 내 대체근로 및 신규 하도급 허용 등입니다. 지금은 익숙해진 것들인데 당시에는 생소했습니다.

여당의 날치기 통과에 맞서 민주노총은 총파업을 선언하고 12월 26일부터 해를 넘겨 1월 18일까지 총파업 투쟁을 벌입니다. 하루 평균 168개 노조에서 19만 명이 파업에 참여했고, 파업 참여 누적 인원은 360만 명에 이르렀으며, 총파업 기간에 거리 시위에 참여한 사람들도 350만 명에 달했습니다.

노동자들의 거센 저항에 놀란 김영삼 대통령은 1997년 1월 21일 야당 당수들과 회담을 가진 후 노동법 재논의에 합의하게 됩니다. 1996~97년 민주노총 총파업은 대한민국 헌정사상 국회를 통과한 법률이 발효되지 못하고 폐기된 유일한 사건입니다.

민주노총 총파업으로 무산된 노동법 개정은 1997년 12월 외환위기 사태가 터지면서 실현됩니다. 외환위기 20년이 지난 2017년에 정보공개청구 절차를 거쳐 기밀 해제된 'IMF 컬렉션'을 보면 외환위기 이후 한국사회의 구조 변화가 월가의 치밀한 계획이었음을 알 수 있습니다.

2021년 1월 31일 한겨레신문 기사 〈신자유주의 서막' 마지막 퍼즐 맞춘 2,260쪽

기밀문서〉에 따르면 외환위기 발생 직후인 1997년 12월 1일 임창열 경제부총리와 나이스 IMF 아시아·태평양 국장 사이의 사전 협상에서는 부실 종금사 11곳 중 10곳에 회생 기회를 부여하고, 경제성장 목표 3%를 유지하며, 주식 채권 시장 운영 계획을 기반으로 구조 개혁을 하는 것이었습니다.

그러다 12월 3일 캉드쉬 IMF 총재가 입국하면서 아주 가혹한 조건을 내걸게 됩니다. 9개의 종합금융사 영업을 중지시키고, 금리를 25%로 인상하며, 외국인 주식 취득 한도를 50%로 확대하고, 외국인의 국내 기업과 은행 인수 합병을 허용하고, 노동시장 유연화에 대한 추가조치를 강요합니다.

노동시장 '유연화'가 무슨 뜻일까요? 당시에는 참 생소한 용어였습니다. 말랑말랑하게 한다는 뜻인데, 뭐가 딱딱해서 말랑말랑하게 한다는 것일까요? 노동자들의 고용이 안정된 상태는 딱딱한 것이고, 마음대로 해고할 수 있는 것은 말랑말랑한 상태입니다. 마음대로 해고할 수 있고, 저임금으로 부려먹다가 잘라버릴 수 있는 비정규직으로 고용하는 것을 노동시장의 '유연화'라고 합니다.

이에 대해 한국 정부의 태도는 무엇이었을까요? 외환위기 당시를 다룬 영화 〈국가부도의 날〉에서 재벌그룹의 이해를 대변하는 재정국 차관(조우진 역)은 "지금이 바로 대한민국이 변하는 순간이야. 완전히 새로운 대한민국을 만들 기회!"라고 외칩니다. 그가 원한 '완전히 새로운 대한민국'이 국민에게는 '헬조선'입니다.

"나라가 망하게 생겼는데 노동조합이 자기 밥그릇만 챙기냐!"는 분위기로 몰고 가면서 2년간 유예했던 정리해고법과 파견법을 노사정 합의를 거쳐 1998년 2월 시행합니다.

교육개혁은 없다 1

경제주권의상실

외환위기 이후 한국 경제의 주인이 바뀌었습니다. IMF와 한국 정부가 협약을 맺은 1997년 12월 3일, 모든 언론은 '경제 식민지', 'IMF 신탁통치'를 제목으로 달았습니다. 30대 대기업 중 16개가 무너지고, 정리해고로 100만 명이 넘는 노

〈경향신문〉 1997년 12월 3일자 1면

동자들이 일자리를 잃고, 거리에 노숙자가 넘쳐났습니다.

[도표50]과 [도표51]은 외환위기 전후의 주가와 환율입니다.

[도표50] 외환위기 전후 주가 움직임

자료: 한국거래소

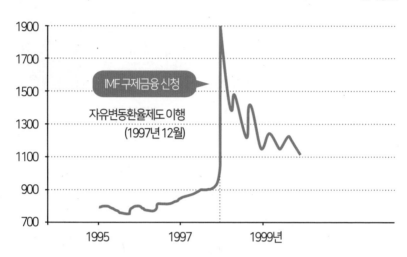

[도표51] 원·달러환율

달러당 원

IMF 구제금융 신청

자유변동환율제도 이행
(1997년 12월)

주가는 절반으로 떨어지고 환율은 두 배로 치솟았습니다. 즉 한국 기업의 가치가 1/4로 줄어들었다는 뜻입니다. 1997년 12월 27일 〈뉴욕타임스〉는 '한국 기업들이 외국 바이어(buyer)가 먹기에 알맞게 익었다'는 기사를 썼습니다.

한국의 쓸만한 상장기업들은 월가의 자본에 다 팔렸습니다. 한국 주식시장에서 외국자본 비율이 1996년 13%에서 2004년 42%로 증가합니다. 한국에 들어온 외국자본은 1996년 1,911억 달러에서 2012년 9,451억 달러로 5배 가까이 늘어났습니다.

기아, 대우, 한보 등 방만한 경영을 했던 재벌들은 해체됐고, 살아남은 삼성, 현대, SK 등은 외국자본에 넘어갔습니다. 공기업은 민영화된 이후 외국자본에 넘어갔습니다. 한국을 대표하는 기업 삼성전자는 이재용 것이 아니며, 현대자동차, SK하이닉스 등 다른 재벌도 마찬가지입니다. 2021년 기준으로 주요 기업의 외국인 주식 지

교육개혁은 없다 1

분을 살펴보면 삼성전자 55.7%, SK 하이닉스 50.5%, LG 화학 42.9% 등입니다.

은행도 대부분 외국자본에 넘어갔습니다. '우리은행'을 제외하면 '우리' 은행은 없습니다. 이는 정부가 금융정책을 통해 경제를 운영할 수 없게 되었다는 뜻입니다.

2005년 7월 노무현 대통령이 재벌그룹 회장들 앞에서 "이미 권력은 시장으로 넘어간 것 같으며, 우리 사회를 움직이는 힘의 원천은 시장에서 비롯되고 있다"고 말한 것은 한국 경제의 주인이 바뀌었다는 것, 우리에게 경제 주권이 없다는 뜻입니다.

헬조선의 구조화, 국민의 궁핍화

외환위기 당시 우리 국민은 IMF가 요구한 조건이 어떤 사회를 만들 것인지 몰랐습니다. 국민의 과소비가 외환위기를 불렀다고 언론이 노래를 부르니 일제 강점기 국채보상운동처럼 금 모으기 운동에도 참여했습니다.

IMF 구제금융 200억 달러를 3년 8개월 만에 상환하고 외환위기에서 벗어났지만, 그 시기에 새롭게 만들어진 사회 체제는 대한민국을 완전히 바꿔놓았습니다.

경제의 3주체는 가계, 기업, 정부입니다. [도표52]는 국내총생산(GDP)에서 가계, 기업, 정부가 차지하는 비율의 변화입니다. 외환위기 이전과 이후 정부가 차지하는 비율은 거의 변화가 없습니다. 가계가 차지하는 비율은 10% 가까이 감소했고, 그만큼 기업의 몫이 늘어났습니다.

그러면 기업은 그렇게 벌어들인 돈을 어떻게 했을까요? 기술 개발, 연구, 투자에 써서 경제의 선순환 구조를 만드는 데 쓴 게 아니라 금고에 넣어놓았습니다. 그리고 수익은 기업의 실제 주인인 월가가 곶감 빼먹듯 가져갔습니다. 예를 들어 2020년 삼성전자의 이익배당금이 13조 원인데, 그중 외국인들이 7.7조를 가져갔습니다.

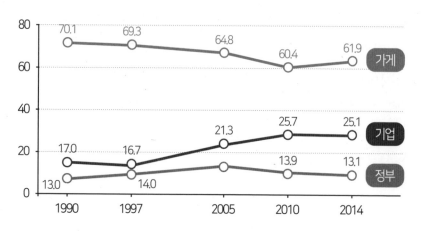

[도표52] 국내총생산에서 가계, 기업, 정부가 차지하는 비율의 변화

[도표53]과 [도표54]은 대기업의 사내유보금 변화입니다. 외환위기 이전에는 기업이 적정 금액 이상의 돈을 쌓아놓고 있으면 세금을 매겼습니다. 이를 '적정유보 초과소득 추가 과세제도'라고 합니다. 이를 2001년에 폐기했습니다. 그러자 사내유보

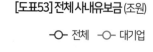

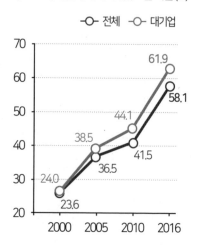

[도표53] 전체 사내유보금 (조원)

[도표54] 매출액 대비 사내유보금 비율 (%)

교육개혁은 없다 1

금이 연평균 15%씩 늘어나 사내유보금은 2000년 189조 원에서 2016년 1,590조 원으로 급증했습니다. 놀라운 것은 매출액의 거의 60%를 사내유보금으로 쌓았다는 것입니다.

재벌 금고에 쌓인 돈은 국민의 피와 눈물입니다. 재벌기업의 생산성이 높아져 수익이 증가한 게 아니라 중소기업을 약탈하고 비정규직을 확대하여 값싼 노동력으로 이윤을 극대화한 결과입니다.

재벌이 금고에 돈을 쌓은 만큼 국민은 빚더미에 올랐습니다. 1997년 200조 정도였던 가계부채가 2014년 1천조 원, 2023년 1,800조 원을 넘어섰습니다. 2020년 11월 국제금융협회(IIF) 발표에 따르면 한국은 GDP 대비 가계부채가 100%를 넘어서 세계 1위입니다. [도표55] 일본(65.3%), 유로존(60.3%), 미국(81.2%)보다 훨씬 높습니다.

[도표55] 가계부채 추이

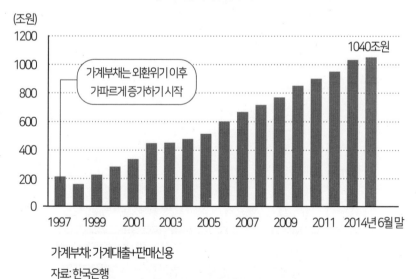

가계부채: 가계대출+판매신용
자료: 한국은행

가계부채의 절반은 주택담보 대출입니다. 외환위기 이후 외국자본이 시중은행을 지배하면서 위험부담이 큰 기업 대출이 아니라 안전하게 단기 수익을 챙길 수 있는 가계 대출로 방향을 바꾸게 됩니다. 정부는 계속 '빚내서 집 사라'는 정책을 폅니다.

우리가 초등학교에서 배운 경제 원리는 가계는 은행에 저축하고, 은행은 기업에 자금을 빌려줘서 경제를 돌아가게 한다는 것이었는데, 교과서를 바꿔야 하는 상황이 된 것이죠. 기업은 금고에 돈을 쌓고 은행은 가계에 돈을 빌려줍니다. 빚을 내서 집을 사고, 월급 받아 빚을 갚고, 평생 은행 빚 갚다 인생 끝나게 되었습니다.

가만히 서 있는 아파트값이 하늘 높은 줄 모르고 올라갔습니다. 2003년에 서울의 아파트 가격이 평당 1천만 원, 2015년에 2천만 원, 2021년에 4천만 원을 넘었습니다. 아파트 한 평 값이 노동자의 연봉과 같습니다. 로또 1등에 당첨되어도 서울에서 25평짜리 집 하나 사면 끝입니다. [도표56] [도표57]

[도표56] 정부별 서울 25평 아파트 시세 변동 추이와 노동자 연평균 급여

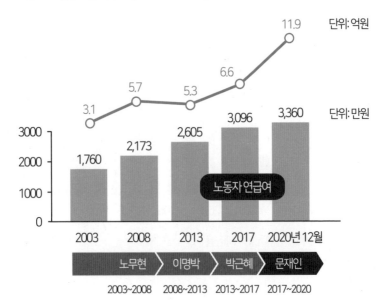

교육개혁은 없다 1

[도표57] 노동자 급여를 한 푼도 안 쓰고 모았을 때 25평 아파트 구입에 소요되는 시간

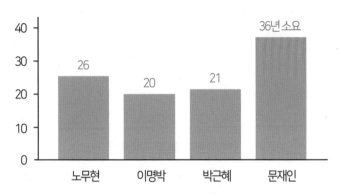

자료: 경제정의실천시민연합

[표55]는 외환위기 이후 왜 대학생들의 취업난이 극심해졌는가를 보여줍니다. 외환위기 전후 5년 사이에 300명 이상 대기업과 금융기관에서 신규채용 비율이 급감하고 경력자 위주로 채용 형태가 바뀌었습니다.[112]

신규채용이 줄어든 이유는 기업이 노동자를 교육하고 훈련하는 '비용'을 절감하고자 한 것입니다. 문제는 외환위기 직후 일시적으로 나타난 현상이 아니라 지금까

[표55] 대기업과 금융기관 직원 채용 비율

	1996년	1997년	1998년	1999년	2000년	2001년
신규채용	64.1%	63.1%	42.2%	25.8%	24.4%	22.1%
경력자채용	27.7%	29.2%	34.3%	54.1%	62%	62.3%

112) 이병희, 「경제위기 전후 청년 일자리의 구조 변화」, 노동정책 연구 2002. 제2권 제4호

지 고착된 것입니다. 경력이 없으니 취업을 할 수 없고, 취업을 못 하니 경력을 쌓을 수 없는 악순환을 '경력의 뫼비우스 띠'라고 부른다고 합니다.[113]

87년 노동자 대투쟁 이후 잠시 줄어들었던 학력에 따른 임금 격차는 외환위기 이후 다시 커졌습니다. 고졸자 임금을 100으로 했을 때 대졸 초임이 2000년에는 112.4였는데 2007년에는 147로 벌어졌습니다. [도표58]

[도표58] 학력별 초임 임금격차 추이

월급여액 기준, 고졸 임금을 100이라 할 때의 비교값

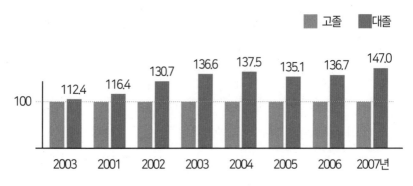

자료: 노동부

정리해고를 반대하고 생존권 보장을 외치는 노동자들의 저항은 무자비하게 진압 당했습니다. 대표적인 게 쌍용자동차 정리해고 사건입니다. 2009년 쌍용자동차는 회계를 조작하여 회사의 손실을 부풀려 '경영상 이유'로 976명에게 해고를 통보했습니다.[114] 노동자들은 공장을 점거하고 77일 동안 투쟁했으나 최종적으로 153명이

---

113) 임홍택, 『90년생이 온다』, whalebooks, 2018
114) 2014. 2. 7. 서울고등법원 판결

교육개혁은 없다 1

정리해고되었습니다. 그중 30명이 복직을 하지 못하고 자살로 생을 마감했습니다.

경영상의 정규직도 언제나 짤릴 수 있다는 공포는 노동조건 악화를 감수하게 했습니다. 회사에 붙어있는 동안 한 푼이라도 더 벌어야 하니까요.

이태백(20대 태반이 백수), 삼팔선(38세 퇴직), 사오정(45세 정년), 오륙도(56세까지 일하면 도둑), 육이오(62세까지 일하면 5적) 같은 신조어들이 생겨나고, 한국 사회는 무한경쟁의 야수적 사회로 변화되었습니다. 공포와 불안감, 우울증이 지배하는 사회가 되었습니다. 그렇게 20년 가까이 달려간 결과 청년들은 자기 조국을 '헬조선'이라 부르게 되었습니다.

'헬조선'이라는 신조어가 등장하던 2016년, 박근혜 정부가 만든 국민대통합위원회(위원장 한광옥)의 의뢰를 받아 다섯 명의 학자가 지역, 성별, 연령, 소득을 기준으로 선별한 105명을 심층 인터뷰해 공동 연구한 「한국형 사회갈등 실태진단 보고서」가 있습니다. 보고서를 보면 매우 충격적입니다.

'한국 사회는 어떤 사회라고 생각하냐'는 질문에 경쟁 사회, 양극화 사회, 학력 중심 사회, 불신 사회, 부패 사회, 과로 사회, 위험 사회와 같이 부정적 답변이 91.8%이고 긍정적 답변은 8.2%에 불과합니다. [도표59]

보고서는 한국 사회의 갈등 심화 유형을 8가지로 정리합니다. 불안을 넘어선 강박, 경쟁을 넘어선 고투, 피로를 넘어선 탈진, 좌절을 넘어선 포기, 격차를 넘어선 단절, 불만을 넘어선 원한, 불신을 넘어선 반감, 갈등을 넘어선 단죄. [도표60]

'헬조선'에서 청년들은 결혼과 출산을 포기 당했습니다. 한국은 전 세계에서 유일하게 합계출산율이 1명 이하인 나라입니다. 2022년엔 0.78명까지 내려갔습니다. 서울은 0.59명입니다. OECD 국가의 합계출산율 평균이 1.6명인데, 한국은 그 절반입니다.

[도표59] 한국 사회는 어떤 사회라고 생각하나

단위: %

경쟁사회	34.8
양극화사회	18.4
학력중심사회	15.5
불신사회	10.1
부패사회	7.7
과로사회	4.8
공동체사회	3.4
민주사회	2.4
공정사회	1.4
평등사회	1.0
위험사회	0.5

계층별 105명 심층 인터뷰

[도표60] 한국 사회 8가지 갈등심화 유형

불안을 넘어선 강박

'이겨야 살아남는다'는 생존에 대한
불안이 강박적인 형태로 변모

경쟁을 넘어선 고투

협력을 통한 선의의 경쟁 사라지고
'서바이벌'식의 투쟁적 경쟁 팽배

피로를 넘어선 탈진

성과를 위해 잠시도 쉬지 않는
자기소모적 경쟁 강화

좌절을 넘어선 포기

패자부활전이 불가능한 사회라는
인식이 포기의 정서를 확대

격차를 넘어선 단절

경제적 격차로 인한 계층 간 단절이
소통의 단절로 이어져

불만(분노)을 넘어선 원한

상류층에 느끼는 상대적 박탈감이
심화돼 사회적 원한을 축적

갈등을 넘어선 단죄

적대감의 해법을 대화를 통한
화해보다 '처벌' '단죄' 형태로 전환

불신을 넘어선 반감

특정 기준에 따라 집단적인 대결
구도를 만들고 서로 공격하는 성향

교육개혁은 없다 1

[도표61]은 2016년 결혼 여부를 임금 10분위별로 조사한 결과입니다. 저출생 사회의 근본 원인이 저소득에 있음을 알 수 있습니다. 사랑하는 사람과 결혼해서 가정을 꾸리고 자녀를 낳는, 인간의 가장 기본적인 욕망조차 포기 당한 나라가 대한민국입니다.

[도표61] 임금 수준별 기혼자 비율

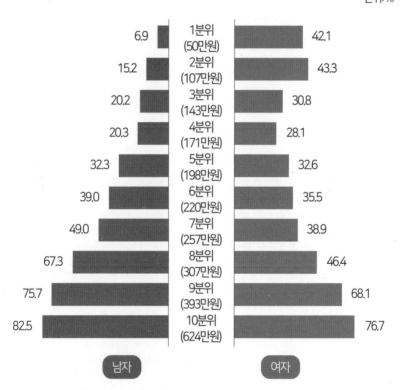

단위: %

	남자	임금 수준	여자
	6.9	1분위 (50만원)	42.1
	15.2	2분위 (107만원)	43.3
	20.2	3분위 (143만원)	30.8
	20.3	4분위 (171만원)	28.1
	32.3	5분위 (198만원)	32.6
	39.0	6분위 (220만원)	35.5
	49.0	7분위 (257만원)	38.9
	67.3	8분위 (307만원)	46.4
	75.7	9분위 (393만원)	68.1
	82.5	10분위 (624만원)	76.7

20~30대 임금노동자 월평균 임금총액 기준
자료: 김유선 한국노동사회연구소 선임연구위원 (통계청 2016년 3월 경제활동인구조사 부가조사 분석)

한 세대를 지배한 교육 정책, 5.31 교육개혁

군부독재 시절에 중요한 교육개혁 조치로는 1968년 중학교 입시 폐지, 1974년 고교 입시 폐지와 고교평준화, 1980년 과외 금지와 대학 본고사 폐지 등을 꼽습니다.

이 조치들은 과열된 입시경쟁과 사교육비 부담을 완화하는 것이 목적이었는데, 아랫돌 빼서 윗돌 괴는 식이었습니다. 중학교 입시를 없애면 고등학교 입시가 과열되고, 고등학교 입시를 없애면 대학입시가 과열되었습니다.

1995년 5월 31일 「신교육체제 수립을 위한 교육개혁 방안」이라는 제목으로 발표된 '5.31 교육개혁안'은 군부독재 시절의 개혁조치들과는 성격이 다릅니다. 5.31 개혁안은 시대가 변했다는 것에서 출발하여 한국 교육의 패러다임을 바꾸고자 했습니다.

1994년 '세계화'를 국정 이념으로 들고나온 김영삼 정부는 'WTO' 체제가 출범하면 국경이 없어진 무한경쟁의 시대에 살아남기 위해 모두가 경쟁에 뛰어들어야 한다고 했습니다. 그래서 교육의 목표는 '글로벌 인재'를 키워내는 것이 되었습니다.

군부독재가 낳은 비효율적 교육을 혁신하겠다며 교육을 상품으로, 학교와 교사를 공급자로, 학생과 학부모를 수요자로 규정하고, 교육에 시장 원리를 도입하고자 했습니다.

과목 선택을 다양화하고, 여러 종류의 학교를 설립하여 교육 소비자의 요구를 충족시키며, 대학 설립을 자유화하고 학생 선발에 자율권을 부여하여 경쟁 체제를 강화하는 것, 이것이 5.31 교육개혁의 기조였습니다.

이런 기조로 초등학교부터 대학 교육, 직업교육과 평생교육까지 전 영역에서 개혁안을 내놓았습니다. 김영삼 정부에서 마련된 개혁안을 김대중 정부는 그대로 수

교육개혁은 없다 1

용하여 시행했습니다. 이후 정권의 성격에 따라 완급 조절의 차이는 있었지만, 지금까지 기조는 바뀌지 않았습니다.

5.31 개혁의 시대 인식에 기초한 새로운 교육체제 수립을 위해 초중고에 도입된 제도는 아래와 같습니다.

- 초등학교에 영어교육 도입
- 필수 과목을 축소하고 선택 과목을 확대하며 수준별 교육과정을 도입
- 성적뿐 아니라 학생의 다양한 활동을 기록하는 종합생활기록부 도입
- 고교평준화를 해제하고 특목고(과학고, 외고) 확대, 자율형 사립고 등 다양한 학교 제도 도입

대학에 도입된 제도는 아래와 같습니다.

- 대입 본고사를 폐지하고 논술, 면접 등 다양한 전형 방법을 도입. 이후 입학사정관제를 거쳐 학생부종합전형 도입
- 대학 모형을 다양화하고 복수 전공이 가능한 체제 수립
- 대학 설립 준칙주의(대학 설립 규제 완화)

이 시기의 중요한 사건으로 헌법재판소의 과외 금지 위헌 판결이 있습니다. 2000년 헌법재판소는 1980년 과외 금지 조치가 직업 선택의 자유를 침해했다며 위헌으로 판결했습니다. 고교평준화가 해제되고 외환위기 이후 사회적 불안감이 급증하던 시기에 헌법재판소 판결은 사교육 시장에 날개를 달아주었습니다. [도표62]

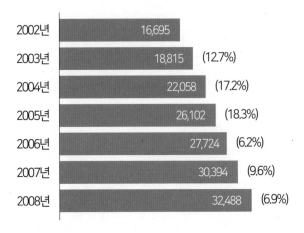

[도표62] 학원 수 증가 현황

2002년	16,695
2003년	18,815 (12.7%)
2004년	22,058 (17.2%)
2005년	26,102 (18.3%)
2006년	27,724 (6.2%)
2007년	30,394 (9.6%)
2008년	32,488 (6.9%)

(　)는 전년대비 증가율
자료: 교육과학기술부

2002년부터 2008년까지 입시·보습학원이 2배 증가했습니다. 놀라운 일은 학생수가 계속 감소한 시기에도 학원 수는 오히려 증가해왔다는 것입니다. [도표63]과 [도표64]를 보시죠.

2014년부터 2018년까지 고등학생이 30만 명, 중학생이 40만 명, 총 70만 명 가까이 줄었습니다. 그런데 입시 보습학원은 2,500개 정도 늘었습니다. 이는 초등학생들의 사교육이 증가하고, 학생 1인당 사교육이 더 확대되며, 경쟁이 격화되어왔음을 보여줍니다.

5.31 개혁안 중 가장 이해하기 어려운 것은 대학설립준칙주의입니다. 1995년에 한국의 대학진학률은 50%를 넘어서 대학 졸업장의 가치가 하락하기 시작했습니다. 출생율도 계속 낮아져 합계출산율이 1.5명 수준이었습니다. 그런 상태에서 대학

교육개혁은 없다 1

[도표63] 유·초·중·고교 학생 수 변화

단위: 만명

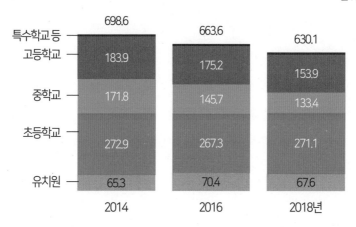

자료: 교육부, 한국교육개발원

[도표64] 입시·보습·검정고시 학원 현황

단위: 개소

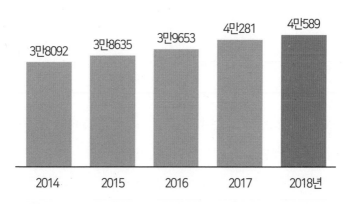

자료: 교육부

설립준칙주의로 규제를 풀어버리니 대학 설립이 급증했습니다.

부실한 대학을 양산한 결과 대학설립준칙주의는 2014년 폐기되었지만, 고통스러운 숙제를 남겼습니다. 매년 3월이면 정기적으로 나오는 뉴스, '벚꽃 피는 순서대로 문 닫는다'는 대학설립준칙주의가 남긴 필연적 결과입니다.

앞서 『기울어진 교육』에서 살펴보았듯이, 경제적 불평등이 증가하고 승자독식의 문화가 나타나면 부모의 양육 태도는 자녀를 학력 경쟁에 몰아넣는 방향으로 변합니다. 그러면 5.31 개혁은 어떤 역할을 했을까요? 학력 경쟁이 격화될 수밖에 없는 상황에서 '불에 기름 붓는' 역할을 했습니다.

학력 인플레이션과 더 격렬해진 학벌 경쟁

1990년까지 30% 수준이었던 대학진학률이 1995년 50%를 넘어섰습니다.

학력 인플레이션이 우리나라만의 현상은 아닙니다. 『학위병(The Diploma Disease)』을 쓴 영국의 사회학자 로널드 도어(Ronald Dore)는 "학력이 지위 획득 수단으로 작동하기 시작하면, 높은 학력을 획득하기 위한 경쟁이 격화되면서 기존 학력의 가치가 떨어지기 때문에 학력 인플레이션 현상이 나타난다"고 지적했습니다.

미국의 사회학자 콜린스의 연구에 따르면 미국에서 1937년에는 사용자의 11%가 숙련노동자의 자격요건으로 고등학교 졸업을 요구했는데 1967년에는 32%가 고등학교 졸업을 요구했다고 합니다. 이것은 같은 직업에 요구되는 기술 수준이 높아졌기 때문이 아닙니다. 과거 상고 출신들이 담당하던 은행 창구 직원을 현재 대졸 출신들이 하는 것과 비슷한 현상입니다.

5.31 개혁조치로 대학생 수는 급증했는데 외환위기 이후 기업의 신규채용이 대폭

줄어들고, 일자리라고 해봐야 인턴, 계약직이니 취업 전쟁이 극심해졌습니다. 2000년대 들어 대졸자의 사회적 위상은 1980년대 고졸자와 다름없어졌습니다. 그러니 취업에 조금이라도 유리한 대학 간판을 따기 위한 경쟁이 극심해졌습니다.

대충 일류대, 이류대, 삼류대 정도도 구분하던 서열화가 아니라 전국의 모든 대학을 꼼꼼히 줄 세우게 되었습니다.

"서연고 / 서성한 / 중경외시이 / 건동홍숙 / 국숭세단 / 광명상가 …"

이거 뭐 '태정태세문단세'도 아니고. 소위 인서울 주요 대학의 첫 글자를 딴 주문입니다. '/' 안쪽은 비슷한 수준의 대학 간 서열이고, '/' 밖은 수준이 다른 대학집단입니다.

고3 담임을 맡아 진학 지도를 하다보면 학생들의 질문에 해명을 못 하는 게 저 대학서열입니다. 한양대와 중앙대가 왜 '/'로 구분되는지 모릅니다. 같은 그룹 안에서 중앙대-경희대-외대-시립대가 무슨 근거로 서열화되었는지 모르겠습니다.

인터넷에 떠도는 이야기에 의하면 2003년 어느 재벌의 입사 내부 사정 기준이 유출되면서 인터넷 커뮤니티에서 정리됐다는 설이 있는데, 그야 '설'일 뿐이죠. [표56]은 그 대기업의 입사 기준 항목입니다.

대학을 촘촘히 서열화하는 것에는 언론의 책임이 큽니다. 중앙일보는 1994년부터 30년 가까이 매년 대학을 평가해 순위를 발표해왔습니다. [표57]

조선일보도 가만히 있지 않았죠. 영국의 대학평가 기관 QS(Quacquarelli Symonds)의 협력사로 나서 대학 서열화를 부추겨왔습니다.

그들의 발표가 학생들이 주문으로 외우는 서열이 되었는지 알 수는 없으나, 확실한 것은 외환위기 이후 고졸과 대졸의 임금 격차가 커지고, 같은 대졸 간의 임금 격차도 대학서열에 따라 더 커졌다는 것입니다.

[표56] 2003년도 A대기업 하반기 입사 내부사정기준

항목	내용			
	100점	90점	80점	
학교(35%)	서울대 연세대(본교) 고려대(본교) KAIST 포항공대	서강대 한양대(본교) 성균관대 중앙대(본교) 인하대(공대) 외국어대(본교) 경북대 부산대 서울시립대	경희대 인하대 광운대 국민대 건국대 동국대 단국대 홍익대 아주대 이화여대	
대학성적(30%)	100점으로 환산하여 30% 반영			
어학성적(30%)	100점으로 환산하여 30%반영(토익 또는 토플)			
연령점수(5%)	77년생은 10점		76년생은 5점	

대학 서열이 더 정교해지고, 학생들에게 내면화되면서, 학벌은 더욱 공고한 의식이 되었습니다. 이를 상징하는 것이 '과잠'입니다. 고등학교 때는 그렇게 교복을 입기 싫어하던 아이들이 대학에 가면 교복을 입습니다.

'과잠'이란 대학 이름이 적힌 야구잠바입니다. '과잠'을 입고 다니는 대학생들은 대체로 어떤 대학들일까요? 짐작하

중앙대학교 '과잠'

교육개혁은 없다 1

내용			기타 고려사항
70점	60점	50점	-야간대 출신자 제외
S대 M대 S대 C대 C대 J대 Y대(분교) K대(분교) H대(분교) J대(분교) H대(분교) H대 S대 S여대 S여대	Y대 C대 U대 K대 S대 J대 S산업대 B대 K대 K대 K공대 S여대	기타 대학	-어학점수미비자 제외 -장애인, 외국국적 우대 -보훈대상자 우대 -외국어 우수자 우대 (외국거주, 제2외국어) -자격증 소지자 참조 -석사학위 소지자는 74년생까지
			-해외대학 출신자는 별도로 전형 -우수대학교 출신자는 74년생까지

는 대로입니다. '과잠'은 입고 다니는 신분증인 셈이죠.

2011년 3월 중앙대 홍보실장이 학교 인터넷 게시판에 '최근 우리 대학의 상승세'라는 제목의 글을 올려서 화제가 된 적 있습니다.

"최근 영향력 있는 대학입시 누리집 '오르비'[115]에서 '중경외시'로 분류되던 중앙대가 '서성한중'에 포함되었다. 구성원들의 노력 끝에 상위권 대학 타이틀을 얻게 되었으며, 이사장과 총장도 노고를 특별히 치하했다"는 내용입니다.

---

115) 상위권 수험생을 위한 인터넷 사이트로, 상위권 학과 배치표와 전국 석차 백분위표 등 예측 자료들의 정확도가 높아 상위권 대학을 지망하는 수험생들이 많이 이용한다.

[표57] 2022 중앙일보 대학평가

점수: 300점 만점

순위	대학명	점수	순위	대학명	점수
1	서울대	226	21	경북대	139
2	연세대(서울)	223	21	인천대	139
3	성균관대	210	23	숙명여대	137
4	한양대(서울)	207	24	전북대	135
5	고려대(서울)	202	25	전남대	129
6	이화여대	170	26	충남대	127
7	건국대(서울)	169	27	가천대	121
8	경희대	168	28	광운대	120
9	동국대(서울)	165	28	숭실대	120
10	중앙대	164	30	홍익대	120
11	서울시립대	163	31	충북대	115
12	서강대	161	32	부경대	109
13	아주대	156	33	강원대	107
14	한국외국어대	153	33	제주대	107
14	한양대(ERICA)	153	35	단국대	104
16	서울과학기술대	147	36	선문대	103
17	인하대	145	37	순천향대	103
18	국민대	141	38	건양대	102
18	세종대	141	39	경기대	99
20	부산대	140	39	영남대	99

이 글이 한양대 인터넷 자유게시판에 갈무리되어 올라가자 "중앙대가 로비한 것 아니냐", "중앙대가 이렇게 할 동안 우리 학교는 뭐 했냐"는 항의 글이 빗발치고, 오르비에 한양대생과 중앙대생들이 수백 개의 글을 올리는 바람에 결국 글이 삭제되었습니다. 정말 '웃픈' 이야기입니다.

외환위기 이후 주목해야 할 또 하나의 변화는 직업의 안정성이 대학서열보다 더 중요한 선택 기준이 된 점입니다. 의대, 치대, 한의대, 수의대, 약대, 간호학과, 교육대학, 사범대학의 인기가 치솟았습니다. 경찰대, 육사, 해사, 공사, 간호사관학교 등 졸업 후 공무원이 보장된 특수목적 대학들도 경쟁률이 더 높아졌습니다.

국회 교육위 소속 전희경 의원이 공개한 '2015~2019학년도 서울대 등록 포기 현황'에 따르면 5년간 서울대 등록을 포기한 인원이 1,770명, 매년 평균 354명 정도입니다. 서울대 입학 정원이 3,300명 정도니까 1/10이 넘는 인원이 서울대를 포기한 건데요, 대부분은 자연계열 학생들입니다. 2019년 대입의 경우 공대가 109명으로 가장 많았답니다. 그러면 서울공대에 합격하고도 포기한 학생들은 어디로 갔을까요? 의대입니다.

이런 현상은 갈수록 심해지고 있습니다. 2022년 12월 서울대 연고대 수시 전형에 합격하고도 등록하지 않은 학생이 2,206명, 무려 59.9%에 달했다고 합니다. 정시모집에서도 28.8%가 등록하지 않았다고 합니다.

외환위기 이전에도 의사는 인기 직업이었지만, 외환위기 이후 이공계통의 연구직·전문직들이 대규모로 정리해고 당하고 계약직으로 전환되는 것을 보면서 잘릴 위험이 없고 정년이 없는 의사, 한의사, 수의사의 인기가 치솟았습니다.

지금은 전국의 모든 의대를 다 채우고 서울공대가 시작됩니다. 2017년 8월 중소기업중앙회가 개최한 〈일자리 창출 전략과 전망 정책토론회〉에서 이수일 한국개발연구원 규제연구센터소장이 30년 전과 현재의 대학 전공 선호 변화를 소개해 눈길을 끌었습니다. [표58]은 30년 만에 달라진 대학입시 커트라인입니다.

[표58] 30년 만에 달라진 대학입시 커트라인

순위	1985년	2015년
1	서울대 물리학과	서울대 의예과
2	서울대 의예과	연세대 의예과
3	서울대 전자공학과	가톨릭대 의예과
4	서울대 제어계측학과	서울대 치의학과
5	서울대 미생물학과	성균관대 의예과
6	서울대 기계공학과	연세대 치의예과
7	서울대 항공학과	울산대 의예과
8	서울대 전자계산학과	경희대 의예과
9	서울대 산업공학과	고려대 의학과
10	서울대 무기재료공학과	아주대 의예과

자연계열에서 의대가 원탑의 위치를 점하게 될 때, 인문사회계열 학생들 사이에서는 '문송합니다'라는 말이 유행했습니다. 문과는 경영학과가 아니면 SKY를 나와도 취직이 잘 안 된다는 것이죠. 그래서 몰려들기 시작한 게 노량진 고시원입니다. '미래의 재산 가치'로서 학벌의 본질이 명확하게 드러났습니다.

고등학교까지 확장된 학벌 체제

1983년 경기과학고에서 시작된 과학고 설립이 꾸준히 이어져 2023년 현재 전국에 20개가 있습니다. 초기에는 대부분 학생이 2년 만에 조기 졸업하고 한국과학기술원(KAIST)으로 진학하는 학교로 알려졌으나, 1990년대 중반 카이스트 정원보다 과학고 학생 수가 많아지면서 서울대 입시 명문고로 변화되었습니다.

1984년 정규 일반계고가 아닌 '각종'학교로 설립된 외국어고가 1992년 특수목적고로 지정되고, 외고가 입시 명문고가 되면서 급격히 증가하여 전국에 31개가 있습니다.

2001년 김대중 정부는 고교평준화의 보완책이라며 자립형 사립고를 도입했습니다. 민족사관고, 상산고 등 6개가 설립되었고, 이명박 정부가 '고교다양화 300 프로젝트'를 세워 명칭을 자율형 사립고로 통일하면서 전국에 45개가 있습니다.

처음에는 자율형 사립고를 100개 설립하려고 했으나 지방에 그럴만한 사립재단들이 없어서 절반 정도만 세워졌습니다. 여기에 영재고 8개, 국제고 9개를 합치면 전국의 100여 개 고등학교가 상위권 대학을 싹쓸이하고 있습니다. [표59]

[도표60]은 2019년 서울대 신입생을 출신학교별로 구분한 것입니다. 전국의 일반고 1,545개 출신 신입생 수와 100여 개에 불과한 특목고, 자사고 출신 신입생 수가 거의 같습니다.

군사독재 정권이 그나마 잘한 교육 정책이 있다면 중학교 입시 폐지와 고교평준화 정책인데, 문민정부 이후 교육 분야에서는 역사를 거꾸로 돌렸습니다.

이제 서울대만 나와서는 진정한 엘리트 집단에 낄 수 없습니다. '경기고→서울법대' 출신을 일컫던 'KS 마크'의 경기고 자리를 대원외고가 차지했습니다. 2013년을

[표59] 고등학교의 종류

순위		개요	
		목적	현황
일반고		중학교 교육 기초위에 중등교육 실시	1545개교
특목고	과학고	과학 인재양성	20개교
	외국어고	외국어에 능숙한 인재 양성(외국어고) 국제 전문인재 양성(국제고)	외고(31개교) 국제고(7개)
	예술고 체육고	예술인 양성(예술고) 체육인 양성(체육고)	예술(28개교) 체육(16개교)
	마이스터교	전문적인 직업교육을 위한 맞춤형 교육과정 운영	42개교
특성화고	특성(직업)	소질과 적성 및 능력이 유사한 학생을 대상으로 특정 분야 인재 양성	472개교
	체험(대안)	자연 현장실습 등 체험 위주 교육	25개교
자율고	자율형 사립고	학교별 다양한 교육 실시, 사립학교의 자율성 확보	46개교
	자율형 공립고	교육과정, 학사 운영의 자율성 제고 및 전인교육 구현	113개교

자료: 교육부 2016년

기점으로 경기고 출신 판사보다 대원외고 출신 판사가 많아졌습니다. 법관을 많이 배출한 학교는 외고, 서울 강남, 지방 명문고, 이렇게 딱 세 종류입니다. [표61]

2016년 방영된 EBS 다큐프라임 〈공부의 배신〉 제2부 '나는 너를 왜 미워하는가'에 어느 명문대 캠퍼스의 만우절 풍경이 나옵니다. 대원외고, 한영외고, 용인외고,

교육개혁은 없다 1

[표60] 2019년 서울대 신입생 최종 등록자 기준 고교 유형별 현황　　단위:명,%

구분	2018	비율	2019	비율
일반고	1,715	51.3	1,696	50.9
자율고	662	19.8	664	19.9
과학고	128	3.8	143	4.3
영재학교	262	7.8	293	8.8
외고·국제고	351	10.5	317	9.5
예체고	184	5.5	181	5.4
특성화고	10	0.9	7	0.2
검정고시	13	0.4	19	0.6
기타	16	0.5	12	0.4
합계	3,341	100	3,332	100

자료:대학알리미 종로학원 하늘교육

하나고 출신 학생들이 자기 고등학교 시절 교복을 입고 등교합니다. 이것을 바라보는 일반고 출신 학생은 소외감을 느끼겠죠.

'앞서 '과잠'을 소개했는데, 오른쪽 사진을 보면 서울대학교 잠바에 포항제철고를 새기고 있죠. 내가 너와 다르다는

포항제철고 졸업생 서울대 잠바

차별의식이 서울대로는 양에 안 차서 포항제철고 졸업생들끼리 만들어 입은 모양입니다.

전국에 과학고, 영재고, 외고, 국제고, 자사고 학생은 5만 명 정도로 고교생의 10% 정도지만, 중학교에 미치는 영향력은 지대합니다. 상위 10%에 진입하려는 경쟁은 상위 30% 학생들에게 영향을 줍니다. 더 나아가 초등학교 5, 6학년까지 고교 입시에 뛰어듭니다. 과학고, 영재고에 들어가기 위해선 초등학교 5학년부터 중학교 공부를 시작하고, 중학교 때는 고등학교 이과 수학까지 공부해야 합니다.

[표61] 10년간 법관 많이 배출한 고등학교

단위:명

대원외고	97	휘문고	13
한영외고	46	압구정고	12
명덕외고	46	영동고(서울)	12
학성고(울산)	27	경기고	11
검정고시	26	광주제일고	11
대일외고	24	대전외고	11
안양고	19	덕원고(대구)	11
이화외고	18	상문고	11
서울고	17	서울과학고	11
공주사대부고	17	숙명여고	11
순천고	17		

2003~2013년 1959명 분석
자료: 김진태 새누리당 의원실

학벌 사회를 넘어 학벌 세습 사회로

고용불안을 비롯하여 삶 자체가 불안해진 체제 속에서 교육을 대하는 사람들의 태도에도 큰 변화가 왔습니다. 치열한 생존경쟁은 교육을 무한경쟁으로 몰아넣었고, 학벌 체제는 더욱 강고해졌습니다.

멀쩡한 정규직들이 정리해고 당하고, 비정규직으로 전환되고, 퇴직금으로 치킨집 차렸다가 망하는 것을 본 부모 세대는 자기 자식만은 안전하게 살 수 있도록 하겠다고 결심합니다. 학교생활을 대신해줄 수 없는 부모가 도와줄 수 있는 것은 한 푼이라도 벌어서 학원에 보내는 것입니다. 자녀 학원비를 벌기 위해 엄마가 노래방 도우미로 나간다는 슬픈 뉴스가 등장한 게 2007년 무렵입니다.

외환위기 이후 학교에 나타난 큰 변화는 기초생활수급, 차상위계층 학생이 많아진 것입니다. 담임을 맡으면 3월에 해야 할 첫 번째 일이 그런 학생들에게 용기를 주고 등록금, 중식비, 방과후학교 수강권을 챙겨주는 것이었습니다.

다행히 2021년부터 고등학교 무상교육이 실현되어 이제 그런 일은 하지 않아도 되지만, 외환위기 이후 극심해진 양극화를 학교 안 복지의 확대로 완충하려는 제도가 많이 도입되었습니다. 학교는 기존에 하던 일에다 복지까지 떠안아 더 바빠졌습니다.

이 시기에 대학입시 제도에서 큰 변화는 2007년에 도입된 입학사정관제입니다. 명문대에 들어가려면 '할아버지의 경제력, 아빠의 무관심, 엄마의 정보력'이 필요하다는 우스갯소리가 있습니다. 수능을 통한 선발은 사교육비를 얼마나 쓰건 결국 본인이 자기 실력으로 시험을 봐야 합니다. '아빠 찬스', '엄마 찬스'라는 신조어를 낳은 조국 사태에서 모두 목격했듯이, 입학사정관제는 부모가 어떻게 스펙을 준비해주는가에 따라 결과가 달라지는 제도입니다.

입학사정관제도는 2013년에 학생부종합전형으로 개명해서 지금까지 시행되고 있는데, 학생부종합전형 시행 후 청년들이 느끼는 계급 재생산 현상이 더 심각해졌습니다. 통계청 조사 자료에 따르면 2009년에 20대의 45.6%가 자신들의 계층이동 가능성에 대해 '비교적 낮거나 매우 낮다'고 응답했는데, 2017년에는 그 비율이 65%로 늘었습니다.

2021년 11월 더불어민주당 김회재 국회의원이 '통계청 가계금융복지조사 마이크로데이터'를 분석한 결과에 따르면, 2020년에 20~30대가 가구주인 가구의 자산은 상위 20%와 하위 20% 사이에 무려 35배나 차이가 났습니다. [도표65]

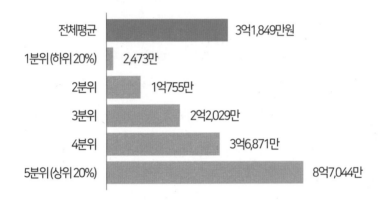

[도표65] MZ세대 분위별 평균 자산

2020년 20~30대가 가구주인 가구 기준

전체평균	3억1,849만원
1분위(하위20%)	2,473만
2분위	1억755만
3분위	2억2,029만
4분위	3억6,871만
5분위(상위20%)	8억7,044만

35배의 차이는 본인의 노력에 의한 차이가 아니라 부모에게 받은 자산의 차이겠죠. 이 정도면 21세기 대한민국이 19세기 조선 사회와 얼마나 다를까요. 이걸 신분이 아니라면 무엇이라 이름 붙일 수 있을까요.

결론: 한국은 왜 학벌 전쟁 사회가 되었나?

지금까지 학벌 세습 사회의 형성과정을 살펴보았습니다. 요약해보겠습니다.

학벌주의는 해방 이후 현대사의 질곡이 낳은 독특한 한국적 현상입니다. 일제 강점기는 일반 국민이 학력 경쟁에 나설 수 있는 사회경제적 조건 자체가 형성되지 않았습니다.

교육뿐 아니라 우리 사회의 모든 영역을 지배하는 가치관은 극단적 이기주의입니다. 이는 해방 이후 친일파가 집권하면서 형성된 것입니다. 미군정 치하에서 친일파가 집권에 성공하고, 분단과 전쟁을 통해 독점적 지배체제를 구축했으며, 군부독재 30년 동안 강고해졌습니다.

그래서 사회정의가 실종되고 가치관이 역전되었으며, 극단적 이기주의가 사회 원리로 확립되었습니다. '공부해서 남주냐'는 가치관은 그렇게 생겨난 것입니다.

교육 영역에서 이기주의는 가족을 단위로 하는 생존 경쟁으로 나타났습니다. 한국전쟁을 거치면서 진보적 생각이 모두 금지되고, 정전 체제에서 노동조합을 비롯하여 삶을 개선할 수 있는 통로가 봉쇄되었습니다.

전쟁으로 기존 계급 질서가 하향 평준화되고, 토지개혁으로 농민들에게 물질적 토대가 형성되자, 가족 단위의 생존 경쟁으로 모든 국민이 학력 경쟁에 뛰어들게 되었습니다.

특정 대학 출신들이 권력을 독점하는 학벌이라는 전근대적 현상은 군부독재 30년 동안 형성되었습니다. 군부독재, 재벌, 학자, 언론인이 유착하면서 학연으로 얽힌 엘리트들의 집단적 부정부패가 학벌주의의 근원입니다.

경제성장으로 절대적 빈곤에서는 탈출했으나 상대적 빈곤은 커졌고, 천민자본주의 사회의 물신화가 교육 영역에서 낳은 정신 병리적 현상이 학벌주의입니다.

군부독재가 청산된 이후 외환위기를 거치면서 한국 사회는 이전과 질적으로 다른 사회로 변했습니다. 소득 불평등과 양극화가 세계에서 가장 빠른 속도로 진행되고, 무한경쟁 승자독식이 사회 운영 원리가 되었습니다. 헬조선, 흙수저 금수저, N포 세대 등 청년들의 절망을 담은 유행어들이 넘쳐나게 되었습니다.

외환위기와 함께 시작된 5.31 교육개혁으로 대학 진학률은 세계 최고로 높아졌는데 취업은 되지 않고, 고교평준화 체제가 깨지면서 초등학생까지 입시 경쟁에 내몰렸습니다. 학벌주의는 더욱 정교해지고 교육을 통한 계급 재생산은 더욱 강고해졌습니다.

이제 이 책의 부제이자 연구 주제인 '한국은 왜 학벌 전쟁 사회가 되었나?'에 대한 결론을 내려야 할 때가 되었습니다.

결론은 간단합니다. 대한민국이 전쟁 상태이기 때문입니다. 우리는 1950년부터 3년 동안 치러진 전쟁을 마치지 않고 70년 동안 정전 상태에서 살아왔습니다. 정전 상태란 선전포고 없이 곧바로 전쟁을 개시해도 되는 상태라는 뜻입니다.

제3부 〈학벌 전쟁 사회의 형성과정〉에서 김동춘 교수가 한국전쟁 이후 한국 사회를 '전쟁이 운영 원리로 정착된 사회'라고 규정했다는 것을 기억하실 겁니다. 우리의 삶은 피난 상황의 연장이며 국가는 개인의 삶을 보호하지 않습니다. 군부독재 30년 내내 그러했고, 외환위기 이후 '헬조선'이 되어버린 각자도생의 나라에서 생존에 몸

부림쳐왔습니다.

우리의 삶이 전쟁이고, 내 자식이 살아가게 될 사회가 전쟁인데, 어떻게 교육이 전쟁이 아닐 수 있겠습니까? 국가가 정전 상태이고, 사회가 전쟁을 원리로 운영되는데, 어떻게 교육이 전쟁 상태를 피해 평화롭고 인간답고 아름다울 수 있습니까?

2023년 6월 28일 윤석열 대통령은 자유총연맹 창립기념식에 참석하여 "반국가세력들은 유엔 안보리 제재를 풀어달라고 읍소하고, 유엔사를 해체하는 종전선언을 노래 부르고 다녔습니다."라며 문재인 정부를 반국가세력으로 규정했습니다.

대통령 자신이 반국가세력이 운영하는 나라에서 검찰총장을 했다는 논리모순은 둘째치고, 종전선언을 하자고 하면 반국가세력이라는 사고방식을 가진 사람이 21세기 대한민국의 대통령이라는 게 놀랍습니다.

슬픈 것은 그게 대통령 혼자만의 생각이 아니라는 겁니다. 집권 여당인 국민의힘 김기현 대표는 대통령의 발언이 있었던 다음 날 제2연평해전 승전 21주년 기념식에 참석하여 "종이조각에 불과한 종전선언으로 평화를 외치면 국민을 속이는 것"이라고 말했습니다.

2023년 6월 8일 윤석열 정부는 「국가안보전략서」를 작성했는데, 문재인 정부가 추진했던 종전선언과 평화협정이 보고서에서 삭제되었다고 합니다. 국민의힘 소속 나경원 전 의원은 다음 날인 6월 9일 자신의 페이스북에 이렇게 썼습니다.

드디어 국가 안보 전략에서 종전선언, 평화협정이 삭제되었다. 뭉클했다. 문재인 정부 5년 동안 가장 가슴 졸인 것은 바로 남북 관계를 불가역적으로 종전선언으로 묶어 버리는 것이었다. 존 볼튼 국가안보보좌관을 만나고, 미 의회 지도자를 접촉하며 행여나 트럼프 대통령과 불쑥 합의하는 재앙을 막아보고자 얼마나 동분서주했는지, 또 최후의 순간에는 결국 지한파[116] 미 의원을 설득해 종전선언 반대 서한을 바이든 대통령에게 보내게 하느라 미 의회 의사당에서 잰걸음으로 의원들 면담을 했는지 기억과 감회가 새롭다. 윤석열 정부의 국가 안보 전략이 드디어 완성되었다.

다들 제정신이 아닙니다. 보수를 하든 중도를 하든 진보를 하든 일단 전쟁 상태는 끝내야 하지 않겠습니까? 인류 역사에서 전쟁하다 70년 동안 정전 상태를 유지한 사례가 있습니까?

대한민국을 지배해온 엘리트들의 시계는 1953년 7월 27일에 멈춰있습니다. 전쟁 상태를 끝내고 평화로운 시대를 열자는, 너무나도 당연한 상식조차 거부하는 사람들이 지배하고 있으니 사회의 운영 원리가 전쟁일 수밖에 없죠.

지금 대한민국은 총성만 울리지 않아서 그렇지, 사회적으로는 내전 상태입니다. 현 정부가 전 정부를 향해 '반국가세력'이라고 합니다. 대통령이 직접 나서 건설노조를 '건폭'이라고 규정합니다. 노동조합 활동을 조폭 취급합니다. 먹고 살자고 파업한 화물연대 노동자들에 대해서는 대통령이 "북핵 위협과 마찬가지"라고 합니다. 국민을 적으로 규정한 것이죠.

전쟁을 운영 원리로 하는 사회를 바꾸지 않는 한 교육개혁은 불가능합니다. 외국의 괜찮다는 교육제도를 좀 수입하고, 입시제도 적당히 바꾸는 방식으로는 절대로 불가능합니다. 수도 없이 많은 교육개혁 조치가 쏟아졌지만 모두 실패했습니다. 이유는 사회가 전혀 바뀌지 않는데 입시제도만 바꾸고자 했기 때문입니다.

그렇다면 사회를 어떻게 바꿔야 할까요? 사회개혁의 방향이 어디에 제시되어 있

---

116) 지한파(知韓派)란 한국을 잘 아는 외국인을 의미한다.

교육개혁은 없다 1

기는 한가요? 있습니다. 모두가 알고 있는 대한민국 헌법에 있습니다.

대한민국의 헌법 전문은 "유구한 역사와 전통에 빛나는 우리 대한국민은 3·1운동으로 건립된 대한민국 임시정부의 법통과 불의에 항거한 4·19 민주 이념을 계승하고…"로 시작합니다. 대한민국은 정말 임시정부의 법통을 계승했을까요?

대한민국 임시정부는 1941년 11월 28일 임시정부 국무회의에서 「대한민국 건국강령」(이하 건국강령)을 통과시킵니다. 건국강령은 해방 이후 헌법 제정에 대비해 장차 독립된 새 국가의 시스템을 어떻게 만들고, 국가 정책을 어떤 방향에서 펼칠 것인가를 정리한 문헌입니다.

건국강령은 제1장 총강 7개 항, 제2장 복국(復國) 10개 항, 제3장 건국(建國) 7개 항으로 구성되어 있습니다. 대한민국 헌법 제정을 총괄한 유진오 선생은 자신이 건국강령을 참조했음을 명시적으로 밝히기도 했습니다. 임시정부가 꿈꿨던 대한민국은 어떤 나라였는지 건국강령의 제3장 '건국'의 몇 개 항목들을 통해 살펴보도록 합시다. 1941년 당시 표현이라는 점을 감안하고 보셔야 합니다.

- 적의 사유자본과 부적자의 일절 소유자본과 부동산을 몰수하여 국유로 함.[117]
- 몰수한 재산은 빈공 빈농과 일절 무산자의 이익을 위한 국영, 혹 공영의 집단생산 기관에 충공함을 원칙으로 함.
- 적에 부화한 자와 독립운동을 방해한 자는 선거권과 피선거권이 없음.
- 토지제도를 국유로 확정할 것임.
- 토지는 농민에게 나누어 주고 토지의 상속, 매매, 저당 등은 금지함.

---

117) 적은 일본을 말하며 부적자란 적에게 부역한 자, 친일파를 말한다.

- 대산업기관의 공구와 시설을 국유로 하고, 토지, 광산, 어업, 수리, 임업 소택과 수상, 공중의 운수사업과 은행, 전신, 교통 등과 대규모의 농·공·상 기업과 성시, 공업구역의 공용적 주요산업은 국유로 하고, 소규모 혹 중소기업은 사영으로 함.
- 노동권, 휴식권, 피구제권, 피보험권, 면비수학권, 참정권, 선거권, 피선거권, 파면권, 입법권과 사회 각 조직에 가입하는 권리가 있음.
- 6세부터 12세까지의 초등 기본교육과 12세 이상의 고등 기본교육에 관한 일체 비용은 국가가 부담하고 의무로 시행함.
- 노공, 유공, 여인의 야간노동과 연령, 지대, 시간의 불합리한 노동을 금지함.

역사에 '만약'은 없지만, 만약 '임시정부'가 해방과 동시에 '정식정부'가 되었다면 대한민국의 모습은 어땠을까요?

친일파의 재산은 모두 몰수되고 공민권이 박탈되어 자기 조국을 배신한 자들의 말로가 어떤 것인지 후손들이 똑똑히 보았을 것입니다. "공부해서 남주냐"는 이기주의적 가치관은 들어서지 않았겠지요.

나라가 분단되지 않았을 것이고, 전쟁도 일어나지 않았을 것이며, 전쟁을 원리로 운영되는 사회가 아니라 합리적 이성을 가진 나라가 되었을 것입니다. 군부독재도 탄생하지 않았겠죠. 군부독재가 만든 부패한 사회에서 피어난 학벌주의도 없겠죠.

토지는 국유화되어 부동산 불패 신화는 탄생하지 않았을 것이고, 집 한 칸 구하기 어려워 청년들이 결혼을 포기하지 않았을 것이고, 청소년들이 건물주를 꿈꾸는 불로소득자의 나라가 되지는 않았을 것입니다.

주요 산업은 국가가 소유했으니 대부분 국민들이 공무원이 되어 '철밥그릇'을 지키며 근심 걱정 없이 살았겠죠. 물론 국가가 공무원을 비정규직으로 채용하지 않았

교육개혁은 없다 1

을 테니 불안정한 미래에 삶이 휘둘리지도 않았을 것이고요.

노동권, 휴식권이 보장되고, 대학까지 국가가 책임지는 시스템을 구축했을 것입니다. 누구나 성실하게 일하면 먹고살 수 있는 사회가 되었다면 지금과 같은 죽기살기식의 학벌 경쟁 사회가 되었을까요?

역사에 가정은 의미가 없지만, 역사를 잊은 민족은 미래가 없다고도 하죠. 그 말은 잘못된 과거를 청산하지 않고는 밝은 미래로 나갈 수 없다는 뜻입니다. 그러면 어떻게 과거를 청산하고 밝은 미래로, 새로운 교육으로 나갈 수 있을까요?

제가 '들어가는 글'에서 말씀드렸듯이 한국 교육의 현실과 교육개혁의 길을 두 권의 책으로 담았습니다. 『교육개혁은 없다1』(부제: 한국은 왜 학벌 전쟁 사회가 되었나?)는 여기까지 해서 마치겠습니다. 교육개혁의 길은 『교육개혁은 없다2』(부제: 사회개혁 없이 교육개혁이 가능한가?)에서 함께 찾아보기로 하겠습니다.

교육개혁은 없다 1

초판 발행 2024년 3월 15일
2쇄 발행 2024년 8월 15일

지은이 박정훈

펴낸곳 민중의소리
펴낸이 윤원석
편집 이동권
디자인 MJ디자인센터
경영지원 김대영
주소 서울시 종로구 삼일대로 469 서원빌딩 11층
전화 02-723-4260
팩스 02-723-5869
등록번호 제101-81-90731호
출판등록 2003년 1월 1일

값 16,000원

낱권 ISBN 979-11-93168-07-3 (04370)
세트 ISBN 979-11-93168-03-5 (04370)